조선왕조 오백년 실록

朝鮮王朝 五百年 實錄

한국문화연구회 편

소설보다 재미있는 역사 이야기

조선왕조오백년 실록

초판1쇄 펴낸날 2012년 3월 14일

편저　한국문화연구회
펴낸이　곽선구
펴낸곳　늘푸른소나무

등록일자 1997년 11월 3일
등록번호 제307-2011-67호
주소　서울특별시 성북구 보문동7가 80-1호 2층
전화　02-3143-6763
팩스　02-3143-3762
E-mail　ksc6864@naver.com
ISBN　978-89-97558-01-8 03900

소설보다 재미있는 역사 이야기

조선왕조오백년 실록

책을 읽기 전에

조선왕조 오백년 실록은 조선 태조에서부터 조선 철종 때까지 25대 472년간(1392~1863)의 역사를 편년체(編年體:역사적 사실을 일어난 순서대로 기술하는 역사서술의 한 방식)로 기록한 책이다.

조선왕조 오백년 실록은 조선시대 사회, 경제, 문화, 정치 등 다방면에 걸쳐 기록되어 있으며 역사적 진실성과 신빙성이 매우 높다. 또한 사료의 편찬에 있어서 사관이라는 관직의 독립성과 기술에 대한 비밀성도 보장되었다. 실록을 편찬하는 작업은 다음 왕이 즉위한 후 실록청을 열고 관계된 관리를 배치하여 펴냈으며 사초는 임금이라 해도 함부로 열어볼 수 없도록 비밀을 보장하였다. 사료가 완성된 후에는 특별히 설치한 사고(史庫:실록을 보관하던 창고)에 각 1부씩 보관하였는데 임진왜란과 병자호란을 거치면서 소실되었지만 20세기 초까지 태백산, 정족산, 적상산, 오대산의 사고에 남아서 전해내려 왔다.

이 책은 수백 권에 달하는 '조선왕조실록' 을 한 권으로 중요한 부분만 발취하여 간추리는데 어려움이 많았지만 읽는데 도움이 되었으면 하는 바램이다.

역사는 언제 보아도 재미와 흥미를 주기 마련이다. 그것은 역사를 통하여 배울점이 많고 지금의 현대인들에게 살아가는데 도움을 주기 때문이다.

이 책은 중, 고교생과 모든 일반인들이 꼭 읽어야 할 책이며 부족한 부분과 누락된 부분은 보완과 추가하여 다시 읽을 수 있도록 할 것이다.

이 책을 읽는데 누구나 알기 쉽고 흥미를 가지고 읽을 수 있도록 이야기식으로 엮어서 풀었고 간추린 야사를 곁들여 새로운 사실을 아는데 도움을 주고자 하였다.

조선왕조오백년 실록

차례

조선왕조 오백년 실록

차례

조선왕조오백년 실록

차례

태조실록

제1대

(1335년~1408년)

태조의 본관은 전주로 초명은 성계, 자는 중결, 호는 송헌이다. 왕위에 오른 후 이름을 단, 자를 군진으로 고쳤다. 그는 고려 말 동북면 신흥 군벌인 이자춘의 둘째 아들로 어머니는 최한기의 딸이다.

요동정벌에 나섰다가 위화도에서 회군하여 최영을 제거하고 우왕을 폐한 뒤 창왕을 옹립했다. 이듬해 창왕을 폐하고 공양왕을 옹립한 뒤 스스로 수문하시중이 되었다. 1391년 삼군도총제사가 된 후 다음해인 1392년 7월, 공양왕을 강압해 왕위를 물려받고 조선왕조를 세워 태조로 즉위한 후 1408년 5월24일 창덕궁에서 죽었다. 시호는 강헌이고 존호는 지인계운성문신무다. 묘호는 태조, 건원릉(경기도 구리시 인창동 동구릉)이다.

『태조실록』

태조 원년부터 7년 9월까지 기록한 것으로 총 15권 3책이다. 처음엔 필사본이었지만 후에 활자본으로 간행되었다. 태백산본은 주자본(훈련도감자)으로 15권 3책이며, 표제명은 '태조강헌대왕실록'이다. 태조가 죽은 다음해인 1409년(태종 9년)에 태종이 편찬을 명령하여 1413년 3월에 완성했다. 편찬책임자는 하륜, 유관, 정이오, 변계량 등이다.

조선왕실 최초의 실록이지만 편찬에는 우여곡절이 많았다. 태조는 혁명을 통해 신왕조를 건설했다. 하지만 재위 중 이방원(태종)이 주도한 왕자의 난으로 매우 혼란스러웠다. 그가 일으킨 왕자의 난에서 조선개국의 일등공신인 개혁파 정도전과 조준 등을 비롯해 상당수의 사람들이 제거되면서 이들이 추구하던 정책에 대한 변화가 많았다.

더구나 태종이 왕위에 오른 시기의 재상들은 거의 고려왕조 출신의 관료였으며, 왕자의 난 이후에 출세한 인물들이었다. 다시 말해 조선을 건국한 태조 당시 활약하던 사람들이 거의 살아있었기 때문에 편찬을 차후로 미루자는 말들이 많았다. 이런 관계로 담당관들이 사초를 제대로 제출하지 않는 사태까지 빚어졌던 것이다.

그러나 이에 아랑곳 하지 않고 태종은 편찬을 강행했다. 즉 기한 내에 사초를 바치지 않으면 은 20냥을 징수하고 자손을 금고(관직에 등용하지

않는 벌)시키는 법까지 마련했던 것이다. 이것이 조선시대 끝까지 관례가 되어 내려왔다.

태종의 노력으로 실록이 완성되었지만 너무 조잡하고 중복된 기사가 많다는 이유로 다시 개수되었다. 또한 1438년(세종 20년)에는 변계량이 지은 태종의 비문에서 왕자의 난에 대한 기술이 사실과 다르다는 의문이 제기 되면서 세종이 직접 사실을 확인하기까지 했다.

이성계의 중요 업적은 1361년 10월, 반란을 일으킨 독로 강만호 박의를 죽이고 평정했고, 같은 해 홍건적의 침입으로 개경이 함락되었지만 이듬해 재 탈환해 큰 공을 세웠다.

1362년 원나라 장수 나하추의 대군을 함흥평야에서 격퇴시키기도 했다. 이런 공과로 인해 같은 해 밀직부사의 벼슬과 단성양절익대광신이란 호를 받았고, 뒤이어 동북면 원수지문하성사, 화령부윤으로 승진했다.

1377년 고려 우왕 3년 경상도 일대와 지리산에서 왜구를 대파했고, 1380년엔 양광, 전라, 경상도 도순찰사로 임명되어 운봉에서 왜장 아지발두와 왜군을 섬멸하는데 큰 공을 세웠다.

이성계의 계보와 태몽이야기

태조 이성계의 조상은 신라와 고려 때 벼슬을 역임했으며 선조인 목조 18대 때부터 전주에서 살았다. 산성별감과 기생 때문에 말썽이 생기면서 고을의 원은 산성별감인 안렴사와 짜고 목조를 죽이려고 했다.

이 사실을 미리 알아차린 목조는 가족과 식솔을 데리고 강릉도 삼척현으로 이주를 했다. 이때 그를 따라온 백성들은 모두 170여 호나 되었다고 한다. 목조는 성품이 호탕했으며 용맹과 지략이 뛰어나 왜구의 침략을 막아내는데 일조를 했다.

그런 후 원나라 야굴 대왕이 고려를 침략하자 목조는 두라산성으로 식솔과 백성을 불러들여 난리를 피했다. 이때 전주에서 목조를 죽이려했던 산성별감이 삼척현의 안렴사로 부임하자 그가 보기 싫어 식솔들과 170여 호나 되는 백성들을 데리고 동북면 의주로 이주했다.

이런 보고를 받은 고려조정은 목조를 의주병마사로 임명하고 원나라의 침입을 막게 하였다. 그렇지만 영흥 이북은 원나라의 개원로에 속해 있었기 때문에 원나라 대왕 산길이 영흥에 머물면서 철령 이북 땅을 접수하려고 작전을 세우고 있었다.

이에 산길은 여러 번 목조에게 항복을 권하자 그는 자신을 따라온 백성들을 구하기 위해 항복하고 말았다. 이에 흡족한 산길은 목조와 헤어지면서 옥 술잔 하나를 선물로 주면서 이렇게 위로했다.

"내가 아끼는 옥 술잔을 내 마음의 징표로 드리리라."

산길이 물러나자 목조는 곧바로 개원로 남경에 있는 알동이란 곳으로 거처를 옮겼다. 알동에 도착한 목조는 동남쪽으로 이동해 섬자고라에 머물면서 성을 쌓고 말과 소를 길렀다.

목조가 죽자 그의 아들들과 백성들은 경흥부에서 남쪽으로 5리쯤 떨어진 곳에 장사지냈다가 한참 후에 함흥부 달단동으로 묘를 이장했다. 목조 부인은 신우위장사 공숙의 딸 이 씨로 행리를 낳았는데 이 사람이 익조다.

익조는 아버지 목조의 벼슬을 그대로 물려받았다. 그는 원나라 세조가 일본을 칠 때 군사들을 선발해 쌍성총관부 삼살천호 몽골인 대탑실과 함께 출전해 큰 공을 세웠다.

이때 익조는 고려의 충렬왕을 처음 만나면서 신임을 얻게 되었다. 이런 관계로 인해 천호들의 부하들이 익조를 찾아 몰려오자 원나라 조정은 그를 시기하여 암살하려고 했다.

이를 알아챈 익조는 자신을 따르는 백성들과 두만강 적도에서 만나자고 약속한 후 야밤을 이용해 길을 떠났다. 두만강 적도에 도착한 익조는 지형을 살피기 위해 부인과 함께 가양개울을 건너 높은 곳에 올라갔다가 알동 벌판에 300여 명의 군사들이 말을 타고 자신들을 쫓아오는 것을 보았다.

그러자 익조는 부인과 함께 말을 재촉해 두만강 적도 북쪽기슭에 도착했다. 강의 너비가 600보쯤 되었는데, 약속한 배가 나타나지 않아 당황해 하고 있을 때, 갑자기 물이 빠지면서 수심이 얕아졌다. 이틈에 익조 일행이 무사히 강을 건너는 순간 물이 갑자기 차올라 더 이상 군사들이 쫓아오지 못했다.

익조가 그곳에 자리를 잡자 알동 백성들까지 몰려와 군락을 이루게 되었다. 얼마 후 익조 부인 손 씨가 맏아들 규수와 둘째 아들 복을 낳고 죽자 익조는 두 번째 부인으로 등주 호장 기련의 딸 최 씨를 맞아들였다. 익조는 두 번째 부인에게 태기가 없자 최 씨와 함께 낙산 관음굴을 찾아가 치성을 드렸다. 그렇게 치성을 드리던 어느 날 밤 꿈속에서 노승이 나타나 이렇게 전했다.

"그대의 치성에 감동을 받았다. 그래서 그대에게 귀한 아들을 얻도록 해줄 것이야. 그렇지만 약조를 하나 해줘야겠네. 아들 이름을 반드시 선래라고 짓도록 해야 하네."

산달이 찬 얼마 후 부인은 아들을 낳았고 꿈속에서 노승이 말한 것처럼 이름을 선래라고 지었다. 이 아기가 바로 탁조다. 익조가 죽자 안변부 서곡현 봉룡 뒷골에 장사를 지냈다.

탁조의 이름은 춘이고 어릴 때 이름이 선래이며, 몽골이름이 발안첩목아다. 그 또한 아버지의 벼슬을 그대로 물려받았으며 문하부시중을 추증한 박광의 딸을 아내로 맞아들였다.

탁조는 아들 형제를 낳았는데, 큰아들 이름은 자흥(몽골 이름은 탑사불화)이고 둘째 아들 이름이 자춘이다. 둘째 아들 자춘이 바로 환조이다. 탁조는 부인 박 씨가 죽자 화주로 옮겨 쌍성총관의 딸 조씨를 둘째 부인으로 맞아들였다. 슬하에 아들 두 명과 딸 셋을 낳았는데, 맏아들 이름이 완자불화이고 둘째 아들 이름이 나해다.

탁조는 안변 이북 땅을 모두 차지한 후 의주로 이주해 살던 어느 날 밤, 꿈속에 어떤 백발노인이 나타나 이렇게 말했다.

"나는 저 산 밑 못에 살고 있는 흰 용이다. 그런데 검은 용이 나를 찾아와 내 집을 강제로 빼앗으려고 한다. 내가 힘이 부족해 그대가 나를 도와줬으면 한다."

며칠 후 또다시 꿈속에서 백발노인이 찾아와 아예 날짜를 가르쳐 주었다. 그 다음날 탁조는 용이 정해준 날짜에 활과 화살을 들고 그 못으로 갔다. 그곳엔 구름과 안개가 자욱했고, 정말 흰 용이 검은 용과 싸우고 있었다. 탁조는 얼른 흰 용의 부탁대로 활을 쏘아 검은 용을 죽이고 집으로 돌아왔다. 그날 저녁 꿈속에 흰 용이 또다시 나타나 이렇게 감사의 말을 전했다.

"공에게 감사를 드린다. 내가 은혜를 갚기 위해 앞으로 공의 자손

들에게 경사가 대대로 이어지도록 약속하겠다."

세월이 흘러 탁조가 죽자 함흥부 운천동에 장사 지내졌다. 그러자 큰아들 자흥(탑사불화)이 개원로로 찾아가 보고 하면서 아버지의 벼슬을 그대로 물려받았다. 그렇지만 자흥(탑사불화)이 갑자기 죽었고 그의 아들은 너무 어렸다.

이런 상황을 잘 알고 있는 둘째 아들 나해는 자신의 어머니 조 씨가 고려왕의 친척이고, 자신과 형 완자불화가 벼슬을 하고 있는 배경과 조총관의 세력까지 믿고 엉뚱한 짓을 저지르고 말았다.

그는 아버지 탁조의 장례식을 틈타 형의 임명장과 도장을 훔쳐 달아났다. 그러자 관내의 군사들과 백성들은 이구동성으로 말했다.

"조 씨가 본처도 아닌데, 나해가 어떻게 아버지의 벼슬을 물려받을 수 있는가?"

이런 소문이 꼬리에 꼬리를 물고 결국 환조의 귀에 들어갔다. 그러자 환조는 잘못 됨을 바로잡기 위해 형수 박씨(안변출신 박득현의 딸)와 어린 조카 교주를 데리고 개원로에 찾아가 사실을 고했다.

그러자 원나라 조정에서는 조 씨가 탁조의 본처가 아니기 때문에 벼슬을 물려줄 수가 없다고 판단했다. 그래서 자흥의 아들 교주에게 벼슬을 그대로 물려주려고 했지만 나이가 너무 어렸다. 그래서 궁여지책으로 교주가 장성하면 벼슬을 돌려주는 조건으로 환조에게 벼슬을 물려받게 했다. 그런 후 원나라 조정에서는 관리들을 급파해 나해를 찾아 죽이라고 명령했다.

환조의 이름은 자훈이고 몽골이름은 오로사불화이다. 그는 어려서부터 보통 아이와는 달리 총명했고 말을 잘 탔으며 활까지 잘 쏘았다. 환조가 벼슬을 물려받자 군사들과 백성들은 모두 기뻐했으며 그에게 충성을 맹세했다. 조카 교주가 성년이 된 후 환조가 벼슬을 되돌려주려고 했지만 그는 극구 사양했다. 이럴 시기에 환조가 공민왕을 만났는데, 왕은 이렇게 말했다.

"경의 할아버지께서 항상 왕실을 생각하는 마음이 한결같았기 때문에 부왕께서는 매우 사랑하셨소. 경 역시 할아버지처럼 행동해준다면 내가 힘이 닿는 한 훌륭한 사람으로 만들어 주겠소."

공민왕은 환조와 이렇게 약속한 후 이런 사실을 원나라에 알리자 중서성과 요양성에서 관리를 보내왔다. 공민왕도 정통성 낭중 이수산을 화답으로 급파해 그들과 만나보게 했다. 세월이 흐른 후 환조가 개경으로 공민왕을 찾아갔는데, 왕은 그를 반갑게 맞이했다.

이때 고려 왕실은 기황후의 일족들이 황후의 세력을 믿고 횡포를 부리고 있었다. 더구나 기황후 오빠 기철이 쌍성의 관리 조소생, 탁도경과 내통하면서 반역을 꾀하고 있었다. 이를 알아차린 공민왕은 환조를 비밀리에 불러 밀령을 내렸다.

"경은 곧장 고향으로 돌아가 백성들을 잘 다스리고 기다려라. 만약 고려 왕실에 어떤 일이 발생하면 짐이 시키는 대로 거행하라."

환조가 돌아가자 공민왕은 기철을 죽인 후 곧바로 밀직부사 유인우에게 쌍성을 공격하라고 명령했다.

하지만 그는 등주에서 이런저런 핑계를 대면서 머뭇거리고 있을 때, 공민왕은 환조를 소부윤으로 임명한 후 중현대부로 품계를 높임과 동시에 진격 명령을 내렸다. 그리고 명령병마판관 정신계를 환조에게 보내 지원케 했다.

환조가 정신계의 군사와 합세하여

쌍성을 공격하자 조소생, 탁도경은 목숨만 부지한 채 밤에 도망치고 말았다. 이에 힘을 얻은 환조의 군사는 환주, 등주, 정주, 장주, 예주, 고주, 문주, 의주, 선덕진, 원흥진, 영인진, 요덕진, 정변진 등 여러 성들을 되찾았다. 더구나 99년 동안 원나라에 강제 점령된 함주 이북의 합과, 홍헌, 삼살 등까지 회복했다.

공민왕은 큰 공을 세운 환조를 대중대부 사복경으로 임명하고 개경에서 살게 했다. 환조가 군기감 판사로 재직할 때 왜구가 양광도에 침입하자 서강병마사로 임명되어 크게 무찔렀고, 이에 대한 공으로 통의대부 정순대부까지 승진했다가 천우위 상장군까지 벼슬이 높아졌다.

이후 환조가 장작감 판사로 삭방도 만호 겸 병마사로 임명되자 어사대에서는 동북면 출신의 천인이라며 임명을 반대했다. 그렇지만 공민왕은 이를 듣지 않고 그대로 밀어붙였다.

임명 날 공민왕은 연회를 마련해 환조를 극진히 대접했고, 재상들은 문밖까지 나와 전송했다.

환조는 호부상서까지 벼슬이 올랐으며 46세에 병으로 죽었다. 함흥부 귀주동에 장사지내졌다. 환조 부인 최 씨는 문하부시중, 영흥부원군의 벼슬을 추증한 최한기의 딸로 1335년 영흥부에서 태조 이성계를 낳았다.

이성계의 탄생이야기

태조 이성계는 전주 이씨로 1335년(충숙왕 4년) 12월11일 함경남도 영흥군 흑석리에서 아버지 환조와 어머니 최 씨 슬하에서 2남으로 태어났다.

조선을 세워 왕위에 오른 후 휘를 단, 자를 군진으로 고쳤다. 비는 한경민의 딸 신의왕후이고 계비는 강윤성의 딸 신덕왕후이다.

1357년 공민왕 6년, 아버지 환조와 함께 유인우가 쌍성총관부를 공격할 때 공을 세웠다. 이 후 아버지 환조는 고려 삭방도(함경도) 만호겸병마사로 임명되었다. 하지만 환조는 46세의 일기로 세상을 떠났으며 그의 자식들은 장남 원계, 차남 성계, 삼남 화가 있었다. 하지만 장남과 삼남은 정실소생이 아니었기 때문에 아버지의 벼슬을 이어받지 못하고 차남 성계가 이어받았다.

어느 날 이성계는 이상한 꿈을 두 가지를 꾸었는데 아무리 생각해도 이해를 할 수가 없었다. 그는 곰곰이 생각하다가 설악산에서 도를 닦고 있다는 유명한 도승 무학대사를 찾아가기로 결심했다. 그는 곧바로 무학대사를 만나 자신이 꾼 두 가지 꿈을 이야기 하고 해몽을 부탁했다. 먼저 이성계가 입을 열었다.

"쓰러진 집에 들어가 세 개의 서까래를 가로로 짊어지고 나왔습니다."

이 말을 들은 무학대사는 먼저 예의를 갖춘 다음 해몽을 했다.

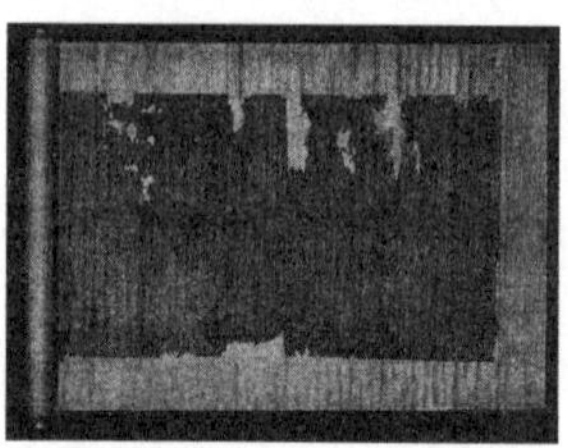

"네 말씀드리지요. 즉 등에 짊어진 세 개의 서까래는 곧 임금 왕(王) 자를 뜻하지요."

그러자 이성계는 의미심장한 표정을 짓더니 이내 또

다른 꿈을 말했다.

"그러면 꽃이 지고 거울이 떨어진 것은 무엇을 뜻합니까?"

이에 무학대사는 얼굴에 웃음을 띠면서 이렇게 풀이했다.

"네, 꽃이 졌다는 것은 곧 열매가 나타난다는 것이고 거울이 떨어졌다는 것은 틀림없이 무슨 소리가 난다는 뜻이지요."

이성계는 무학대사의 해몽에 흡족한 듯 얼굴에 웃음을 띠면 개경으로 돌아왔다. 세월이 흘러 역성혁명을 성공한 이성계가 조선왕조를 세웠다. 그런 뒤 곧바로 자신의 꿈을 해몽해준 무학대사와의 만남을 기념하기 위해 세운 사찰이 유명한 석왕사(釋王寺)였다.

이밖에 이성계의 또 다른 꿈 이야기가 전해져 내려오고 있다. 그가 왕위에 오르기 전 고려왕조에서 정승으로 재직할 때 꿈속에 신선이 나타나 금척을 던져주면서 이렇게 말했다고 한다.

"내 말을 잘 들어보시오. 시중부흥(고려시대 정승)은 청렴하지만 너무 늙었고, 도통사 최영은 성격이 곧지만 나라를 바로 잡을 인재가 못 된다오. 그래서 내가 그대에게 이 금척을 주겠소. 그대는 이것으로 나라를 바로 잡아주었으면 하오."

이 꿈 역시 그가 왕이 된다는 징조였던 것이다.

신궁 이성계

어릴 때부터 이성계는 총명했으며, 관상으로는 콧마루가 높이 솟은 용상이었다.

어느 봄날, 마당을 가로질러가는 이성계를 본 의붓어머니 김 씨(천인신분의 의안대군 화의 어머니)가 그의 활 솜씨를 볼 겸 부탁했다.

"성계야, 이 어미의 부탁이 있다. 저쪽 담 위에 앉아있는 까마귀 다섯 마리를 활로 맞힐 수 있겠느냐?"

"네, 어머니. 문제없습니다."라는 말이 떨어짐과 동시에 활시위를 당겨 한 발에 다섯 마리의 까마귀 머리를 꿰뚫었다. 그러자 김 씨는 이성계의 활 솜씨에 또다시 감탄했다.

이성계의 청소년기에 동북면 도순문사 이달충이란 사람이 관내시찰의 일환으로 안변부로 찾아왔다. 이때 그의 부하 중 한 사람이 이성계가 너무 잘난 체 한다며 헐뜯었다. 그러자 이달충은 그이 부하를 시켜 이성계를 불러오게 한 뒤 얼굴을 곰곰이 살폈다. 이윽고 그는 이성계를 헐뜯은 부하에게 이렇게 당부했다.

"내가 관상을 본 즉 그는 보통 인물이 아니다. 너는 앞으로 절대로 그와 맞서지 말도록 주의해라."

이렇게 부하에게 경고한 이달충은 무사히 시찰을 마치고 개경으로 되돌아가게 되었다. 그러자 환조가 그에게 수고했다며 송별연을 베풀어주었다. 송별연회장에서 환조가 이달충에게 술을 권하자 서서 마셨다. 하지만 이성계가 술잔을 권하자 그는 무릎을 꿇고 받아 마셨다. 그의 이런 행동을 지켜본 환조가 의아한 표정으로 그 이유를 이달충에게 물었다.

"도순무사께서는 연세도 많으신데, 어찌 제 아들이 권하는 술잔을

무릎을 꿇고 받으십니까?

그러자 이달충은 얼굴에 미소를 띠운 채 말이 없다가 때마침 맞은편 언덕 위에 노루 일곱 마리가 있는 것을 보았다. 그 즉시 이달충은 환조에게 이렇게 말했다.

"이 기쁜 자리에 안주가 더 필요한 것 같소이다. 때마침 저 언덕 위에 노루 일곱 마리가 있구려."

이 말이 떨어지기가 무섭게 환조는 아들 이성계에게 노루를 잡아오라고 명령했다. 이에 이성계는 곧장 활시위를 당겨 노루 일곱 마리를 한꺼번에 잡았던 것이다. 그러자 이달충은 다시 한 번 이성계의 활솜씨에 감탄했다고 한다.

고려 공민왕 13년 기황후 일족이 처단되면서 기황후는 공민왕에게 나쁜 감정을 품고 있었다. 이런 기회를 틈타 최유는 원나라에서 벼슬하면서 공민왕을 내쫓고 덕흥군을 왕으로 세우려고 음모를 꾸미고 있었다. 거사 일을 정한 최유는 기황후를 꾀어 요양성 군사들을 움직여 압록강을 건너왔다.

그러나 공민왕은 찬성 안우영을 보내 막으려 했지만 패하고 말았다. 그러자 공민왕은 이성계에게 동북면 정예기병 1,000여 명을 내주면서 그들의 침략을 막으라고 명령했다. 이성계는 흔쾌히 군사를 이끌고 가서 적을 삼면으로 공격해 화주와 양주 등을 되찾는 공을 세웠다.

이런 공로를 인정한 공민왕은 1370년(공민왕 19년) 이성계를 밀직사 부사로 승진시키고 봉익대부로 봉한 다음 금띠를 하사했다. 같은 해 공민왕은 동녕부를 격파하기 위해 이성계에게 기병 5,000명과 보병 1만을 내주었다. 이성계는 군사들과 함께 동북면과 황초령을 넘어 6백여 리를 진군해 설한령을 거쳐 압록강을 건넜다.

이때 동녕부를 지키고 있던 동지 오로첩목아는 이성계가 온다는

소식을 듣고 우라산성에서 300여 호의 백성과 함께 달려 나와 항복했다. 그러나 성의 추장 고안위는 끝내 항복하지 않고 버티자 고려군은 우라산성을 포위했다. 그런 후 이성계는 70여 발의 화살로 성을 지키고 있던 적의 얼굴에 맞혀 사살했다. 이 광경을 본 적군은 그만 기세가 꺾였고 추장 고안위는 가족을 버리고 홀로 도망쳤다.

영웅과 활솜씨

이성계는 밀직사부사 한경민의 딸과 결혼했다. 그렇지만 26세 때 아버지 환조가 죽으면서 벼슬을 그대로 이어 받아 동북면 만호로 승진했다.

1361년(공민왕 10년)에 홍건적이 송도로 침략하자 공민왕의 명을 받은 이성계는 그들을 모두 물리쳤다. 이듬해엔 원나라 나하추가 송도로 쳐들어왔다. 그러자 공민왕은 다른 장수들을 투입했지만 번번이 실패하고 말았다. 이에 공민왕은 이성계를 동북면병마사로 임명하여 출전시켰다. 전장에 도착한 이성계는 부하장수를 모아놓고 패인에 대한 원인을 물었다.

그러자 장수들은 한결같이 이렇게 둘러댔다.

"한창 전투가 무르익고 우리가 유리해질 때쯤 갑자기 철갑 옷에 붉은 쇠털로 장식한 적장이 창을 휘두르면서 달려듭니다. 우리군사들은 그의 용맹에 지레 겁을 먹고 도망치기 일쑤였습니다."

장수들의 말을 들은 이성계는 적장을 스스로 물리칠 생각을 했다. 이에 전투가 시작되고 이성계는 작전상 북쪽으로 도망쳤다. 그러자 적장은 이성계의 계략인지도 모른 채 창을 휘두르며 쫓아왔다. 이 순간 이성계는 갑자기 말머리를 돌려 적장을 향해 달려가면서 잽싸게 몸을 말 배에 붙인 후 적장의 말을 들이받았다.

그 순간 적장은 중심을 잃고 낙마했는데, 이성계는 이것을 놓치지 않고 활을 쏘아 적장을 단숨에 죽였다. 적장이 죽자 이성계는 적장을 죽였다는 것을 큰 소리로 외쳤고, 이에 적군들은 사기가 떨어지고 말았다. 이 기회를 틈탄 아군들은 용맹스럽게 싸웠으며 나하추는 도망치기에 급급했고 적군들은 그를 따라 북쪽으로 도망쳤다.

이성계가 도망치는 적군들을 뒤쫓아 함관령을 넘어섰다. 그러자

나하추는 자신의 본영 앞에서 십여 기의 기마병과 함께 버티고 있었다. 이를 본 이성계 역시 십여 기의 기마병과 함께 나하추와 마주 섰다.

이때 나하추는 계략으로 화해를 제안을 했지만 이성계는 그것이 거짓임을 알고 군사들에게 진격 명령을 내렸다. 이에 당황한 나하추는 군사들을 팽개치고 도망을 가자 이성계는 활을 쏘아 그의 말을 쓰러뜨렸다. 그렇지만 나하추는 부하가 건네준 말을 갈아타고 겨우 목숨만 부지한 채 도망쳤고, 이때부터 이성계의 이름은 온 천하에 알려지게 되었다.

몇 년 후 이성계는 공민왕의 명을 받아 동녕부를 격파하기 위해 기병 5천과 보병 1만을 거느리고 황초령과 설한령을 거쳐 압록강을 건넜다. 그러자 동녕부의 동지중추부사 이올로는 이성계의 용맹성에 겁을 먹고 백성들과 함께 항복했다.

우왕 3년인 1377년, 왜구가 경상도로 침범해 피해가 심했다. 그러자 왕은 이성계를 대장으로 임명해 지리산으로 출정케 했다. 지리산에 도착한 이성계가 진영을 조성하고 있을 때, 2백보 떨어진 곳에서 왜구 한 놈이 자신의 궁둥이를 두드리며 조롱하고 있었다. 이에 격분한 이성계가 화살을 쏘아 사살하자 왜구들은 겁을 먹고 사기가 떨어져 결국 참패하고 말았다.

우왕 5년인 1379년, 왜구의 대장 아지발도가 배 5백 척에 군사를 싣고 침입해 운봉인월역에 진지를 구축하고 있었다. 그러자 우왕은 이성계를 경기, 전라, 경상 삼도순찰사로 임명해 그들의 침약을 진압하라고 명령했다.

전장에 도착한 이성계는 작전을 세우기 위해 높은 곳으로 올라가 운봉인월역 지형을 살폈다. 그러던 중 문득 운봉인월역 오른쪽에 있는 험준한 지름길을 발견하고 곧바로 작전을 완성했다.

그 작전은 적들의 매복 작전을 깨트리기 위해 홀로 지름길을 통과하는 것이었다. 그 다음날 이성계는 질풍같이 말을 몰아 지름길로 들어서면서 선수로 왜구의 얼굴을 향해 화살을 쏘기 시작했다. 이때 이성계가 쏜 화살은 백우전 20대와 유엽전 50대로 한 발도 어긋남이 없이 백발백중 왜구의 얼굴을 맞혔다.

그의 용맹성에 겁을 먹은 왜구들은 뿔뿔이 흩어져 산속으로 숨어들었다. 그러자 이성계는 왜적들의 잔당을 소탕하기 위해 부하장수에게 명령하여 소라를 요란하게 불게 하면서 군사를 진군시켰다.

그 순간이었다. 이성계의 말이 왜구의 화살에 맞아 쓰러지고 말았다. 하지만 이성계는 낙마하지 않고 잽싸게 다른 말을 바꿔 탔다. 그렇지만 이번엔 자신의 왼쪽무릎에 왜군의 화살이 박혔다.

이성계는 이에 아랑곳 하지 않고 태연스럽게 왼손으로 화살을 뽑은 다음 부하들에게 진군을 명령했다. 이 광경을 목격한 부하들은 용감하게 싸웠다. 그렇지만 무슨 이유에서인지 부하들은 좀처럼 앞으로 진군하지 못했다.

그 연유를 살피던 이성계는 왜군을 지휘하고 있는 15~6세 가량의 왜장 아지발도라는 것을 알아차렸다. 적장 아지발도는 나이가 어렸지만 그 용기와 담력은 백전노장을 능가했던 것이다. 그의 용맹성에 아군들은 겁을 먹고 도망치기에 여념이 없었다.

더구나 아지발도는 전신갑옷과 얼굴 전면을 투구로 감싸고 있었기 때문에 화살로는 도저히 사살할 수가 없었다. 그렇지만 이성계의 활솜씨는 신궁에 가깝지 않은가. 이성계는 이두란과 작전을 짰다. 먼저 이성계가 활을 쏘아 아지발도의 투구가 벗겨졌다. 이두란은 이 순간을 놓치지 않고 아지발도의 얼굴을 향해 활을 쏘아 사살했다는 일화가 있다.

위화도 회군과 조선의 태동

1388년 우왕은 요동공격을 위해 전국에 방을 붙여 군사들을 소집하였다. 그러나 백성들은 우왕의 군사소집에 불만이 하늘을 찔렀다. 그것은 왜구의 오랜 침략에 시달린 탓에 가계는 궁핍해져 있었고, 때마침 농사철이었기 때문이다.

그렇지만 우왕과 최영은 이에 아랑곳 하지 않고 군사소집을 감행했던 것이다. 이때 최영은 팔도도통사로 군권을 장악하고 있었다. 최영은 우왕에게 건의하여 조민수를 좌군도통사, 이성계를 우군도통사로 삼아 4만여 명의 군사들을 내주면서 요동으로 진격하도록 명령했다. 명령을 내린 우왕과 최영은 평양을 떠났다.

그러자 이성계는 평양을 떠난 우왕에게 요동공격의 불가함을 상세하게 건의하는 문건을 올렸다.

"이번 출격을 거둬들이시는 것이 마땅합니다. 그 이유는 첫째 작은 나라가 큰 나라를 치는 것이 부당하고, 둘째 전염병이 난무하는 여름철에 군사를 일으키는 것이고, 셋째 나라 안의 군사들을 모두 동원하면, 만약 왜구들이 침략했을 때 무방비가 되는 것이고, 넷째 장마철이기 때문에 활의 아교가 풀어지기 때문입니다."

그러나 우왕과 최영은 아예 회답조차 하지 않자 이성계는 자신의 뜻이 관철되지 않았다고 생각해 두 번째로 건의하였다.

"정녕 요동을 공격하려면 평양에 계셨다가 가을에 군사를 일으키는 것이 마땅하옵니다. 더구나 가을엔 군량미가 넉넉해서 군사들이 마음껏 싸울 수가 있사옵니다. 만약 우리 군사들이 요동성을 점령한다고 해도 장마가 시작되면 군사들이 고립될 것입니다. 그렇게 되면 오랜 기간 동안 그곳에 머물러야하기 때문에 군량미가 부족될 수가 있습니다."

이성계의 간곡한 건의에도 불구하고 우왕과 최영은 받아들이지 않았다. 이에 이성계는 눈물을 흘리면서 스스로에게 '아~아, 백성들의 불행이 이제부터 시작되는구나' 라고 중얼거렸다. 군사소집을 끝낸 이성계는 평양을 떠나 압록강을 건너던 중 우화도에 잠시 머물렀다. 위화도에 도착한 군사들 중 일부는 도망치기에 급급했다. 이를 간파한 조민수와 이성계는 또다시 우왕과 최영에게 건의문을 올렸다.

"폐하, 신들은 군사들과 함께 뗏목을 타고 압록강을 건넜습니다. 그렇지만 지금이 장마철이라 강물이 몹시 불어나 여울목에서 뗏목이 떠내려가면서 익사한 군사가 수백 명이나 됩니다. 더구나 여울목의 수심이 너무 깊어 건너지 못하고 섬에 머물면서 군량미만 축내고 있습니다. 또한 지난번 건의문에서도 말씀드렸지 지금은 장마철이라 활의 아교가 풀어져 사용할 수가 없고 갑옷은 비에 젖은 탓에 너무 무거워 군사들과 말까지 매우 지친 상태입니다. 이것들은 모두 각설하고라도 만약 군량미가 부족해지면 대처방법이 있는지요? 이것이 원활하게 해결되지 못하면 지금이라도 군사들을 회군시키는 것이 타당하다고 생각되옵니다. 선처해 주시옵소서."

그렇지만 우왕과 최영은 이런 상황을 이해하는지 못하는지 두 사람의 건의를 무시했다. 더구나 위화도에 머물고 있는 고려군 진영에서는 이런 유언비어가 나돌았다.

"우군도통사 이성계가 부하들과 함께 동북면으로 떠나려고 한다."

이 유언비어를 들은 좌군도통사 조민수가 이성계를 찾아와 눈물을 흘리며서 이렇게 말했다.

"공이 이곳을 떠나신다면 나와 군사들은 도대체 어디로 가라는 말씀입니까?"

그러자 이성계는 정색을 하며 대답했다.

"장군! 내가 가긴 어디로 간단 말씀이오? 지금부터라도 유언비어에 현혹되지 않았으면 하오."

조민수에게 이런 말을 던진 후 이성계는 여러 장수들을 소집해 자신의 심정을 토로했다.

"그대들은 들어보시오. 작은 나라가 큰 나라를 친다는 것은 천자에게 죄를 범하는 것이고, 이로 인해 나라와 백성들에게 큰 화가 미치는 것이 걱정이오. 나는 폐하께 요동공격이 옳지 않다고 수차례 건의했소. 하지만 그것이 받아들여지지 않았소. 그대들은 지금부터 내가 하는 말을 새겨듣고 나를 따랐으면 하오. 나와 함께 회군을 한 후 폐하를 만나 이곳의 형편과 요동공격의 부당성을 건의하겠소. 그리고 폐하 주위를 감싸고 있는 간신배들을 제거하고 백성들이 편안하게 살 수 있도록 하는 것이 신하된 도리라고 생각하오."

이성계의 우렁차고 의미심장한 말에 장수들은 마음을 모았다. 그런 후 즉시 이성계는 부하장수들에게 명령해 군사들을 회군시켰다. 회군하는 날 하늘이 도왔는지 며칠 동안 내린 장맛비에도 불구하고 강물이 불어나지 않았다. 다행히 모든 군사들은 무사히 강을 건넌 순간이었다. 갑자기 강물이 불어나면서 머물고 있었던 섬 자체가 물 속에 완전히 잠겨 버렸다. 이 광경을 목격한 모든 군사들은 이성계의 선경지명에 다시 한 번 감탄하면서 결속이 다져지는 계기가 되었다.

한편 조전사 최유경은 이성계가 위화도에서 회군하여 개경으로 진격하고 있다는 소식을 우왕에게 급히 전했다. 이에 당황한 우왕과 최영은 어쩔 줄을 몰라 했다.

얼마 후 이성계가 군사들을 이끌고 개경에 도착하자, 겁을 먹은 우왕은 성의 화원으로 들어가 숨었다. 그렇지만 최영은 이성계의 군

사들과 맞서기 위해 관리들에게 갑옷을 입히고 손에 무기를 쥐게 하였다.

이런 상황을 전해들은 이성계는 성큼성큼 성 안으로 들어가 화원을 겹겹이 포위했다. 겁에 질린 우왕과 영비를 비롯해 늙은 최영은 팔각전에 숨어 있었다. 그러자 이성계의 심복인 곽충보가 팔각전으로 들어가 최영을 체포했다. 체포된 최영을 본 이성계가 짤막하게 말을 던졌다.

"장군, 이 변란은 나의 진심이 아니라는 것을 알아주시오. 백성을 살리기 위해서는 어쩔 수가 없었소."

말을 끝낸 이성계는 최영을 고봉현으로 귀양 보냈다. 이제 외톨이가 된 우왕은 조민수를 좌시중, 이성계를 우시중으로 임명하였다. 하지만 지렁이도 밟으면 굼틀한다고 하지 않았던가.

변란이 있은 며칠 뒤의 칠흑같이 어두운 밤이었다. 왕권을 되찾기 위한 우왕은 내시들에게 무장을 시켜 이성계와 조민수 등을 죽이려고 그들의 집으로 접근시켰다. 하지만 이성계와 조민수는 성문 밖에 있는 진영에 있었기 때문에 우왕의 작전은 실패로 돌아갔다.

이런 일이 평정된 후 최영은 고봉현에서 수원부로 옮겨져 처형되었다. 그는 처형에 앞서 이런 말을 남겼다.

"나는 오직 나라에 충성했을 뿐이다. 나의 충정이

거짓이 아니라면 내 무덤에 풀이 나지 않을 것이다."

그의 유언대로 죽은 뒤 백여 년 동안 무덤에 풀 한 포기 나지 않았다는 일화가 전해지고 있다.

최영이 처형되자 이성계를 따르는 장수들은 영비(최영의 딸)가 나라를 어지럽힌 원흉이라며 서민으로 강등시켜 내쫓으라고 우왕을 윽박질렀다. 이에 우왕은 장수들에게 왕비의 선처를 눈물로 호소했지만 결국 무산되었다. 이후 우왕과 영비는 강화도로 귀양이 보내지면서 이성계의 조선왕조 창건이 서서히 막을 올리는 계기가 되었다.

한편 우왕 부부를 강화도로 귀양 보낸 후 이성계는 우왕의 아들 창을 왕으로 추대했다. 그러나 창왕 역시 임금 자리를 끝까지 지키지 못했다. 그 이유는 성이 다른 사람을 왕 씨의 후계자로 인정할 수 없다는 명나라의 입김 때문이었다. 그래서 이성계, 정몽주, 성석린, 조준, 박위, 정도전 등은 이 문제를 논의하게 되었다. 그 결과 조정 대신들은 다음가 같은 대책을 마련했다.

"종묘사직에 보면 우왕과 창왕은 원래부터 왕 씨가 아니기 때문에 제사를 받들 수 없는 신분이다. 명나라의 뜻대로 창왕을 몰아내고 진짜 왕 씨인 신종 7대 손인 정창군 요를 임금으로 세워야 마땅하다."

이렇게 공론을 확정한 후 대신들은 공민 왕비에게 승낙을 받아 처리했다. 이와 동시에 강화도로 귀양 보낸 우왕을 다시 강릉으로 옮겼고 창왕은 강화도로 내쫓겼다. 이후 요가 임금자리에 올랐는데 이가 고려 마지막 왕인 공양왕이다.

이때 정몽주는 공양왕이 즉위하면서 그의 스승이 되어 도왔다. 정몽주는 이성계와 함께 친명론을 주장했으며 벼슬이 수시중까지 올라 고려조정을 위해 헌신했다.

그러나 이성계의 세력이 점차적으로 확장되자 정몽주는 그들을 배척하기 위해 음모를 꾸몄다. 때마침 명나라로 갔던 태자가 귀국하면서 벽란도로 마중을 나간 이성계가 낙마로 상처를 입고 그곳에서 머물고 있었다. 정몽주는 이때를 기회로 삼아 대간 김진양을 조정해 조준, 정도전, 남은 등을 탄핵하여 조정에서 제거하려고 했다.

그러나 정몽주의 음모가 이성계의 다섯째 아들 이방원에게 전해졌고, 이방원은 벽란도에 머물고 있는 이성계를 급히 찾아가 사실대로 고하고 하루빨리 개경으로 돌아올 것을 권유했다. 이성계가 송도로 돌아오면서 정몽주의 음모는 끝나고 죽음까지 맞이한다.

아집으로 망한 고려 오백년

1338년 우왕은 최영의 말만 듣고 이성계와 조민수에게 요동정벌을 명령한다. 조정은 정벌의 구실을 명나라가 철령에다가 철령위를 세우고자 했기 때문에 이를 반대하기 위한다는 명분을 내세웠다.

하지만 이런 이유가 아니었다. 다시 말해 이성계의 세력이 날로 커져가면서 그가 왕이 된다는 소문이 나돌았고, 이에 최영은 듣고만 있을 수 없었기 때문에 견제수단으로 그에게 요동정벌을 명령했던 것이다.

한마디로 최영은 세력이 커져가는 이성계의 일거수일투족을 감시하기가 역부족이자 그에게 요동정벌이라는 구실을 내세워 약간의 실수도 트집으로 잡아 처치하려는 흉계도 포함되어 있었다.

그래서 최영은 요동정벌을 우왕에게 권했던 것이다. 그러자 공산부원군 이자송이 이 말을 듣고 최영의 집으로 찾아가 요동정벌이 잘못된 것이라며 만류했다.

"장군, 요동정벌은 우리에게 아무런 이득도 없는 백해무익한 것이오. 도리어 대국을 치다가 백성들에게 화가 돌아올까 걱정이 된다오. 그래서 요동정벌을 철회하시는 것이 좋을 듯싶소이다."

그러자 최영은 눈을 부라리면서 이렇게 말했다.

"당치도 않는 말을 하시는구려. 공산부원군께서는 정세를 그렇게 읽지도 못하오? 요동을 정벌해야만 우리 백성들이 편안하게 자손만대로 태평성대를 누릴 수가 있단 말이오!"

이자송이 돌아간 그 다음날 최영은 도리어 그에게 죄를 뒤집어 씌워 하옥시켰다. 그런 다음 무자비한 고문을 가한 뒤 유배지로 보낸 다음 자객을 시켜 그를 제거하고 말았다. 이런 일을 전해들은 우왕은 겁에 질려 최영의 말에 무조건 따르겠다고 마음먹고 요동정벌을

허락했던 것이다. 우왕은 곧바로 봉주로 행차해 최영과 이성계를 조용히 불렀다.

"경들은 요동정벌에 최선을 다해주기 바라오."

우왕의 말에 이성계는 시기나 현실적으로 요동정벌이 불합리하다는 것을 이렇게 설명했다.

"폐하, 현 상황에서 요동토벌이란 당치도 않습니다. 첫째 소국이 대국을 공격한다는 것은 이치에 맞지 않고, 둘째는 여름철에 군사를 움직인다는 것은 사기를 저하시키는 것이 되고, 셋째 나라 안의 모든 군사를 요동정벌에 출진시킨다는 것은 왜구에게 안방을 내주는 것과 같고, 넷째는 날씨가 덥고 비가 많이 내리는 시기라 군사들이 역병에 걸릴 가능성이 높기 때문입니다. 따라서 부디 폐하께서 요동정벌계획을 물리시기 바라옵니다."

그러나 우왕은 최영의 눈치를 보면서 이성계의 말이 틀리고 자신의 주장이 옳다며 듣지 않았다.

"이 장군, 나라에 충성하고자 하는 장군의 충정을 알고 있소이다. 하지만 조정대신들과 논의한 끝에 이미 출사를 결정한 사항이기 때문에 나로서도 어쩔 수가 없구려."

하지만 우왕의 이런 말에도 불구하고 이성계는 여러 번 출사를 거둬드릴 것을 건의했지만 결국 듣지 않았다. 그러자 이성계는 아무 말 없이 대전에서 물러나와 눈물을 흘리면서 탄식했다.

'아~아, 이 일을 어찌할꼬. 이제부터 백성들의 불안이 시작되는구나. 한탄스럽구나.'

그 해 5월, 이성계는 우군통도사로 임명되어 부장 이두란과 좌군통도사를 맡은 조민수와 그의 부장 심덕부과 함께 요동을 정벌하기 위해 출전했다. 그러나 요동정벌은 도저히 승산이 없는 싸움이란 것을 알고 있는 이성계는 압록강을 건너 위화도에 들어섰다가

좌군통도사와 함께 회군하기로 결정했다. 이에 앞서 이성계와 조민수는 다시 한 번 우왕에게 간곡한 심정으로 상소문을 올렸다.

'폐하! 신들이 압록강을 건너 위화도에 도착하는 순간부터 장맛비가 쏟아지고 있었습니다. 더구나 개울물이 넘치는 바람에 수백 명의 군사들은 제대로 싸우지도 못하고 물귀신이 되었습니다. 이곳에서 발이 묶여있다간 군량미만 줄어들 것입니다. 군량미가 부족하면 이 전쟁을 패한 것이나 다름없습니다. 폐하 선처해주십시오. 더구나 약자가 강자를 섬기는 것이야말로 백성들의 안전을 위하는 길인 줄 아옵니다. 또한 왜구의 잦은 침략으로 말미암아 백성들이 피폐해져 있는 가운데 갑자기 대국을 정벌한다는 것은 이치에 맞지 않다고 생각되옵니다. 폐하께서 현명한 판단으로 부디 저희의 충언을 헤아려주시어 회군을 허락해주옵소서.'

상소를 받은 우왕과 최영은 이들의 상소를 일언지하에 묵살하고 아무런 회답도 보내지 않았다. 이를 안타깝게 여긴 이성계는 한동안 말을 잃고 있다가 갑자기 무언가를 결심한 듯 부하장수들을 불렀다.

"그대들에게 내 답답한 심정을 털어놓겠다. 지금 우리 군사들이 명나라 국경을 침범하는 순간부터 나라뿐만 아니라 선량한 백성들까지 불행에 휩싸일 것이다. 그래서 내가 폐하에게 간곡한 심정으로 상소를 올렸지만 아예 눈과 귀를 막고 계시는 것 같아 걱정이 태산이구나. 지금 심정 같아서는 나를 따르는 그대들과 함께 폐하를 둘러싸고 있는 간신배들을 제거하고 백성들을 구하고 싶구나. 아~아, 이일을 어찌하면 좋을꼬?"

이성계의 이런 호소에 여러 장수들은 이구동성으로 대답했다.

"장군! 우리들은 장군의 뜻에 따라 목숨을 바치겠습니다. 이 나라 사직을 보전하고 백성들을 구할 분은 오직 장군밖에 없습니다. 분

부만 내려주신다면 기꺼이 장군을 따르겠습니다."

이에 힘을 얻은 이성계는 곧바로 회군을 결심하고 부하장수들에게 명령을 내렸다. 이성계가 위화도에서 회군했다는 정보를 들은 우왕은 급히 말을 재촉해 송도로 돌아왔다.

그때 송도에 남아 있던 다른 장수들과 군사들은 최영을 단죄하라는 상소문을 우왕에게 올렸다. 그렇지만 우왕은 자신의 장인인 최영을 제거하라는 이들의 상소문을 묵살했다.

그런 후 설장수에게 명해 다른 장수를 회유하여 또다시 파병케 했다. 그러나 이들은 군사들을 데리고 도성문 밖으로 나갔지만 출전하지 않고 주둔만 했다.

이를 보고받은 우왕은 최영에게 명령해 군사들을 소집하여 4대문을 지키게 했다. 이와 함께 이성계와 조민수를 비롯해 여러 장수들의 직함을 삭탈시키고 항전태세를 갖췄다.

얼마 후 좌군 조민수는 선의문으로 우군 이성계는 숭인문으로 향해 성문을 지키던 군사들을 쉽게 제압하고 들이닥쳤다. 그러자 성안에 있던 모든 백성들은 이들의 회군을 환영하면서 반갑게 맞이했다. 이에 힘을 얻은 이성계와 조민수 군사들은 최영을 체포하기 위해 앞으로 나아갔다.

얼마 후 조민수는 검은 깃발을 앞세우고 영의교에 도착했지만 최영의 군사들이 항전하는 바람에 멈추고 말았다. 그렇지만 이성계는 황룡 깃발을 앞세워 선죽교를 지나 남산으로 무난히 진격했다. 이때 최영의 군사들은 이성계의 군기를 보고 겁에 질려 허겁지겁 도망가고 말았다.

허탈감에 빠진 최영은 남은 군사들을 데리고 우왕이 있는 화원으로 들어와 방어벽을 구축했다. 그러자 이성계는 암방사 북령으로 올라가 소라나팔을 불어 군사들에게 화원을 수백 겹으로 포위하게

했다. 그런 다음 이성계는 최영을 내놓지 않으면 군사들에게 공격 명령을 내리겠다고 으름장을 놓았다.

이때 우왕은 영비를 비롯해 최영과 함께 팔각전으로 자리를 옮긴 후 이성계의 요구에 응하지 않았다. 어쩔 수 없이 이성계는 군사들을 화원으로 진격시켜 수색에 들어갔다. 이에 겁에 질린 우왕은 장인 최영의 손을 잡고 울기만 했다. 최영은 왕에게 공손하게 인사를 나눈 후 이성계의 부하장수인 충보를 따라나섰다. 걸어 나오는 최영에게 이성계는 안타까운 심정을 이렇게 토로했다.

"장군, 이번 변란은 나의 본심이 아니란 것을 알아주셨으면 하오. 장군이 더 잘 알고 계셨을 것이오. 요동정벌은 나라와 백성들을 큰 위험에 빠트릴 수 있다는 것을…. 그래서 나라와 백성들을 구하기 위해서는 어쩔 수 없이 물리적 수단을 취할 수밖에 없었소이다. 안녕히 가시기를 기원하겠소."

곧바로 최영은 고봉현(현재의 고양)으로 귀양살이를 갔고, 우왕에게 직위가 삭탈된 이성계와 조민수를 비롯해 36원수는 제자리를 찾았다. 얼마 후 최영은 조인옥 등이 그에게 죄를 물어 상소함에 따라 형장에서 목이 잘리고 말았다.

이때 최영은 73세의 고령이었지만 참형순간까지 안색하나 변하지 않았다고 한다. 그가 죽자 성 안의 모든 백성들은 그를 위해 조상했다고 전해진다.

최영이 죽은 해 6월, 이성계는 우왕을 폐하고 그의 아들 창을 왕위에 올려 홍무연호를 다시 사용했다. 폐위된 우왕은 강화도로 유배되기 전날 밤 이성계와 조민수를 제거하기 위해 스스로 갑옷을 입고 80여 명의 내시들을 무장시켜 그들의 집으로 찾아갔다. 하지만 이성계와 조민수는 집에 있지 않고 성 외곽에 주둔하고 있었기 때문에 거사는 실패하고 말았다.

1389년 창을 폐한 후 강화도로 추방하고 정창군 요를 왕위에 오르게 하였다. 이 사람이 바로 고려 마지막 임금인 공양왕이다. 그가 왕위에 오른 사연은 다음과 같다.

어느 날 최영의 생질인 김저가 정득후와 함께 비밀리에 여흥으로 유배되어 있는 폐왕 우를 만나 눈물을 흘렸다. 그러자 우왕은 자신의 솔직한 심정을 이들에게 토로했다.

"울지 마시오. 이제 난 꼼짝없이 죽은 목숨이오. 그래서 생각한 것인데, 지금 나를 위해 목숨을 바칠 수 있는 장사 한 명만 있다면 대역죄인 이성계를 단칼에 제거할 수 있는데…. 이성계를 죽이지 못하고 내가 먼저 죽는다면 저승에서 선왕들을 뵐 낯이 없소."

자신의 억울함을 두 사람에게 피력한 우왕은 칼 한 자루를 정득후에게 조심스럽게 건네주면서 거사할 것을 명했다. 우왕에게 칼을 받은 정득후는 거사를 반드시 성공시키겠다고 다짐한 후 송도로 돌아왔다.

송도로 돌아온 그날 밤 고려의 국운은 이미 기울어졌다고 판단한 정득후는 곧장 이성계를 찾아가 우왕의 음모를 발고했다. 이에 이성계는 집에서 저녁을 먹고 있는 김저를 체포한 다음 국문에 붙이기로 마음먹었다. 그리고 이성계는 심덕부, 지용기, 정몽주, 설장수, 성석린, 조준, 박위, 정도전 등을 한자리에 불러 국문에 대해 논의했다.

"우와 창은 원래 왕 씨의 자손이 아니오. 그렇기 때문에 종묘를 받들 자격이 없소."

이와 같은 결론을 도출해낸 이성계와 대신들은 정비를 찾아가 이를 고하고 교지를 내리게 하여 우를 강릉으로, 창을 강화도로 유배시켰다. 유배 다음날 정창군 요를 왕 씨 집안의 적자라며 왕위에 오르게 했다.

요가 임금 자리에 오른 지 얼마 후 윤회종이 우와 창을 참형해야 한다는 상소문을 올렸다. 힘없는 임금은 어쩔 수 없이 명령을 내려 우는 강릉에서 창은 강화에서 참형시켰다. 이 사실을 들은 우왕의 비였던 영비는 소리를 내어 통곡하면서 이렇게 말했다.

"어찌할꼬. 내 신세가 이렇게 된 것은 아버지(최영)의 잘못이 컸기 때문인 것을…."

정몽주와 이방원

이성계의 세력을 경계하고 있던 정몽주는 그의 아들인 이방원이 자신을 죽일 것이라는 것을 이미 눈치 채고 있었다. 이에 정몽주는 이성계의 문병을 핑계 삼아 분위기를 살피기 위해 그의 집을 방문했다. 이에 앞서 이방원이 직접 정몽주를 자신의 집으로 초대해 연회를 베풀면서 그의 마음을 떠보는 시 한 수를 읊었고, 그러자 정몽주는 시 한 수로 대답을 했다. 이들이 읊은 시는 오늘날 까지 전해져 내려오는 유명한 '하여가' 와 '단심가' 이다. 먼저 이방원이 시 한 수를 읊었다.

'이런들 어떠하리 저런들 어떠하리
만수산 드렁 칡이 얽혀진들 어떠하리
우리도 이처럼 백 년까지 누리리라'

이에 정몽주는 이렇게 한수를 읊었다.

'이 몸이 죽고 죽어 일백 번 고쳐 죽어
백골이 진토 되어 넋이라도 있고 없고
님 향한 일편단심이야 가실 줄이 있으랴'

이방원은 정몽주의 심정을 확실하게 파악한 후 그를 척살하기로 마음먹고 이지란을 불렀다. 그러자 이지란은 이렇게 대답했다.

"당치도 않네. 당대의 충신을 죽인다는 것은 말도 안 되네. 나로서는 도저히 자네와 뜻을 같이할 수가 없네."

이지란의 뜻밖의 말에 당황한 이방원은 자신의 심복인 조영규를 은밀히 불러 척살을 지시했다.

"너는 내가 가장 사랑하는 충직한 부하라는 것을 모든 사람들이 알고 있을 것이다. 오늘 밤 부하들을 데리고 선죽교에 숨어 있다가 정몽주가 지나가면 단칼에 척살하라."

이방원의 명령을 받은 조영규는 눈빛을 번뜩이며 부하들을 데리고 선죽교로 향했다. 정몽주는 이성계의 병문안을 마치고 집으로 향했다. 때마침 전 개성부 판사 유원이 죽었다는 부고를 받았기 때문에 문상을 위해 그의 집으로 말머리를 돌렸다.

이러저런 잡생각에 잠긴 정몽주를 이해하는 듯 모르는 듯 그를 태운 말은 어느새 선죽교로 접어들었다. 이때를 놓치지 않고 그의 말 앞에 철퇴를 든 한 사나이가 나타났다. 섬뜩한 분위기를 느낀 정몽주는 재빨리 자신을 뒤따르던 하인들에게 자리를 피하라고 한 후 길을 재촉했다.

그 사나이는 조영규로 정몽주가 가까이 다가오자 들고 있던 철퇴를 힘껏 내리쳤다. 하지만 다행스럽게도 정몽주는 맞지 않았다. 그러자 정몽주는 조영규를 바라보면서 큰 소리로 꾸짖었다.

"웬 놈인데, 나를 죽이려 하느냐! 썩 물러가지 못할까?"

그러나 정몽주의 꾸짖음에도 불구하고 조영규는 달아나는 그를 쫓아가 말머리를 향해 다시 한 번 철퇴를 내리쳤다. 철퇴를 맞고 말이 꼬꾸라지면서 정몽주는 땅으로 떨어지고 말았다. 그러자 조영규는 단숨에 달려가 정몽주의 머리를 행해 철퇴를 내려쳤다.

고려의 충신 정몽주가 이처럼 비참하게 척살되고 말았다. 정몽주가 죽은 선죽교 위엔 선혈이 낭자했는데, 이곳에서 그의 절개를 상징하는 대나무가 생겨났다는 일화가 전해져 내려오고 있다.

정몽주를 제거한 이방원은 곧장 아버지 이성계를 찾아가 이 사실을 고했다. 그러자 이성계는 이방원에게 몹시 화를 냈다.

"예끼, 버러지만도 못한 놈! 우리 가문은 대대로 충성과 효도를 근본으로 삼고 있다. 그런데 네 놈이 이 나라의 충신을 죽인 죄로 말미암아 백성들은 자손대대로 우리 가문을 원망할 것이야."

"아버님, 무조건 역정만 낼 것이 아니라 제 말씀도 들어보십시오. 저의 염탐꾼에 의하면 정몽주가 아버님을 제거한 다음 우리 집안을 몰락시키려는 음모를 꾸미고 있었습니다. 그런데도 가만히 앉아서 죽기만을 기다려야하겠습니까?"

한편 철퇴를 맞아 즉사한 정몽주의 시체는 선죽교에 버려졌지만 누구 한 사람 거두지 않았다. 그러던 어느 날 송악산의 승려들이 내려와 시신을 염습한 다음 풍덕 땅에 묻었다. 조선왕조가 건국된 다음 이성계의 명으로 경기도 용인으로 이장되었다.

정몽주가 척살되자 이성계를 추종하는 남은, 조준, 정도전, 조인옥, 조박 등 52명은 그를 왕으로 추대하고자 했다. 이들은 배극렴 등을 사주해 공민왕비 안 씨를 부추겨 공양왕의 나약함을 내세워 결국 원주로 유배를 보내고 말았다.

이로써 고려 태조 왕건이 나라를 세운지 34왕 425년 만에 막을 내렸고 1392년 그 뒤를 이어 이성계가 수창궁에서 조선을 건국하게 되었다. 이성계가 왕위에 오르자 조준의 아우 조견, 원천석, 길재, 이색, 이숭인 등은 고향으로 낙향하여 운둔생활을 했다.

정몽주의 거사 실패

이성계는 공양왕의 아들 세자 석이 명나라에서 돌아오자 황해도 황주까지 마중한 후, 해주에서 노루사냥을 하다가 낙마해 심한부상으로 요양을 하고 있었다.

정몽주는 이성계의 세력이 점점 커지자 그를 제거하기로 마음먹었다. 마침 이성계가 낙마로 인해 집안에서 꼼짝하지 못하고 누워 있다는 소식을 접했다. 그는 이때가 좋은 기회라고 생각한 나머지 대간을 불렀다.

"소식을 듣자하니, 이성계가 낙마로 인해 고생한다는구나. 이번이 좋은 기회로 우선 조준을 척살한 다음 이성계를 제거하는 것이 순서인 것 같구나."

정몽주에게 이 말을 들은 대간은 은밀하게 삼사에게 전했다. 그러자 삼사는 조준, 정도전, 남은, 윤소종, 청주목사, 조박 등의 죄를 소상히 적은 상소문을 공양왕에게 올렸다. 상소문을 읽은 공양왕은 도당에게 그 일을 처리하라며 넘겼다. 그러자 도당으로 들어간 정몽주는 그들의 죄에 물어 여섯 사람 모두를 귀양 보냈다. 그런 다음 정몽주는 자신의 측근인 김구련과 이번 등에게 이들을 국문토록 지시했다.

한편 정몽주가 이성계를 제거하기 위한 계획이 하나하나 실천되고 있을 쯤, 이성계의 아들 이방원은 어머니 한 씨 무덤 옆에서 여막생활을 하고 있었다.

그러던 중 이방원은 자신의 측근들로부터 아버지 이성계가 낙마해 꼼짝도 못하고 누워있다는 소식과 정몽주가 아버지 이성계가 대궐로 입경하는 날 암살할 것이라는 내용을 보고받았다. 눈이 휘둥그레진 이방원은 한 시간도 지체하지 않고 곧바로 말을 내달려 이

성계가 요양하고 있는 벽란도로 향했다. 벽란도에 도착한 이방원은 말에서 내려 숨을 헐떡이며 이성계를 만났다.

"아버님, 큰일 났습니다. 동지로서 굳게 믿고 있는 정몽주가 아버님을 죽이기 위해 음모를 꾸미고 있습니다. 하루속히 송도로 돌아가셔야만 그들의 거사를 막을 수가 있습니다."

"이 놈이, 누구를 모략하는 것이냐? 네가 무엇을 어떻게 들었는지 모르겠지만 정몽주는 그럴 사람이 절대로 아니다."

이방원은 아버지 이성계가 완강하게 부인하면서 자신의 말을 듣지 않았다. 그렇지만 이방원의 끊임없는 설득에 이성계는 상처의 고통을 참아가면서 송도 집으로 비밀리에 돌아왔다.

하지만 정몽주는 이성계가 집으로 돌아온 사실을 까맣게 모른 채 대간에게 상소케 하여 조준과 정도전까지 죽이라고 지시했다. 이 소식은 곧바로 이방원에게 전해졌고, 이에 이방원은 이성계를 찾아가 고했다.

"아버님, 저 보십시오. 지금 정몽주가 아버님의 측근들을 제거하고 있습니다. 우리가 먼저 손을 쓰지 않으면 꼼짝없이 당할 것입니다."

그렇지만 이성계는 이방원을 한동안 쳐다보더니 역정을 냈다.

"듣기 좋은 꽃노래도 자꾸 들으면 싫증이 나는 법, 이제 그만 남을 비방하지 말고 네 앞가림이나 잘해라. 썩 물러가거라, 이놈!"

그렇지만 이성계의 역정에도 아랑곳 하지 않고 이방원은 계속 고했다. 그런 다음 이방원은 숭교리의 옛집에서 이성계의 회답을 기다렸다. 하지만 이성계로부터 아무런 연락이 없자 답답한 심정에서 마당을 이리저리 거닐고 있었다. 그러든 얼마 후 광흥창의 사자 정탁이 이방원을 찾아와 솔직하게 자신의 마음을 털어놓았다.

"장군! 지금 혼자 나서서 해결할 때가 아니지요. 신중하게 생각하셔야 성공할 수가 있습니다."

정탁의 말을 이해한 이방원은 고개를 끄덕인 다음 곧바로 이방과 이성계의 사위 제를 불렀다. 이 자리에서 세 사람은 정몽주를 죽여야 한다는 결론을 얻었다.

그 다음날 이방원은 이두란을 불러 정몽주가 이성계를 제거하려 한다는 말과 함께 그를 척살하라고 청했지만 일언지하에 거절당했다. 그러자 이방원은 곰곰이 생각하다가 초저녁 경 자신의 측근인 조영규, 조영무, 고려, 이부 등을 집으로 불러들여 상항을 설명하고 척살을 청하자 그들은 흔쾌히 찬성했다. 이방원의 살인청부를 받아들인 이들은 도평의사사로 들어가 정몽주를 암살하기로 결정했다. 이들이 거사를 위해 자리에서 일어서려는 순간 대문 밖에서 벽제성의 큰소리가 들여왔다.

"여봐라~ 게 아무도 없느냐!"

벽제성의 소리를 들은 이방원이 대문 밖으로 나가자 그곳엔 뜻밖에도 정몽주가 서 있는 것이 아닌가. 정몽주는 이방원이 자신을 척살한다는 음모를 염탐해보기 위해 이성계의 병문안을 핑계로 찾아왔던 것이다. 그러나 아무것도 모르고 있는 이성계는 자신의 병문안을 온 정몽주를 반갑게 맞이했다. 한편 이성계의 서자 화까지 이곳에 와 있었다. 그는 정몽주가 왔다는 말에 이방원을 채근했다.

"이보게 아우. 하늘이 돕는구먼. 몽주가 제 발로 찾아오다니. 오늘이 바로 거사날인 것 같네. 안타까운 것은 아버님의 역정이야."

"그렇지만 형님! 기회란 항상 주어지는 것이 아니랍니다. 오늘을 넘기면 언제 기회가 올지…"

때마침 판 개성부사 유원이 죽었기 때문에 정몽주는 이성계의 집을 나와 초상집으로 말을 재촉했다. 정몽주는 초상집에서 한동안 머문 후 집으로 돌아가기 위해 말에 올랐다. 밤이 깊은 시각, 정몽

주를 죽이기 위해 만반의 준비를 마치고 기다리고 있던 조영규는 그가 나타나자 철퇴로 일격을 가했다.

일격이 빗나가는 순간 정몽주는 말고삐를 짧게 잡고는 급히 말머리를 돌렸다. 그러자 조영규는 또다시 달려들어 일격에 말을 쓰러뜨렸고 결국 정몽주는 말에서 떨어져 도망쳤다. 하지만 그들은 도망치는 정몽주를 뒤쫓아 가서 죽이고 말았다. 측근들의 보고를 받은 이방원은 이성계에게 정몽주를 척살했다고 보고하자 대노하면서 이렇게 말했다.

"뭣이라고? 아, 이일을 어찌할꼬? 너 하나 때문에 충신으로 알려진 우리 가문에 똥물을 튀기고 말았어. 앞으로 백성들이 우리 가문을 어떻게 보겠느냐, 이놈!"

그렇지만 이방원은 자신의 한 일에 대해 끝까지 정당성을 늘어놓았다.

"아버님! 아직까지 모르십니까? 정몽주와 그 일당들이 아버님을 암살하려고 음모를 꾸미지 않았습니까. 어떻게 그런 대역 죄인들을 자꾸만 품안으로 안으시려고 합니까? 억울합니다, 아버님."

이방원의 주장에 화가 머리끝까지 오른 이성계를 바라보고 있던 부인 강 씨가 입을 열었다.

"대감, 고정하세요. 왜 자꾸만 구차한 변명으로 일관하시려고 하십니까? 제 생각으론 대감께서 초지일관하시는 것이 옳다고 생각합니다."

밤새 한숨도 이루지 못한 이성계는 다음날 아침 공양왕에게 사람을 보내 그간의 전말을 보고 했다.

'폐하, 정몽주는 대간들과 함께 저를 비롯한 충신들을 죽이려고 모함했기 때문에 그 단죄로 어젯밤에 죽임을 당했사옵니다. 그런즉 정몽주와 연관된 역적잔당들을 모두 잡아다가 국문으로 다스려

야함이 옳다고 생각되옵니다. 통촉해주십시오.'

공양왕은 이성계의 청에 따라 정몽주와 가깝거나 연관된 대간들을 모두 구금시켰다. 그런 다음 배극렴과 김사형에게 국문을 맡기면서 이 사건은 끝났다.

1차 왕자의 난

1398년 태조 7년 8월, 태조가 와병으로 누워있을 때 조정의 분위기는 어수선했다. 이방원은 아버지 이성계가 조선왕조를 건국하는데 혁혁한 공을 세운 일등공신이었다. 그렇지만 그가 세운 공과와는 달리 세자 자리는 다른 왕자에게 돌아가고 말았다.

이방원의 태생은 태조 첫 번째 부인 사이에 태어났다. 하지만 그의 어머니는 죽었고 둘째 부인 강비가 태조의 사랑을 독차지했다. 강비는 정도전, 남은 등을 앞세워 자신이 낳은 이방석을 세자로 세운 후 병으로 죽었다.

이방원은 이방석이 세자자리에 오른 것에 대해 무척 화가 났다. 그래서 자신의 심복인 하륜 등과 함께 정도전 및 조정대신들을 제거하려고 음모를 꾸몄다. 지모가 뛰어난 하륜은 관상가로 유명했으며 궁궐을 한양으로 옮기는데 일조를 했다.

지난 날 그는 이방원을 초면자리에서 장차 큰 인물이 될 것으로 예언했다. 하륜이 충청감사로 명을 받아 떠나는 날 이방원이 축하해주기 위해 그의 집을 방문했다. 이 자리에서 하륜은 정도전과 남은 등이 태조의 전 부인이 낳은 자식들을 모두 죽이려한다는 말을 전하면서 사람을 천거했다.

"대군, 안산군수 이숙번은 지략과 용맹이 걸출합니다. 그를 측근에 두시면서 요긴할 때 쓰십시오."

한편 남은, 심효생 등은 정도전의 집에 모여 앞날에 대해 논의를 하고 있었다. 그들은 태조의 병이 위독하기 때문에 하루빨리 이방원의 형제들을 궁궐로 불러 제거하자고 결정했다.

이때 이방원은 하륜이 천거한 이숙번을 몰래 불러올렸다.

"충청감사 하륜에게 그대의 이야기를 잘 들었다. 정도전 등이 부왕의 병을 핑계로 역모를 일으킬지 모른다. 그대는 내가 부르면 어디에 있건 곧바로 달려와야 한다."

그리고 얼마의 시간이 흘렀다. 이방원의 명을 받은 처남 민무구가 이숙번을 불러올렸다. 그가 한양으로 올라왔을 때 태조의 병이 위중했다. 더구나 정안군(이방원), 익안군, 회안군, 의안군 등이 근정전 문밖 서쪽 집에서 대기하고 있었다.

이날 저녁 무렵이었다. 이방원의 부인 민 씨는 동생 민무질과 이야기를 나눈 후 갑자기 하인 소근을 불렀다. 민 씨는 급히 궁궐로 가서 정안군을 모셔오라며 이렇게 말했다.

"대군께 내가 갑자기 몸이 아파 쓰러졌다고 전해라."

민 씨의 명을 받은 소근은 이방원을 만나 부인이 몹시 위중하다고 전했다. 그러자 함께 있던 의안군이 약을 주면서 집으로 돌려보냈다. 이방원이 집으로 돌아오고 그 다음 처남 민무질이 찾아왔다. 이방원, 민 씨 부인, 민무질 세 사람은 긴 이야기를 나눴다. 이야기가 끝나고 이방원이 궁궐로 돌아가려고 일어섰다. 그러자 민 씨 부인은 궁으로 돌아가지 말라며 이방원을 말리자 그는 이렇게 말했다.

"나 혼자 살라는 말이오? 지금 형님들께서 모두 대궐에 계시는데? 안심하시오, 부인. 변란이 일어나면 내가 막을 테니."

밤이 되면서 왕자들은 각기 자신의 군사들을 모두 해산했다 그렇지만 오로지 이방번만이 군사를 해산하지 않았다. 그러자 이방원은 처남 민무구를 시켜 이숙번에게 군사들을 데리고 신극례의 집에서 조용히 기다리라고 했다.

초저녁이 되어 내관이 왕자들을 찾아와 태조의 병이 위중해서 자리를 옮기려고 한다며 모두 대전으로 들어오라고 했다.

그러나 이상하게도 궁궐엔 불들이 모두 꺼져 있었다. 먼저 의안군이 들어가고 정안군(이방원)은 뒷간으로 숨어들어 분위기를 살폈

다. 이방원이 분위기 파악을 위해 몸을 숨긴 줄도 모르는 익안군과 회안군은 그가 보이지 않자 사방을 두리번거리며 불렀다. 이 소리를 듣고 깜짝 놀란 이방원은 손으로 입을 가리며 말했다.

"쉿! 조용히 하세요. 분위를 모르고 계십니까?"

이방원은 곧장 말을 타고 궁궐 서쪽 문으로 향해 대궐을 빠져나오고 익안군과 회안군도 덩달아 따라서 나왔다. 이방원은 자신의 군영 앞에 도착하자 말을 세우고 이숙번을 급히 불렀다. 갑옷차림의 그는 완전무장한 측근들과 군사들을 데리고 왔다.

이 자리에 이거이, 조영무, 신극례, 민무구, 민무질 등 10여 명이 있었다. 더구나 군사들 역시 10여 명에 지나지 않았다. 다만 각 집에서 일하고 있던 종들만 10여 명이 뒤따랐다. 이숙번을 보는 순간 이방원이 이렇게 물었다.

"이숙번, 내가 어떻게 처신하면 좋겠는가?"

"대군! 제 생각으로는 먼저 역적들이 모여 있는 곳으로 찾아가 집을 포위해야 합니다. 두 번째는 집에 불을 지른 다음에 뛰쳐나오는 놈들마다 척살하면 하옵니다."

이 말을 들은 이방원은 곧바로 출동해 일당들이 머물고 있는 정도전의 첩 집을 포위했다. 늦은 밤이라 종들은 모두 잠자리에 들고 없었으며, 정도전과 남은 등만 등불을 켜놓고 깊은 밀담을 나누고 있었다.

이숙번은 화살에 불을 붙인 후 지붕 위로 쏘았다. 그러자 지붕에 불이 붙으면서 삽시간에 불바다가 되었다. 이때 불을 피해 빠져나온 정도전과 남은 등은 도망쳤지만 미처 몸을 피하지 못한 심효생 등은 죽임을 당했다.

정도전은 곧바로 민부의 집으로 도망쳤지만 이방원의 군사들에 의해 붙잡히고 말았다. 체포된 정도전은 사시나무 떨 듯 몸을 떨고

있었으며 손에는 작은 칼을 들고 있었다. 그는 이방원 앞에 끌려나자 울먹이면서 애원했다.

"대군! 제발 목숨만 살려 주시게."

"그렇게 살고 싶은 대감께서 어찌 날 모함한 것이오? 더구나 우리 형제들에게 무슨 원한이 그렇게도 많으셨소? 영화는 저승에서나 누리도록 하시오. 여봐라~ 어서 참형을 시켜라!"

이방원은 정도전의 애원에도 불구하고 부하들에게 곧바로 참형시키라고 명령했다. 이어 역모를 꾀했다는 이유로 삼족까지 멸하라고 했다.

참형을 당한 정도전에겐 아들 넷이 있었다. 그중에 정유와 정영은 군사들에게 현장에서 체포되어 죽임을 당했고 정담은 더러운 손에 죽지 않겠다며 스스로 목숨을 끊었다. 이밖에 남은을 비롯한 정도전과 인연을 맺은 모든 사람들을 속속들이 찾아내어 죽이고 말았다.

그리고 불씨의 원인이 된 세자 방석을 체포해 오지로 귀양 보내는 척하면서 중간에서 죽였다. 또한 이방원은 자신의 형인 이방번까지 무참하게 살해했다.

이방원의 난동을 전해들은 태조 이성계는 아픈 몸이지만 화가 치밀어 누워있지를 못했다. 그것은 자신과 함께 조선왕조를 세우는데 일등공신이었던 정도전과 남은 등을 비롯해 자신이 사랑했던 두 아들까지 모두 이방원의 손에 죽었기 때문이다.

태조는 이방원을 불렀다.

"내가 죽지 않은 이상 너에게 왕위를 물려줄 수가 없다. 결코 넌 임금이 될 수 없을 것이다."

이렇게 호통을 친 태조 이성계는 며칠 동안 식음을 전폐하면서 깊은 생각에 잠겼다. 그러다가 둘째 아들에게 왕위를 물려주고 미련없이 한양을 떠나 함흥으로 갔다.

용서받지 못할 자

이방원(한 씨 부인 태생)은 이방석(강비가 어머니)이 세자로 책봉되기 전까지 강비는 물론 그녀와 관계된 모든 인물들과의 사이가 매우 좋았다. 하지만 이방석이 세자로 책봉되면서 그녀와 연관된 모든 사람들과 관계가 매우 나빠졌다.

세자가 책봉되면서 야심찬 이방원으로부터 강씨는 불안과 공포를 느꼈다. 심지어는 소화불량증, 불면증, 공포증 등까지 겪었는데, 날이 지나갈수록 이 증세는 더더욱 심해졌다. 이를 눈치 챈 태조 이성계는 왕비의 신변을 심상치 않게 생각해 그녀를 찾아왔다.

"중전, 무슨 근심거리라도 있으시오? 얼굴에 살은 어디로 가고 이렇게 뼈만 앙상하단 말이오. 먹고 싶은 것이 있다면 말해보시오. 내가 직접 그대에게 갖다 주리라. 더구나 방석이 내 뒤를 이을 때까지 살아야 호강하지 않겠소. 어서 기운을 차리세요."

1396년(태조 5년) 음력 8월13일 강 씨가 병으로 죽자 태조 혼자만 슬프게 울었다. 그는 10일간 모든 정사를 중지하고 전국 백성과 함께 애도했다. 또한 명당을 찾기 위해 15일 동안 안암동, 행주, 서부 황화방(정동) 등을 물색했다.

이 중에서 안암동은 습해서 버렸고, 행주는 내키지 않아서 버려졌지만 대궐근처에 있다는 이유로 서부 황화방이 능지로 결정되었다.

강비가 죽은 해인 9월9일부터 친히 정릉 축조에 나섰다. 10월10일에는 좌정승 조준과 판중추원사 이근에게 강비의 생전덕행을 기록한 시책을 받들어 신덕왕후란 묘호를 올리게 하였다. 이듬해인 정월 초사흗날 안장했는데, 이것이 바로 정릉이다. 정릉동이란 정릉이 생기면서 부르게 되었고 지금은 정동으로 바뀌었다.

강비가 죽은 후인 1398년(태조 7년) 가을 어느 날, 정도전과 남은은 네 왕자와 세자 방석에 대해 논의를 하고 있었다.

"대감! 세자 방석이 불쌍하게 되었소."

"그렇지요. 부왕이 있지만 병중이고 중전이 없으니 말이오."

"그래서 말인데 우리가 강비의 유지를 받들어 세자를 도와야 하지 않겠소?

"물론이지요."

"그렇다면 대감께서 좋은 묘책이라도 세우셨소이까?"

"아니오, 난 오직 삼봉의 의견에 따라가겠소."

"별 묘수가 없습니다. 그렇지만 요즘 태조께서 병환으로 누워계신데…. 어쩜 이것이 기회가 될 수도 있다고 생각합니다."

"어떤?"

"태조의 병세가 더 나빠지면 나는 대감과 함게 병문안하여 피접(자리를 옮겨 병을 다스림)의 필요성을 강조하겠소. 그러면 모든 왕자들을 한자리에 모이게 할 수가 있소이다. 그때를 기회로 삼아 왕자 넷을 모두 척살할 참이오. 대감."

"흠, 그렇게 된다면 반드시 성공할 수가 있겠구려. 하지만 대감, 만약 이 말이 새나간다면 우린 죽은 목숨이나 다름없소이다. 그래서 말인데, 우리 쪽 사람 몇이나 알고 있소이까?"

"대략 몇 사람 정도입니다."

이들의 은밀한 음모가 결정된 후 열흘도 되지 않아 태조의 병세가 매우 위중해졌고, 피접할 정도가 되었다. 그러자 정도전과 남은은 하늘이 준 기회라며 몇 번이나 문병하면서 피접을 강조했다. 태조도 정도전의 진언을 받아들이기로 결정했다. 그 결정에 따라 정도전과 남은은 태조의 측근인 내시에게 일렀다.

"태조의 병환이 심해져 피접해야만 병을 고칠 수가 있다. 여러 왕자들에게 태조가 피접을 떠난다고 알리고 참석케 하라고 하시오."

그러나 음모는 하늘이 돕지 않는 한 발각되게 마련이다. 정도전과 가까운 전 참찬 이무가 이런 음모를 이방원(정안대군)의 부인 민 씨에게 발고했다. 이날 따라 방원은 형님 왕자들과 근정문 밖에서 태조의 병을 살피기 위해 밤을 지세우고 있었다.

부인 민 씨(원경황후)는 먼저 자신의 오라버니 민무질을 불러 의논했다. 그런 다음 하인 김소근을 이방원에게 보내 자신이 복통으로 쓰러졌다고 알렸다.

김소근의 말에 깜짝 놀란 이방원은 집으로 급히 돌아왔다. 그는 부인 민 씨의 거짓에 성질이 났다. 하지만 부인 민 씨와 처남 민무질에게 모든 이야기를 듣고 대궐로 돌아가기 위해 자리에서 일어섰다. 그러자 부인 민 씨는 눈물을 흘리면서 붙잡았다.

"대군! 지금 대궐로 가시면 죽임을 당할 뿐입니다. 제발 고정하세요."

그렇지만 이방원은 부인의 만류를 뿌리치며 이렇게 말했다.

"부인, 걱정 마시오. 내가 죽음을 두려워했으면 벌써 이승사람이 아니오. 더구나 부인도 아시다시피 지금 형님들이 대궐 안에 계시오. 내가 지금 입궐하는 것은 역적 정도전의 흉계를 알려는 것뿐이오."

마음이 착잡한 이방원은 말을 달려 대궐로 향했다. 이방원이 대궐에 도착하자 소관이 마중 나왔다.

"대군, 상감마마께서 병환이 위중하셔서 오늘 피접하려고 합니다. 그래서 왕자님들께서는 모두 입궐하시라는 분부입니다."

이들이 들어가려고 할 때 이상하게도 등불이 모두 꺼져 있었다. 그러자 왕자들은 의심을 품었고 이방원은 몰래 화장실로 가는 척했다. 그러자 방의, 방간, 이백경이 방원을 큰 소리로 불렀다. 이에 깜짝 놀란 이방원은 입을 가리며 방의, 방간, 백경 등을 데리고 영추문으로 나오면서 그 사실을 알렸다.

"형님들, 이제 우리 목숨은 촌각을 다투고 있습니다. 그래서 말을 광화문 밖에 세워놓고 기다려봅시다."

그런 후 이방원은 사람을 시켜 정승 조준과 김사형을 불렀다. 점쟁이에게 길흉을 점치고 있던 조준은 갑자기 연락을 받고 갑옷으로 갈아입고 군사들을 이끌고 왔다. 이방원은 조준을 시켜 군사들에게 명령하여 예빈사 앞 돌다리를 막아 검문검색을 하게 한 다음 큰 소리로 외쳤다.

"어찌 공들은 조선의 사직을 멋대로 하시려고 합니까?"

이방원의 목소리에 깜짝 놀란 대신들이 몰려나왔다. 이때 조준과 김사형은 어전으로 들어가려고 했다. 그러자 이방원이 앞을 가로막으면서 그들을 꾸짖었다.

그들은 하는 수 없이 운종가에 주저앉았고 이방원은 곧바로 문주 백관을 불러들였다. 이때 찬성 유만수가 아들을 데리고 오자 이방원은 그에게 갑옷을 입게 하여 자신의 뒤에 서게 하였다. 그러자 이무가 이방원에게 만수는 방석의 패거리라고 일러주었다.

이에 만수는 이방원의 말굴레를 잡고 변명하자 김소근이 나서서 부자를 단칼에 죽였다. 이들 부자를 죽인 이방원은 무사들과 함께 정도전 일당의 동정을 염탐했다. 그때 정도전은 이직과 함께 남은의 작은집에서 모의를 꾸미고 있었다. 이들의 거처를 알아낸 이방원은 이숙번을 시켜 남은의 집에 불을 질렀다. 깜짝 놀란 정도전은 급히 몸을 피해 이웃한 판봉상 민부의 집으로 숨었다.

그러자 민부는 정도전을 보고 큰소리로 발고했고 곧바로 이방원의 부하들은 그를 붙잡았다. 붙잡힌 정도전은 이방원에게 애원했지만 결국 그 자리에서 죽었고 그의 아들 유영까지 참형 당했다.

도망친 남은은 미륵원 포막으로 숨다가 발각되면서 죽었고, 이직은 아무것도 모르고 정도전에게 끌려왔다고 주장해 목숨을 부지했다.

이 사실을 전혀 눈치 채지 못하고 있던 방석일당은 군사를 움직이기 위해 세자를 받든 후 성 밖을 살폈다. 그런데 광화문에서 남산까지 철기군들이 자리 잡고 있어 감히 대항하지 못하고 항복하고 말았다. 이것으로 이방원은 세자 방석을 중심으로 발발했던 정도전의 난을 모두 평정한 것이다.

이들의 싸움에도 불구하고 태조의 병세가 점점 악화되면서 청량전으로 피접했다. 얼마 뒤 좌정승 조준은 중신들과 백관을 거느리고 병세가 호전된 태조를 알현했다. 그는 정도전과 남은 등의 죄를 보고한 후 세자를 딴 왕자로 책봉할 것을 간청하였다.

이때 세자 방석이 태조의 곁에 있었고 태조는 조준의 간청에 대신들을 보고 이렇게 물었다.

"방석을 그대로 두었으면 하오."

"……"

"왜 아무런 말들이 없소? 불만이 있다면 경들에게 그 이유를 듣고 싶소."

대신들의 대답이 없자 태조는 세자 방석에게 물었다.

"방석아, 너는 어떠냐? 세자 자리를 내놓고 싶은 게냐?"

"아바마마, 전 오직 아바마마를 편안하게 해드리고 제 마음도 편안하기 위해 세자 자리에서 물러나겠습니다."

이 말을 끝낸 방석은 형 방번과 함께 대궐에서 나와 어디론가 사라지려고 했다. 이때 갑자기 이방원이 찾아와 이렇게 말했다.

"넌, 내 말대로 했으면 이 꼴이 되지 않았을 것이다. 보기도 싫다. 내 마음이 변하기 전 얼른 가거라."

이들이 정처 없이 길을 떠나고 있던 중 이름 모를 벼슬아치들이 쫓아와 죽이고 말았다. 태조는 방번과 방석이 살해되었다는 소식에 스스로를 원망하며 눈물을 흘렸다.

왕자의 난이 있은 후 대신들은 태조에게 이방원을 세자로 책봉하자고 건의했다. 그러나 이방원은 결코 사양하며 둘째형 영안대군 방과가 세자가 되어야 한다고 우겼다.

하지만 방과는 개국을 주도한 것도 방원이고 더구나 지금의 난리를 평정한 것도 방원이라며 한사코 세자자리는 방원이 적당한 인물이라고 주장했다.

이에 방원이 말을 끝까지 듣지 않자 방과는 다음의 조건을 제시했다.

'내가 어느 시기까지 자리를 맡고, 끝나면 너에게 양도하겠다.'

이로써 그해 9월, 태조는 영안대군 방과에게 임금의 자리를 물려주었다. 이분이 바로 정종이다.

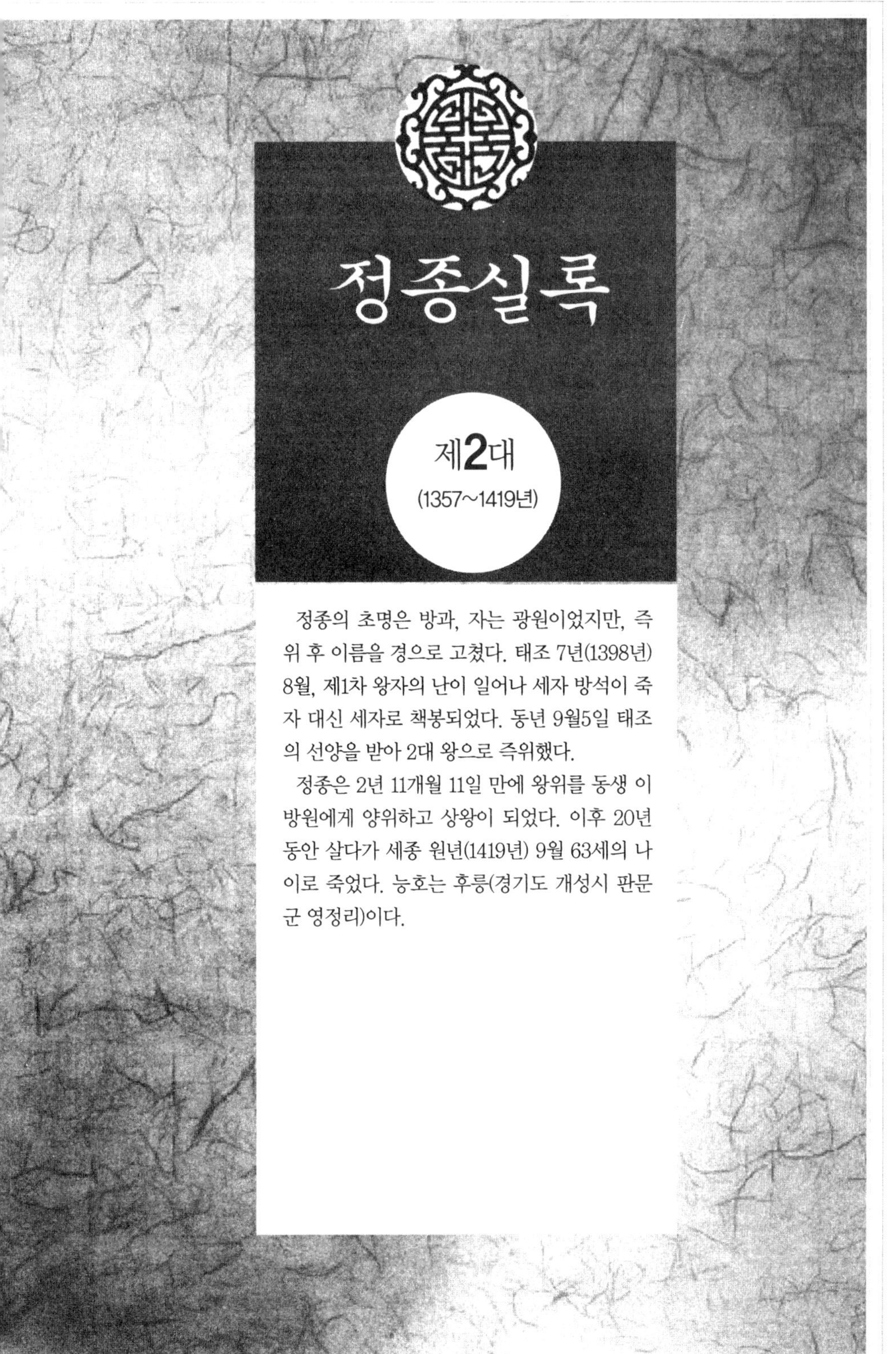

정종실록

제2대
(1357~1419년)

정종의 초명은 방과, 자는 광원이었지만, 즉위 후 이름을 경으로 고쳤다. 태조 7년(1398년) 8월, 제1차 왕자의 난이 일어나 세자 방석이 죽자 대신 세자로 책봉되었다. 동년 9월5일 태조의 선양을 받아 2대 왕으로 즉위했다.

정종은 2년 11개월 11일 만에 왕위를 동생 이방원에게 양위하고 상왕이 되었다. 이후 20년 동안 살다가 세종 원년(1419년) 9월 63세의 나이로 죽었다. 능호는 후릉(경기도 개성시 판문군 영정리)이다.

『정종실록』

『정종실록』 또는 『공정왕실록』은 조선 정종 원년(1399년)부터 정종 2년(1400년)까지의 역사를 기록한 것으로 편년체로 쓰여 있다. 원래는 『공정왕실록』이었지만, 숙종때 '정종' 이라는 묘호를 지어 올렸기 때문에 『정종실록』이라고 한다.

정종은 일찍부터 관직에 나아가 왜구를 토벌하였고, 1390년 1월 공양왕을 옹립한 공으로 추충여절익위공신에 책록되어 밀직부사로 올랐다.

조선왕조가 개국되자 태조 1년(1392년) 영안군에 봉해져 의흥삼군부중군절제사로 병권을 잡기도 하였다. 정종은 원년 1399년 3월 조정을 다시 개경으로 옮겼다. 같은 해 8월에는 분경금지법을 제정하여 권세가들의 세력을 약화시켰다. 1399년 3월에는 집현전을 설치하였고, 5월에는 태조 때 완성된 『향약제생집성방』을 간행하였으며 11월에는 조례상정도감을 설치하였다.

2차 왕자의 난, 방간의 실수

1398년 8월 동생 이방원이 주도한 '왕자의 난'이 성공하고 세자 책봉문제가 거론되자 이렇게 말했다.

"동생 방원이 나라를 세우는데 큰 공을 세웠고, 지금까지 그의 공과가 미치지 않은 곳이 없다. 그런 관계로 내가 감히 세자가 될 수 있겠는가."

그럼에도 불구하고 이방원이 세자를 양보하자 어쩔 수 없이 세자자리에 올랐다. 한 달 뒤 부왕 태조의 양위로 왕위에 올랐으며 1399년 3월 한성에서 개경으로 수도를 옮겼다.

1400년 1월 '2차 왕자의 난' 직후 동생 이방원을 세제로 책봉했다. 정종은 1399년 3월 집현전을 설치하여 장서와 경전강론을 담당하게 하였다.

1차 왕자의 난이 일어난 뒤 지중추원사 박포는 자신의 공과에 대해 불평을 늘어놓았다. 이에 따라 이방원은 정종에게 건의해 죽주로 귀양 보냈다가 다시 조정으로 불렀다. 그러자 그는 정안군의 형 회안군 방간을 찾아가 이렇게 부추겼다.

"대군을 쳐다보는 정안군의 눈초리가 공을 해칠 듯싶습니다. 그러니 선수를 치지 않으면 죽게 될 것입니다."

그의 말에 방간이 대책을 물었다.

"어째서 그렇게 생각하느냐?"

"네 대군, 하늘에 붉은 기운이 도는 것은 불길한 징조입니다. 그렇기 때문에 더더욱 조심하셔야 됩니다."

"그대의 생각으로 내가 어떻게 처신하면 되는가?"

"제 생각으로는 군사들을 믿지 말고 신중하게 생각하셔야 합니다. 아니면 태백이나 중옹처럼 다른 나라로 도망치는 것이 상책입

니다."

"그 다음은?"

"정안군의 군사는 숫자도 많고 용맹합니다. 그렇지만 대군의 군사는 그 수도 적지만 약합니다. 따라서 선제공격이 최우선이라고 생각합니다."

이 말에 넘어간 방간은 처조카인 교서관 판사 이래를 불렀다.

"조카, 동생 방원이 나를 죽이려고 하는데 앉아서 기다릴 수는 없지 않은가."

"그렇습니다. 역적들의 중상모략으로 형제를 해치려고 하는 것은 용서될 수가 없습니다. 정안군은 나라를 세우는데 큰 공을 세웠고, 지난번 변란도 평정했습니다. 대군께서 누리고 계시는 부귀영화도 모두 그의 덕이지요."

이렇게 위안을 던진 이래는 곧바로 이방원을 찾아가 회안군이 곧 반란을 일으킬 것이라고 고했다. 이에 이방원은 회안군의 집을 염탐케 했다. 이때 회안군은 갑옷으로 무장시킨 군사들을 집에 모아 놓고 있었으며, 수많은 사람들이 드나들었다.

모든 상황을 보고받은 이방원은 곧 회안군이 반란을 일으킬 것이라는 것을 알았다. 얼마 후 회안군이 반란을 일으키자 의안군 화, 이천우 등 10여 명이 정안군의 집에 모였다. 이곳에서 이들은 반란군을 평정해줄 것을 이방원에게 요청하자 그는 눈물을 흘리며 말했다.

"아아, 안타깝구려. 형제끼리 싸우는 것은 하늘의 뜻을 거스른 것이 아닌가. 또다시 무슨 낯으로 사람들을 보겠는가."

이방원의 말에 의안군 화와 이천우가 덩달아 눈물을 흘리며 나가 싸울 것을 청했다. 그러자 이방원은 형인 회안군에게 사람을 보내 만나기를 요구하였다. 그러자 회안군은 화부터 벌컥 내면서 흥분했다.

"소용없는 일이다. 이미 쏟아진 물을 어찌 다시 담겠느냐."

형의 생각을 들은 이방원은 어쩔 수 없이 갑옷을 입고 의안군 화, 이천우 등과 함께 말에 올랐다. 이와 동시에 이방원은 예조전서 신극례를 왕에게 급파해 이렇게 고했다.

"폐하, 만일을 위해서 대궐 문을 굳게 지키셔야 합니다."

그렇지만 정종은 이방원의 전갈을 믿지 않고 있었다. 그러자 방간 또한 부하 오용권을 시켜 임금에 고했다.

"폐하, 방원이 절 해치려고 했습니다. 이에 어쩔 수 없이 군사를 일으키게 되었습니다."

그러자 정종이 몹시 화를 냈다.

"이런 고약한 놈. 간신들의 말을 듣고 동생을 죽이려고 한다니. 여봐라! 어서 전해라. 무기를 버리고 대궐로 들어오면 살려주겠다고."

회안군 방간이 부왕 태상왕이 있는 궁궐을 지나가면서 사람을 보내 고했다.

"아바마마, 이방원이 저를 해치려고 합니다. 그래서 할 수없이 군사를 일으켰습니다."

이에 태상왕 이성계는 몹시 화를 내면서 말했다.

"이런 고얀 놈! 너와 정안군이 부모가 다르냐? 어쩌자고 변란을 일으키는 것이냐!"

한편 방간이 군사들을 거느리고 동대문으로 향할 때 임금이 보낸 사자가 도착했다. 그는 사자로부터 임금의 명을 들었지만 무시한 채 그대로 진군하였다. 마침내 양편의 군사들은 맞붙어 피비린내 나는 싸움을 시작했다.

사자로부터 방간이 임금의 명령을 거절했다는 말을 들었다. 그렇지만 동생 회안군이 죽지 않을까 걱정했다.

"비록 방간이 간신의 말을 듣고 반란을 일으켰지만 필시 본마음은 아닐 것이야."

두 왕자의 싸움에서 이방원의 심복 이숙번이 앞장서서 방간의 군사들을 진압했다. 이때 이방원은 자신의 군사들에게 명령했다.

"잘 들어라. 만약 내 형님을 해친다면 반드시 목을 벨 것이다."

그의 말이 떨어지는 순간 이숙번의 화살은 방간의 부하 이성기를 죽였다. 이에 못지않게 방간의 아들 맹종 역시 활을 잘 쏘았다. 하지만 이날은 왠지 힘이 부쳐 활을 제대로 쏘지 못했다. 마침내 싸움은 방간에게 불리해지면서 그는 달아나고 말았다.

그는 성균관 골짜기로 들어가 갑옷과 활을 버리고 도망치다가 이숙번의 군사들에게 잡혔다. 이방원은 이숙번에게 붙잡혀 온 형 방간을 안타깝게 바라보면서 반란의 이유를 물었다. 그러자 방간은 이렇게 말했다.

"내 판단이 틀렸는지는 모르겠다만 어느 날 박포가 나를 찾아와 네가 나를 죽이려고 한다는 말에 군사를 일으킨 것이다."

이 말을 들은 이방원은 안타까운 마음에 긴 한숨을 내쉬었다. 그런 후 방간을 토산으로 귀양 보냈고, 그는 그곳에서 죽었다. 그의 아들 맹종은 세종 때 대간들이 죽이라고 상소한 나머지 결국 죽고 말았다. 또한 형제간을 이간질한 박포를 귀양 보냈다가 참형시켰다.

태종실록

제3대
(1367~1422년)

이름은 방원. 자는 유덕. 아버지는 태조 이성계이며 어머니는 신의왕후 한 씨다. 비는 원경왕후로 민제의 딸이다. 태조의 아들들이 대개 무인으로 성장했지만 이방원은 무예나 격구보다는 학문을 더 좋아했다. 성균관에서 수학하고 1383년(우왕 9) 문과에 병과로 급제했다. 정종을 즉위시키고 정사공신 1등이 되었으며 개국공신에도 추록되었다. 1400년 정종 2년에 2차 왕자의 난을 진압하고 세자로 책봉되었다. 그해 11월 정종이 양위형식으로 물러나자 왕위에 올랐다. 세종 4년(1422년) 5월 56세의 나이로 죽었다. 시호는 공경이며 묘는 서울 서초구 내곡동 헌릉에 있다.

『태종실록』

『태종실록』은 조선 3대 왕 태종의 원년(1400년) 11월부터 18년(1418년) 8월10일까지의 역사를 기록한 것으로 모두 36권 16책으로 구성되어 있다. 세종 8년(1426년) 8월부터 편찬하여 세종 13년(1439년) 3월에 완성하였다.

편찬책임자는 지춘추관사 변계량과 동지춘추관사 윤회, 신장 등이었지만, 도중에 변계량이 죽자 1430년 4월에 사국을 의정부로 이전하고 좌우정승이었던 황희와 맹사성이 윤회, 신장과 함께 편찬책임을 맡아 1431년에 완성하여 인쇄까지 마쳤다.

태종은 왕권을 강화하고 중앙집권을 확립하기 위해 공신과 외척들을 조정에서 제거했다. 1404년에는 3년 전에 일어난 이거이의 사건을 들춰 이거이와 이저를 귀향시켰다. 1407년에는 권세를 부린 처남 민무구, 민무질 형제를 서인으로 폐하고 사사하였다.

같은 해 이숙번을 축출하고, 1414년에는 잔여공신들도 부원군으로 봉해 정치일선에서 은퇴시켰다. 1401년에 문하부를 혁파하고 의정부 구성원으로만 최고 국정을 합의하게 하여 의정부제를 정립하였다.

1405년에는 의정부 기능을 축소하고 육조 기능을 강화해 육조직계제를 강화하고자 하였다. 그래서 육조장관을 정3품 전서에서 정2품 판서로 높이고, 좌 · 우 정승이 장악했던 문무관의 인사권을 이조 · 병조로 이관하였다. 1413년 지방제도를 개편하였다.

1410년에는 호포세를, 1415년에는 포백세를 폐지하였고 서얼차대법을 만들었다. 태종은 유학을 크게 장려하여 1407년과 1411년에는 권학사목과 국학사의를 정하고 4부 학당을 건축했으며, 1415년 거북선을 개발했다.

시대를 꿰뚫어 본 양녕대군

1394년 양녕대군은 태종 이방원의 큰아들로 태어났다. 이름은 제이고, 저는 후백이며, 부인은 광산 김씨 김한로의 딸이다.

1404년 왕세자로 책봉되었고 문장과 글씨에 뛰어났다. 부왕 태종이 그가 쓴 경회루의 현판 글씨를 보고 깜짝 놀랐다는 일화가 있다.

자유분방한 성품으로 예의범절이 엄격한 궁중생활을 싫어했다. 그래서 몰래 궁궐을 나가 사냥과 풍류를 즐겼다. 이런 행동이 알려져 몹시 꾸중을 들었지만 그저 풍류만 좋아했다.

더구나 상왕 정종의 애첩과 사통하고 매형의 첩과도 통정했다. 또 세자의 자리를 뿌리치기 위해 일부러 방탕한 생활을 했다.

그러던 중 부왕과 어머니 원경왕후의 이야기를 엿들은 후부터 그의 행동은 더더욱 방탕에 빠졌다. 부왕과 어머니의 대화는 충녕과 양녕이 바뀌어 태어났으면 하는 말이었다. 양녕의 셋째동생 충녕은 학문을 좋아했고 성품이 인자했다.

이에 양녕은 부왕의 마음을 알고부터 충녕에게 세자자리를 물려주기 위해 일부러 미친짓을 일삼았다.

어느 날 태종이 군사들과 함께 평강으로 거둥했다. 이때 양녕은 측근 몇 명과 함께 시흥으로 사냥을 나갔다. 더구나 그는 산속에 기생들을 불러 사냥한 고기와 술을 먹고 마시며 놀았다.

이날 궁궐로 돌아올 때 양녕은 악공들에게 풍악을 울리게 하고 자신은 그 앞에서 춤을 추었다. 이로 인해 종로일대는 구경꾼들로 인산인해를 이루었다.

또한 지중추부사 곽정의 첩 어리를 동궁으로 납치한 다음 그녀와 통정하면서 매일 치마폭에 묻혀서 지냈다.

그의 방당한 생활이 태종에게 알려지고 동궁 별감에서 죄를 물어

곤장으로 벌한 뒤 공주 관노로 내쫓았다. 그리고 어리를 동궁으로 데려오는데 일조한 사람들을 귀양 보냈다. 어리는 동궁에서 쫓겨났고 세자 역시 송도로 내쫓겼다. 그러자 조정대신들은 이구동성으로 세자를 폐하자고 했다.

조정대신들의 빗발 같은 상소에 결국 태종의 마음이 움직이고 말았다. 그 전까지 태종은 무슨 일이 있어도 양녕에게 왕위를 물려주려고 했었다. 하지만 이조판서 황희가 세자의 폐위를 말렸다.

"폐하, 고정하옵소서. 만약 큰아들을 폐하고 동생으로 대신하면 분명 재앙이 따를 것입니다. 세자께서 비록 미쳤다고 하지만 소신의 생각으로는 성군이 될 인품을 지녔습니다."

태종은 황희의 반대에 어처구니가 없었다. 이에 화가 난 태종은 황희를 귀양 보내고 말았다. 그렇지만 황희는 양녕을 꿰뚫어 보았다. 그가 일부러 미친 척한다는 것과 성군이 될 자질이 충분하다는 것을 잘 알고 있었던 것이다.

양녕의 세자폐위 문제가 거론될 때 둘째 동생 효령대군은 착각을 하고 있었다.

'형님께서 폐 세자가 되면 내가 세자로 오르겠구나.'

이런 생각으로 효령은 열심히 학문을 닦았다. 그러던 어느 날 양녕이 그를 찾아와 말했다.

"효령아, 아직도 부왕의 뜻을 모르겠느냐? 세자는 이미 충녕으로 장해져 있다. 그래서 내가 너에게 일러 줄 것은

마음을 비우라는 것이다."

효령은 형의 뜻을 알아들은 후 곧바로 양주 회암사에 들어가 승려가 되었다. 그는 불교에 전념하여 1435년 세종에게 회암사 중수를 건의했으며, 원각사 조성도감도제조로 활동했다. 1465년엔 『반야바라밀다심경』을 국문으로 번역했고, 그해 원각경을 수교하기도 했다. 여섯 임금들을 거치면서 91세까지 장수했다.

두 형들이 이렇게 떠난 1418년 6월 태종은 셋째 아들 충녕대군을 세자로 책봉하였다.

천운을 타고난 태종 이방원

형 방과가 정종 임금에 오르고 동생 이방원이 동궁으로 책봉되었다. 형제의 싸움을 두 번이나 겪은 정종의 비 김 씨는 남편에게 간곡히 청했다.

"상감마마, 불안합니다. 동궁의 눈을 보면 허기진 짐승이 먹이를 노리듯 합니다. 하루빨리 임금의 자리를 동궁에게 물려주시고 마음 편히 사는 것이 좋지 않겠습니까?"

이처럼 하루하루를 가시방석에 있던 정종은 마침내 자신과 식솔들의 목숨을 위해 왕위를 방원에게 내주었다.

드디어 방원이 경복궁에서 조선 3대 임금 태종으로 즉위했다. 즉위 후 태종은 정종을 상왕, 태조를 태상왕으로 격상해 모셨다. 그렇지만 태조는 태종 이방원에게 두 왕자를 잃은 아픔으로 태상왕 자리를 뿌리치고 옥새를 가진 채 함흥으로 들어갔다.

이에 태종은 용서를 빌기 위해 함흥으로 사람을 보내 문안을 드리곤 했다. 하지만 이성계는 태종이 미워 문안사가 오는 즉시 화살로 쏘아 죽였다. 이때 생긴 말이 바로 유명한 함흥차사이다.

이에 고민에 쌓여 괴로워하던 태종을 위해 태종의 옛 친구 성석린이 자진해서 나섰다.

"신이 함흥으로 가 부왕의 마음을 돌려보겠나이다."

차사로 임명된 성석린은 나그네차림으로 백마를 타고 함흥에 도착했다. 그는 이성계가 머무는 근처 언덕에서 불을 피운 후 밥 짓는 것처럼 보이게 했다. 이것을 바라보던 태조가 신하를 그에게 보냈다. 언덕에 도착한 신하는 말을 걸었다.

"이보시오. 지금 무얼 하고 계십니까?"

"여행 중인데, 그만 날이 저물어 이렇게 말먹이를 주고 이곳에서

하룻밤을 묵으려고 한다오."

신하는 곧바로 돌아와 선비의 말을 전했다. 이 말을 들은 태조는 그가 누구인지를 알고 불러오게 했다. 이윽고 반갑게 태조를 만난 성석린은 여러 가지 도를 들어가며 말했다. 그러자 태조는 갑자기 고함을 쳤다.

"그대를 믿은 내가 어리석구만. 도대체 그대는 누구를 위하고 있는가? 만약 방원을 두둔하는 것이라면 한마디도 하지 말고 썩 물러가게."

태조의 분노에도 물러서지 않고 말을 이었다.

"고정하시옵소서. 만약 신의 말이 지금의 주상을 위해서라면 신의 자손들이 대대로 장님이 될 것입니다."

성석린의 맹세에도 불구하고 태조는 끝까지 고집을 꺾지 않고 결국 그를 죽이고 말았다. 그 후 태조는 함흥에서 몇 해를 보내고 있었다. 그때 태종에게 한 신하가 묘안을 내놓았다.

"상감마마! 무학대사와 부왕은 옛날부터 막역한 사이랍니다. 이분에게 청을 하면 어떻겠습니까?"

태종은 좋은 묘수라고 생각해 무학대사를 불러 지금까지의 모든 이야기를 했다. 그러자 무학대사는 이렇게 말했다.

"부자 사이지만 정말 기막힌 운명이군요. 감히 능력 없는 땡중인 내가 그만한 능력이 없답니다. 명을 거둬주시옵소서."

하지만 무학대사는 태종의 간곡한 부탁에 손을 들고 말았다. 태종의 명을 받은 무학대사가 함흥에 도착했다. 무학대사가 찾아오자 태조는 반갑게 맞이했다.

"대사께서 이곳까지 웬일이오? 혹시 대사께서도 발칙한 놈을 위해서 온 것이라면 그만 돌아가시오?"

태조의 말에 무학대사는 안색하나 변하지 않고 웃었다.

"상감마마, 오랜만에 보는 벗에게 무슨 섭섭한 말씀을 그렇게 하십니까? 소승은 옛날생각으로 상감마마와 얘기나 하려고 찾아왔답니다."

무학대사의 말에 태조는 자기와 한방을 쓰자고 했다. 몇 날 며칠 무학대사는 태조와 함께 지냈지만 한 번도 태종에 대한 말을 하지 않았다. 이렇게 하면서 태조에게 확신을 얻은 무학대사는 어느 날 밤 태조에게 진심으로 말했다.

"상감마마, 제가 드리는 말씀에서 조금도 오해를 하지 마십시오. 상감마마께서 생각한 것처럼 태종은 많은 죄를 저질렀습니다. 그러나 태종 역시 상감마마의 아드님 아니십니까. 더구나 지금 보위를 맡기실 아드님은 태종밖에 없지 않겠습니까? 태종을 인정하지 않는다면 지금까지 일구신 대업을 누가 잇겠습니까? 아직까지 천하가 안정되지 않았습니다. 만약 태종을 인정하지 않는다면 언젠가 또다시 실망한 자들이 칼을 들것입니다."

무학대사의 말을 듣고 곰곰이 생각한 태조가 고개를 끄덕였다. 그런 며칠 후 태조는 함흥에서 환궁을 하게 되었다. 기쁨에 들뜬 태종은 성 밖으로 직접 나가서 태조를 맞이하기로 마음먹었다. 그러자 하륜은 태종에게 이렇게 권고했다.

"폐하, 태상왕의 노여움이 풀린 것이 아닙니다. 태상왕을 맞이할 천막기둥을 반드시 아름드리나무를 쓰십시오."

이상하게 생각한 태종이었지만 하륜의 간곡한 청에 천막기둥을 아름드리나무로 세웠다.

태조가 도착한 후 천막 쪽에 서 있는 태종을 바라보는 순간 그만 분노가 치밀었다. 순간 활을 꺼내어 태종을 향해 쏘았다. 그러자 태종은 얼떨결에 천막기둥 뒤로 몸을 피했고 그 순간 화살은 기둥에 박히고 말았다. 그러자 태조는 어이가 없다는 표정을 지었다.

'재수가 좋은 놈이야. 정말 하늘이 돕는구나.'

이렇게 중얼거린 태조는 옥새를 태종에게 집어던졌다. 이에 눈물을 머금고 옥새를 받은 태종은 태상왕을 위해 성대한 잔치를 베풀었다. 잔치 도중 기분이 좋아진 태종은 태상왕의 만수무강을 위해 잔을 올리려는 순간이었다. 이 광경을 지켜보던 하륜이 급하게 태종을 제지하면서 일러주었다.

"폐하! 저기 보이는 술통으로 가셔서 잔에 술을 따라 중관을 시켜 올리셔야 합니다."

태종은 하륜이 시키는 대로 했다. 그렇게 술을 받아 마신 이성계는 소매 속에서 철여의를 꺼내 술상에 던지면서 중얼거렸다.

'저 나쁜 놈을 하늘이 도와주는구나. 이젠 어쩔 수가 없구나.'

세종실록

제4대

(1397~1450년)

세종은 태종의 셋째 아들로 조선 4대 임금이 되었다. 휘가 도, 자가 원정이다. 1397년(태조 6년) 4월10일 한양에서 태어났다. 태종 8년 충녕군으로, 임신년에 대군으로 봉해졌다가 무술년에 왕세자로 책봉되었다. 같은 해 8월8일 경복궁 근정전에서 즉위한 뒤, 경오년 2월17일 별궁에서 54세로 죽었다. 슬하엔 18남4녀를 두었다. 세종의 시호는 장헌, 존호는 영문예무인성명효대왕이다. 묘호는 세종이며 능호는 영릉(경기도 여주군 능서면 왕대리)이다.

『세종실록』

『세종실록』은 조선 4대 왕 세종의 역사를 기록한 것으로 모두 163권 154책이다. 원명은 『세종장헌대왕실록(世宗莊憲大王實錄)』이다. 1418년 8월부터 1450년 2월까지의 기록이며 세종이 죽은 후 1452년(문종 2년) 3월부터 편찬했다.

처음 편찬책임자는 황보인, 김종서, 정인지였지만 1453년(단종 1년) 계유정난으로 황보인과 김종서가 피살되어 총감수는 정인지가 맡았다. 6방의 책임감수관은 허후, 김조, 박중임, 이계전, 정창손, 신석조이었다가 중간에 박중림이 중국사신으로 파견되면서 최항으로 대체되었다. 편수관은 집현전 학사 출신들인 박팽년, 하위지, 어효첨, 성상문 등이다. 기주관은 신숙주를 비롯해 23명, 기사관은 김명중을 비롯해 25명이었으며 1454년 3월에 완성되었다.

세종의 업적 중 훈민정음의 창제는 세종시대의 가장 빛나는 업적이다. 훈민정음은 세종이 직접 창제를 지휘하였고, 집현전의 최항, 박팽년, 신숙주, 성삼문, 이선로, 이개 등 소장학자들의 도움을 받았다. 세종 14년부터 간의대의 제작이 시작되는데, 간의대에는 혼천의, 혼상, 규표와 방위지정표인 정방안 등이 설치되었다. 세종 20년 3월부터 이 간의대에서 서운관의 관원들이 매일 밤 천문을 관측하였고, 해시계와 물시계까지 제작하였다.

측우기는 세종 23년 8월에 발명되어서 이듬해 5월에 개량, 완성되었다. 또 1403년에

주조된 청동 활자 계미자의 결정을 보완하기 위해 세종 2년에 새로운 청동 활자인 경자자를 만들었고, 세종 16년엔 정교한 갑인자가 주조되었다. 세종 18년에는 납 활자인 병지자가 주조됨에 따라 조선시대의 금속활자와 인쇄술이 완성되었다.

화포의 개량과 발명이 계속되어 완구, 소화포, 철제탄환, 화포전, 화초 등이 발명되었다. 세종 26년에 화포주조소를 짓게 해 뛰어난 성능을 가진 화포를 만들었고, 이듬해에 화포를 전면 개주하였다.

두만강 방면에 김종서를 보내 6진을 개척하게 하였고 압록강 방면에는 4군을 설치해 두만강과 압록강 이남을 영토로 편입하였다.

세종 1년에는 이종무 등에게 왜구의 소굴 대마도를 정벌하게 하는 강경책을 쓰기도 했다. 세종 8년에는 삼포(부산포, 내이포, 염포)를 개항하고, 세종 25년에는 계해약조를 맺어 왜구들을 회유했다.

공부하는 임금이 되다

태종의 셋째 아들로 태어난 세종의 어머니는 원경왕후 민 씨이며, 1397년(태조 6) 4월 한양의 준수방에서 태어났다. 그의 이름은 도이고, 자는 원정이며 성품이 영특하고 너그러웠으며 인자하였고, 효성스러웠다.

1418년 6월 태종이 세자를 폐하고 충녕대군을 세자로 책봉하였고, 심 씨 부인을 경빈으로 봉하였다. 이명덕 등을 비롯하여 조정의 대신들이 적극 만류하였지만, 태종은 그들의 건의를 뿌리치고 1418년 8월 세자에게 왕위를 물려주었다. 태종은 조정의 대신들을 불러놓고 이렇게 말했다.

"과인은 덕이 없는 사람으로서 왕위에 오른 지 18년이 되지만 혜택이 백성들에게 미치지 못하고 여러 가지 나쁜 일들을 겪었다. 몸에 병이 들어 나랏일을 돌볼 수 없게 되었다. 세자는 영특하고 명철하며 효성스러워 왕위에 오를 만하다. 군사에 관한 일은 과인이 직접 처리할 것이고, 그 외의 일들은 새로 등극하는 왕이 처리할 것이니 경들은 새 왕을 도와 나라를 발전시키기 바란다."

세종은 부왕인 태종에게 몇 번이나 양위를 번복할 것을 간청했으나 부왕의 뜻을 꺾지 못하였다. 마침내 1418년 8월 해동의 성군인 세종이 왕위에 올랐다. 세종은 태종을 상왕으로, 장인 심온을 부원군에게 봉했다.

세종은 성품이 어질어 부모에게 효성을 게을리 하지 않았고 형제들과도 우애가 깊었다. 어렸을 때부터 독서에 파묻혀 눈이 짓무르기도 하였으며 항상 책을 곁에 두고 읽곤 하였다.

세종은 심지어 『좌전』과 『초사』를 백 번씩이나 읽었다고 한다. 세자시절 몸에 병이 들었어도 계속 책을 손에서 떼어 놓지 않았다. 그

러자 태종은 내시를 시켜 책을 모두 거두어 갔는데 세종은 『구소구간』이라는 책을 병풍 사이에 감추어 두었다.

세종은 부왕 태종과 달리 문치로 나라를 다스렸다. 세종 2년(1420년)에 집현전을 설치하였다. 집현전은 처음에는 관리가 12명이었으나 나중에는 30여 명으로 늘어났다. 관리들은 이곳에서 학문을 연마하여 많은 인재가 배출되었고 유교정치의 기반이 되는 의례제도가 정비되었다. 다양하고 방대한 편찬사업이 이루어져 문화발전의 산실이 되기도 하였다.

집현전 관리들에 대한 세종의 관심은 남달랐다. 집현전 관리들은 날마다 번갈아 숙직을 하게 되었는데, 세종은 그들을 위해 음식을 보내는 등 대접이 융숭하였다.

어느 날 집현전에 밤이 깊었는데도 촛불이 켜져 있는 것을 발견한 세종은 살그머니 찾아가서 방 안을 엿보았다. 이때 그곳에는 신숙주가 밤늦게까지 책을 보다가 책상에 얼굴을 묻고 잠들어 있었다.

세종은 자신이 입고 있던 담비 갖옷을 벗어 그를 덮어 주고 나왔다. 이튿날 잠에서 깨어난 신숙주는 임금의 옷이 자신에게 걸쳐있는 것을 보고 깜짝 놀랐다. 이러한 소문은 곧장 퍼져 관리들은 더욱더 학문에 힘쓰게 되었다.

외척을 견제하여 죽은 세종의 장인

세종은 왕위에 오르자 장인인 심온을 영의정으로 삼았다. 그러자 세종의 왕비인 심 씨는 마음이 몹시 불안하였다. 태종의 강경한 외척세력의 견제와 아버지의 권력욕이 걱정되었다. 그녀는 시어머니 원경왕후 민 씨의 형제들이 무참하게 죽는 것을 지켜보았기 때문이다.

심온이 태종의 비위를 거슬린 것은 그가 명나라에 사은사로 가게 되었을 때 장안이 떠들썩할 정도로 위세를 부리고 떠난 일이었다. 상왕 태종은 심온을 몹시 못마땅하게 여겼다. 그는 자신의 처남들을 없앨 때 품었던 마음을 심 씨 가문으로 돌렸다.

상왕 태종은, 세종이 경복궁을 지키는 금위군의 군사를 나누어 상왕의 거처인 수강궁과 경복궁을 지키게 했다. 이때 심온의 동생 심정이 나라의 군국대사를 상왕인 태종이 처리한다고 불평한 것을 빌미로 심 씨 가문을 공격하게 되었다. 심온이 이 사건의 수괴로 지목된 것이다.

상왕 태종에 의해 사은사로 갔다가 명나라에서 돌아오던 심 씨의 아버지 심온은 명나라 국경을 넘어오자마자 압송되어 수원에서 폄출되었고, 어명을 받아 사사되었다. 그리고 심온의 동생 심정은 고문을 받다가 죽었고, 심 씨의 어머니 안 씨는 관노비로 전락했다.

세종의 왕비 소헌왕후 심 씨는 아버지의 죽음에 속수무책이었다. 세종 또한 상왕 태종의 손아귀를 벗어나지 못한 국왕으로 힘을 못 쓰는 판국이었다. 심 씨의 아버지 심온이 억울하게 죽었지만 그 자신도 잘못이 컸었다. 태종은 자신의 부인 민 씨의 친정을 멸문시키면서까지 외척의 발호를 막았었다.

심온의 죽음은 태종의 외척에 대한 강경대응의 의지를 망각한 대

가로서, 심온 자신도 자제할 줄 모르는 권력욕은 자멸임을 깨달았어야 했다. 한편 심온을 제거한 신하들은 심 씨를 향해 공세를 폈다. 이들의 두려움은 상왕 태종이 세상을 떠나면 자신들에게 심 씨의 복수가 있을 것으로 생각했다. 그들은 심 씨의 폐출을 강력히 주장했지만 상왕 태종은 이를 거부했다. 그 이유는 심 씨가 많은 자손을 생산했고 세종과도 금실이 좋다는 것이었다.

태종은 그의 왕비 원경왕후 민 씨의 동생 네 명을 죽였지만 막상 민 씨만큼은 왕비에서 폐출시키지 않았다. 세종비 소헌왕후 심 씨의 아버지와 숙부도 죽였지만 왕비 지위만은 박탈하지 않았다.

청빈의 대표주자 황희 정승

조선왕조 5백 년을 통해 청빈으로 이름난 방촌 황희는 18여 년 동안 영의정으로 세 임금을 섬겼다.

온화한 성품에 매우 관대했으며 청빈하게 살았다. 그는 태종 때 양녕대군을 세자로부터 폐출하려고 할 때 반대하다가 남원으로 귀양을 갔다.

그 후 세종이 왕위에 오르면서 태종의 건의로 귀양에서 풀려 조정 대신으로 복귀했다. 황희 정승에 대한 일화는 오늘날까지 전해져 내려오고 있다.

어느 날 황희가 개성의 교외를 지나가다가 소 두 마리로 밭을 가는 늙은 농부를 보고 말했다.

"여보시오, 노인양반. 조금 쉬었다가 하시오."

그의 말에 농부는 밭 한가운데 소를 세운 후 황희가 있는 곳으로 왔다.

"노인양반 밭을 갈고 있는 두 마리 중 어느 놈이 일을 잘합니까?"

황희의 말에 농부가 짐짓 놀라면서 그에게 귓속말로 속삭였다.

"저기 저 누렁소가 검정소보다 힘이 세지요."

"그래요? 내가 보기엔 누렁이가 훨씬 힘이 좋아 보이는데요."

"쉿! 조용히 말씀하세요. 저 소들도 우리가 하는 이야기를 알아듣습니다. 아무리 말 못하는 짐승일지라도 좋아하지 않겠지요."

"그렇다면 저 소들도 우리 이야기를 알아듣는단 말씀이요?"

"그럼요. 지금까지 보셨잖습니까. 내가 명령하는 대로 소들이 움직이지는 것을…."

그 뒤로부터 황희는 누구에게나 겸손했고 너그러운 사람이 되었

다고 한다.

황희의 둘째 아들이 매일 기생집을 드나들자 아들을 불러 타일렀다. 그러나 아들은 버릇을 고치지 못하고 마찬가지였다. 어느 날 아침 황희는 문밖에서 기다리다가 기생집에서 밤을 새우고 돌아오는 아들을 보면서 인사를 했다.

"손님, 저희 집을 항상 찾아주셔서 감사합니다."

그러자 아들은 깜짝 놀라며 말했다.

"아버님, 왜 저에게 손님이라 말씀하십니까?"

"생각해보면 너도 알 것이다. 내 말을 듣지 않으니 넌 우리식구가 아니라 나그네다. 나그네가 우리 집을 찾아왔으니 당연하게 모셔야 하지 않겠느냐."

이 말을 들은 아들은 땅바닥에 무릎을 꿇고 빌었다. 그 뒤 기생집 출입을 금하고 학문에 전념하여 벼슬길로 나갔다. 이후 벼슬이 참의에 이르렀고 돈을 모아 큰 집을 짓고 손님들을 초대해 낙성식을 베풀었다. 황희는 참석했다가 갑자기 일어나면서 아들에게 말했다.

"관리가 청빈해도 백성들이 잘 살 수 있을지 의심스럽다. 나라의 녹을 먹고 사는 자가 이렇게 큰 집을 짓고 잔치를 베풀다니! 이것은 필시 뇌물을 받은 게 분명하구나. 나는 이런 곳에서 잠시라도 있을 수가 없다."

황희는 음식도 입에 대지 않고 자리를 박차고 나왔다. 그의 이런 행동에 참석한 관리들은 부끄러워했다고 한다.

조선 최고의 황금기를 이룬 세종

세종은 왕위에 있으면서 정치, 외교, 군사, 경제, 제도, 예약의 정비와 각종 문물을 만들었다. 또한 여러 분야에서 위대한 업적을 남겼다.

조선시대의 유교적인 의례제도의 틀은 세종 때 만들어져 유교정치의 기반이 되었고 후대에까지 막대한 영향을 주었다. 세종이 펼친 문화 사업은 방대하였으며, 15세기 민족문화의 정수를 이루었다.

세종 때 만들어진 책은 『효행록』, 『농사직설』, 『삼강행실도』, 『팔도지리지』, 『향약집성방』, 『치평요람』, 『용비어천가』, 『의방유취』, 『동국정운』등을 비롯하여 수십 가지에 달했다. 이들 중 훈민정음의 창제는 가장 빛나는 업적이다. 훈민정음을 만들 때 세종이 직접 지휘하였고, 집현전의 최항, 박팽년, 신숙주, 성삼문, 이개, 이원로 등의 도움을 받았다.

세종은 과학 발전에도 크게 기여하였다. 세종 14년부터 경복궁의 경회루 북쪽에 대규모의 천문의상과 간의대의 제작이 시작되었다. 이것은 높이 약 6.3m, 세로 약 9.1m, 가로 약 6.6m의 규모로 세종 16년에 준공되었다. 그리고 이 간의대에는 혼천의, 혼상, 규표와 방위지정표인 정방안 등이 설치되었다. 그리고 세종 20년 3월부터 이 간의대에서 서운관의 관원들이 매일 밤 천문을 관측하였다.

시간을 측정하기 위해 해시계와 물시계도 제작되었다. 앙부일구, 현주일구, 천평일구, 정남일구, 자격루와 옥루 등이다. 세종 15년에는 정인지와 정초 등에게 『칠정산내편』을 편찬하게 하여 24년에 완성하였다. 또 『칠정산외편』도 이순지와 김담에 의해 편찬되었다. 세종 27년에는 천문, 역법의 총정리 작업이라고 할 수 있는 『제가

역상집』이 이순지에 의해 편찬되었다.

측우기는 세종 23년 8월에 발명되었고, 이듬해 5월에 개량, 완성되었다. 세종 13년과 28년에는 도량형제도를 확정하였고, 후에 『경국대전』에 수록하였다. 인쇄술도 큰 발전을 이루었다. 1403년에 주조된 청동 활자인 계미자의 결점을 보완하기 위해 세종 2년에 새로운 청동 활자로 경자자를 만들었다. 세종 16년에는 더욱 정교한 갑인자를 주조하였다. 세종 18년에는 납활자인 병진자가 주조됨에 따라 조선시대의 금속활자와 인쇄술이 완성되었다.

화약과 화기의 제조기술도 크게 발전하였다. 세종대는 화포의 개량과 발명이 계속되어 완구, 소화포, 철제탄환, 화포전, 화초 등이 발명되었다. 그러나 이러한 것들은 완벽한 것은 아니었다.

세종 26년에 화포주조소를 짓게 해 뛰어난 성능의 화포를 만들었다. 이에 따라 이듬해는 화포를 전면 개주하였다. 세종 30년에 편찬, 간행된 『총통등록』은 그 화포들의 주조법과 화약 사용법, 그리고 규격을 그림으로 표시한 책이었다.

세종대에는 많은 농사서적이 편찬되었는데, 중국의 농서인 『농상집요』, 『사시찬요』 등과 우리나라 농서인 『본국경험방』, 정초가 지은 『농사직설』 등의 농업서적을 통해 농업기술을 계몽하고 권장하였다.

의약서로는 『향약채집월령』, 『향약집성방』, 『의방유취』 등이 편찬되었다. 『향약집성방』과 『의방유취』의 편찬은 15세기까지의 우리나라와 중국 의약학의 발전을 결산한 것으로 우리 과학사에서 빛나는 업적이 된다.

세종은 음악에도 깊은 관심을 기울여 박연으로 하여금 중국의 각종 고전을 참고해 아악기를 만들고, 아악보를 새로 만들게 하였다. 조회아악, 회례아악 및 제례아악 등이 이때 만들어졌다.

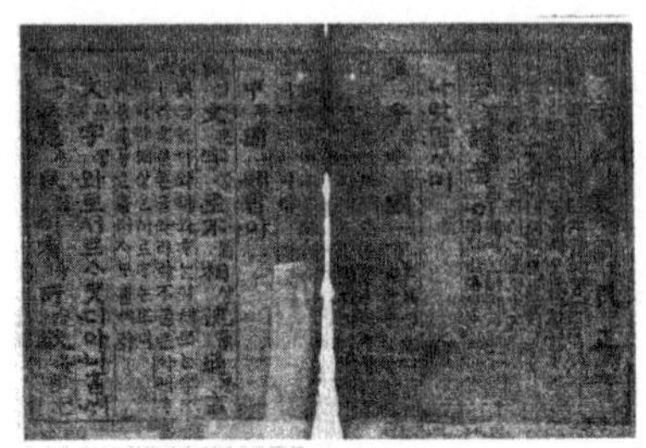

세종은 즉위 초부터 법전의 정비에 온 힘을 기울였다. 세종 4년에는 완벽한 『속육전』의 편찬을 목적으로 육전 수찬색을 설치하고 법전의 수찬에 직접 참여하기도 하였다. 수찬색은 세종 8년 12월에 완성된 『속육전』 6책과 『등록』 1책을 세종에게 바쳤다. 그리고 세종 15년에는 『신찬경제속육전』 6권과 『등록』 6권을 완성하였다.

세종은 형정에 신형, 흠휼정책을 썼지만 절도범에 관해서는 자자, 단근형을 정하였다. 그리고 절도 3범은 교형에 처하는 등 사회기강을 확립하기 위한 형벌을 강화하기도 하였다. 세종은 공법을 제정하여 조선의 전세제도를 확립하였다. 종래의 세법이었던 답험손실법을 폐지하고 18년에 공법상정소를 설치해 연구와 시험을 거듭해 세종 26년에 공법을 확정하였다.

국토의 개척과 확장도 세종 대의 큰 업적이다. 두만강 방면에는 김종서를 보내 6진을 개척하게 하였고, 압록강 방면에는 4군을 설치해 두만강과 압록강 이남을 영토로 편입하였다.

세종 1년에는 이종무 등에게 왜구의 소굴인 대마도를 정벌하게 하는 강경책을 쓰기도 하였다. 반면 세종 8년에는 삼포(부산포, 내이포, 염포)를 개항하고, 세종 25년에는 계해약조를 맺어 이들을 회유하기도 하였다.

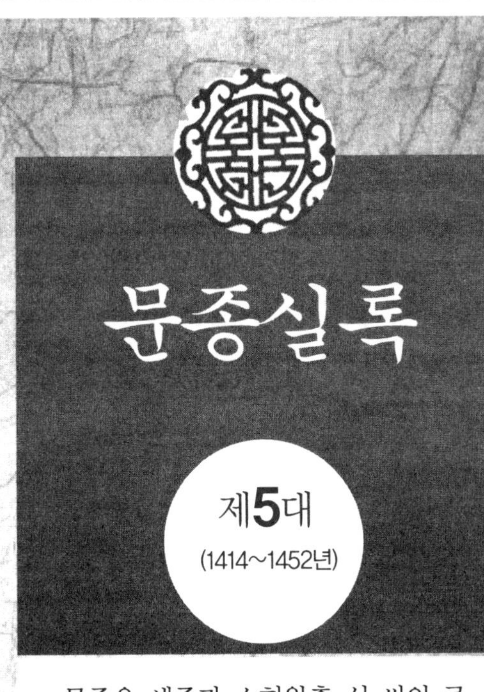

문종실록

제5대
(1414~1452년)

문종은 세종과 소헌왕후 심 씨의 큰 아들로 이름은 향이고, 자는 휘지다. 세종 3년(1421년)에 왕세자에 책봉되었고, 1450년 2월 세종의 뒤를 이어 37세로 왕위에 올랐다. 하지만 왕위에 오른 지 2년 4개월 만에 죽었다. 그의 능은 현릉(경기도 구리시 인창동 동구릉)으로, 현덕왕후와 함께 묻혔다.

『문종실록』

『문종실록』은 문종 즉위년(1450년) 2월22일부터 문종 2년(1452년) 5월14일까지의 역사적 사실을 기록한 것으로 모두 13권 12책 총 13권이었지만 1권(제11권)이 결본이다. 원제는 『문종공순대왕실록(文宗恭順大王實錄)』이다.

1453년(단종 1) 『세종실록』의 편찬이 끝날 때쯤 『문종실록』을 편찬하자는 황보인의 주장에 따라 1454년(단종 2)부터 편찬에 착수해 이듬해에 완성했다. 편찬은 정인지, 정창손, 최항, 하위지, 어효첨 등이 담당했지만 세조도 관여했다. 그러나 세조가 즉위한 후 『문종실록』의 내용에 대한 의문이 제기되었다. 제1권만 문종 즉위년 2~5월의 4개월간의 분량을 담았지만 나머지는 모두 권당 2개월씩 기록했다.

『동국병감』과 세종이 제작한 『연향아악보』등의 간행과 김종서 등이 편찬한 『고려사』 139권과 편년체인 『고려사절요』 35권을 간행하여 중외에 반포했다.

문종은 한양의 도성을 비롯하여 경기도, 충청도, 황해도, 강원도, 평안도, 함경도, 전라도, 경상도 등 각도의 주요한 읍성들을 개축하거나 개수했다. 또 의주, 용천, 삭주 등의 읍성들과 온성, 종성 등지의 성을 새로 개축하거나 보수하여, 국경과 국내의 주요읍성들을 모두 개축하였다.

『문종실록』은 편집 도중 계유정난이 일어나 황보인, 김종서 등 집권대신들이 죽임을 당해 편찬의 실권은 수양대군 일파에게 넘어갔다. 따라서 『문종실록』의 내용 중 신빙성이 낮은 것이 많다.

조선 최초의 동성연애 사건

문종은 1450년 2월 세종의 뒤를 이어 왕위에 올랐지만 몸이 약해 자주 병석에 드러누웠다. 1427년 14세 때 김오문의 딸 김 씨와 가례를 올렸지만 3년 만에 폐출되었다. 1431년 두 번째로 세자와 동갑인 봉여의 딸 봉 씨를 세자빈으로 맞아들였다. 하지만 그녀는 세종 14년 세자가 무관심하면서 동성연애에 빠지고 말았다.

당시 예조에서 '세자도 후궁을 들일 수 있다.' 고 해석되면서 법제화 되었다. 이때 19세의 세자와 밀회 중인 15세의 권 씨가 임신이 되면서 승휘가 되어 후궁으로 봉해졌다.

권 씨가 후궁으로 봉해지기 전 19세였던 순빈 봉 씨는 시비 소쌍이의 음란한 마사지로 매일 뜨거운 밤을 보내고 있었다.

"마마, 시원하셔요?"

"그래 더 세게 만져다오."

"네…."

이렇게 그녀들은 하나가 되었다. 소쌍이가 남자 역할이었고 순빈 봉 씨는 여자 역할이었다. 세자는 이런 사실을 알고 어머니 소헌왕후에게 고하였다. 이런 고약한 말을 전해들은 소헌왕후는 세종과 상의하여 임신 중이었던 시비 권 씨를 정4품 승휘로 진봉시켰던 것이다.

이에 순빈 봉 씨는 더욱 분노하여 세자와 냉전에 들어갔다. 그리고는 밤낮을 가리지 않고 소쌍이와 기괴한 정사를 벌였다.

세종 15년 3월 승휘 권 씨가 세종의 첫 손녀를 낳았다. 하지만 하루를 넘기지 못하고 죽자 세종과 소헌왕후는 몹시 안타까워했다. 세종과 소헌왕후와 세자의 사랑을 받고 있는 승휘 권 씨에 대한 질투심으로 순빈 봉 씨는 더더욱 열이 받쳤다. 승휘 권 씨가 또다시

임신하자 세자빈 봉 씨는 생트집을 잡아 유혈이 낭자하게 종아리를 때렸다. 이를 전해들은 소헌왕후의 노여움은 컸다.

"질투는 칠거지악 중 가장 나쁜 짓이다. 세자의 정기를 몸에 품고 있는 승휘에게 감히 매질을 하다니…. 개도 새끼를 배면 때리지 않는다. 알겠느냐!"

"잘못했습니다. 용서해주십시오. 다시는 그런 일이 없을 것입니다."

이렇게 겉으론 간절하게 용서를 빌었지만 마음속으로 한을 품으면서 이렇게 중얼거렸다.

'나야말로 명색만 세자빈이구나. 정4품 승휘를 불러 종아리를 쳤기로서니…. 무엇이 잘못이란 말인가?'

"소쌍아! 어서 술상이나 내오느라. 속이 타는구나."

세종 18년 봄, 승휘 권 씨는 세종의 첫 손녀 경혜옹주를 출산했다. 그해 가을, 창덕궁 세자의 침전 뒤꼍에서 세자빈 봉 씨의 총애를 차지하려는 소쌍이와 석가이가 심하게 다투고 있었다.

"적어도 사람이면 그렇게 추잡한 일을 저지르지 않을 것이다."

"뭐야, 네년은 밤마다 세자빈과 놀아나는 것은 잘한 짓이더냐?"

두 궁녀의 싸움을 엿들은 세자는 깜짝 놀랐다. 곧이어 세자가 두 궁녀를 불러 다그치자 사실을 고하고 말았다. 세자는 창피했지만 어머니 소헌왕후에게 고했다. 그러자 소헌왕후는 세자빈 봉 씨에게 물었다.

"세자가 내전을 비운사이 시비를 데리고 논 것이 사실이더냐?"

"네, 그렇지만 그 일이 저 혼자만의 일이 아니잖습니까?"

"뭐라?"

"저도 여자인데 사내의 그리운 정을 어찌 잊고 살겠나이까?"

"그래서?"

“궁중의 긴 밤에 필부도 제짝이 있게 마련입니다. 하지만 저는 무슨 죄를 지었기에 홀로 밤을 지새워야 합니까? 그렇다고 제가 사내와 정을 나눈 것도 아니고요.”

“기가 막혀서!”

억장이 무너진 소헌왕후는 세종에게 그녀의 행실을 말하자 깜짝 놀랐다. 더구나 세종은 몹시 난감했으며 조정대신들과 어찌 논의해야할지 몹시 괴로웠다. 마침내 고민을 끝낸 세종은 창피를 무릅쓰고 대신들에게 의견을 물었다. 이런 괴이한 일에 조정대신들도 깜짝 놀랐다.

대신들은 그녀를 사형으로 다스리라는 의견들이 많았다. 그렇지만 한때 며느리였기에 극형만은 면하게 할 생각이었다. 그렇지만 세종의 이런 뜻과는 달리 대신들은 너무나 강경했다.

이에 따라 세자빈 봉 씨의 첫 번째 죄는 궁녀와 동성연애한 것이요, 두 번째 죄는 궁녀에게 음탕한 노래를 부르게 한 것이요, 세 번째 죄는 궁중에서 술을 마신 것이요, 네 번째 죄는 소헌왕후가 내린 『효경』『열녀전』 등을 버려둔 것이요, 다섯 번째 죄는 시기와 질투로 승휘에게 매질한 것이다.

이 사건으로 궁녀들은 날벼락을 맞았고 세자빈 봉 씨는 극형만은 면한 채 폐출되어 친정집으로 갔다. 그러자 아버지 봉여의는 딸에게 다시 태어날 때 사내가 되라며 목을 졸라 죽이고 자신도 자살하고 말았다.

문종의 예언

문종은 몸이 좋지 않은데 어린 아들 때문에 건강이 더 악화되었다. 어느 날 저녁 문종은 집현전 학사들인 성삼문, 박팽년, 신숙주 등과 술자리를 했다.

"세자는 세상에 태어난 지 아흐레 만에 엄마를 잃은 불쌍한 아이요. 과인이 죽고 나면 세자가 나이가 어려 걱정된다오."

"신들은 비록 학자신분이지만 주상전하의 은혜에 보답하고자 왕세자 저하를 위해 몸과 마음을 바치겠습니다."

문종 때 3정승은 영의정 황보인, 좌의정 남지, 우의정 김종서 등이었다. 이중 김종서는 세종 때 6진을 개척했으며 담력이 크고 용맹했다. 어느 날 3정승이 문종의 부름을 받고 참내했다. 문종은 이날도 침전에 누워 있다가 겨우 몸을 가누며 일어났다.

"늘 이렇게 누워만 있어 미안하오. 공들을 부른 것은 짐의 병이 아니라 어린 세자 때문이오."

이 말을 마친 문종은 세자를 그 자리에 불렀다. 세자는 12세였지만 또래보다 성숙해보였다. 영의정 황보인이 세자에게로 다가가 물었다.

"저하의 나이가 올해 몇이십니까?"

"12살이오."

"제가 누구인 줄도 아시겠네요."

"영의정 황보인 아니오."

황보인이 참내한 사람들을 가리키며 누구인지를 물었고, 세자는 틀리지 않고 또박또박 대답했다. 그때 좌의정 남지가 질문했다.

"저하, 육조가 무엇인지 아십니까?"

"육조란 이조, 예조, 형조, 병조, 공조, 호조를 말함이오."

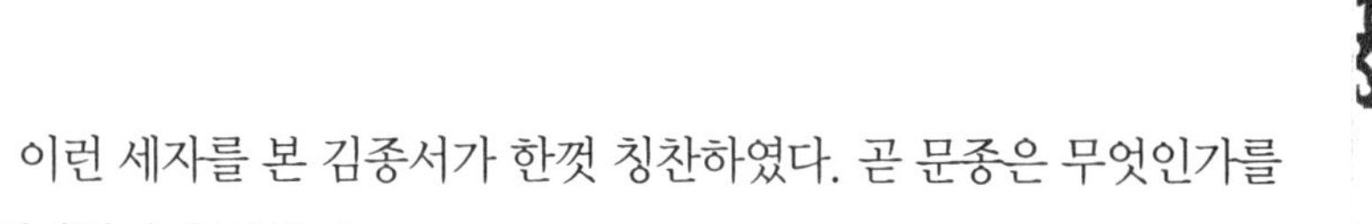

이런 세자를 본 김종서가 한껏 칭찬하였다. 곧 문종은 무엇인가를 생각하다가 말했다.

"세자에게 삼촌이 너무 많다는 것이 걸린다오. 과인 때문에 평온하지만 내가 죽는다면 분명 회오리바람이 불어 닥칠 것이오. 내 뒤를 이은 세자가 아무리 총명해도 궁중의 비바람을 어찌 막아내겠소."

그렇지만 3정승들이 입을 굳게 다물고 있자 문종은 말을 이어나갔다.

"과인의 병세가 곧 죽을 날이 다가온 듯하오. 3정승들은 내가 죽은 후 어린 세자가 보위에 오르면 집현전 여러 학사들과 함께 잘 보필해주기 바라오."

"알겠습니다, 폐하. 신들은 폐하의 말씀을 받들어 목숨을 걸고 세자저하를 지켜내겠습니다."

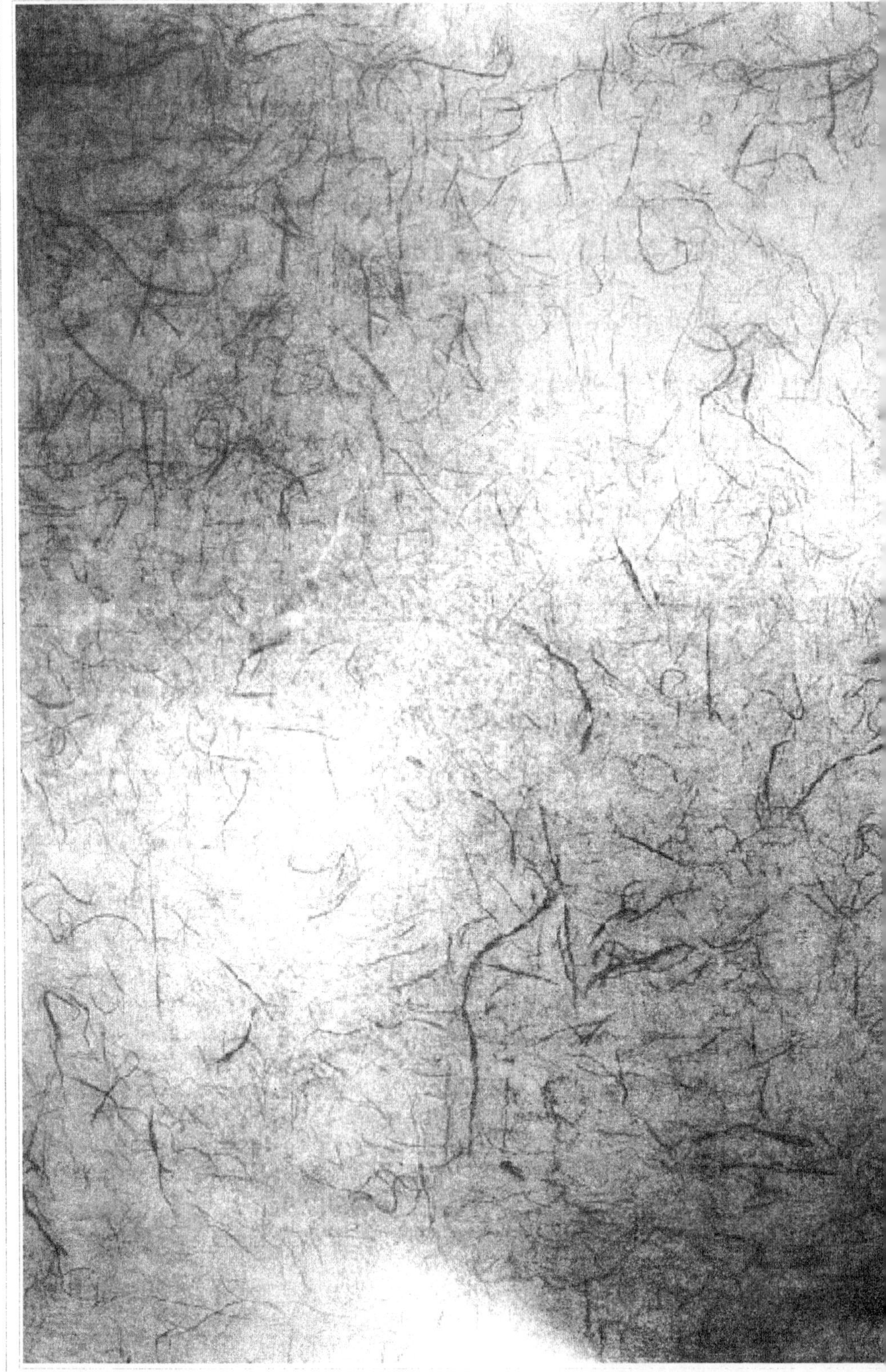

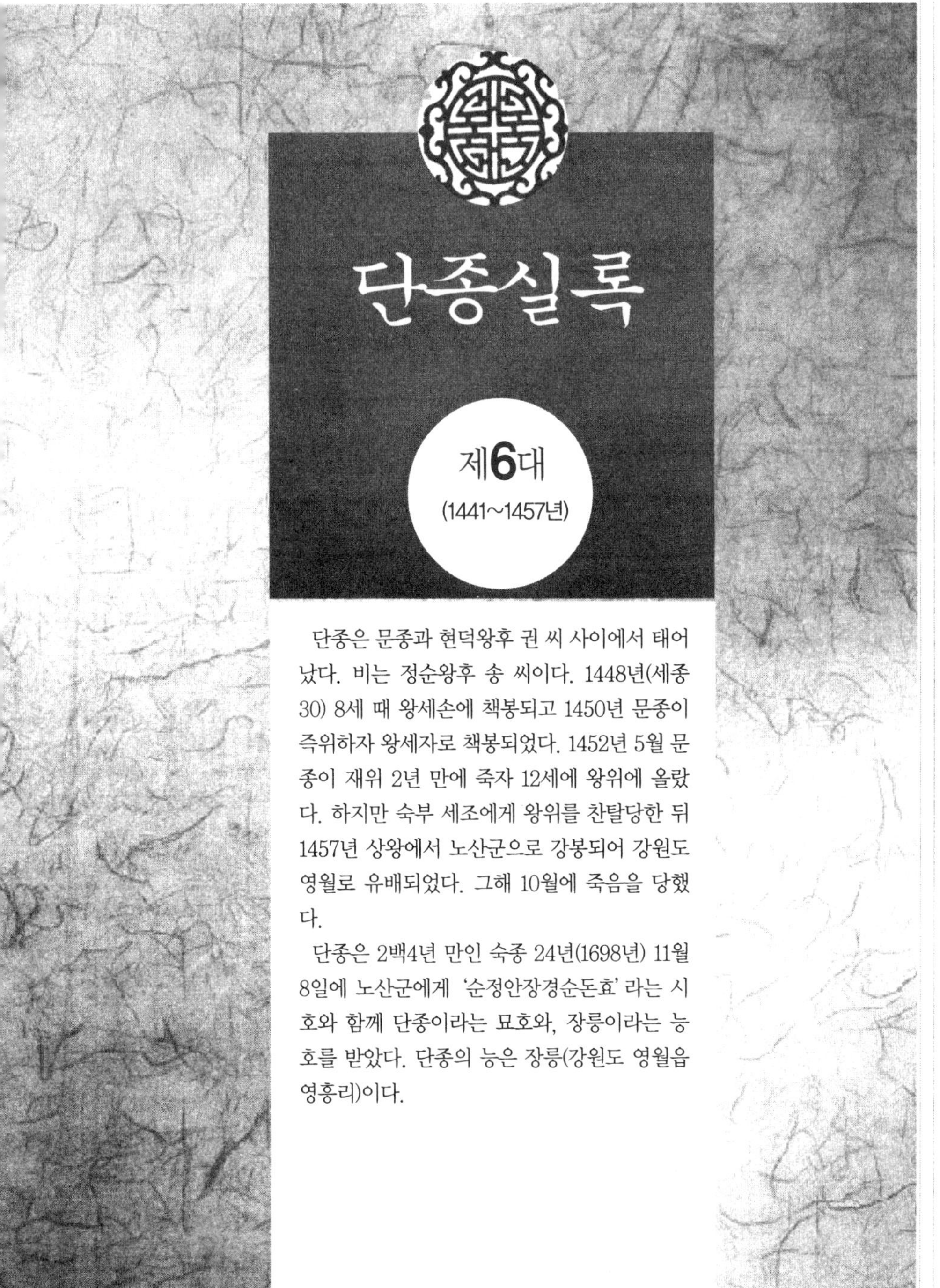

단종실록

제6대
(1441~1457년)

단종은 문종과 현덕왕후 권 씨 사이에서 태어났다. 비는 정순왕후 송 씨이다. 1448년(세종 30) 8세 때 왕세손에 책봉되고 1450년 문종이 즉위하자 왕세자로 책봉되었다. 1452년 5월 문종이 재위 2년 만에 죽자 12세에 왕위에 올랐다. 하지만 숙부 세조에게 왕위를 찬탈당한 뒤 1457년 상왕에서 노산군으로 강봉되어 강원도 영월로 유배되었다. 그해 10월에 죽음을 당했다.

단종은 2백4년 만인 숙종 24년(1698년) 11월 8일에 노산군에게 '순정안장경순돈효' 라는 시호와 함께 단종이라는 묘호와, 장릉이라는 능호를 받았다. 단종의 능은 장릉(강원도 영월읍 영흥리)이다.

『단종실록』

이 실록은 세조 때 편찬된 원편 『노산군일기』 14권과 숙종 때 편찬된 『단종대왕실록』부록 1권으로 구성된 합 15권의 활자본이다. 1452년(단종 즉위) 5월부터 1455년(단종 3) 윤6월까지인 3년 2개월간의 역사적 사실을 기록한 것이다.

처음에는 『노산군일기(魯山君日記)』라고 했지만 1698년(숙종 24) 단종이라는 왕호를 회복한 뒤 『단종실록』으로 개칭되었다. 따라서 실록표지에는 「단종실록」으로 되어 있지만 내면의 권차와 판심에는 「노산군일기」로 되어 있다. 정확한 편찬연대와 편찬자의 기록은 없지만 1464년(세조 10) 세조가 집권하는 과정을 그린 『정난일기(靖難日記)』의 편찬을 볼 때 이 시기부터 편찬하여 1469년(예종 1)에 완성된 것으로 추정할 수 있다.

문종이 죽자 12세로 왕위에 올랐다. 단종이 어린나이로 왕위를 계승하게 되면서 문종은 유언으로 영의정 황보인과 우의정 김종서 등에게 어린 임금을 보필하게 하고, 집현전 학사를 지낸 성삼문, 박팽년, 신숙주 등에게 도울 것을 유언했다.

그러나 숙부 수양대군은 한명회 등과 결탁하여 이듬해 10월10일 황보인, 김종서 등을 죽였다. 그리고 안평대군 부자를 강화도로 귀양을 보낸 다음날 스스로 영의정에 올랐다. 정인지를 좌의정, 한확을 우의정으로 삼는 계유정난을 일으켰다.

정권을 잡은 수양대군은 동생 안평대군에게 사약을 내리고, 다음해 윤6월11일 넷째 동생 금성대군 등이 반란을 꾀했다며 삭녕으로 귀양 보냈다. 단종으로부터 대보를 물려받아 근정전에서 왕위에 올랐다. 이에 따라 단종은 상왕이 되어 창덕궁으로 옮겼다.

이때 수양대군의 왕위찬탈행위에 반기를 든 집현전 학사출신인 성삼문, 박팽년, 이개, 유성원, 하위지, 유응부 등은 세조 2년(1456년) 6월1일 창덕궁의 연회석에서 수양대군 부자를 죽이고 단종을 복위하려고 했다. 그러나 김질의 밀고로 실패하고 모두 극형으로 죽었다.

김종서의 죽음

단종은 왕위에 올랐지만 너무 어렸기 때문에 모든 일을 의정부와 육조에서 맡아 처리했으며 왕은 최종 결재만 했다.

예를 들면 인사문제에 황표정사 제도를 사용했다. 즉 인사 대상자 이름에 황색으로 점을 찍어 올리면 왕은 그 점 위에 점을 찍는 결정을 하는 것이다. 이렇게 되면서 조정의 권력은 부왕 문종의 신임을 받던 황보인과 김종서에게 쏠렸다. 그러자 이에 맞서 세종 아들들의 세력들이 팽창하게 되었다.

단종에게는 여러 명의 삼촌이 있었는데 그중 수양, 안평, 금성대군 등은 각자 군사를 가지고 있었다. 더구나 수양대군과 안평대군은 세력경쟁까지 벌이고 있었다.

성품이 용맹스런 수양대군은 자신의 세력을 넓히는 수단으로 장사들과 책략가들을 끌어들였다. 이때 가장 먼저 수양대군을 찾아온 자가 권남이다. 그는 여러 번 과거에 낙방하면서 수양대군의 식객이 되었다.

식객으로 있으면서 한명회를 추천했던 것이다. 한명회는 칠삭둥이지만 지략이 뛰어나 첫 만남에서 수양대군을 사로잡았다. 수양대군은 그를 자신의 자방이라고 칭찬까지 했다. 자방이란 한나라 고조 참모였던 장량을 말한다. 수양대군의 신임을 얻은 한명회는 홍윤성을 비롯하여 수십 명의 장사들을 전국에서 모았다.

수양대군은 한명회를 비롯한 모사들과 함께 조정의 권신 황보인, 김종서를 제거하기 위해 치밀한 작전을 세웠다. 김종서는 세종 때 북방을 개척하고 6진을 쌓은 인물로 수양대군에겐 최대의 걸림돌이었다.

어느 날 밤 수양대군은 친히 양정과 유숙을 비롯해 몇 명의 장정

들을 거느리고 김종서의 집을 찾았다. 이때 김종서의 아들 승규가 대문 앞에서 신사면, 윤광은과 이야기를 나누고 있었다. 수양대군은 승규에게 일렀다.

"아버님은 집에 계시는가? 내가 왔다고 여쭙게."

"알겠사옵니다. 잠깐만 기다리십시오."

한참 후 김종서가 달려 나와 반갑게 맞았다.

"수양대군께서 밤중에 웬일로 누추한 저희 집으로 오셨습니까? 안으로 드십시오."

"아니오, 날이 저물어 미처 성으로 들어가지 못할 것 같아 대감께 청이 있어 왔습니다."

김종서는 자신의 안내에도 불구하고 수양대군이 거절하자 할 수 없이 문 앞으로 나왔다. 그러자 수양대군이 청을 했다.

"제 사모의 뿔 하나가 빠졌는데, 하나만 빌릴 수 있습니까?"

"그렇게 하지요."

문득 김종서는 이상한 느낌이 들었지만 자신의 사모뿔을 뽑아 수양대군에게 주었다.

"고맙습니다, 대감. 내가 듣자하니 종부시에서 영응대군의 부인을 탄핵하는데 대감께서 앞장서신다고 합디다. 그래서 대감께 부탁하러왔습니다."

이때 수양대군은 심복 임어을운이 나서려 하자 물러가라고 꾸짖었다. 김종서는 한참 동안 하늘을 쳐다보면서 말이 없었다. 그때도 윤광은과 신사면은 물러가지 않고 서 있자 수양대군이 그들에게 일렀다.

"너희는 물러가라. 긴히 대감과 상의할 일이 있다."

수양대군의 말에도 불구하고 여전히 그들은 버티고 있었다.

"대감! 대감께 보여줄 편지를 가져왔습니다. 살펴 주시지요. 어서 대감께 편지를 올려라."

수양대군은 옷자락에서 편지 한 통을 끄집어내 심복 양정에게 편지를 올리라고 했다. 그러나 둔한 양정이 미처 나서지 못하자 수양대군은 옆에 있던 임어을운을 시켰다.

"네가 대감께 편지를 올려라."

편지를 받아든 김종서가 달빛에 비춰보는 순간 수양대군이 눈짓하자 임어을운이 철퇴로 내리쳤다. 철퇴를 맞고 쓰러진 김종서를 아들 김승규가 껴안자 양정이 칼을 뽑아 목을 베었다.

김종서와 그의 아들을 죽인 수양대군은 심복들과 함께 돈의문을 거쳐 대궐 문 앞에 도착했다. 마침 대궐 문이 닫혀있어 입직승지인 최항을 불러 이렇게 말했다.

"김종서가 안평대군을 왕으로 추대하기 위해 역모를 꾸며 내가 김종서를 척살했다. 어서 문을 열어라. 그를 따르는 자들을 잡기 위해서 상감께 빨리 고해야 한다."

최항은 수양대군 사람으로 임금에게 알리지도 않고 대궐 문을 열었다. 수양대군은 최항을 시켜 임금에게 김종서를 죽인 일을 아뢰게 하고 왕을 만나기를 청했다.

이때 단종은 깊은 잠에 빠졌다가 최항의 기척으로 일어나 김종서 사건을 들었다. 이윽고 수양대군이 단종 앞에 앉아 사건의 전말을 털어놓자 단종이 울면서 호소했다.

"숙부, 나를 죽이지 말아주시오."

"폐하, 염려 마세요. 제가 전하를 지키겠습니다."

수양대군은 자신의 심복들을 시켜 궁궐의 모든 대문을 지키게 했다. 그런 다음 왕명을 빙자하여 영의정을 비롯한 조정대신들을 차례로 불러들였다. 이것은 한명회가 작성한 살생부를 펼쳐놓고 대신들을 죽이기 위해서다.

왕명을 받은 대신들이 둘째 문으로 들어서는 순간 죽임을 당하였다. 이때 황보인, 이양, 조극관 등이 척살되었다. 이어서 수양대군은 안평대군과 단종의 매형인 정종을 귀양을 보냈다가 사약으로 죽였다. 한편 철퇴를 맞고 쓰러진 김종서가 깨어나 사람을 보내 돈의문 수문장에게 갔다.

"내가 지난밤 자객에게 부상을 당해 죽을 뻔했다. 빨리 의정부에 알리고 약을 가지고 오느라. 그리고 이런 사실을 안평대군께 속히 알려라."

그렇지만 수양대군과 같은 편인 수문장은 김종서의 청을 단호하게 거절했다. 그러자 그는 상처를 동여맨 채 여자 옷으로 갈아입고 가마에 오른 뒤 돈의문, 서소문, 숭례문 등을 찾아가 문을 열어줄 것을 애원했지만 모두 거절당했다. 하는 수 없이 아들 승벽의 처가에 숨었다.

날이 밝은 후 김종서가 아들의 처가에 숨어 있다는 부하들의 보고를 받은 수양대군은 지체 없이 군사들에게 명령해 그를 참수했다. 이때 수양대군은 아들과 손자들까지 죽이고 말았다.

순간의 선택으로 죽임을 당한 사육신

세종의 18명 왕자 중 수양대군은 왕비 소생의 둘째 아들이다. 다른 형제들은 문객을 맞아 세력을 확장했지만 수양대군은 오직 무사들만 끌어 모았다.

더구나 수양대군의 책사를 권남이 맡으면서 한명회가 합세했다. 이어 홍달손, 양정 등의 무인 30여 명도 가세했다.

문종이 죽고 12세의 단종이 즉위했지만 수양대군은 왕이 어리다는 구실로 왕위찬탈의 음모를 꾸몄다. 이 음모의 가운데는 권남과 한명회가 있었다.

1483년(단종 원년) 10월10일, 수양대군은 단종을 지켜온 3정승을 척살하기로 했지만 음모가 사전에 누설되었다. 그러자 수양대군은 부하들에게 이렇게 명령했다.

"계획이 누설되었다고? 그렇다면 우리가 선수를 칠 수밖에 없지. 먼저 호랑이(김종서의 별명)부터 잡아야겠다. 그자만 없애면 다른 사람은 문제가 없어."

수양대군은 곧바로 홍달순, 양정 등 유능한 무사 7~8명을 집으로 불러 대책을 논의 했지만 묘책이 없었다. 이때 한명회가 입을 열었다.

"대군, 집을 짓는데 삼년이 지나도 준공되지 않는단 옛 말이 있습니다. 모든 것은 대군께서 결정을 내리셔야 성공할 수가 있습니다."

한명회의 말에 수양대군이 벌떡 일어나자 누군가 수양대군의 옷자락을 잡앗다. 그러자 그는 화를 벌컥 내면서 말했다.

"내 몸에서 손을 당장 떼지 못할까! 너희들은 그들에게 곧장 달려가 수양이 음모를 꾸미고 있다고 전해라. 난 내 방식대로 할 것이다."

수양대군이 혼자라도 거사를 치르겠다며 대문으로 나가자 한명회가 이렇게 부추겼다.

"이보시게들, 대군께서 혼자 가시게 해서는 안 된다. 빨리 움직이시오."

그의 말에 무사들 한패는 돈의문에 매복 하고, 다른 한패인 양정, 홍순손, 유수 등은 평상복 차림으로 수양대군을 따랐다. 수양대군이 김종서 집에 도착했을 때 그의 아들 승규가 문전에서 다른 사람과 얘기를 나누고 있었다. 수양대군은 승규에게 말했다.

"대감 계신가? 수양이 왔다고 전하게."

아들에게 연락받은 김종서는 수양이 기다리고 있는 곳으로 뛰어가 안내했다.

"어서 오시지요, 대군."

"괜찮소. 이미 날도 저물어 사대문이 곧 닫히는데 들어가면 뭘 하겠소"

이때 수양대군은 김승규가 자신의 아버지 곁을 지키고 있자 꾀를 냈다. 그는 미리 준비한 각이 떨어진 사모를 벗어 내보이며 말했다.

"대감, 이 사모의 각이 떨어져 없어졌소이다. 대감의 각을 좀 빌려주겠소?"

"그러지요. 승규야, 안에 들어가 각을 가져오느라."

김승규가 안으로 들어가는 순간 수양대군의 부하 임어을운이 김종서의 머리를 향해 철퇴를 내리쳤다. 깜짝 놀란 아들 김승규가 달려와 쓰러진 김종서를 안는 순간 양정은 그를 베어버렸다. 척살을 끝낸 수양대군은 말을 몰아 자신의 집으로 향했다. 그가 돌아오자 한명회는 반겼다. 수양대군은 만족한 표정으로 한명회에게 말했다.

"자! 이제부터 막히는 일이 없을 것이요."

수양대군은 무사들을 행재소 문전에 배치시켰고, 한명회는 살생

부를 가지고 문안에 앉아 있었다. 수양대군은 거짓 왕명으로 여러 대신과 중신들을 참내시켰다. 살생부에 등록된 사람들인 홍윤성, 유수, 구치관 등이 차례로 들어오자 철퇴로 내리쳐 죽였다.

이때 죽임을 당한 중신은 영의정 황보인, 이조판서 조극관, 찬성 이양 등이었다. 이밖에 중신들은 궐문에서 살해되었고, 좌의정 정분과 조극관의 아우 조수량은 귀양을 보냈다가 죽였다. 더구나 안평대군은 김종서와 내통하였다는 죄를 씌워 강화로 귀양을 보냈다가 후에 사약을 내려 죽였다.

하지만 철퇴를 맞고 쓰러졌던 김종서는 죽지 않고 살아 있었다. 그는 대궐로 들어가기 위해 여장을 하고 가마에 몸을 싣고 숭례문(남대문) 앞에 도착했다. 하지만 문이 굳게 닫혀있어 들어가지 못했다. 하는 수 없이 김종서는 아들의 처가로 은신했다.

수양대군은 그가 죽지 않고 아들의 처가에 숨어있다는 보고를 받고 수양대군은 부하들을 시켜 그 집을 습격하여 김종서를 끌어냈다. 그렇지만 김종서는 오히려 호령했다.

"이놈들, 내가 누군지 아느냐? 어서 가마를 대령하여라!"

이 말과 함께 목이 베이고 말았다. 이렇게 김종서를 척살한 수양대군은 단종에게 아뢰었다.

"폐하, 김종서가 모반을 꾀해 할 수 없이 척살했습니다."

이 후 수양대군은 영의정부사에 오르고 그 일당은 이조판서, 형조판서, 내외병마도통사 등의 벼슬을 차지하였다.

단종은 수양대군의 위세와 눌려 있었다. 특히 권남, 정인지의 주청에 못 이겨 1455년(단종 3년) 6월11일에 왕위를 수양대군에게 내주고 말았다.

사육신의 죽음

세조에게 왕위가 넘어가자 예방승지 성삼문은 옥새를 안고 통곡하였고, 박팽년이 경회루에서 자살을 시도했을 때 성삼문이 만류했다.

수강궁에 칩거하고 있는 단종의 복위를 위해 집현전 학사 성삼문은 박팽년, 하위지, 이개, 유성원, 전 절제사 유응부, 성삼문의 아버지, 단종의 장인 등은 비밀리에 계획을 세웠다.

이때 명나라 사절이 도착해 태평관에서 여장을 풀자 세조는 상왕 단종과 함께 명나라 사절을 위해 연회를 베풀기로 하였다. 성삼문과 박팽년은 이 연회를 거사일로 정하자고 했다.

그러나 한명회가 세조에게 연회장으로는 창덕궁이 좁으니 세자의 참석도 운검의 입장도 필요치 않다고 건의했다. 그러자 세조는 한명회의 말을 받아들였다. 이윽고 연회장에 성승 유응부가 운검을 허리에 차고 들어가려 하자 한명회가 이를 말렸다. 이에 화가 난 유응부가 물러나 한명회를 죽이려고 하자 성삼문이 말렸다. 그때 공모자 중의 한 사람인 김질은 일이 뜻대로 되지 않는다고 생각해 장인 정창손을 찾아갔다.

"상왕 복위가 뜻대로 이뤄질 것 같지 않습니다. 차라리 밀고하면 그 공이 우리에게 돌아올 것입니다."

이들은 곧장 대궐로 들어가 상왕복위계획에 관여했음을 밀고했다. 이 말을 들은 세조는 창손과 질에게 공신으로 대우하였다.

김질의 밀고로 인해 성삼문, 박팽년 등은 체포되어 국문을 받게 되었다. 세조는 평소 박팽년을 아낀 까닭에 이렇게 전했다.

"잘못을 깨달으면 살려주겠다."

박팽년은 아무 말도 하지 않았다. 그는 국문장에서 세조를 상감이

나 전하라고 부르지 않고 나리라고 불렀다. 이에 화가 난 세조는 국문장에서 부하들을 시켜 박팽년의 입을 찢은 후 말했다.

"신하라고 네 입으로 말하지 않았느냐. 더구나 내 밑에서 벼슬을 하지 않느냐?"

"상왕의 신하로 장계를 올릴 때 신이란 글자를 썼지만, 나리에게는 그런 일이 전혀 없었소. 조사해보시오."

화가 치민 세조는 박팽년의 장계를 모두 조사했다. 하지만 신(臣)이란 글자가 단 한 자도 없었다.

이어 수양대군이 성삼문에게 김질이 발고한 내용을 물었다. 그렇다고 대답한 성삼문은 김질에게 꾸짖었다.

"이놈! 밀고하려면 사실대로 밀고할 것이지 왜 가감했느냐?"

성삼문의 말을 가로막은 세조가 입을 열었다.

"나와 원한이 있느냐? 무슨 이유로 나를 몰아내려고 했느냐?"

"이유를 모른단 말이오? 오직 전왕을 위함이었소. 한마디로 나리는 임금의 자리를 강탈했소. 생각해보시오. 신하된 도리로 임금이 망하는 것을 두고 볼 사람이 있겠소. 내가 도리어 물어보겠소. 정말 나리가 이 일을 감행하였소이까?"

"누구에게 나리라고 하느냐? 네 놈도, 박팽년처럼 나를 나리라고 부르는구나. 네가 먹고 마신 모든 것을 내가 준 것이 아니더냐. 그런데도 나를 배신하느냐?"

"허어, 나리께서 무슨 말씀을 하시는지 알 길이 없소이다. 상왕이 살아계신데 나를 신하로 부리고자 하시오? 더구나 나리의 녹을 먹어본 적이 없소이다."

세조는 부하들을 시켜 불에 달군 인두로 성삼문의 다리와 팔꿈치를 고문했다. 그렇지만 성삼문은 태연했다.

"나리, 내가 무슨 잘못을 했기에 이러시오?"

때마침 신숙주가 세조 곁에 서있는 것을 본 성삼문은 그를 꾸짖었다.

"숙주야, 부왕에게 부끄럽지도 않느냐. 지난날 부왕께서 우리들에게 '과인이 세상을 떠나도 학사들은 힘을 모아 세자를 수호해 달라' 한 친탁을 벌써 잊었느냐?"

그러자 세조는 신숙주를 뒤로 물렸다. 뒤이어 강희안이 국문을 받았지만 굴복하지 않았다. 그러자 세조는 성삼문에게 또다시 물었다.

"성삼문, 강희안도 너희 한패가 아니냐? 어서 사실대로 고하라."

"강희안은 우리와 가까이 한 적이 없소. 내가 보건대 나리는 상왕의 신하라면 무조건 죽이려고 하는구려. 아참, 모두 나리가 죽여서 이제 남은 사람은 강희안뿐이구나. 너무 쓸어버리지 말고 한 사람이라도 등용시키구려. 그것이 현자요."

이에 따라 세조는 강희안을 죽이지 않았다. 그 다음 유응부에게 국문이 옮겨졌다.

"너는 무엇 때문에 연회석에 참가하려고 했느냐?"

"일척 검으로 역적무리를 베고 전왕을 모시려 함이었다. 불행하게도 간사한 놈의 밀고로 망쳤지만…. 꾸물거리지 말고 어서 목을 베라."

이에 세조는 유응부의 살가죽을 벗기는 고문을 가했다. 이때 유응부는 성삼문에게 후회의 말을 던졌다.

"'먹물을 먹은 자와는 동업을 하지 말라'는 옛 말이 맞구려. 그때 내가 세조의 도당을 도륙하려고 할 때 당신의 말을 듣지 말 것을…. 당신 때문에 내가 이런 치욕을 당하는구려. 당신들은 책략이 무엇인지 알지 못했으니 이 판국에 내가 더 이상 할 말이 없소."

다음은 이개가 작형을 받자 이렇게 응사했다.

"이보시오, 우리에게 이런 형벌이 무슨 소용있습니까?"

그렇지만 세조는 대꾸도 하지 않았다. 그리고 하위지에게도 작형을 가하려고 하자 그 역시 이렇게 물었다.

"나리, 우리가 반역자라면 참하면 되지 않겠소. 지금 무엇을 묻고 무엇을 대답한단 말이오?"

이에 세조는 그의 말에 무슨 생각이 들었는지 작형을 가하지 않았다.

국문이 모두 끝나고 성삼문이 형장으로 끌려갈 때 세조 옆에 있는 좌우 신료들에게 고했다.

"너희들은 내 말을 명심하라. 부디, 어진 임금을 도와 태평을 누렸으면 한다. 오늘 나는 이승에서 고주(세종)를 뵐 것이다."

한편 유성원은 사예라는 벼슬로 성균관에 머물고 있었다. 성삼문 등이 국문을 받던 날 성균관 유생이 그에게 찾아와 상황을 알렸다. 그러자 곧장 집으로 돌아와 술상을 차리게 한 후 부인과 이별주를 마셨다. 그런 후 자신의 가족묘로 들어가 관대도 벗지 않고 칼로 목을 찔러 자살했다. 이때 부인과 식솔들은 그의 자살연유를 몰랐다.

한참 후 포교들이 찾아와 죽은 시체를 가져갔고 잔인한 세조는 유성원의 시체가 국문장에 도착하자 형리를 시켜 육시를 저질렀다.

세조실록

제7대
(1417~1468년)

세조는 세종의 둘째 아들로 휘가 유, 자는 수지다. 1417년(태종 17년) 9월29일 본궁에서 출생하였다. 세종 12년에 처음으로 진평대군에 책봉되었다가 후에 함평대군, 진양대군 또는 수양대군으로 고쳤다. 무자년 9월7일에 예종에게 전위한 다음날인 8일에 수강궁에서 52세의 나이로 죽었다. 슬하에는 3남1녀가 있었다. 죽은 후 시호는 세조혜장승천체도열문영무지덕융공성신명예흠숙인효대왕(世祖惠莊承天體道烈文英武至德隆功聖神明睿欽肅仁孝大王)이다. 그의 능호는 광릉(경기도 남양주시 진전읍 부평리)이다.

『세조실록』

1455년 6월부터 1468년 9월까지 세조의 역사를 기록한 것으로 모두 49권 18책으로 간행되었다. 끝의 2권은 세조 때 악보를 수록한 것이다. 원명은 『세조혜장대왕실록(世祖惠莊大王實錄)』이다. 세조가 죽은 다음해인 1469년(예종 1) 4월에 실록청을 설치하여 편찬을 시작했으며 1471년(성종 2)에 완성했다.

편찬담당자는 영관사 신숙주, 한명회, 감관사 최항, 지관사 강희맹, 양성지, 동지관사 이승소, 정난종, 김수녕, 이극돈, 예승석, 수찬관 김지경, 조익정, 유권, 편수관 김유 등 15명, 기주관 노공필 등 11명, 기사관 김윤종 등 24명이었다.

조선시대에는 즉위한 다음해를 원년으로 하는 유년칭원법을 사용했지만 『세조실록』은 단종을 왕으로 인정하지 않았기 때문에 즉위년칭원법을 사용했다. 더구나 편찬과정에서 민수사건이 발생하기도 했다.

세조는 즉위 후 군비를 강화해 두 번이나 압록강과 두만강 건너의 여진족을 정벌했고, 1453년엔 이징옥의 난과 1467년 이시애의 난을 진압하였다. 또한 국가의 제도를 정비하고 『경국대전』과 『국조오례의』를 편찬해 조선왕조의 통치기반을 완성했다.

영월 하늘의 눈물

사육신의 사건이 끝나고 세조는 단종을 노산군으로 강봉하여 영월로 유배를 보냈다. 유배지는 영월읍에서 수십 리 떨어진 깊은 산골의 조그마한 오두막이었다. 그러나 홍수로 인해 단종이 살던 집이 물에 휩쓸려 갈 뻔했다. 이 사실이 조정에 보고되자 영월읍에 옮겼다. 이때 단종이 읊은 시가 '자규사'로 지금까지 전해지고 있다.

이 무렵, 귀양을 가 있던 단종의 여섯째 숙부 금성대군이 단종이 영월로 유배되었다는 소식을 들었다. 그러자 순흥부사 이보흠과 함께 단종의 복위를 모의하다가 탄로나 금성대군은 안동부에 갇히고 이보흠은 유배되었다. 얼마 후 금성내군은 교수형에 처해졌고, 이보흠은 박천에서 척살되었다. 그런 다음 세조는 금부도사 왕방연에게 사약을 가지고 영월부로 내려가도록 했다. 이때 단종은 옆에 있던 궁녀에게 이렇게 말했다.

"어젯밤 꿈에 돌아가신 부왕과 어머니께서 나를 끌어안고 슬피 우시는 꿈을 꾸었다."

그날 금부도사일행이 사약을 들고 집으로 들어서면서 외쳤다.

"노산군은 어명을 받으시오!"

그렇지만 단종은 태연스럽게 그들을 꾸짖었다.

"무엄하구나. 감히 신하된 자가 임금에게 약사발을 올리려하다니!"

그러자 금부도사는 약사발을 든 채 움직이지 못했다. 그러다가 이내 약사발을 올렸다. 그러나 단종은 약사발을 무시한 채 방으로 들어가 옷을 찢어 올가미를 만들었다. 17살의 단종은 이렇게 죽었다.

한편 동대문 밖 정업원에 있던 왕비 송 씨는 단종이 죽자 매일 앞산에 올라가 영월 쪽을 바라보며 눈물을 흘렸다. 그래서 사람들이

그 산을 망원봉이라고 불렀다. 18살부터 과부가 된 그녀는 초막집에서 함께 사는 시녀들과 구걸로 끼니를 이어갔다. 이에 세조가 식량을 내렸지만 끝내 받지 않았다. 그녀는 자줏물을 들이는 염색 업으로 살았다. 그래서 사람들이 그 골짜기를 '자줏골'이라고 불렀다.

송 씨는 중종 16년(1521년) 5월, 82세로 경혜 공주 아들 정미수의 집에서 죽었다. 송 씨는 대군부인의 예우로 양주 군장리(경기도 남양주시 진건면 사릉리)에 묻혔다.

단종이 죽던 날 폭우와 천둥이 극심했는데, 그의 시신은 동강변에 버려졌다. 이때 영월부의 호장 엄흥도가 단종의 시신을 거두어 동을지산 기슭에 몰래 묻었다.

중종 11년(1516년), 59년이 지난 후 노산군의 묘를 찾으라는 왕명이 내려졌다. 하지만 엄흥도 일가족은 자취를 감춘 뒤라 묘를 찾기가 힘들었다. 이때 군수 박충원의 현몽과 호장인 엄주, 신귀손, 엄속, 양인 지무작, 관노 이말산 등의 증언에 따라 묘를 찾아 봉분을 갖추었다.

선조 13년(1580년)에 강원감사 정철의 장계로 묘역을 수축하고, 숙종 7년(1681년) 7월에 노산대군으로 추봉, 다시 숙종 24년(1698년)에 추복하여 묘호를 단종이라 하여, 종묘에 부묘하고 능호를 장릉이라고 했다.

1521년에 죽은 왕비 송 씨는 177년 만에 숙종 24년(1698년) 단종 복위와 함께 대군부인에서 정순왕후로 추복되어, 신위가 모셔졌다. 능호는 사릉이다.

강에 던져진 단종의 시신

세조는 정인지와 대신들과 함께 상왕(단종)폐립에 대해 논의했다. 이에 세조는 상왕을 노산군으로 강봉시켜 강원도 영월로 귀양보냈다. 그리고 금성대군 유를 순흥부로 귀양살이를 보냈다. 귀양지에서 금성대군은 순흥부사 이보흠을 만나 상왕복위를 위해 사람을 모았다.

금성대군의 지시로 이보흠은 상왕복위에 대한 격문을 순흥병영과 남중의 동우자에게 나누어 주었다. 이때 순흥부 관노가 금성대군의 지시로 격문을 입수해 한양로 가져가는 도중이었다.

이때 기천(풍기) 현감이 관노를 쫓아가 격문을 빼앗은 후 상경하여 세조에게 고발했다. 세조는 금성대군과 함께 복위음모에 가담한 벼슬아치들을 모조리 체포해 참살한 후 죽계라는 시냇물에 버렸다. 금성대군은 순흥부에서 안동으로 끌려가 안동옥에 갇혔다.

어느 날 금부도사가 사약을 가지고 갔지만 금성대군이 사라져버렸다. 금부도사가 사방으로 사람을 풀었지만 찾을 수가 없었다. 그러던 며칠 후 금성대군이 돌아와 큰 소리로 웃었다.

"사람만 많지 제대로 일하는 사람이 없구나. 내가 돌아온 것은 너희들의 목숨을 살려주기 위해서다."

그가 의관을 고쳐 입자 금부도사는 서쪽에 놓여있는 세조위패를 향해 절을 하라고 권했다. 그러자 큰소리로 꾸짖었다.

"절을 하라고? 내가 모시는 임금은 영월에 계신다. 이놈들!"

금성대군은 북쪽을 향해 통곡하면서 절을 네 번한 후 사약을 마셨다. 하지만 죽지 않자 입회한 군졸들이 목을 졸라 살해했다.

친동생 금성대군을 죽인 세조는 금부도사 왕방연을 시켜 단종에게 사약을 내려 보냈다. 영월에 도착한 왕방연은 주춤하다가 뜰 안

으로 들어가 무조건 엎드렸다.

이때 단종은 그에게 자신을 찾아온 이유를 물었다. 그렇지만 대답하지 못하고 어물거렸다. 그러자 단종이 입산할 때 함께 따라온 젊은 시종이 나서면서 교살할 뜻을 비쳤다.

그런 후 지체하지 않고 한 가닥 활줄로 단종의 목을 졸랐지만 곧바로 죽지 않자 허리띠로 몇 번을 졸라 죽였다. 이때 단종은 17세였다.

단종의 시신을 거둘 관이나 염구 등이 없어 그대로 버려져 있었다. 이때 젊은 중이 나타나 며칠간 통곡하다가 단종의 시신을 짊어지고 어디론지 사라졌다.

이에 대한 두 가지 설이 있다. 첫 번째는 시체를 산속으로 가져가 화장했다는 설과, 두 번째는 시체를 강에 던졌다는 설이다. 이와 같은 두 가지 소문 중에서 점필재 김종직이 쓴 '투강설' 이 진짜라고 했다.

단종의 비 정순왕후 송 씨는 영돈녕부사 여양부원군 현수의 딸이다. 1440년(세종 12년)에 탄생하여 갑술년 1월22일에 왕비로 간택되었다. 을해년 7월에 세조는 의덕왕대비로 존칭하였다가 정축 6월에는 부인으로 봉했다. 부인은 1512년(중종 16년) 6월4일 82세로 세상을 떠났다. 18세의 나이로 과부가 되어 64년을 독수공방했다.

꿈속에서 세조를 꾸짖은 현덕왕후

세조의 꿈에 자신이 죽인 단종의 어머니 현덕왕후가 나타나 몹시 꾸짖은 후 그의 얼굴에 침을 뱉은 후 사라졌다.

"네 이놈! 내 아들의 왕위와 목숨을 빼앗아 갔으니, 난 네 아들의 목숨을 가져가겠다."

깜짝 놀라 잠에서 깨어난 세조가 이마에 땀을 닦고 있을 때 갑자기 내시가 달려와서 고했다.

"전하, 동궁께서 지금 매우 위급합니다."

세조가 급히 동궁으로 달려갔지만 동궁은 이미 숨을 거둔 뒤였다. 그러자 문득 세조는 꿈속의 상황이 생각났다. 이에 화가 난 세조는 군사들을 보내 소릉(현덕왕후의 무덤)을 파헤치라고 명령하였다.

이에 군사들은 소릉으로 달려갔는데 능 부근에 사는 사람들이 이렇게 말했다.

"어젯밤 능에서 여자의 울음소리가 진동했습니다."

이 소리에 군사들은 한동안 망설이다가 세조의 재촉으로 능을 파헤쳤다. 그러자 관에서 추악한 냄새가 났다. 더구나 관이 몹시 무거워 도저히 움직일 수가 없었다. 그러자 세조는 관을 도끼로 찍으라고 했다.

군사들이 도끼로 관을 찍으려는 순간 관이 스스로 움직였다. 세조는 그 관을 불살라 버리라고 했다. 군사들이 관에 불을 붙이는 순간 하늘에서 갑자기 천둥과 함께 비가 쏟아졌다.

그러자 세조는 관을 강물에 던지라고 했다. 하지만 강물에 던져진 관은 가라앉지 않고 떠내려가다 이름 모를 나루에 닿았다. 이 관을 한 농부가 발견하여 강기슭 양지바른 곳에 묻어주었다.

그날 저녁 농부의 꿈에 현덕왕후가 나타나 자신의 관을 묻어줘 고

맙다고 했다. 그런 후 그 농부의 미래를 알려주어 부자가 되게 했다. 하지만 세조는 이때부터 온몸에 피부병이 생겨 평생을 고생했다.

40여 년이 지난 뒤 중종 때 조광조가 소릉의 회복을 건의했다. 그렇지만 현덕왕후의 관을 찾을 수가 없었다. 이때 관을 찾던 관리의 꿈에 현덕왕후가 나타났다.

"내일 관이 있는 곳을 알게 될 것이다."

그날 밤 동시에 관을 묻어 준 농부의 꿈에 나타나 이렇게 말했다.

"내일 관아를 찾아가 내가 묻힌 곳을 말해주어라."

다음 날 농부는 관아에 찾아가 현덕왕후가 묻힌 곳을 알려주었다. 현덕왕후의 시신은 문종의 능 동쪽에 묻혔다.

예종실록

제8대

(1450~1469년)

예종은 세조와 정희왕후 윤 씨의 둘째 아들이다. 이름은 황이고 자는 명조이며, 초자는 평보다. 세조가 즉위한 뒤 해양대군에 책봉되었다가, 세조 3년(1457년) 9월에 형 의경세자(덕종)가 죽자 세자로 책봉되었다. 시호는 양도이고 존호는 흠문성무의인소효다. 묘호는 예종이며, 능호는 창릉(경기도 고양시 덕양구 용두동 서오릉)이다.

『예종실록』

『예종실록』은 조선 제8대 왕인 예종의 재위기간에 있었던 역사적 사실을 기술한 것으로 모두 8권 3책으로 간행된 활자본이다. 원명은 『예종양도대왕실록(睿宗襄悼大王實錄)』이다. 예종이 죽은 다음 해인 1470년(성종 1년) 2월에 춘추관에서 전왕대의 실록을 편찬하라는 왕명을 받아 사초를 꺼냈다. 하지만 당시 『세조실록』의 편찬을 위해 설치한 실록청의 작업이 끝나지 않아 곧 착수하지 못했다.

그러나 『세조실록』의 편찬이 끝난 직후인 1471년(성종 2년) 12월에 시작하여 1472년(성종 3년) 5월에 춘추관에서 완성했다. 편찬관은 『세조실록』의 편찬 때보다 참여자가 적었고 새 인물이 참여했다. 그렇지만 동일인물들이 많다. 영관사는 신숙주, 한명회, 감관사는 최항, 지관사는 강희맹, 양성지, 동지관사는 정난종, 김수녕, 예승석, 수찬관은 김지경, 유관 등이다. 편수관은 김뉴, 고태정, 임사홍 등이다.

세조 14년(1468년) 9월7일, 세조가 죽기 하루 전 날 선양을 받아 즉위했다. 예종은 세자 때인 1466년부터 승명대리로 정치경험이 있었고, 세조의 정치행태를 답습하였다. 그 역시 세조처럼 언관들에게 강경하여, 실록에 언관에 대한 좌천과 파직 등의 기록이 많다.

예종은 재위기간이 불과 13개월로 많은 업적이 없다. 또한 세조비 정희왕후 윤 씨가 수렴 청정하였다. 직전수조법을 제정하였고, 남이, 강순 등이 반역을 도모했다는 누명으로 처형되었다.

1469년 3월에는 삼포에서 왜와의 사무역을 금지시켰고, 같은 해 6월에는 각 도, 각 읍에 있는 둔전을 일반농민이 경작하는 것을 허락했다. 이 해 6월에 '천하도'를 완성하였고, 7월에는 『무정보감』을 편찬하였다. 9월에는 상정소제조 최항 등이 세조 때에 시작한 『경국대전』을 찬진하였다. 하지만 부족한 것을 보완하느라 반포를 못보고 죽었다.

수렴청정을 받은 예종

세조에게는 두 아들이 있었는데, 큰아들 의경세자가 어느 날 잠을 자다가 갑자기 죽었다. 그래서 몸이 허약한 둘째 아들 해양대군이 세자로 책봉되었다.

1460년 세자시절 한명회의 큰딸과 가례를 올렸다. 세조 6년(1460년) 4월, 세자빈으로 책봉 되었다. 세자빈으로 책봉된 지 1년7개월 후인 세조 7년(1461년) 11월30일에 원손을 낳고 5일 만에 산후병으로 죽었다. 이듬해 2월 세조는 왕세자빈 한 씨에게 장순이라는 시호를 내렸다.

한 씨의 묘는 파주의 보시도(경기도 파주시 조리읍 봉일천)이고, 성종 1년(1470년) 능호를 공릉이라 했고, 예종이 죽은 뒤 3년 만인 1472년에 장순왕후로 추존되었다.

장순왕후 한 씨는 예종의 조카인 성종의 비 공혜왕후의 친언니로 이들 자매는 '시숙모와 조카며느리' 라는 기묘한 관계였다. 이것은 아버지가 한명회였기 때문에 빚어진 것이다.

예종은 1468년 9월 세조로부터 왕위를 이어받아 수강궁에서 조선왕조 제8대 왕으로 즉위했는데, 이때가 19살이었다. 예종은 왕위에 올랐지만 몸이 약했고, 세조의 유언에 따라 원상제도에 의지해 나라를 다스렸다. 또한 어머니 정희왕후의 수렴청정을 받았다.

남이장군의 죽음

남이 장군은 1441년 태종의 외손자로 태어났다. 17세 때 무과에 급제하여 장수가 되었고, 1467년 이시애의 난을 평정하여 적개공신 1등에 책록되었다. 이후 건주위의 야인을 토벌하여 공조판서가 되었고, 그 이듬해 오위도총부 도총관과 병조판서를 겸직했다.

1468년 세조가 죽자 한명회, 신숙주 등의 사주를 받은 강희맹이 남이가 병조판서로 부당하다고 비판했다. 그러자 예종은 그를 병조판서에서 해임하고 겸사복장직에 임명했다.

남이가 25살 때 북방 건주위의 야인을 토벌하기 위해 싸움터에 나갔다가 시를 지어 읊었다.

'백두산의 돌은 칼 갈아 다하고 / 두만강 물 말 먹여 없애리 / 남아 스물에 나라를 평정하지 못하면 / 후세에 그 누가 대장부라 하리오.'

남이가 겸사복장에 있을 때 하늘에서 혜성이 나타났다. 그는 이것을 보면서 말했다.

"필시 묵은 것을 몰아내고 새로운 것이 나타날 징조구나."

이때 병조참지인 유자광이 그의 말을 들었다. 그는 항상 기회가 있을 때마다 남이를 제거하려고 마음먹고 있었다. 유자광으로부터 고변을 들은 예종은 남이를 잡아들여 국문하였다.

"너는 어찌하여 역모를 꾸몄느냐?"

이에 남이는 절대로 그런 적이 없다고 했다. 그러자 예종은 형리들에게 혹독한 고문을 명령했고 남이는 정강이뼈가 부러지고 말았다. 남이는 살 수 없음을 깨닫고 거짓으로 역모를 꾸몄다고 자백했다. 이때 공모한 자들을 묻자 예종 옆에 서 있던 영의정 강순을 가리켰다.

"영상과 역모를 꾸몄소."

그러자 강순은 몸을 떨면서 조아렸다.

"전하, 남이가 무고를 하고 있습니다. 믿어주시옵소서."

이런 변명에도 불구하고 강순은 형틀에 묶이고 말았다. 이때 강순은 80세 노인이라 심한 고문에 거짓 자백을 했다. 두 사람이 형장으로 끌려갈 때 강순은 남이에게 물었다.

"죽으려면 혼자 죽지. 죄 없는 나까지 끌어들였느냐?"

남이는 쓴웃음을 지었다.

"영상께서 나에게 죄가 없다는 것을 아시면서, 어찌 한마디도 성상께 올리지 않았습니까? 영상보다 스물여덟 살인 내가 억울하면 더 억울하지 않겠소?"

한명회는 남이의 장인 권남과 절친한 친구였다. 권남의 추천으로 수양대군의 책사가 되어 큰 공을 세웠다. 하지만 불행하게도 권남은 병으로 죽고 없었다. 권남은 자신이 죽기 전 한명회를 불러 사위 남이를 간곡하게 부탁하였다. 그러나 한명회는 남이를 도와주지 않고 그를 제거하려고 했다.

성종실록

제9대
(1457~1494년)

성종은 세조 손자로 의경세자와 소혜왕후 한씨의 둘째 아들이다. 이름은 혈이며, 자산군에 봉해졌다가 후에 자을산군으로 고쳤다. 1469년 11월 예종이 13개월 만에 죽자 할머니 정희왕후가 그를 지명하여 왕위를 이었다. 예종에겐 아들 제안대군이 있었지만 어렸고, 성종의 형인 월산군이 있었지만 병약했다. 그래서 성종이 지명을 받은 것이다. 묘호는 성종이며, 능호는 선릉(서울특별시 강남구 삼성동)이다.

『성종실록』

성종 재위기간인 1469년 11월부터 1494년 12월까지의 역사적 사실을 기록한 것으로 모두 297권 150책으로 되어 있다. 원명은 『성종강정대왕실록(成宗康靖大王實錄)』이다.

이 실록은 성종이 죽은 다음해인 1495년 노사신 등의 건의에 의해 실록청을 설치하고 편찬했다. 실록청 당상은 어세겸, 이극돈, 유순, 성현, 권건, 신종호, 조위 등이었다. 그러나 편찬 중 무오사화가 발생하여 조위가 빠졌으며 성현도 중간에 빠졌지만 그 이유를 알 수 없다. 1499년(연산군 5) 2월에 완성했다.

실록 끝에 기록된 편찬자들은 영관사에 신승선, 감관사에 어세겸, 성준, 지관사는 이극돈, 박건, 유순, 홍귀달, 노공필, 윤효손, 동지관사는 조익정, 김수동 외 7명, 편수관은 표연말 외 26명, 기주관은 이전, 유순정 외 8명, 기사관은 김천령 외 36명이다.

이 실록은 분량도 많고 사회, 경제현안에 대한 기사도 충실하게 언급되어 있어 사료적 가치가 높다.

성종은 학문을 좋아해 집현전의 후신 홍문관을 창설했다. 그런 다음 세조 때부터 편찬을 시작한 『경국대전』과 『국조오례의』를 완성했다. 또한 억불 숭유정책으로 유학을 숭상하여 유교국가의 기초를 다졌다. 이때부터 사림정치가 시작되었던 것이다. 성종은 민족문화에 관한 서적 『동국통감』 『동국여지승람』 『동문선』등을 편찬하게 하였다.

수렴청정과 파당의 시작

1469년 11월27일 예종이 갑자기 죽자 조정은 어수선했다. 그것은 누가 뒤를 이을 것인가였다. 예종의 적자로 제안대군이 있었지만 아직 4살이라 세자로 책봉되지 못했다.

이에 다음 임금을 정하는 결정권은 세조의 왕비 윤 씨 정희왕후였다. 이때 신숙주가 정희왕후 사위 정현조를 닦달해 후계자를 세우도록 건의했다. 이에 대왕대비 윤 씨는 후계자로 누가 좋겠냐고 알아보라고 했다. 그러자 정현조가 신숙주에게 이 말을 전하자 이렇게 말했다.

"이 문제는 오직 대왕대비께서 결정하셔야만 하네."

이에 정희왕후는 중신들을 한 자리에 불러 입을 열었다.

"경들에게 묻겠소. 다음 임금으로 누가 좋겠소?"

"대비마마, 이것은 신들에게 물어볼 것이 아니라 직접 전교를 내리시면 됩니다."

"그래요? 흠, 지금 원자는 너무 어리고 월산군은 병약하오. 내 생각으론 자을산군으로 대통을 잇게 하겠소."

13세의 자을산군은 세조의 맏아들 의경세자의 둘째 아들로 성종 임금으로 즉위하는 행운을 얻었다. 성종은 7년 동안 할머니 정희왕후의 섭정을 받았다. 정희왕후는 성종이 왕위에 오르자 그의 형 월산군을 월산대군으로, 예종의 아들을 제안대군으로 봉했다.

정희왕후가 7년 동안 수렴청정을 끝내고 성종이 친정했다. 성종은 원상 제도를 폐지하고, 김종직 등 젊은 사림파 문신들을 등용해 훈구세력들을 견제하였다. 이때 임사홍과 유자광을 멀리 유배 보냈다.

김종직은 밀양출신으로 영남 성리학파의 거두였다. 그는 성종이 실권을 잡았을 때 선산부사로 있었다. 성종은 그의 학문과 학풍을 좋아해 정희왕후가 수렴청정을 거두는 순간 등용시켰다.

그러나 등용된 사림파들은 삼사를 중심으로 세력을 키우고 자신들이 주자학의 정통적 계승자임을 자처했다. 김종직의 문하에는 김일손, 김굉필, 정여창 등을 비롯한 당대의 석학들이 무두 모여 있었다. 이때 사림파의 배척대상은 유자광, 이극돈 등의 훈구세력이었다. 그들은 권력을 남용해 부정부패를 저질렀기 때문에 탄핵대상이었다.

1483년 김종직은 우부승지에 오른 뒤 조정의 요직을 두루 거쳤다. 그는 단종을 폐위하고 죽인 세조를 비판했고, 세조에게 동조한 한명회와 신숙주 등을 멸시하였다.

김종직은 세조가 단종을 폐위한 것에 대한 반발로 '조의제문'을 남겼다. 그는 유자광을 미워했는데, 함양군수로 부임할 때 동헌에 유자광의 시가 걸려있는 현판을 당장 철거하여 불태웠다. 이것으로 인해 유자광은 김종직에게 원한을 품게 된 계기를 가졌던 것이다.

용안을 할퀸 왕비의 손톱

폐비 윤 씨는 세조 1년(1455년) 판봉상시사 윤기견의 딸이다. 그녀는 1473년에 성종 후궁으로 간택되면서 숙의에 봉해졌다. 1474년 공혜왕후 한 씨가 죽자 1476년 8월 왕비로 승격되었다. 공혜왕후는 한명회의 둘째 딸이다.

공혜왕후 한 씨의 뒤를 이은 제헌왕후 윤 씨는 왕비에 오른 지 3개월 만에 연산군을 낳았다.

이후 성종은 왕비 대신 소용 정씨와 엄 씨의 처소로 발길을 돌렸다. 이렇게 된 것은 그녀들이 성종 어머니 인수대비를 앞장 세웠기 때문이다. 당시 인수대비는 제헌왕후 윤 씨를 좋지 않게 생각했다.

이에 제헌왕후 윤 씨는 성종의 총애를 되찾기 위해 두 후궁을 죽이기로 결심했다. 그래서 친정 어머니가 일러준 민간비방인 '소장방자'를 실시했다. 이것은 성종이 출입하는 후궁의 처소 길목에 시신의 뼈를 묻는 것이다.

이것도 소용없자 제헌왕후 윤 씨는 두 후궁이 서로 내통하여 자신과 원자를 죽이려 한다는 투서를 보냈다. 그러자 궁궐은 발칵 뒤집혔다.

성종은 숙의 윤 씨를 비롯해 내명부로 봉한 10여 명의 후궁들을 중전 뜰에 모아놓고 문초했다. 그러나 거짓 투서이기 때문에 아무도 알 수가 없었다.

며칠 뒤 성종이 윤 씨 처소에 들렀다가 투서와 동일한 종이를 발견하게 되었다. 또한 비상과 푸닥거리를 적은 비방 책까지 나왔다. 이에 윤 씨는 궁지에 몰리게 되었다. 이런 연유로 성종은 윤 씨의 폐위문제를 중신들에게 거론했지만, 원자의 생모라는 이유로 기각되었다.

성종은 왕비에게 비상을 갖다 준 시녀를 처형하고, 장모 신 씨는 궁궐출입을 금했다. 이런 처사에 불만이 많은 윤 씨가 성종을 질투한 끝에 용안에 손톱자국을 내고 말았다.

그 결과 인수대비는 성종에게 윤 씨를 폐하라고 지시했다. 1479년 6월, 성종은 윤 씨를 폐서인시켜 친정으로 쫓아냈다.

1480년 인수대비는 중전자리에 소용 정씨를 마음에 두고 있었지만 엉뚱하게 19살의 숙의 윤 씨가 간택되었다. 그것은 최고 어른인 대왕대비 정희왕후의 입김 때문이었다.

1482년 성종 13년, 연산군이 7살 때 세자책봉 논의와 함께 폐비 윤 씨의 동정론이 일어났다. 그렇지만 그녀를 몰아낸 소용 정씨와 엄씨를 비롯해 인수대비가 반대했다. 반대의 이유를 폐비 윤 씨가 궁궐에서 나갈 때 10년 먹을 재물을 가지고 갔다고 음해했다.

그 이야기를 들은 성종은 내시 안중경으로 하여금 폐비 윤 씨를 살펴보라고 지시했다. 3년 동안 눈물로 지샌 폐비 윤 씨와 친정어머니 신 씨는 안중경을 보자 반갑게 맞았다.

이때 성종이 폐비 윤 씨에게 안중경을 보냈다는 말을 들은 인수대비는 화가 치밀었다. 그녀는 안중경에게 허위보고를 하도록 시켰다. 안중경은 성종에게 거짓을 고했다.

"폐비는 뉘우침 없이 원자 아기가 장성하면 복수하겠다고 했습니다."

이 소리를 들은 성종은 폐비 윤 씨에게 사약을 내렸고 내관과 좌승지 이세좌, 이극균 등이 사약을 들고 왔다. 이윽고 폐비 윤 씨가 사약을 마시자 입에서는 시뻘건 피가 솟구쳐 금삼소매를 적셨다. 죽어가는 순간 친정어머니 신 씨에게 유언을 남겼다.

"어머니, 원자에게 피 묻은 소매와 저의 원통한 사연을 함께 전해… 주세요."

사약을 받고 죽은 폐비 윤 씨는 동대문 밖에 묻혔지만 성종은 묘비를 세우지 않았다. 그후 7년 만에 성종은 세자의 미래를 생각해 '윤 씨 지묘' 라는 묘비명을 내렸다. 성종은 유언으로 자신이 죽은 뒤 100년까지 폐비 윤 씨에 대해 거론하지 말라고 했다.

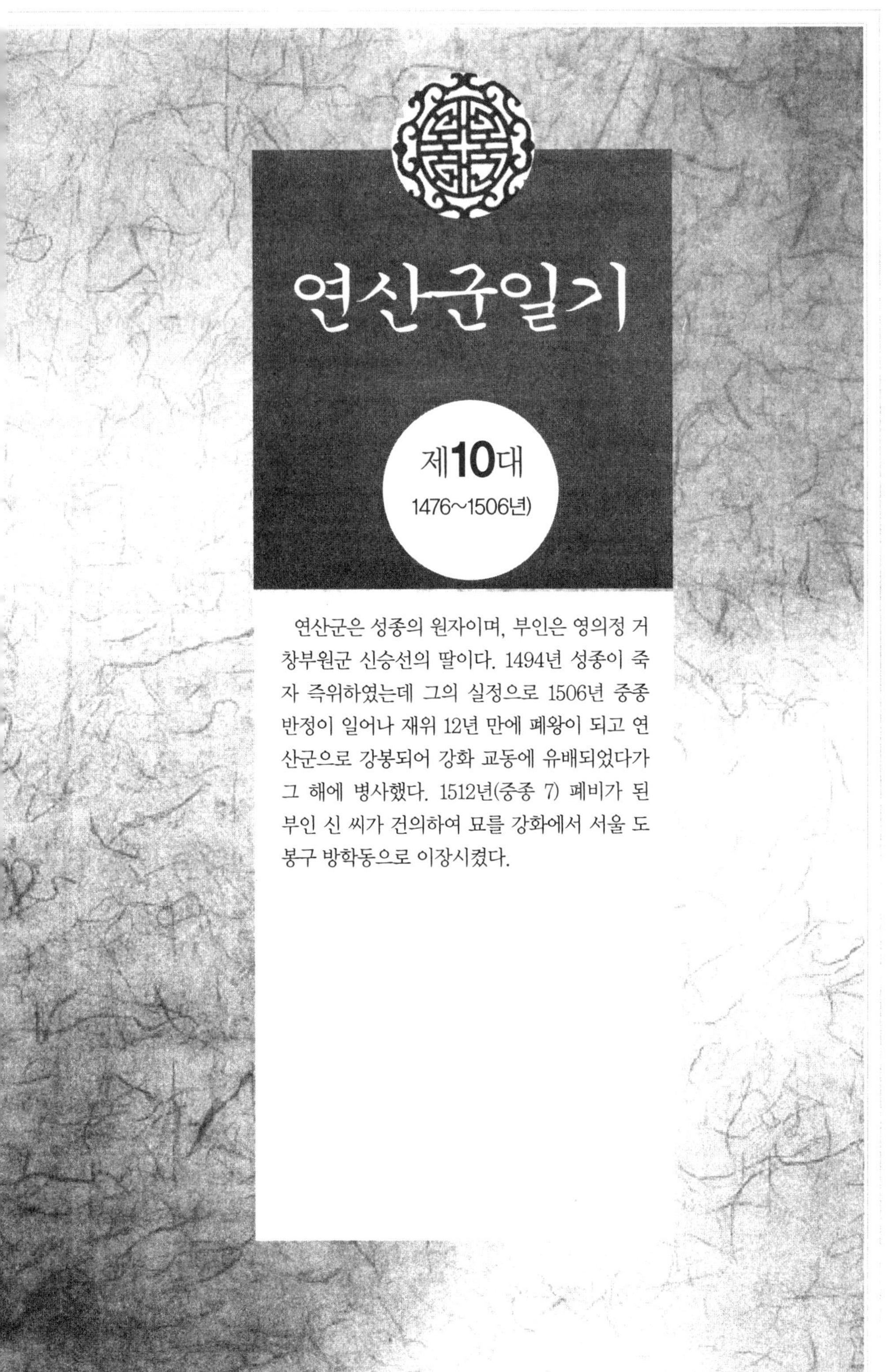

연산군일기

제10대
1476~1506년)

연산군은 성종의 원자이며, 부인은 영의정 거창부원군 신승선의 딸이다. 1494년 성종이 죽자 즉위하였는데 그의 실정으로 1506년 중종반정이 일어나 재위 12년 만에 폐왕이 되고 연산군으로 강봉되어 강화 교동에 유배되었다가 그 해에 병사했다. 1512년(중종 7) 폐비가 된 부인 신 씨가 건의하여 묘를 강화에서 서울 도봉구 방학동으로 이장시켰다.

『연산군일기』

『연산군일기』는 조선 10대 왕 연산군의 재위기간인 1494년 12월~1506년 9월까지 11년 9개월간의 역사를 기록한 것으로 모두 63권 46책으로 활자로 간행되었다. 연산군은 중종반정에 의해 폐위되었기 때문에 실록이라고 하지 않고 일기라고 했다.

1506년(중종 1) 연산군이 죽자 바로 일기청을 설치했지만 감춘추관사 김감이 귀양을 가는 등 여러 사정으로 인해 곧바로 편찬에 착수하지 못했다. 다음해 4월에 중종반정의 주역이던 성희안을 총책임자로 삼고 기타 편찬자들을 임명했다. 임명 원칙은 연산군 시대에 소외된 인물들을 중심으로 했다. 그러나 연산군 때 김일손의 사초 사건으로 원인이 된 무오사화의 여파와 함께 반정으로 집권한 초기의 상황이었기 때문에 사관들이 사초를 제출하지 않았다. 또한 새로 임명된 편찬관조차 전직운동을 하는 등 작업이 순조롭지 않았다. 더구나 연산군 당시 사관들이 활동하지 못해 사초가 제대로 남아 있지 않았다고 한다.

이에 따라 사초 누설에 대한 엄벌규정을 세웠으며, 사초 누설로 무오사화를 일으킨 이극돈, 윤필상, 유자광 등의 관직을 추탈하고 재산까지 몰수했다. 이와 함께 일기청 관원은 전직할 수 없다는 규정을 세우기도 했다.

이런저런 이유 때문에 『연산군 일기』는 1509년(중종 4) 9월에 편찬을 완수했다. 일기의 내용은 연산군의 행실과 폭정들에 대한 기사가 두드러지고 내용 또한 편파적인 측면이 많다. 이에 따라 연산군 시대의 정치, 사회 상황은 소략으로 서술되었다. 이 일기에서 특이한 점은 실록 끝에 편찬자의 명단을 기재하지 않았다.

그러다가 1509년 경상북도 봉화군의 안동 권 씨 집안에서 발견된 『일기세초지도(日記洗草之圖)』(편찬에 참여했던 權閥에게 내린 것임)를 통해 알려졌다. 내용은 성희안 외에 춘추관사로 성세명, 신용개, 장순손, 정광필 등이었고 수찬관은 강경서 외 4명, 편수관은 유희저, 김안국 외 22명이었다.

연산군과 무오사화

연산군은 초기 4년 동안 퇴폐풍조와 부패를 척결한 성군정치를 폈다. 또한 유능한 학자들에게 휴가를 주어 독서에 전념케 했다. 그리고 『국조보감』을 편찬한 후대 왕들의 제왕수업에 도움이 되도록 했다.

하지만 연산군이 사림파들을 미워하게 되자, 유자광 등의 훈구파 세력들은 이것을 악용해 그들을 몰락시키려는 음모를 꾸몄다.

1498년 『성종실록』을 편찬하기 위해 이극돈이 편찬책임자로 임명되었다. 이때 공교롭게도 세상을 떠난 김종직이 쓴 『조의제문』이 발견되었다. 이것은 진나라 항우가 초나라 의제를 폐한 일에 대해 비판한 글이었다. 그런데 김종직이 단종을 폐한 세조를 빗댄 것으로 해석한 것이다. 또한 이극돈이 전라감사로 있을 때 정희왕후의 상중임에도 불구하고 장흥의 기생과 어울렸다는 내용도 있었다.

화가 난 이극돈은 유자광에게 사림파들을 없애자고 했다. 유자광 역시 김종직에게 원한을 품고 있었기 때문에 의기투합하였다. 그래서 노사신, 윤필상 등과 상의해 올린 상소에 『조의제문』은 세조를 비방한 것이기 때문에 김종직은 대역죄인이고 사초에 이것을 올린 김일손은 처벌하라는 것이었다.

이때 연산군은 자신을 낳은 어머니가 폐비된 것을 알았다. 그리고 사초에서 죽은 부왕 성종의 지문에서 윤기무라는 이름을 발견했다. 그리하여 연산군은 승지들에게 다그쳐 윤기무가 비밀에 부쳐졌던 폐비의 아버지라는 것을 알았다.

연산군은 예조에 명을 내려 폐비 윤씨에 대해 상의하였다. 또 유자광에게 국청을 설치해 죄를 신문하라고 했다. 유자광은 김종직이 사초에 올리라고 해 올렸다는 진술을 김일손으로부터 받아냈다.

연산군은 이것을 계기로 사림파 김일, 권오복, 권경유, 이목. 허반 등에게 능지처참을 내렸다. 그리고 이미 죽은 김종직을 부관참시에 처했다. 표연말, 홍한, 정여창, 정희량 등은 불고지죄로 곤장으로 다스린 후 귀양 보냈다. 사초를 보여준 이극돈을 비롯해 유순, 윤호손 등은 문제의 사초를 보고도 보고하지 않았다며 파면시켰다.

유자광은 이로 인해 연산군의 신임을 받아 권력을 장악하면서 훈구파의 중심인물이 되었다. 이것이 무오사화이다.

임금을 망친 간신들

임사홍은 성종 때에 당상관을 지냈는데, 맏아들 임광재는 예종의 사위였고 둘째 아들 임숭재도 성종의 사위였다. 임사홍은 수단과 방법을 가리지 않고 자신의 부귀영화를 위해 아첨을 하였다. 더구나 둘째 아들은 남의 아내를 빼앗아 임금에게 바쳐 특별한 총애를 받고 있었다.

그러나 셋째 아들 임희재는 김종직의 제자가 되어 성종 때 생진시험에 급제하고 연산군 4년엔 대과에 급제했다.

그러나 무오사화가 일어나 김종직의 제자였기 때문에 귀양살이를 했다. 임희재는 아버지와 형들과는 달리 청렴한 선비였다. 그는 자신의 집 병풍에 이런 글을 써 붙여놓았다.

祖舜宗堯自太平(순과 요임금을 본받으면 저절로 태평세상을 이룰 텐데) / 秦皇何事苦蒼生(진나라 진시황제는 어찌하여 국민을 괴롭혔던가) / 不知禍起蕭墻內(화가 자기 집 담장 안에서 일어날 줄은 모르고) / 虛築防胡萬里城(공연히 쓸데없이 오랑캐를 막는다고 만리장성을 쌓았구나)

이 내용은 김종직이 조의제문을 지어 세조를 비방한 것처럼 진나라 시황제의 이름을 빌어 연산군을 조롱한 내용이었다. 어느 날 연산군이 임사홍 집에 암행을 나왔다가 병풍의 글을 보고 노했다.

"이 글은 누가 썼느냐?"

그러자 임사홍은 사실대로 자신의 셋째 아들이 썼다고 대답하자 연산군이 화를 내며 물었다.

"허~어. 그대의 아들이 이처럼 불초하니 과인이 죽여야겠구나. 그대는 어떻게 생각하느냐?"

"전하께서 말씀하신 것처럼 자식 놈이 불초하나이다. 그래서 미리

전하께 발고해 형벌을 가하려고 했습니다. 하지만 애비가 된 죄로 차마 용단을 못 내렸나이다."

그러나 연산군은 그의 말을 듣지 않고 임희재를 의금부에 하옥시켰다가 곧바로 참형에 처했다. 이해할 수 없는 것은 아들이 참형을 당하는 날 아버지는 조금도 슬퍼하는 기색 없이 집에서 연회를 베풀어 친구들과 즐겁게 놀고 있었다.

이것은 임사홍이 얼마나 냉혹한 인물인지 잘 알 수 있는 내용이다. 이 소문을 들은 연산군은 더더욱 임사홍을 신임하게 되었다.

연산군 10년 3월 20일 연산군 옆에 시종이 없자 임사홍은 폐비 윤씨가 성종대왕의 미움을 받아 폐출된 것이 아니라, 엄숙의와 정숙의의 투기심으로 인해 폐출되었으며 사약을 받아 죽었다고 고자질했다. 연산군은 임사홍의 말에 하늘이 노랗게 변하는 것 같았다.

지금 엄숙의와 정숙의는 후궁에서 편안하게 여생을 보내고 있었다. 더구나 선왕의 총애를 받아오던 그들이 생모의 원수일 줄이야. 괘씸하게 생각한 연산군은 분통이 터져 곧바로 대궐로 돌아와 엄숙의와 정숙의를 대궐 뜰에 불러내어 호통을 친 후 주먹으로 때려서 죽였다.

그래도 분이 풀리지 않자 시체를 갈기갈기 찢어 소금에 절인 후 까치밥이 되도록 산에다 버려두게 명했다.

이 사건으로 대궐은 발칵 뒤집어졌으며, 이 소리를 들은 인수대비가 칠십의 노구를 부축 받으며 나타났다. 인수대비가 연산군을 보며 꾸짖었지만 그는 오히려 막말을 내뱉었다.

"늙은 것이 뭐라고?"

말이 끝남과 동시에 연산군의 머리는 인수대비의 가슴을 들이받았다. 쓰러진 인수대비는 숨을 몰아쉬며 이렇게 되풀이 하다가 기절하고 말았다.

"이런 법이 세상에 어디 있나…."

그런 후 연산군은 정숙의 자식인 안양군과 봉안군 형제를 큰칼을 씌운 후 옥에 가뒀다. 인수대비는 이것이 원인이 되어 얼마 후 세상을 떠나고 말았다. 이후 폐비 윤 씨의 생모 신 씨는 자유롭게 대궐을 출입하면서 연산군을 만났다.

이때 사약을 마시고 흘린 피를 닦은 수건을 보이며 윤 씨의 유언을 자세하게 전해주었다. 피 묻은 수건을 본 연산군은 미쳐 날뛰었다. 이제야 생모의 최후를 확실하게 알게 된 것이다.

이제 연산군이 할 수 있는 것은 자신의 어머니를 죽인 자들을 찾아 복수하는 것이었다. 그는 춘추관에 폐비와 관련된 인물들을 모조리 발본색원하라고 명했다.

춘추관에서 조사하여 작성한 '폐비사약시말단자'엔 수백 명의 이름이 올라 있었다. 이것은 조금이라도 폐비의 사약과 관련된 사람들까지 기록했기 때문이었다.

이 조사로 가장 먼저 희생당한 사람은 성종 때에 승지를 지낸 이세좌였다. 그는 당시 왕명을 받아 약사발을 가지고 갔기 때문이다. 연산군에 의해 귀양을 가던 중 곤양군 양포역에서 스스로 목을 매고 자살했다. 이것을 시발로 폐비사건에 연관된 사람은 무조건 대역죄로 다스려 삼족을 멸했다.

이중에서 가장 혹독한 형벌을 받은 사람은 윤필상, 한치형, 한명회, 정창손, 이세겸, 심회, 이파, 김승경, 이세좌, 권주, 이극균, 성준 등으로 연산군은 이들을 이륙간이라고 했다.

이들 중 생존해 있던 윤필상, 이극균, 이세좌, 권주, 성준 등은 참형을 당했다. 또한 이미 죽은 사람들은 점필제 김종직처럼 부관참시를 한 후 쇄골표풍(무덤에서 시신을 끄집어내어 허리를 자른 후 그 뼈를 가루로 만들어 바람에 날리는 것)까지 자행했다. 이 사건을 갑자사화라고 한다.

장녹수의 횡포

장녹수는 예종의 아들 제안대군의 여종이다. 연산군은 장녹수에게 빠져 모든 것을 들어주었다.

장녹수가 집을 크게 짓기 위해 백성들의 집을 불법으로 철거하려고 했다. 그러자 백성들의 원망이 들끓자 사헌부와 사간원에서 연산군에게 막아야 한다며 건의했다. 하지만 도리어 대사헌 이자건, 대사간 박의영 등을 옥에 가두었다.

어느 날 연산군은 사냥을 즐기고 돌아오다가 봉원사 주지스님에게 곡차를 대접받았다. 술에 취한 연산군은 정업원의 비구니 8명을 겁탈하였다. 이런 연산군이었지만 아무도 말리지 못했다. 그래서 왕비 신 씨는 속만 탔다. 연산군은 매일 연회를 벌였고, 전국에서 뽑아 올린 수백 명의 기생들이 동원되었다. 이것이 채홍사이다.

판부사 임사홍은 연산군에게 큰아버지인 월산대군 부인 박 씨를 소개했다. 연산군은 백모 박 씨의 집으로 향했다. 이에 왕비가 말리려고 하자 상궁이 막았다.

"중전마마, 나섰다가 윤 씨처럼 폐출되시면 어쩌시려옵니까?"

연산군이 백모 박 씨를 궁으로 불러 주연을 베푼 다음 겁탈하고 말았다. 이 소식을 들은 박 씨 부인의 동생인 강원관찰사 박원종이 이를 갈았다. 이와 함께 박 씨 부인은 동생 박원종에게 자신의 원한을 풀어달라는 유서를 남기고 자살했다.

채홍사를 통해 전국에서 뽑힌 운평 중 300명을 '흥청'이라고 하여 궁중에서 살게 했고, 연산군이 미녀들과 원없이 놀았다는 말에서 '흥청거리다'가 유래되었다.

이런 여색행각으로 국가재정이 바닥나기 시작했다. 이에 연산군은 부족한 재정을 충당하기 위해 공신들에게 지급했던 공신전의

환납과 노비를 몰수하려고 했다. 그러자 대신들은 임금의 부당한 처사와 지나친 향락을 자제하라고 간청했다.

이것을 이용한 임사홍은 왕과 대립하는 훈구세력과 사림세력을 한꺼번에 제거하려고 했다.

색정 연산군

무오사화가 있은 직후 연산군은 무엇이든 자기 마음대로 할 수 있는 왕권을 휘둘렀다. 더구나 선천적으로 타고난 색기를 노골적으로 나타냈다. 연산군은 왕비 신 씨와 궁인 곽 씨 외에 윤 훤의 딸을 숙의로 들였다. 이에 김효손은 자신의 처제며 예종의 둘째 아들 제안대군의 여종인 장녹수를 천거했다.

장녹수는 머리가 총명하고 노래와 춤에 능했다. 30세의 나이지만 미모가 뛰어났다. 첫눈에 반한 연산군은 그녀를 숙원으로 봉했고 그녀에게 빠져 정사는 뒷전으로 밀려났다. 이때부터 그녀는 임금을 조종하기에 이른다.

한마디로 벼슬자리를 얻거나 임금에게 청을 넣을 땐 비변사보다 장녹수가 우선이었다. 이에 따라 장녹수 집에는 사람들이 문전성시를 이뤘고 청탁을 위해 금은보화가 줄을 이었다.

어느 해 봄, 연산군은 매일 벌어지는 장녹수와의 연회에 염증을 느껴서인지 정업원으로 암행을 나왔다. 정업원은 늙은 후궁들이 살 곳이 없으면 이곳에 와서 여생을 보내는 곳이다.

연산군이 이곳에 온 이유는 젊은 궁녀들이 몰래 빠져나와 살고 있었고, 이들 중 미인을 찾기 위해서였다. 연산군이 갑자기 나타나자 법당의 비구니들은 동시에 일어나 합장했다.

미소로 답한 연산군은 여러 비구니들 중 젊고 아름다운 다섯 명을 가리킨 후 나머지는 물러나게 했다. 그런 후 연산군은 비구니들을 범했던 것이다.

죽은 폐비 복수

임사홍은 반대세력을 제거하기 위해 연산군 처남 신수근과 결탁해 폐비 윤 씨의 일을 연산군에게 알렸다.

얼마 후 임사홍은 폐비 윤 씨의 어머니 신 씨를 연산군 앞에 데려왔다. 이때 신 씨는 폐비 윤 씨의 피 묻은 금삼자락을 바쳤다. 그리고 폐비 윤 씨의 유언까지 고했다.

"내 아들이 왕위에 오르면 원통함을 꼭 풀어 달라고…."

외할머니 신 씨로부터 모든 사실을 듣고 피 묻은 금삼을 선네받은 연산군은 진노했다.

먼저 연산군은 윤 씨 폐출에 직접 간여한 성종의 후궁 엄 귀인과 정 귀인을 직접 죽였다. 그런 다음 정 귀인이 낳은 안양군과 봉안군을 귀양 보낸 후 사사시켰다. 그리고 윤 씨의 폐출을 주도한 할머니 인수대비를 머리로 들이받아 한 달 뒤 죽게 만들었다. 폐비 윤 씨의 묘를 회릉으로 고치고, 시호를 제헌왕후로 추존했다.

이어서 연산군은 윤 씨 폐비의 사사에 찬성했거나 가담했던 윤필상, 이극균, 김굉필, 성준, 정성근, 이세좌 등 10여 명을 곧바로 사형시켰다. 그리고 이미 죽은 한명회, 정창손, 정여창, 남효온 등은 부관참시에 처했다. 이밖에 권달수, 홍귀달, 박한주, 조지서, 박은, 김처선 등도 화를 당했다. 그들의 가족들에겐 연좌 죄를 적용시켰다. 이렇게 시작된 연산 10년(1504년) 3월부터 벌어진 갑자사화는 너무나 잔인했다.

날이 갈수록 연산군의 폭정과 비행은 점점 심해졌고 장녹수는 연산군을 완전히 치마폭으로 감싸 안고 말았다. 그래서 경연관 박은이 연산군에게 자제를 진언했다가 즉시 목이 잘렸다. 더구나 성균관을 놀이터로 만들기도 했다.

1506년 연산군 12년 9월, 박원종 등이 군사를 일으켜 연산군을 폐하고 성종의 둘째 아들 진성대군을 중종 임금으로 옹립하는 '중종반정'을 일으켰다.

중종반증 후 임사홍, 신수근, 신수영, 신수겸, 장녹수 등을 처형했고 연산을 군으로 강등시켜 강화도 교동으로 유배를 보냈다. 연산군은 유배지에서 두 달 만에 역질로 31살의 나이에 죽었다. 두 아들 역시 유배지에서 사사되었다. 처음엔 유배지에 묻혔다가 연산군 부인 폐비 신 씨가 죽자 그녀와 함께 도봉구 방학동에 묻혔다.

지문에 얽힌 비밀

성종이 승하한 3개월 뒤, 연산군은 선릉에 올릴 지문(죽은 사람의 이름과 생몰연대와 행적과 무덤이 있는 곳과 좌향 등을 적은 글)을 읽고 있었다. 그 지문엔 판봉상시사 윤기무란 이름과 폐비에 대한 내용이 들어 있었다. 이상하게 생각한 연산군은 승지를 불러 궁금한 것을 물었다.

"지문에 윤기무가 나오는데 이 사람이 누구인지 아느냐?"

승지는 어쩔 줄을 몰랐다. 그의 이런 행동은 윤기무가 폐비 윤씨의 친정아버지이며 연산군의 외조부였기 때문이었다. 그는 신하된 도리로 임금에게 거짓을 고할 수도 없었다. 승지는 꿀 먹은 벙어리처럼 아무 말도 못하고 엎드려만 있었다. 그러자 답답한 연산군은 소리쳤다.

"도대체 윤기무가 누구냔 말이다! 당장 말하지 못할까!"

연산의 호령에 승지는 하는 수 없이 말문을 열었다.

"윤기무는 폐비 윤 씨의 아버지입니다. 윤 씨가 왕비로 책봉되기 전에 세상을 떠났고, 전하의 외조부가 되는 분이옵니다."

"뭐? 윤기무가 과인의 외조부라고? 과인에겐 외조부가 따로 있지 않는가. 그런데 어째서 그가 과인의 외조부란 말이냐?"

승지는 폐비 윤 씨의 모든 비밀을 연산군에게 낱낱이 고하고 말았다.

"지금 과인의 생모가 생존해 계시느냐?"

"여러 해 전에 세상을 떠나셨습니다."

이때 승지는 폐비 윤 씨가 사약을 받고 죽었다는 사실을 알리지 않았다. 연산군은 생모 윤 씨가 여러 해 전에 세상을 떠났다는 소리에 슬픔이 앞섰다. 그날 이후부터 술로 자신을 달래다가 인수대비를 찾아가 생모가 폐위된 까닭을 물었다.
"폐위된 것은 본인에게 그만큼 잘못이 있었기 때문이라오."
연산군은 인수대비의 말을 의심했다. 또한 사헌부나 사간원이나 홍문관의 유생들이 윤 씨의 행실에 대한 잘못을 집요하게 상소했기 때문이라고 생각했다.
이러 생각이 깊어질수록 유생들을 단칼에 죽이고 싶었다. 그래서 큰 세력을 유지하고 있던 유생들이 미웠고 이에 조지서가 표적이 된 것이다.
연산군 4년 7월1일 노사신, 윤필상, 한치형, 유자광 등은 임금께 비밀을 고하겠다고 청했다. 이 소리에 도승지 신수근이 마중 나왔다.
도승지 신수근은 연산군의 비 신 씨의 먼 친척이었다. 그가 도승지로 임명될 때 대신들은 외척이 권세를 휘두를 수 있다고 하면서 반대했다. 따라서 신수근도 그들에게 좋지 않은 감정을 품고 있었다.
중신들이 배석한 가운데 유자광의 말을 들은 연산군은 화가 머리끝까지 났다. 지금까지도 유생들이 너무나 미웠는데, 사초에 세조대왕에게 대한 추문까지 기록했다는 사실에 더 이상 참을 수가 없었다.
연산군은 의금부경력 홍사호, 도사 신극성 등을 경상도 청도로 급파해 김일손을 잡아오도록 했다. 연산군은 김일손을 친히 국문하겠다며 그를 수문당 앞으로 끌어내게 하였다. 연산군 옆에는 노사신, 윤필상, 한치형, 유자광, 신수근, 주서 이희순만 있었다.
연산군은 엎드려 있는 김일손을 보고 호령치며 물었다.
"네놈이, 성종대왕의 실록을 기록할 때 어째서 세조 때의 일까지 기록하였느냐!"

비로소 이극돈이 사초를 임금께 고자질을 한 것을 알게 된 김일손은 고개를 들고 말했다.

“역사를 기록할 때에 전왕의 사실까지 기입하는 것은 옛날부터 전해져 내려오는 관례이옵니다.”

“허면, 세조대왕과 권 씨를 부른 사건은 네가 꾸며서 기록한 것이냐!”

“그것은 권부인의 조카뻘 되는 허경이란 자에게 들은 것입니다.”

“여봐라! 허경을 불러들여라!”

국문장에 붙잡혀온 허경은 연산군의 험악한 표정에 놀라 자신이 했음에도 불구하고 부인하면서 김일손에게 덮어 씌웠다. 며칠 동안 연산군은 꼬리에 꼬리를 물고 나오는 사람들을 붙잡아 국문하던 중 유자광이 소매에서 책 한 권을 꺼내어 바쳤다.

“상감마마! 이 책은 김종직의 글이옵니다. 이것으로도 그들이 세조대왕에게 불충한 뜻을 품었다는 것을 증명할 수가 있사옵니다.”

연산군이 받아본 책은 조의제문였는데, 유자광에게 그것이 무엇이냐고 묻자 이렇게 대답했다.

“조의제문이라 함은 옛날 한나라의 의제가 항우의 손에 시살된 것을 조상한다는 뜻입니다. 이 글을 쓴 김종직은 세조대왕을 항우에게 비유하고, 의제는 단종에 비유한 것이옵니다. 즉 세조대왕께서 단종을 죽였다는 것을 직접 쓸 수가 없어 비유해서 쓴 글이라고 사료되옵니다.”

“김종직, 김일손 등의 죄상이 분명히 드러났다. 이놈들을 어떻게 했으면 좋겠느냐?”

복수심에 불탄 유자광은 유학자들을 모두 제거하기 위해 이렇게 고했다.

“김종직과 김일손 등은 신하된 자로서 왕실에 불경을 저질렀습니

다. 따라서 잔당들을 모두 찾아내 뿌리를 뽑아야 합니다. 그렇게 하지 않으시면 잔당들이 다시 들고 일어날 것입니다."

그리하여 7월26일 연산군은 역도들을 박멸하고 종사를 안정시킨다는 주장아래 김종직은 부관참시를 당했고, 김일손, 권오복, 권경유 등은 능지처참에, 이목, 허경 등은 참형에, 그밖에 나머지 김종직이 친구나 제자들은 형장(죄인을 심문할 때 사용되는 몽둥이)을 때려 먼 지방으로 귀양을 보냈다. 이때가 연산군 4년(23세)으로 조선시대의 유명한 사건중 하나인 무오사화다.

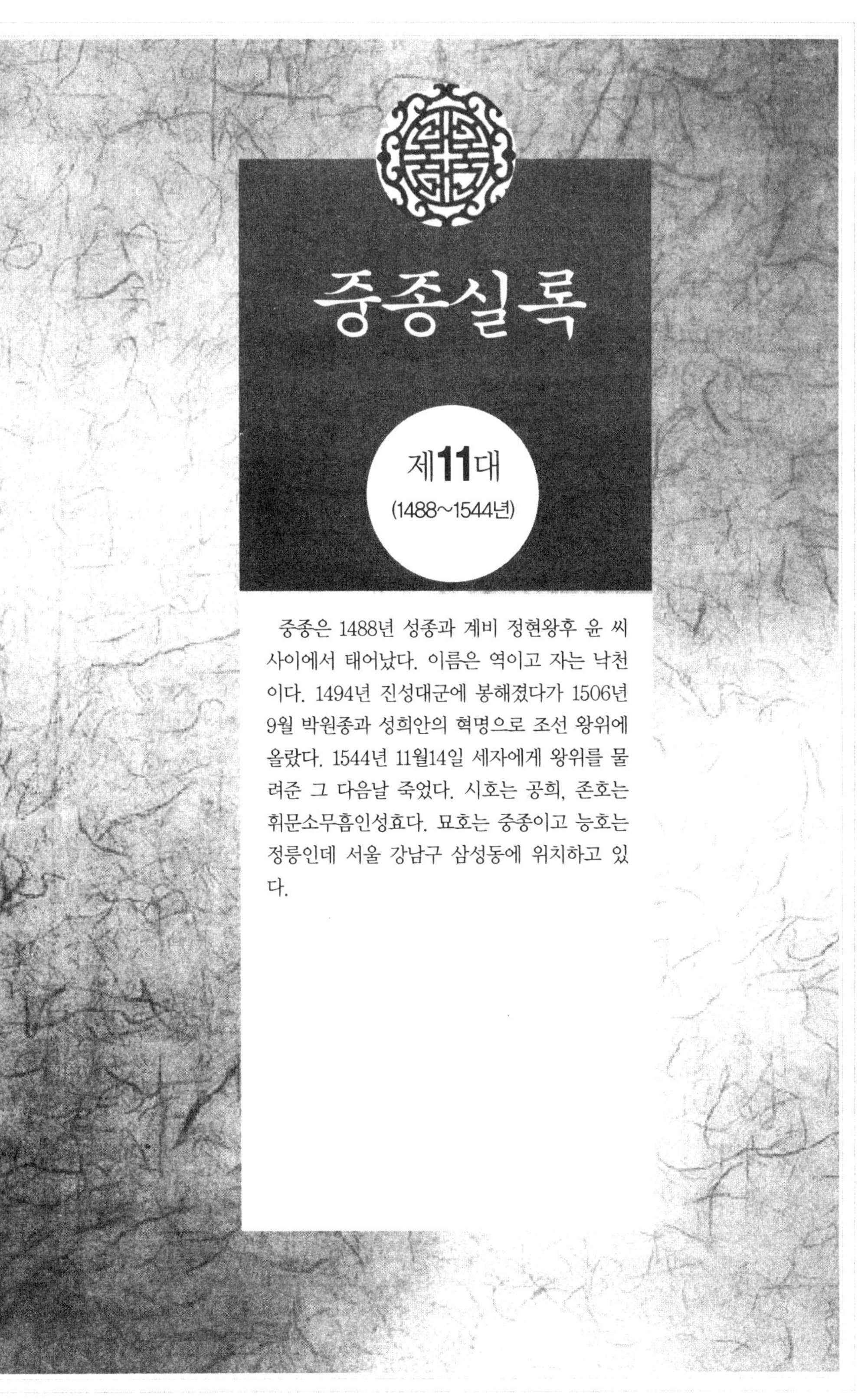

중종실록

제11대

(1488~1544년)

중종은 1488년 성종과 계비 정현왕후 윤 씨 사이에서 태어났다. 이름은 역이고 자는 낙천이다. 1494년 진성대군에 봉해졌다가 1506년 9월 박원종과 성희안의 혁명으로 조선 왕위에 올랐다. 1544년 11월14일 세자에게 왕위를 물려준 그 다음날 죽었다. 시호는 공희, 존호는 휘문소무흠인성효다. 묘호는 중종이고 능호는 정릉인데 서울 강남구 삼성동에 위치하고 있다.

『중종실록』

『중종실록』은 조선 11대 중종의 재위기간 동안의 역사를 기록한 실록이다. 하지만 제105권엔 인종이 즉위한 1544년 11월16일부터 12월 말일까지의 기록이 합편되어 있으며 모두 105권 102책의 주자본이다.

『중종실록』은 중종의 후계인 인종이 즉위 8개월 만에 죽어 실록편찬에 착수하지 못했다. 따라서 명종이 즉위한 후에 비로소 실록청을 설치하고 『인종실록』과 동시에 편찬에 착수하여 5년 만인 1550년 10월에 완성했다.

편찬책임자는 이기, 정순붕, 심연원, 윤개, 상진 등이다. 유년칭원법(踰年稱元法)이 아닌 즉위년칭원법을 사용했다.

중종은 재위기간이 오랜 탓에 다른 실록보다 분량이 매우 많다. 수록한 내용의 종류는 전대 실록과 큰 차이가 없지만 개별사실에 대한 기술이 길고 비교적 상세하다. 이중에서 경연의 토론이나 경학, 도학에 관한 논의는 내용까지 구체적으로 전개했다. 또한 사론(史論)과 세주(細註)가 많은 점도 특이하다. 사론은 권마다 빠짐없이 실려 있고 세주는 특기사항, 보충설명, 방언과 제도에 관한 용어설명 등이다.

그러나 기묘사화와 관련된 사실이 빠지거나 왜곡된 부분이 많다. 기묘사화 때는 사관이 비밀회의에 입시하지 못했다는 기록도 있다. 편찬책임자도 정순붕에서 심연원, 이기로 여러 차례 바뀌었다.

위기의 연산군

중종의 즉위를 도운 일등공신 박원종은 박중선의 아들이다. 그는 무과에 합격해 함경북도 병마절도사를 지냈다. 연산군 때 벼슬을 그만두었다가 누이인 월산대군부인이 연산군에게 능욕당하고 자살하자 복수의 기회를 노렸다.

박원종과 성희안은 한마을에 살았다. 성희안은 이조참판으로 연산군의 폭정에 불만이 있었다. 어느 날 연산군이 성희안에게 시를 지으라고 명령하자 '임금은 본디 청류를 즐기지 않는다.' 라고 지었다. 이것으로 조정에서 쫓겨났다. 이때부터 연산군을 몰아낼 궁리를 했다.

그는 한 마을에 사는 군자감 부정인 신윤무와 친했다. 신윤무는 성희안에게 조정의 모든 것을 보고했고, 박원종과 어울리면서 연산군의 폭정에 한탄했다.

어느 날 성희안은 신윤무를 시켜 박원종의 마음을 떠보았는데 의외로 박원종이 흔쾌히 찬성했다. 그들은 이조판서인 유순정을 찾아가 마음을 터놓자 그는 동의했다. 또한 무사 박영문과 홍경주를 합류시켰다. 1506년 초하룻날 밤, 군사들을 훈련원으로 모이기로 약속한 후 우의정 김수동과 유자광을 끌어들였다.

그런 다음 군사들과 백성들을 이끌고 경복궁으로 달려갔다. 신윤무는 임사홍, 신수근, 신수영의 집으로 찾아가 모조리 척살했다.

반정군이 경복궁으로 쳐들어왔을 때 내시와 궁녀들은 밖으로 도망쳤고, 깊은 잠에 빠져 있는 연산군의 침소로 향했다. 반정군은 연산군을 깨운 후 이렇게 말했다.

"옥새를 내놓아라!"

"누가 역모를 꾸몄느냐?"

"성희안, 박원종 대감이 진성대군을 새 왕으로 옹립하였다."

이에 연산군은 기가 죽어 옥새를 내놓았다. 그런 후 연산군의 총애를 받던 전동, 김효손, 강응 등의 목을 베었다. 날이 밝자 성희안과 박원종은 자순대비를 찾아가서 아뢰었다.

"신 등은 임금의 폭정에 반정을 일으켰습니다. 백성들은 도탄에 빠져있고 나라의 장래는 매우 어둡습니다. 그리고 신들과 백성들은 진성대군을 모시기로 했습니다. 대비마마의 처분을 기다리겠습니다."

"신성보나 총명한 세자가 있으니 그를 왕으로 세우시오."

그러자 유순정을 비롯한 조정대신들은 진성대군을 여러 번 간청해 대비의 승낙을 받았다. 이리하여 19세의 진성대군이 중종임금으로 즉위했다.

인왕산 치마바위의 전설

중종의 왕비 신 씨는 반정군의 손에 죽은 신수근의 딸이다. 신 씨는 연산군 5년에 진성대군과 가례를 올렸으며 중종반정 이후 왕비가 되었다.

반정에 성공하자 공신들은 중종에게 왕비의 폐출을 강력히 청했다. 그 이유는 왕비의 아버지를 죽인 자신들에게 또다시 화를 당할지 모르기 때문이었다. 그래서 더더욱 중종 어머니 자순대비를 찾아가 폐출을 강력히 청했다.

중종은 어쩔 수 없이 신하들의 뜻에 왕비 신 씨를 폐한 후 사가로 보냈다. 그것은 왕비가 된 지 7일 만에 일어났다. 하지만 중종은 왕비가 그리워 밤에 잠을 이룰 수가 없었다. 폐비 신 씨는 하성위 정현조의 집에 잠깐 머물다가 죽동궁으로 옮겼다.

중종은 왕비가 보고 싶어 높은 누각에 올라가 죽동궁을 바라보며 눈물을 흘렸다. 이 소문을 들은 신 씨 역시 뒷동산 바위에 붉은 치마를 둘러놓고 궁궐을 바라보며 그리워하였다.

두 사람은 끝내 만나지 못하고 신 씨는 인왕산 치마바위의 전설을 남기고 명종 12년(1557년) 12월 71세로 죽었다. 그녀는 아버지 신수근의 묘 옆에 묻혔다. 232년 후인 영조 15년(1739년)에 비로소 단경왕후로 추존되고, 능호를 온릉(경기도 양주군 장흥면 일영리)이라고 했다.

치마바위의 전설

중종이 보위에 오른 것은 19세 때다. 그렇지만 부인 신 씨는 중종반증 때 박원종에게 죽은 신수근의 딸이다. 즉위식을 마치고 부인 신 씨가 울음 섞인 목소리로 중종에게 입을 열었다.

"마마, 역적 딸이라고 내쫓자고 하면 상감도 어쩔 수 없을 것입니다."

"어찌 섭섭한 소리를 하십니까. 그렇게 되면 임금 자리를 버리겠소."

어느 날 영의정 유순, 박원종, 김수동, 유자광, 성희안, 유순정 등이 중종에게 나아왔다.

"상감마미, 신 등이 고민해온바 역적 신수근의 딸을 중전으로 둔다두는 것은 당치않다고 생각됩니다. 사직을 보존하기 위해서는 신 씨를 폐하는 것이 옳은 줄 아옵니다."

"과인은 경들의 덕분에 이 자리에 앉았소. 조강지처를 내쫓는다는 것은 옳지 못하다는 것을 알고 있지 않소."

이때 박원종이 아뢰었다.

"상감마마의 용심을 충분히 이해합니다. 그러나 상감께서는 종사를 위해 사적인 생각을 버리셔야합니다."

그러자 중종은 더 이상 듣기 싫다며 침전으로 들어가 버렸다. 하지만 박원종은 포기하지 않고 승지를 시켜 결단을 내려달라고 했다. 임금은 그들의 말을 듣지 않으면 또 변란을 일으킬 것 같았다. 더구나 밖에는 신 씨가 타고 나갈 가마까지 대령하고 있었다. 중종은 자신을 원망하자 신 씨가 울음을 그치며 말했다.

"상감, 이 몸 때문에 용상을 버리시면 안 됩니다."

얼마 후 박원종은 자신의 처형 윤여필의 딸을 왕비로 책봉케 했는

데, 이분이 장경왕후다. 그러나 중전 윤 씨는 중종 10년 3월2일에 아들을 낳고 일주일도 채 안되어 죽었다. 이때가 폐비 신 씨가 궁중에서 쫓겨난 것도 십 년이 되었다. 비록 박원종이 죽었지만 임금은 다른 강신들이 더 무서워 단 한 번도 신 씨를 찾아보지 못했다.

때마침 담양부사 박상과 순창군수 김정 등이 영남학자들과 교제하면서, 박원종 등이 신 씨를 폐비시킨 것에 불만을 품어왔다. 장경왕후가 죽자 또다시 계비문제가 나오자 김정과 박상이 나섰다. 이들은 후궁이 세력을 잡으면 나라가 어지럽다고 입을 모았다. 따라서 후궁의 승격보다 폐비 신 씨를 복위시키는 것이 좋다고 했다. 이에 박상과 김정 등이 상소문을 올렸다.

'신 씨가 폐위된 것은 당시 박원종, 성희안, 유순정 등이 신수근을 죽이고, 그 딸을 왕비로 두면 훗일이 두려워서 그랬던 것입니다. 이제 장경왕후가 돌아가시고 중전의 자리가 비어있습니다. 전하께서는 이 기회에 신 씨를 복위시켜 부부의 연을 잇는 것이 옳다고 생각합니다. 만약 숙의 박 씨나 다른 분을 왕비로 승격시키면 적통을 고수하는 종사로 볼 때 원자의 위치가 위태로울 것으로 사료되옵니다.'

그러자 대사간 이행, 대사헌 권민수 등이 반박했다.

"상감마마, 이것은 평지풍파를 일으키는 일이옵니다. 태평천국에 이들은 사직을 어지럽혔습니다. 마땅히 이들의 죄를 물어야 하옵니다."

그러자 중종은 영의정 유순, 좌의정 정광필, 우의정 김응기, 좌참찬 장순손, 우참찬 남곤 등에게 이 문제를 의논케 했다. 이들은 충분히 의논한 후 중종에게 아뢰었다.

"상감마마, 만약 신 씨를 복위시켰다가 왕자가 태어나면 사직이 복잡해지옵니다. 즉 가례 한 순서로는 당연 신 씨가 원실이고 장경

왕후의 소생은 계실의 소생이 되옵니다. 박상과 김정 등은 사직을 가볍게 여긴 것으로 죄로 엄중히 다뤄야 하옵니다."

이 상소문으로 박상은 남원, 김정은 보은으로 귀양을 가면서 평지풍파가 가라앉았다. 그 후 중종은 윤지임의 딸을 책봉하여 계비를 삼았는데, 이 분이 바로 문정왕후다.

아집에 망한 이상주의자

중종은 훈구대신들을 억제하고 성균관을 개수한 다음 연산군 때 화를 당한 사람들의 원한을 풀어주고 유학에 힘썼다. 이때 중종은 조광조를 등용시켜 신임했다.

조광조는 아버지 조원강이 어천찰방으로 나갈 때 아버지를 따라 갔다. 그곳엔 무오사화 때 유배된 김굉필이 살고 있었고 그에게 성리학을 배웠다. 그런 후 과거에 합격하여 벼슬을 했으며 올바른 몸가짐의 모범이 되었다.

조광조는 중종에게 기회가 있을 때마다 왕도정치를 역설했다. 그의 말대로 중종은 개혁정치를 밀어붙였다. 또 전국에 『소학』을 보급함과 동시에 소격서를 버렸다.

1518년 조광조의 건의에 따라 현량과를 설치해 한양과 지방의 참신한 선비들을 등용했다. 그러자 조광조의 신진사림파들이 득세했고 훈구대신들은 찬밥신세가 되었다.

조광조는 대사헌이 되면서 공신이 멋대로 주어졌다며 없애자고 주장했다. 이에 중종은 유순, 김수동, 심정 등 20여 명과 54명의 4등 공신들을 공신록에서 삭제했다.

그러자 공신들의 반발이 심했고 중종 역시 사림파대신들에게 싫증을 느꼈다. 그것은 종중의 일에 사사건건 물고 늘어졌기 때문이었다. 조광조 일파가 소격서를 없애자고 주장했을 때도 중종은 선뜻 들어주지 않았다. 그러자 그들은 임금의 승낙이 있을 때까지 대궐 문 앞에서 새벽까지 농성을 했다.

즉 조광조 일파는 자신들의 주장을 자신 있게 밀고 나갔지만 너무 과격했다. 그래서 염증을 느낀 것이었다.

사랑하는 신하와의 이별

중종은 이상 정치를 위해 이조판서로 안당을 임명했다. 그는 실력 있는 선비를 천거하는 것이 목적이었다.

이때부터 숨어있던 인재들이 줄을 이었고 조광조 역시 이 중 한 사람이었다. 천거된 젊은 피들은 사헌부와 사간원에서 일했다. 과거 박상과 김정이 신 씨 복위문제를 논의하다가 대간들의 반대로 귀양 간 것을 문제 삼은 조광조가 목소리를 높였다.

"옳은 일을 상소하는 충신들에게 대간들이 옳지 않다며 벌을 주는 것은 임금에게 상소하는 길을 막는 것이다."

그런 후 권민수와 이행 등을 파직시켜 귀양을 보냈으며, 이장곤을 대사헌으로 김안국을 대사간으로 천거했다.

이 당시 젊은 학자들은 조광조를 중심으로 뭉쳐있었다. 조광조는 학문이 높고 덕망이 있어 벼슬길에 나선지 불과 3년 만에 부제학에 올랐고, 그해 겨울 대사헌이 되어 임금의 신임을 받았다.

조광조는 부제학 재직 당시 만조백관들이 결정한 여진토벌을 한마디로 중지시켰다. 그러자 조광조는 판서 고형산이 거만하다며 그의 부하를 옥에 가두었다. 또한 대비가 소중히 알고 있는 소격서까지 혁신하였다. 이후부터 조정의 세력이 점점 조광조 쪽으로 집중되어 원로대신들까지 꼼짝 못했다.

기묘년부터 조광조의 득세가 심해져 사림파 정객들 간에 반목이 생겼다. 따라서 반대파들은 기회만 있으면 조광조 일파를 조정에서 몰아내기 위해 더더욱 굳게 뭉쳤다.

조광조 일파는 병인년 반정 때의 공신록이 엉터리라고 주장했다. 즉 이름이 적힌 공신들 대부분이 아무런 공도 없이 박원종에게 아부해 등제된 사람들이라고 주장했다.

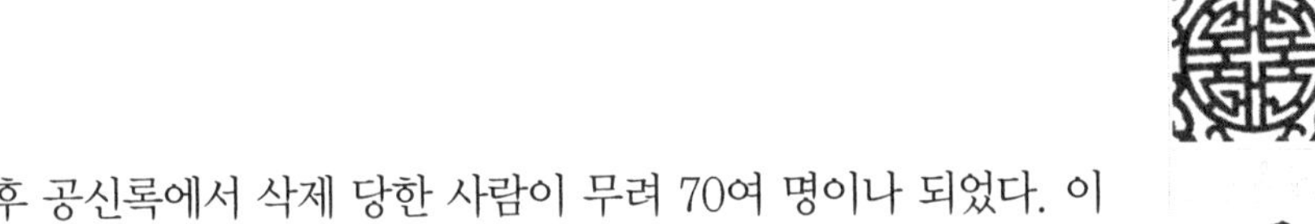

그후 공신록에서 삭제 당한 사람이 무려 70여 명이나 되었다. 이 사람들 역시 조광조 일파를 제거하려고 기회를 엿보고 있었다. 이 중에서 희빈 홍 씨의 아버지 홍경주도 공신록에서 삭제되었다.

기묘년 어느 날 중종이 희빈 홍 씨의 처소를 들렀다. 그러자 홍 씨는 벌레 먹은 뽕나무 잎을 꺼내 중종에게 보였다. 벌레가 먹은 자국은 '주초위왕' 이라는 글씨형체였다. 그러자 중중이 물었다.

"희빈, 뽕나무 잎은 어디서 난 것이요?"

"후원 뽕나무 밭에서 주웠사옵니다."

그러자 중종은 입직승지를 불러 뜻을 물었다. 이 글은 본 승지는 깜짝 놀라 멍하니 서 있다가 말했다.

"조 씨가 왕위에 오른다는 뜻이옵니다."

다음날 중종은 신하들을 불러 이것을 보였다. 그러자 한결같이 조광조를 가리키면서 역모를 꾸민다고 고했다. 곧바로 중종은 이자, 김정, 조광조, 김구, 김식, 유인숙, 박세희, 홍언필, 박 훈 등을 체포하라고 명했다. 이 사건이 기묘사화이다. 이 사화를 두고 백성들 사이에서는 자신들의 권력을 유지하기 위해 홍경주와 심정 등이 꾸며낸 것이라는 소문이 돌았다.

전국의 민심이 동요되면서 중종은 조광조 등을 풀어주려고 했다. 그러자 박배근, 정귀아 등 무사들이 떼를 지어 그들을 죽여야한다고 선동했다. 이에 대사헌 이항, 대사간 이빈 등은 조광조를 사형에 처하고 유생들의 등용문인 현량과를 없애야 한다고 주장했다.

중종은 정국을 수습하기 위해 능성으로 귀양 보낸 조광조에게 사약을 내렸다. 그렇지만 다른 사람들은 섬으로 귀양처를 옮기도록 명했다.

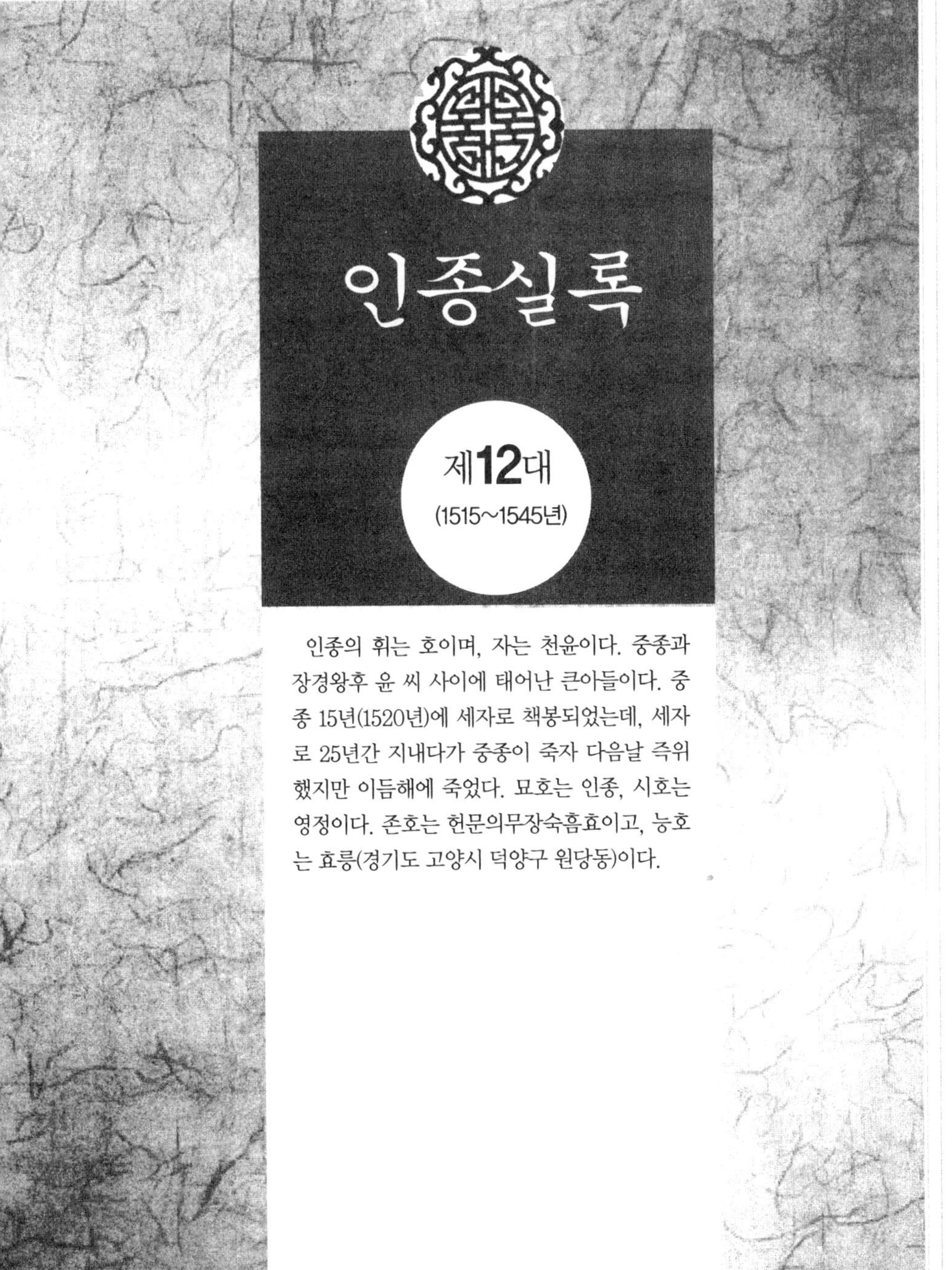

인종실록

제12대
(1515~1545년)

인종의 휘는 호이며, 자는 천윤이다. 중종과 장경왕후 윤 씨 사이에 태어난 큰아들이다. 중종 15년(1520년)에 세자로 책봉되었는데, 세자로 25년간 지내다가 중종이 죽자 다음날 즉위했지만 이듬해에 죽었다. 묘호는 인종, 시호는 영정이다. 존호는 헌문의무장숙흠효이고, 능호는 효릉(경기도 고양시 덕양구 원당동)이다.

『인종실록』

『인종실록』은 인종의 역사를 기록한 것으로 재위기간이 8개월에 불과해 실록도 2권 2책 밖에 없다. 즉위년(1543년 11월16일~12월 말일)까지는 『중종실록』제105권에 합편되어 있다.

1546년(명종 1년)에 『중종실록』과 함께 편찬을 시작해 1550년 9월에 완성했다. 편찬관이나 체제는 『중종실록』과 비슷하다. 편찬책임자는 심연원, 윤개, 상진, 신광한 등이다.

인종 사후 바로 을사사화가 일어나 인종의 외가, 처가, 근신들이 직접 피해를 입어 을사사화와 관련되는 기록은 다시 생각해 볼 필요가 있다. 또 일반기사도 내용이 소략하여 국정전반에 관한 기록보다는 왕실의례, 경연, 대간의 상소 등 특정부분에 치우쳐 있다.

인종은 총명해 3세 때 글을 배웠고, 8세 때 성균관에 입학했다. 원년 3월에 성균관 진사 박근 등의 상소를 시작으로 대간, 시종신, 경연관 등의 지속적인 상소로 조광조의 복직을 청했다. 하지만 그때마다 결정을 미루었다가 병이 위중하자 대신들에게 유교하여 복직시켰다. 아울러 기묘사화에 희생당한 사람들까지 복직시켰다.

인종은 중종의 초상 때 6일 동안 단식했으며, 5개월 동안 곡하면서 죽만 먹었다. 이때 소금과 장을 전혀 먹지 않았다. 이것으로 건강이 악화되었던 것이다.

문정왕후의 질투

인종은 태어난 지 7일 만에 생모 장경왕후를 잃은 후 계모 문정왕후 윤 씨 밑에서 성장했다. 문정왕후는 성품이 좋지 못해 인종을 괴롭혔다. 중종 19년(1524년), 인종은 세자로 책봉되어 10세 때 금성부원군 박용의 딸과 가례를 치렀다. 어느 날 밤 동궁에서 화재가 나 순식간에 불바다가 되었다. 이때 동궁은 깜짝 놀라 세자빈을 깨웠다.

"내가 불에 타 죽으면 좋아할 사람이 있을 것이오. 빈궁은 어서 이곳을 피하시오."

하지만 빈궁은 동궁을 불길 속에 남겨두고 갈 수가 없어서 이렇게 말했다.

"저하, 저도 함께 죽겠사옵니다."

세자는 누가 동궁에 불을 질렀는지를 알고 있었다. 그 후에도 몇 번이나 죽을 고비를 넘겼다. 계모 문정왕후가 자신을 죽이려 했기 때문에 차라리 불에 타서 죽는 것이 효도라고 생각했다. 내시는 곧장 중종에게 달려가 사실을 알렸다.

"세자야! 어서 나오너라."

그러자 불에 타죽으려고 생각했던 세자는 부왕의 목소리를 듣고 빈궁과 함께 탈출했다.

"동궁이 살아 있었구나."

"아바마마, 괜찮사옵니다."

이것은 계모 문정왕후가 쥐꼬리사건에 붙여 동궁을 죽이려고 한 방화사건이었다.

쥐꼬리에 얽힌 비화

기묘사화 이후 남곤과 심정 일파가 득세했다. 이들은 자기들을 반대하는 사람들을 무고하여 숙청했다. 그래서 평소 조광조와 가깝던 우의정 안당, 문근, 유운, 유인숙, 정순붕, 신광한, 박영 등을 몰아냈다.

안당은 고향 음성으로 내려가 세월을 보냈다. 하지만 안당의 아들 처겸, 처함, 처근 삼형제는 남곤과 심정에게 불만을 품고 있었다. 그래서 외숙 시산정, 권진, 안정 등과 함께 그들을 몰아낼 음모를 꾸몄다.

하지만 안 씨 집안의 서자 송사련이 발고하여 안 씨 일족은 역적으로 몰려 멸문지화를 당했다. 송사련이 안처겸 형제를 역적으로 고발한 이유가 있다. 당시 사대부사상이 판을 치고 있을 때라 양반과 상놈의 관계를 몹시 따졌다. 따라서 송사련 역시 외사촌들에게 상놈의 지식이라며 천대를 받았기 때문이다.

이후 조정은 남곤, 심정, 이항, 김극복 등이 판을 쳤다. 이에 새력가 김안로가 자꾸 밀려났다. 그는 자신의 세력을 지키기 위해 부제학 민수천, 장순손 등과 뭉쳤다. 이때부터 조정은 두 당파로 갈라졌으며 기회만 있으면 서로를 물고 헐뜯었다.

더구나 김안로는 자신의 세력을 다지기 위해 아들 김희를 효혜공주와 결혼시켰다. 김안로가 대사헌을 거쳐 이조판서에 오르자 수많은 조정신하들이 그에게 줄을 섰다. 김안로의 세력이 커지자 남곤 일파는 들고 일어섰다. 곧이어 남곤은 대사헌 이항을 시켜 상소를 올리게 했다.

'김안로는 붕당을 만들어 조정을 어지럽히고 있습니다. 즉시 그를 파직시키는 것이 옳은 줄 아옵니다.'

그 다음으로 홍문관 응교 심사손, 수찬 조인규, 정자 송인수 등도 연이어 상소했다.

이런 상소를 중종도 부마의 아버지라며 듣지 않았다가 그들의 성화에 못 이겨 김안로를 풍덕으로 귀양을 보냈다. 이에 따라 김안로는 조종 대신들에게 원한을 품게 되었다. 김안로를 제거했지만 조정엔 새로운 인물들이 들어와 말썽을 부렸다. 이항이 우의정이 될 때 이들이 반대하여 취임하지 못했다. 이항이 우의정에 임명된 것이 정해년 1월 남곤이 죽기 바로 한 달 전이었다.

구파와 신파가 대립하고 있던 중 세자 생일날에 사건이 터졌다. 대궐 후원 나뭇가지에 쥐의 네다리와 꼬리를 자르고 입과 귀와 눈을 불에 지져서 걸어둔 것이다. 이것을 '작서의 변' 이라고 했다.

그 후에도 중종의 침실 난간에 불에 지져진 쥐가 버려져 있었던 것이다. 처음엔 궁에서 벌어진 일이기 때문에 대신들은 모르고 있었다. 하지만 세자 외조부 윤여필이 이것은 필시 세자를 저주한 것이라며 들고 일어났다. 그러자 심정과 좌의정 이유청도 범인을 색출해야 된다고 상주했다.

그 다음날부터 수많은 궁인들을 심문했는데 아무런 증거가 나오지 않았다. 결국 대비 윤 씨가 경빈 박 씨를 지목했다. 대비는 이유청에게 전지를 이렇게 써서 내렸다.

'작서 사건을 내가 문초하여 알아내려고 했다. 하지만 조정이 나서서 문초한다고 하여 믿었건만 범인을 잡지 못하였다. 동궁의 작서는 나도 잘 알지 못한다. 하지만 임금 침실의 작서는 경빈 박 씨가 한 것 같구나. 당시 현장엔 경빈만 있었다. 만약 다른 사람이 쥐를 갖다놓았다면 경빈이 틀림없이 범인을 보았을 것이다. 쥐를 보았을 때 상감께서 "쥐를 갖다버리라."고 해 시녀가 쥐를 가지고 나갔다. 그러자 경빈이 급하게 "쥐는 상서롭지 않습니다."라고 말했

다고 한다. 이 사건이 가볍지 않기 때문에 내가 나서서 말하지 않았다. 하지만 경빈은 "궁의 모든 사람들이 자신을 의심한다."고 푸념했다고 하니 이상스럽지 않은가. 더구나 며칠 전 경빈의 딸 혜순옹주가 비자들과 함께 사람의 형체를 만들어 목을 베어 죽이는 시늉을 하면서 "작서를 발설한 사람은 이렇게 죽인다."고 하며 몹시 꾸짖고 떠들며 저주했다고 한다.'

그리하여 경빈 박 씨을 폐하여 서인으로, 복성군은 작호를 삭탈시켜 궁에서 쫓아냈다. 그러나 이것으로 끝나지 않고 경빈 박 씨와 연관된 이조판서 홍숙, 예조참판 김극개, 문학 홍서주, 병조좌랑 김헌윤, 경빈 박 씨의 친정아버지 박수림, 그의 오빠 박인형, 박인정 등도 모두 벼슬자리에서 쫓겨났다.

난정의 활약

인종이 죽자 가장 기뻐한 것은 대비와 윤원형 형제들이었다. 인종이 승하한 그날로 경원대군은 나이 12세로 등극했는데, 이 분이 바로 명종임금이다. 문정대비는 신왕이 어리다는 핑계로 발을 드리우고 섭정했다. 이때 문정대비는 제일 먼저 선왕 인종의 외숙 윤임 일파를 몰아내려고 했다.

얼마 뒤 윤원형의 형 원로를 해남으로 귀양 보낸 것도 윤임 일파의 압력 때문이었다. 문정대비도 친형제를 귀양 보내자 마음이 좋을 리가 없었다. 이때 윤원형에게 난정이라는 첩이 있었다.

그녀는 매우 영리해 대비와 윤원형 사이를 오가는 연락책이었다. 윤원형은 형님 원로가 쫓겨남을 보고 즉시 계략을 꾸며 난정을 시켜 문정대비에게 전했다.

"윤임이 조카 계림군 유를 선왕의 양자로 세워 큰일을 꾀하려고 합니다."

이에 문정대비는 분함을 이기지 못해 곧바로 충순당으로 나와 대신들을 불러들였다.

"윤임은 중종대왕 때부터 우리 모자를 해코지 해왔소. 더구나 인종이 승하한 뒤 자신들의 세력이 불안함을 느껴 모의를 한다는 말이 있소."

이때 경기관찰사 김명윤의 한마디 말이 윤임 일파에게 결정적인 타격을 주었다. 문정대비는 계림군과 관련자를 잡아들이도록 명했다. 안변 황룡사로 도망갔던 계림군이 잡혀와 국청 앞으로 나왔다. 이때 심문을 담당한 사람은 임백령과 허자였다.

그러나 아무리 추궁해도 별 것이 없었다. 한마디로 윤임을 옭아 넣는 계략에 애꿎은 계림군만 희생을 당할 판국이었다. 이때 계림

군의 주리를 틀 때마다 계림군의 비명소리가 국청에 울려 퍼졌다. 어린 임금은 처참한 광경에 질려 눈을 가리고 귀를 막았다. 대비도 임금을 데리고 안으로 들어가 버렸다.

고문에 못 이긴 계림군은 서리가 가르쳐준 대로 거짓자백을 한 후 기절하고 말았다.

"아저씨가 임금을 없애고 나를 임금으로 세운다고 했습니다."

며칠 후 계림군은 역적의 누명을 쓰고 처형을 당했고, 뒤이어 윤임, 유관, 유인숙 등도 반역 음모죄로 죽임을 당했다. 나머지 이언적, 노수신, 유희춘 등을 비롯해 수많은 선비들이 귀양을 갔다. 이 사건이 을사사화이다.

명종실록

제13대

(1534 ~ 1567년)

명종의 이름은 환이고 자가 대양이며, 중종과 계비 문정왕후 사이에서 태어났다. 명종의 시호는 공헌이며 존호는 헌의소문광숙경효다. 묘호는 명종이며 능호는 강릉(서울시 노원구 공릉동)이다.

『명종실록』

『명종실록』은 조선 13대 왕 명종의 역사를 기록한 것으로 모두 34권 34책의 활판본이다. 원제는 『명종대왕실록』이다. 명종이 죽은 지 1년 후인 1568년(선조 1) 영의정 이준경과 우의정 홍섬이 춘추관에 나와 편찬관의 선발을 논의하면서 편찬이 시작되었다. 실록청의 총재관은 홍섬, 도청당상은 오겸, 이황, 이탁, 각방당상으로 박충원, 박순, 윤현, 박응남, 김귀영, 윤의중, 도청낭청으로 김란상, 민기문, 윤근수, 유희춘 그리고 각방낭청에 이담 등 12명을 임명했다. 이어 창덕궁 사초(史草)의 납입기한과 사무일자를 각각 정한 후, 편찬사무를 3방으로 구분하고 각방의 담당 당상과 낭청 및 사무를 배정했다. 1571년 편찬을 완수했는데, 감관사는 홍섬, 지관사는 송기수 등 4명, 동지관사는 박순 등 9명, 편수관은 이산해 등 19명, 기주관은 신점 등 16명, 기사관은 홍성민 등 19명이었다.

명종은 12세에 즉위하여 어머니 문정왕후가 수렴 청정하였다. 문정왕후의 아우 윤원형 일파인 소윤과 장경왕후의 아우인 윤임 일파의 대윤은 중종 때부터 정파사움을 해왔다. 1545년 명종이 13대 왕으로 즉위하자 윤원형 일파가 을사사화를 일으켜 대윤을 숙청하고 조정을 장악했다.

명종 2년에는 '여주(女主)가 집권하고 간신 이기가 정권을 농단한다.' 는 익명서가 양재역에 붙은 '양재역 벽서사건' 이 일어났다. 다음해에는 윤임의 사위 이홍윤 형제의 역모사건인 충주옥사가 일어나 1백여 명의 사류가 화를 입었다.

명종 6년 6월엔 승 보우는 판선종사, 도대선사로서 봉은사 주지가 되고, 승 수진은 판교종사, 도대사로서 봉선사 주지가 되었다. 명종 20년에 문정왕후가 죽자 보우를 제주도로 유배시켜 곤장으로 쳐 죽였다. 윤원형 역시 고향으로 물러났다가 강음에서 죽었다.

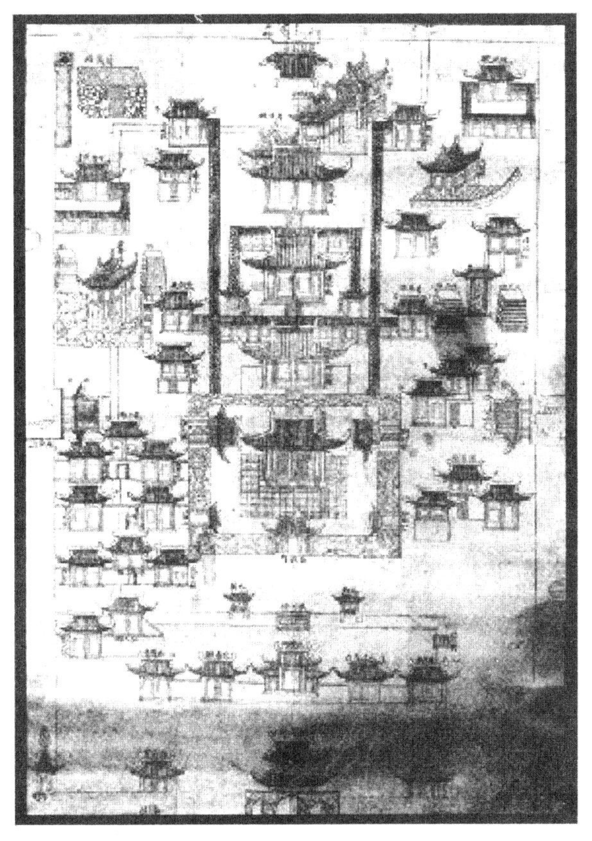

문정왕후와 보우의 밀애

명종 3년(1548년) 9월, 문정왕후는 강원도 관찰사 정만종을 통해 승려 보우를 소개받았다. 당시 보우는 34세였고 문정왕후는 48세였다. 문정왕후 윤 씨는 그에게 뜻이 있어 미약을 곡차에 탔다. 하지만 보우는 자신을 시험하려는 것을 알고 화담 서경덕을 유혹한 황진이 이야기를 했다.

그로부터 문정왕후는 보우를 깊이 신임하였고, 중종 재위 때 불교를 믿었던 문정왕후의 불교진흥책이 본격적으로 시작되었다.

그러나 유교를 신봉하던 당시로서는 문정왕후의 호불정책은 많은 저항에 부딪쳤다. 그래서 불교계를 관리할 인물이 필요했던 것이다. 따라서 그가 판선종사도대선사로 불교선종의 총수가 되었다.

문정왕후 윤 비로부터 불교진흥책을 받은 보우는 세종 때 세웠던 불교의 교종과 선종을 다시 설립하였다. 명종 7년(1552년) 봉은사를 선종의 본산으로, 봉선사를 교종의 본산으로 정하고 승과를 부활시켰다. 그러자 대신들은 불교의 융성에 반대하는 상소를 올리자 이를 묵살한 문정왕후는 대신과 유생들을 억압했다.

명종 8년(1553년) 명종이 20세가 되면서 문정왕후가 수렴청정에서 물러나고 친정이 시작되었다. 명종 10년(1555년)에는 전라도 연안에 왜구가 60여 척의 배를 거느리고 침입해 많은 피해를 주었다.

이에 조정은 호조판서 이준경을 도순찰사, 김경석, 남치훈 등을 방어사로 임명해 왜구를 영암에서 물리쳤다. 이것을 을묘왜변이라고 한다.

그렇지만 조정대신들은 권력투쟁과 부정축재에 혈안이 되자 민심은 흉흉해지고 도처에 도적떼가 일어났다. 특히 명종 14년(1559년)부터 명종 17년(1562년)까지 의적 임꺽정이 나타나 전국을 누볐다.

이때 문정왕후는 섭정을 거두었음에도 불구하고 명종을 자신의 뜻대로 움직였다. 심지어 왕의 종아리를 때리거나 뺨까지 때렸던 것이다. 더구나 백성들을 생각하지 않고 대궐 후원에 대신들의 부인을 불러들여 연회를 자주 열었다.

이런 어머니의 행동을 못마땅하게 생각한 명종은 궁궐 출입이 잦은 보우가 몹시 미웠다. 더구나 보우가 문정왕후의 기둥서방이라는 소문가지 나돌았던 것이다. 그래서 명종은 문정왕후에게 보우의 궁궐출입을 금해 달라고 요청했다. 그러자 문정왕후는 불당을 봉은사에 마련한 후 보우를 만났던 것이다.

또한 서삼릉에 있던 중종의 능에서 물이 나온다는 헛소문을 내어 봉은사 곁으로 옮겼다. 성종과 계비 정현왕후가 묻힌 선릉(서울 강남구 삼성동) 능역에 천장하고 자신도 그 곁에 묻히고자 했다. 중종의 능을 옮긴 3년 뒤 명종 20년(1565년) 4월, 문정왕후는 창덕궁 소덕당에서 65세로 죽었다.

문정왕후는 자신의 뜻대로 중종 옆에 묻혔다. 하지만 어느 날 명종의 꿈에 중종이 나타나 능의 잘못된 곳을 지적했다. 그래서 능을 살펴보자 문정왕후 능에서 물이 나왔다. 이에 따라 문정왕후의 능을 노원구 태릉으로 이장했던 것이다.

문정왕후가 죽자 보우는 불교탄압을 주장하는 대신들의 탄핵을 받고 제주도에 유배되었다. 그후 제주목사 변협에 의해 죽임을 당했다. 윤원형 역시 그해 8월 관직을 삭탈당한 후 황해도 강음에 은거했다. 그러다가 10월 금부도사가 자신을 잡으러 오는 줄로 착각해 음독자살한 난정의 묘 앞에서 11월에 자살했다.

수렴청정을 거부한 인순왕후

명종 후비 인순왕후 심 씨는 영돈녕부사 청릉부원군 청송 심 씨 심강과 어머니 전주 이 씨 사이의 큰딸이다. 심 씨는 12세 때 두 살 연하인 경원대군과 가례를 올렸다. 하지만 2년 뒤에 인종이 죽자 경원대군이 12세로 왕위에 오르면서 왕비로 책봉되었다. 하지만 시어머니 문정왕후의 그늘에서 살기가 쉽지 않았다.

명종과 심 씨 사이에는 뒤를 이을 후사가 없었다. 심 씨는 명종 6년(1551년)에 순회세자를 낳았지만 명종 18년(1563년)에 13세로 죽었다. 그 후 30살이 넘도록 아들이 없었다. 그래서 심 씨는 후사 문제를 할아버지 심통겸과 의논했다. 심통경은 명종이 총애한 중종의 후궁 창빈 안 씨가 낳은 덕흥군의 셋째 아들 하성군을 양자로 선택했다.

명종이 한때 위독했을 때 심 씨는 하성군을 후사로 삼는다는 전교를 작성했다. 하지만 명종이 병석에서 일어나자 이 일은 없었던 것으로 되었다. 명종은 자신의 아들로 후사를 삼고 싶었다. 하지만 인순왕후 심 씨와 후궁들이 아들을 낳지 못하자 무수리 장 씨를 가까이 했지만 마찬가지였다. 그러다가 명종 22년(1567년) 6월, 34세에 경복궁 양심당에서 죽었다.

인순왕후 심 씨의 전교에 따라 1567년 6월 양자로 입적된 하성군이 16살로 즉위했는데, 이분이 바로 선조다. 이때부터 적장자 우선의 원칙이 적용되던 조선의 왕위가 방계로 승계되었던 것이다.

선조를 즉위시킨 심 씨는 문정왕후의 전횡을 겪었기 때문에 직접 정사에 나서지 않으려고 했다. 그녀는 조정에 친정식구들이 많은 것으로 만족했다. 그러나 영의정의 강력한 요구로 수렴청정을 하였다. 하지만 대부분 조정대신들의 의사를 따랐을 뿐이다. 그런 후 선조 1년(1568년) 2월 수렴청정을 거두었다. 1575년 1월, 44세의 나이로 창경궁에서 죽었다. 서울 노원구 공릉동 강릉에 명종과 나란히 묻혔다.

선조실록

제14대
(1552~1608년)

선조의 이름은 연이고 초명은 균이다. 중종의 일곱째 아들인 덕흥대원군과 하동부대부인 정씨의 셋째 아들로 하성군에 봉해졌다. 명종은 외아들 순회세자가 일찍 죽어 후사가 없자 유언으로 하성군을 후계자로 지명했다. 묘호는 처음엔 선종으로 정하였지만 광해군 8년(1616년) 8월에 선조로 개정했다. 시호는 소경이고 존호는 정륜입극성덕홍렬지성대의격천희운현문의무성예달효다. 선조는 1608년 2월1일 별궁 경운궁에서 57살로 죽었고 능호는 목릉(경기도 구리시 인창동 동구릉 경내)이다.

『선조실록』

『선조실록』은 1567년 7월부터 1608년 2월까지 41년간의 역사를 기록한 것으로 모두 221권 116책의 활판본이다. 원명은 『선조소경대왕실록(宣祖昭敬大王實錄)』이다. 광해군 원년(1609년) 7월12일부터 시작해 광해군 8년(1616년) 11월에 완성하였다.

이 실록은 2가지 특징을 가지고 있는데, 첫째 총 221권 중 임진왜란 이전인 선조 25년까지의 기록은 26권에 불과하고 나머지는 모두 임진왜란 이후 16년간의 기록이다. 그 이유는 임신왜란으로 『춘추관일기』 『승정원일기』와 각종 정부문서가 소실되었기 때문이다. 둘째 지난 실록처럼 원칙을 지킨 것이 아닌 당색에 따른 노골적인 곡필과 재 편찬이 시작된 것이다. 편찬책임자도 처음엔 서인 이항복이었다가 중도에 북인 기자헌으로 교체된 것이 좋은 예이다.

더구나 『선조실록』이 광해군 때 대북정권의 주도로 편찬되었기 때문에 서인과 남인들에게 불리한 기록이 많다. 이것으로 인해 인조반정 뒤 『선조수정실록』의 편찬이 시작되어 효종 8년에 완성되었다.

이후부터 실록편찬에서 이런 상황이 여러 번 발생하는데 『선조실록』이 효시가 될 뿐만 아니라 정도가 심해서 역대 실록 중 가장 부실한 실록으로 평가 받고 있다.

선조 23년(1590년)에 왜국의 동태파악을 위해 통신사를 파견했다. 하지만 정사 황윤길과 부사 김성일의 상반된 보고로 국방대책을 정확하게 세우지 못했다. 그러다가 2년 후인 선조 25년(1592년) 4월에 임진왜란이 일어났다. 선조는 개성과 평양을 거쳐 의주로 피난했다. 그러면서 명나라에 원병을 청했다. 이때 광해군을 세자로 책봉했으며, 조정을 두 개로 나누어 의병과 군량미를 확보하도록

했다.

왜군의 침입에 대항하기 위해 전국적으로 의병이 봉기하였고, 관군도 곳곳에서 승리를 거두었다. 더구나 전라좌수사 이순신의 수군이 한산도대첩으로 제해권을 장악하면서 왜군의 진출을 막았다.

명나라 원병과 관군이 평양을 수복했으며, 권율의 행주대첩으로 선조 26년(1593년) 10월 한양으로 환도했다. 선조 8년(1575년) 심의겸과 김효원의 파벌싸움으로 동인과 서인으로 갈라졌다. 이것이 정여립의 모반사건으로 발단된 기축옥사의 처리문제로 선조 22년부터 동인은 다시 남인과 북인으로 분열되었다.

붕당의 시작과 끝

선조는 조정의 훈구세력을 몰아내고 사림파들을 대거 등용했다. 그는 이황과 이이를 무척 신임했다. 이황이 죽자 삼일 동안 정사를 폐하고 죽음을 애도했다.

새롭게 등용된 사람들은 그동안 훈구세력들이 일으킨 여러 가지 폐해를 극복하고 새로운 나라를 정착해 나갔다. 아쉽게도 이런 개혁과정에서 이견이 발생되면서 사림세력은 동인과 서인으로 갈라졌다. 이 붕당의 핵심인물은 심의겸과 김효원이다.

심의겸은 인순왕후의 동생으로 조정 일에 나서기를 거부했다. 그렇지만 심의겸은 명종 말 사림파를 비호하여 또 다른 사화를 막은 공이 있었다. 그래서 사림파들에게 배척되지 않았다. 김효원은 신진사림파로서 신진사림들을 조정에 많이 천거해서 추앙받았다.

김효원이 출세하기 전이었다. 권세가 윤원형의 사위 이조민 집에 머문 적이 있었다. 당시 심의겸은 볼일로 이조민의 집에 갔다가 방에 놓여있는 여러 개의 침구를 보고 물었다.

"이보시게 이것은 누구의 것인가?"

"김효원이 쓰는 침구라네."

"학문을 닦는 선비가 어째서 권세가의 자제들과 함께 있는 것인가?"

이때 김효원은 과거에 합격하지 않았지만 문장으로 이름이 나 있었다. 그 뒤 그는 과거에 장원급제하였다. 그러자 이조좌랑 오건이 이조전랑에 추천했다. 하지만 이조참의 심의겸은 그가 윤원형의 사위집에서 있었다는 것을 구실로 반대했다. 그런 반대에도 불구하고 그는 전랑이 되었다. 그는 그런 일로 반대한 심의겸을 원망했던 것이다.

얼마 후 심의겸은 친동생 심충겸을 이조좌랑으로 추천했다. 그러자 이번에는 김효원이 거부했다. 이것이 연유가 되어 두 사람은 원수지간이 되었다. 심의겸과 그의 세력을 서인이라 하고, 김효원과 그의 세력을 동인이라고 하였다.

그렇게 이름이 붙여진 것은 심의겸이 서쪽인 정동에 살았고, 김효원은 동쪽 건천동에 살았기 때문이다. 서인은 노인들이 많았고, 동인은 젊은 사람들이 많았다. 이들의 싸움은 당대뿐만이 아니라 조선역사에서 씻지 못할 오명과 오욕을 불러일으켰다.

선조는 두 사람 모두를 외직으로 내보냈는데, 김효원을 경흥부사로, 심의겸을 개성유수로 임명했다. 그러나 김효원은 병을 앓고 있어 변방의 경흥부사로는 갈 수가 없었다. 그러자 이이가 선조에게 건의하여 김효원을 삼척부사, 심의겸을 전주부윤에 임명했던 것이다.

이이의 중재로 동인과 서인은 더 이상 정쟁다툼을 하지 않았다. 그러나 이이가 죽자 이발, 백유양 등이 동인에 가세하여 심의겸을 탄핵하고 파직시켰다. 이로써 조정은 동인이 차지했다.

당파 싸움으로 기울어진 국운

무오사화로 희생당한 점필제 김종직의 제자 김근공 문하생 김효원과 친우 심의경과의 일이다.

당시 심의겸은 의정부사인으로 있었다. 어느 날 공사로 당시 영의정이던 윤원형을 만나러 그의 집으로 찾아갔다. 그렇지만 윤원형이 아직 자고 있어 청지기가 사랑방으로 인도했다. 그곳엔 어떤 선비가 자고 있었다.

그가 바로 윤원형의 첩 정난정의 친정 당질녀의 아들 김효원을 발함이었다. 이때 심의겸은 사림파에서 이름난 선비인 김효원이 재상의 집을 드나들면서 아첨한다고 생각해 찜찜하게 생각했다.

얼마 후 김효원은 벼슬길에 올랐는데, 때마침 이조전랑 오건이 사직하면서 자신의 후임자로 그를 천거했다. 그때 이조참의 심의겸은 김효원이 세도가의 집에나 기웃거리는 아첨꾼이라며 반대했다. 오해를 받은 김효원은 이조전랑에 임명되지 못했다. 그렇지만 김효원을 찬성하는 신진사류들은 심의겸을 비난했다.

그로부터 수년 후 김효원은 이조전랑이 되었던 것이다. 그는 많은 공적을 쌓은 후 승진하여 자리를 옮기던 중 후임자로 심충겸이 거론 되었다. 심충겸은 심의겸의 아우다. 신진사류들은 외척이 정치에 참여한다며 반대했다. 이때 김효원은 옛날 생각이 나 정면으로 나서서 반대한 후 다른 사람을 추천했다. 심의겸은 김효원에게 화가 치밀어 이렇게 비꼬았다.

"시시비비는 나와의 문제인데, 이로 인해 내 아우에게 문제 삼는 것은 소인배의 짓이다. 외척이라도 원흉의 문객보다는 낫지 않은가."

이때부터 당론이 갈라져 김효원을 동인, 심의겸을 서인이라고 하

였다. 더구나 우의정 박순은 심의겸의 편을, 대사간 허엽은 김효원의 편을 들었다. 서인 쪽엔 김계휘, 정철, 윤두수, 홍성민, 이해수, 구사맹, 신응시, 이산보 등이 있었고, 동인 쪽엔 김우옹, 허엽, 유성룡, 이산해, 이발, 우성전, 이성중, 허봉 등이 있었다. 이들의 분당을 을해분당이라고 한다.

당시 부제학 율곡 이이는 조정의 분당을 근심하여 이를 타파하기 위해 심의겸을 개성유수로, 김효원을 삼척부사로 보냈다. 하지만 해결되기는커녕 당파 싸움이 깊어가자 벼슬을 버리고 고향으로 내려갔다. 그를 신임한 선조는 이이를 다시 불러 대사헌, 병조판서 등의 중직을 맡겼다. 먼저 이이는 동인 이발과 서인 정철에게 편지를 보내 힘을 모아줄 것을 당부했다.

그러나 동인편에서는 율곡이 중립인물이 아니고 서인편이라며 일축했다. 그 이유는 조정에 있는 서인들 대부분이 율곡의 문인이거나 친구였기 때문이다. 서인 역시 자신들을 두둔하지 않는다고 불평했다.

선조 18년에 이이가 세상을 떠나자 상주에 있던 동인의 거두 노수신이 올라와 영의정이 되고, 이산해는 이조판서, 유성룡은 예조판서가 되었다. 이로써 조정은 온통 동인의 세력이 팽창해 서인이 밀려났다. 동인들은 서인의 원흉인 심의겸을 탄핵했다. 이때는 인순대비가 세상을 떠난 뒤라 심의겸은 원군이 없었다. 그는 파직당하고 얼마 후 죽고 말았다.

더더욱 동인들은 서인들을 압박하고 규탄하다가 기축옥사가 벌어지고 말았다. 기축옥사는 일개 선비인 정여립의 반항으로 일어났다. 그는 전주 사람으로 총명하고 말을 잘해 이이가 천거하여 서책을 편집하는 수찬직을 맡게 했다. 정여립은 이이를 항상 공자에게 비교하여 받들었다.

그러나 이이가 죽은 뒤 출세를 위해 잽싸게 동인의 거두 이발과 관계를 맺으려 했다. 이를 본 동인들은 서인 이이의 제자라며 배척하려고 했었다. 그러자 스승으로, 은인으로 섬겼던 이이를 비방하기 시작했다. 이에 임금도 놀라서 그를 불러 꾸짖었다.

동인들 역시 이이를 서인이라며 미워했고, 스승을 욕하는 그를 간흉한 소인배라며 배척했다. 그렇지만 이발만은 정여립을 감싸며 벼슬에 천거했지만 임금에게 미움을 받아 등용되지 못했다.

이에 불만을 품은 정여립은 고향으로 내려가 사람들을 끌어들여 그들과 함께 시국에 대해 불평불만하다가 반역의 음모를 품게 된 것이다. 정여립은 이런 말을 퍼트렸다.

'木子亡 鄭邑興.' (이씨는 망하고 정씨는 흥한다.)

이 소문들은 당시 호서지방을 비롯해 다른 지방까지 떠돌았다. 따라서 기축년 9월이 되면서 황해도 일대에서는 난리가 난다며 민심이 동요했다.

이때 송익필이 정여립의 모반하려는 기색을 자세히 조사해서 사람을 시켜 밀고하게 했다. 고변하는 글은 황해도에서 먼저 올라왔다. 그러자 임금이 대신들에게 물었다. 그러자 그와 사이가 좋은 우의정 정언신이 그렇지 않다고 했다. 이후 계속 같은 소문이 돌자 금부도사와 선전관을 보내 정여립을 잡아오도록 했다.

정여립은 지명수배된 것을 알고 진안의 죽도로 도망쳤다. 그러나 더 숨을 곳이 없자 죽도에서 자살했다. 정여립의 시체는 곧 서울로 압송되어 반역죄로 목을 베게 한 후 아들 옥남을 국문했다. 이때 옥남은 17세로 날 때부터 손에 임금 왕자가 새겨져 있었다고 한다.

이 사건을 너무 오래 끌자 서인 쪽에선 이번 기회에 동인을 없애기 위해 단합했다. 그래서 새 위관에 서인 정철을 앉혔다. 정철이 위관이 되자 사방에서 상소문이 빗발쳤다. 이때 정철은 여립의 조

카 정집과 호남 사람 선홍복이 밀고한 것을 가지고 임금께 아뢰었다.

그 결과 임금은 이들을 반역죄로 처단하고 김우옹과 정인홍도 정여립과 친했다는 이유로 귀양을 보냈다. 그러나 이것으로써 이 사건은 완전히 끝난 것은 아니었다.

정감록과 정도령

황해감사 한준이 조정에 장계를 올렸다. 내용은 안악군수 이축 등이 역모를 고변한 것인데 주모자가 정여립이었다. 정여립은 전주 태생인데, 아버지 태몽에 고려장군 정중부가 나타났다고 한다. 여하튼 어려서부터 성품이 포악하기로 유명했다.

15~16세 때 아버지 정희중이 현감으로 재직할 때였다. 그는 아버지를 따라가 고을의 일을 자신의 멋대로 처리했다. 스물다섯 살에 문과에 급제하였지만 관직에 나가지 않고, 성혼과 이이를 찾아가 학문을 토론하였다. 이후 금구로 내려가 학문에 정진하여 죽도선생이라고 불렸다.

선조 17년(1584년) 우의정 노수신이 정여립과 동인인 김우옹을 천거했다. 당시 노수신은 김효원과 심의겸이 심각했을 때, 김효원의 편을 들어 동인으로 지목된 인물이었다.

정여립은 수찬이 된 후 집권세력인 동인에 들어가 이이를 배반하고 성혼을 헐뜯었다. 이것으로 선조에게 미움을 받아 관직에 오래 있지 못했다. 그 후 전라도로 내려가 학문을 강론한다는 핑계로 사람을 모았다. 그런 다음 황해도로 올라가 불평분자 변승복, 박연령 등을 포섭했다.

그들과 헤어진 후 충청도 계룡산을 구경하면서 어느 절에 들러 시 한 수를 지어 벽에 붙였다.

'남쪽나라를 두루 돌아다녔더니 / 계룡산에서 처음 눈이 밝았구나. / 이는 뛰는 말이 채찍에 놀란 형세요, / 고개를 돌린 용이 조산을 바라보는 형국이니, / 모든 아름다운 기운이 모였고, / 상서로운 구름이 일도다. / 무기 양년에 좋은 운수가 열릴 것이니, / 태평세월을 이룩하기 무엇이 어려우리.'

그는 『정감록』에 있는 목자(木子)는 망하고 존읍(奠邑)은 흥한다는 참언을 옥판에 새겼다. 이것을 중 의연에게 지리산 석굴 속에 감추어 두게 했다. 그러 다음 자신이 우연스럽게 이것을 얻은 것처럼 꾸몄던 것이다.

참언의 뜻은 목자는 곧 조선왕조를 세운 이 씨고 존읍은 정 씨를 말하는 것으로, 곧 정 씨 성을 가진 사람이 나라를 일으킨다는 내용이다. 정여립은 중 의연에게 각 지방을 다니면서 이렇게 떠들게 했다.

"왕기는 전라도에 있고 전주의 남문 밖에 있다."

전주의 남문은 정여립이 태어난 곳으로 이미 역모를 꾸미고 있었다. 마침내 그는 반란을 결심하고 황해도와 전라도에서 의기투합한 사람들을 선동하여 한양으로 쳐들어가려고 했다. 그러나 그의 음모는 승려 의암의 밀고와 정여립의 제자 안악의 조구가 자백함으로써 탄로가 났다. 이것을 안악군수 이축이 황해감사에게 보고했던 것이다.

조정에서는 정여립을 잡으려고 의금부 도사들이 군사들을 거느리고 금구로 달려갔다. 하지만 그는 그곳을 피신하고 없었다. 그가 몸을 피하게 된 것은 심복 변승복의 기별 때문이었다.

진안현감이 관군을 동원해 정여립을 쫓았는데, 추격을 받던 그는 변승복과 자신의 아들을 죽이고 자살했다. 이 사건의 조사관으로 서인 정철이 임명되었고, 역모사건을 조사하는 과정에서 많은 동인사람들이 제거되었다. 3년여 동안 진행된 조사에서 목숨을 잃은 사람이 천여 명에 이르렀다.

화를 입은 사람들을 보면 동인 이발, 이길, 정언신, 백유양, 최영경, 정개청 등인데 이것을 기축옥사라고 한다. 이 사건 이후 서인이 권력을 차지했지만, 정철이 세자책봉 문제로 물러나면서 동인으로 권력이 바뀌었다.

선조의 현명한 판단

임진왜란 때 전라좌수사 이순신이 왜구를 물리치면서 조선은 희망이 보였다. 선조는 의주에 자리를 잡았고, 이때 서인들은 동인 이산해나 유성룡의 부하들이 다시 정권을 잡는 것이 두려워 그들을 몰아내고자 했다.

선조는 잠잠했던 붕당 싸움이 다시 시작되는 것을 보고 친히 이런 글을 지어 신하들에게 보였다. 諸臣今日後 忍復名西東(신하들이여 이제부터는 동이니 서이니 하며 제발 다투지 말라.)

피난길 일 년 후인 다음 해 4월 왜군이 퇴패하면서 선조는 10월에 의주로부터 한양으로 환도했다. 환도 후 피난에서 유성룡의 충정을 인정한 선조는 윤두수 후임으로 유성룡을 영상의 자리에 앉혔다. 이것을 계기로 동인들은 또다시 정권을 잡았으며, 정철은 환도 다음 해인 갑오년에 세상을 떠났다. 이후 남인과 북인의 책동이 시작되면서 수년 전에 정여립 역옥사건에 얽혀 죽은 최영경의 복권문제가 6개월까지 지속되었다.

그러나 사류들은 군신이 당파싸움만 할 때가 아니라 창을 메고 적을 물리칠 일을 생각할 때라며 비난했다.

그러나 대사헌 김우옹, 대사간 이기, 장령 기자헌이 중심이 되어 죽은 정철의 관직을 삭탈하자고 고집하였다. 따라서 11월에 죽은 정철의 관직이 삭탈되고 말았다.

이때부터 서인들이 몰락하였고 동인들이 득세했다. 하지만 동인의 독무대가 이어지면서 동인 자체 내에서 남인과 북인의 대립이 벌어졌다.

북인의 거두 이산해가 쫓겨났지만, 선조는 인빈 김 씨와의 관계로 인해 그를 잊지 못했다. 그러자 정탁은 기회를 엿보아 선조에게 쫓

겨난 이산해를 복귀시키려고 했다.

이때 남인이 대사헌 김우옹을 시켜 정탁을 나무라며 파면시키자 북인들이 위기를 느껴 유성룡이 시킨 일이라며 들고 일어났다.

그래서 북인들은 계략을 꾸며 유성룡을 명나라 사신으로 가게끔 했다. 이때 유성룡은 병을 핑계로 사양하자 선조는 괘씸하게 여겼다.

이것을 꼬투리 삼은 북인인 지평 이이첨과 남인인 대사헌 이헌국이 서로 공박했다. 결과는 이이첨의 승리로 끝나면서 이헌국이 파직되었다. 결국 유성룡이 벼슬에서 물러나게 되었다.

유성룡이 물러나자 북인은 다시 두 갈래로 갈라져 이산해와 홍여순을 중심으로 한 대북파, 남이공과 김신국을 중심으로 한 소북파가 생겨났다. 이들은 계속 다툼을 하다가 김신국과 남이공이 물러나고 이산해가 세력을 잡으면서 영상이 되었다. 정권을 잡은 후 이산해의 당을 육북, 홍여순의 당을 골북이라며 갈라졌다.

선조는 당파 싸움에 환멸을 느껴 갑론을박하는 이이첨과 홍여순을 내쫓고 다시 서인을 등용시켰다. 얼마 후 서인인 이귀가 조정에 들어와 대북 정인홍의 행동을 비판하였다. 이에 정인홍은 서인 전체를 싸잡아 공박하였다.

그러자 대사헌 황신이 선조에게 그렇지 않다고 변명했다. 그러자 선조는 황신의 벼슬을 바꾸어 간혼독철이란 전교까지 내려 조정에서 모든 서인들을 쫓아냈다. 이후 소북 유영경을 이조판서로, 대북 정인홍을 대사헌으로 삼았다.

비련의 영창대군

인목왕후 김 씨는 연흥부원군 김제남의 딸로 선조의 계비이다. 그녀는 선조 후비인 의인왕후 박 씨가 죽자 선조 5년(1602년) 7월에 19세의 나이에 51세의 선조와 가례를 올리고 왕비로 책봉되었다. 김제남은 딸이 왕비가 되자 이조좌랑에서 영돈녕부사로 승진되었다.

그녀는 이듬해 정명공주를 낳았고, 선조 39년(1606년) 3월, 영창대군을 낳자 조정이 시끄러웠다. 서출이지만 당시 공빈 김 씨의 둘째 아들이 이미 세자로 지목된 상황이었기 때문이다.

선조 역시 중종의 후궁 창빈 안 씨의 아들 덕흥대원군을 아버지로 둔 서출이다. 그래서 심한 열등의식을 가지고 있었던 것이다. 그러던 참에 젊은 왕비 김 씨가 영창대군을 낳자 몹시 기뻐했다. 이때 김제남의 부인인 정경부인 정 씨는 걱정이 앞섰다.

정 씨의 말대로 훗날 왕비의 친정아버지 김제남의 집안과 영창대군이 비참하게 죽었다. 선조가 늦둥이 영창대군에게 흠뻑 빠지는 바람에 불행을 자초하리라곤 아무도 예상하지 못했다.

선조는 광해군이 마음에 들지 않았다. 당시 조정의 실세였던 북인파 영의정 유영경은 광해군 대신 영창대군을 세자로 세우려는 선조의 마음을 알아차렸다. 그래서 그가 영창대군을 지지하자 소북파가 되고 광해군을 지지하는 쪽은 대북파가 되었다.

선조 41년(1608년) 2월, 선조는 경운궁(현 덕수궁)에서 57세의나이로 죽었다. 그러자 소북파 유영경은 3살 된 영창대군을 왕으로 즉위시키고 인목왕후에게 수렴청정을 건의했다. 하지만 현실성이 없다고 판단한 인목왕후는 광해군을 즉위시키는 교지를 내렸다. 선조가 죽으면서 대신들에게 영창대군을 잘 보살피라는 유교를 남겼다. 하지만 이것은 오히려 영창대군을 죽음으로 몰아넣었다.

돌아온 귀양자의 횡포

이이첨과 정인홍 등은 귀양지에 미처 도착하기 전 선조의 승하 소식을 듣고 되돌아와 공신으로 돌변했다. 광해군은 이산해에게 선왕의 장례식 준비를 맡겼다.

그러자 유영경이 사직하겠다는 상소를 올렸다. 그러자 광해군은 너그럽게 유영경을 위로하며 만류했다. 그런지 수일도 안 되어 대북 일파들이 상소했다.

'유영경은 전하께서 세자로 계실 때 전하 대신 영창대군을 세자로 세우려던 원흉이옵니다. 그런 죄인을 조정 안에 머물게 함은 옳지 못한 처사이옵니다. 즉시 추방하시기 바랍니다.'

그러자 광해군은 과거의 모든 혐의를 깨끗이 잊은 듯이 유영경을 두둔했다. 그렇지만 대북 일파는 정권욕에 눈이 뒤집혀 하루도 빠짐없이 유영경을 추방하라고 상소했다.

광해군은 하는 수 없이 유영경을 내쫓고 이원익을 영의정으로 임명했다. 또 양사에 이이첨, 이경전, 정인홍 등을 등용했다.

이때 광해군의 나이가 서른다섯, 세자빈이던 유 씨가 왕비로 승격했지만 광해군은 왕비보다 후궁 김상궁을 사랑하고 있었다. 김상궁은 선왕이 병중에 있을 때 곁에서 시중들던 궁녀이다.

선조가 광해군의 문안을 받지 않고 호통쳐서 내쫓을 때 김상궁은 피를 토하며 통곡하는 세자를 극진히 간호하였던 것이다. 그때부터 김상궁을 마음속에 새겨두었다가 보위에 오르면서 후궁으로 맞아들였던 것이다.

그동안 후궁에는 여섯 명의 숙의와 열 명의 소원이 생겼지만 김상궁을 꺾지 못했다. 더구나 김상궁은 왕비 유 씨의 비위까지 잘 맞춰 그녀에게도 귀염을 받았다.

광해군은 붕당의 해가 크다는 것을 알고 가끔 신하들에게 주의를 시키고 스스로도 초월하려고 애썼다.

어느 날 광해군 형 임해군이 모반을 꾀했다며 조정이 또다시 시끄러워졌다. 이원익, 이항복, 이덕형, 이산해, 한응인 등 소위 원로 들은 임해군의 사형을 반대하고 귀양만 보내자고 했다. 그러나 이이첨, 유희분, 정인홍 등은 원로들이 남인과 상통했다며 대들었다.

결국 광해군은 임해군을 강화 교동으로 귀양을 보내어 위리안치(담장을 쌓아 담장 안에서만 지내는 것)시켰다. 이때 강화 현감 이현영은 임해군의 신세가 가엾어 가끔 문밖까지 내주는 자유를 주었다. 이것이 이이첨의 귀에 들어가면서 현감이 교체되었다. 신임 현감은 이이첨의 부하로 얼마 후에 사람을 시켜 임해군을 죽였다.

신해년(광해군 3년)부터 왕비 유 씨를 중심으로 유희분의 세력이 늘어나면서 궁중의 중요한 자리를 모두 차지했다. 유희분은 자신의 집안 아들을 과거에 합격시키고자 부정한 짓을 저질렀다.

즉 임숙영이란 사람이 과거에 응시하였는데, 답안을 쓸 때 외척 유 씨들의 부정이 눈에 거슬려 시대를 개탄하는 글을 써서 바쳤다.

시관들은 그의 글을 보고 깜짝 놀랐다. 매우 훌륭한 글이었지만 발표할 수가 없었다. 마침내 그는 전시에서 누락되었다. 권필이 이 소문을 듣고 풍자시를 지었다.

宮御靑靑花亂飛(대궐 버들은 청청하고 꽃은 바람에 어지러이 날리는데) / 滿城冠蓋媚春輝(성 안에 가득 찬 사람들은 봄빛에 아첨을 떠네.) / 朝家共賀昇平樂(모든 백성들이 태평세월이라고 희희낙락하건만,) / 誰遣危言出布衣(위태로운 말을 누가 내어 베옷 입은 사람을 내쫓았느냐.)

권필은 이 글로 인해 혹독한 곤장을 맞고 귀양을 가다가 맞은 곳의 상처가 심해 죽고 말았다.

광해 5년, 동래의 어떤 상인이 은을 말에 실고 서울로 올라가다가 문경새재에서 산적을 만나 재물과 목숨을 빼앗긴 사건이 일어났다. 포청의 활동으로 그들은 곧 체포되었다. 하지만 체포된 이들은 서인의 거두 박순의 서자 박응서와 서자출신이지만 명문자제들이었다.

포도대장 한희길은 서출이지만 명문자제들만이 모여 결당을 했다는 것에 의심이 갔다. 그가 박응서를 문초하자 서자를 천대하는 나라를 뒤집기 위해 군자금을 구한 것이라고 했다. 이것이 이이첨의 귀에까지 들어갔다. 그는 포도대장을 찾아가 밤새도록 음모를 꾸몄다.

그 다음날 포도대장은 박응서를 조용히 불러 먹을 것을 주면서 살 수 있는 방법을 말해주었다. 그러자 박응서가 쾌히 응했다. 며칠 후 의금부에서 문초할 때 박응서는 이렇게 말했다.

"역적도모를 하였다. 지금 임금을 내쫓고 영창대군을 모셔다 임금으로 삼기를 꾀하였다. 영창대군의 모후 인목대비도 물론 아는 바이다. 인목대비의 친정 아버지 영흥부원군 김제남도 배후의 인물이다."

광해군은 영의정 이덕형, 좌의정 이항복, 판의금 박승종 등을 거느리고 친국을 벌인 후에 영창대군은 폐서인을 시키고, 김제남은 사사하고, 일족을 멸했다.

인목대비의 어머니 부부인 노 씨를 제주도로 귀양 보냈다. 이럼에도 불구하고 이이첨 일파는 영창대군을 폐서인만 시킬게 아니라 죽여야 한다고 했다. 그러자 임금은 할 수 없이 명을 내렸다.

"서인 의는 여덟 살 먹은 어린아이다. 그러니 죽일 수가 없어 강화로 귀양을 보내도록 하라."

영창대군은 강화도로 쫓겨나 울타리가 튼튼한 집안에 갇혀 군사

들이 지키고 있었다. 어린 영창대군은 어머니를 그리워하며 병이 들었다. 강화부사 정항은 대군의 방에 불을 많이 때라고 명령하였다. 그러자 어린 영창대군은 뜨겁다는 소리를 지른 후 세상을 떠나고 말았다.

영창대군이 죽었다는 소식에 대비는 기절하고 어린 정명공주는 쓰러진 어머니의 치맛자락을 잡고 울고만 있었다.

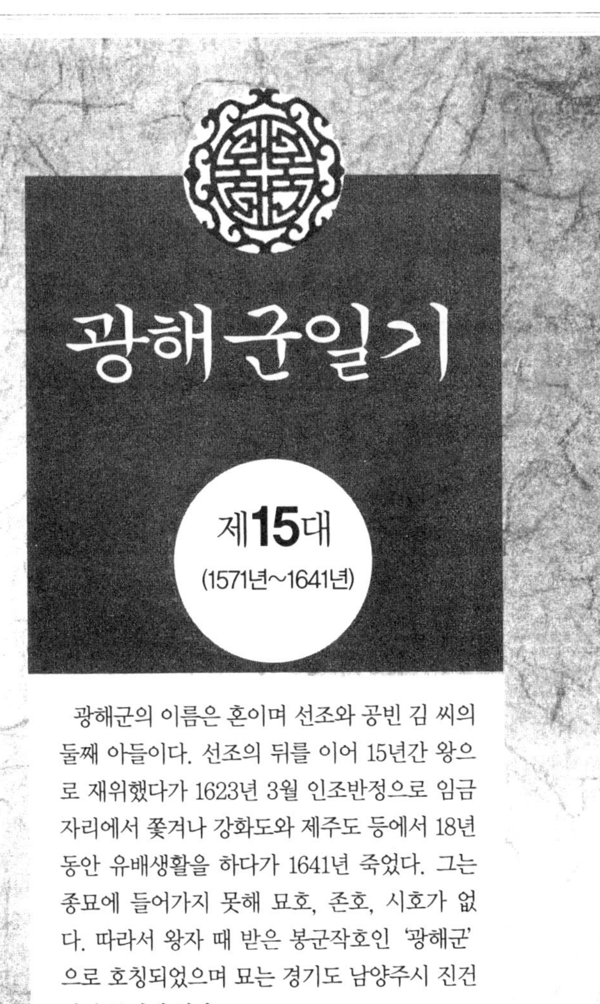

광해군일기

제15대
(1571년~1641년)

광해군의 이름은 혼이며 선조와 공빈 김 씨의 둘째 아들이다. 선조의 뒤를 이어 15년간 왕으로 재위했다가 1623년 3월 인조반정으로 임금 자리에서 쫓겨나 강화도와 제주도 등에서 18년 동안 유배생활을 하다가 1641년 죽었다. 그는 종묘에 들어가지 못해 묘호, 존호, 시호가 없다. 따라서 왕자 때 받은 봉군작호인 '광해군'으로 호칭되었으며 묘는 경기도 남양주시 진건면 송릉리에 있다.

『광해군일기』

『광해군일기』는 인조 2년(1624)에 실록청에서 펴낸 광해군 재위 동안의 역사를 기록한 사서이다. 다른 실록과 달리 187권 64책의 중초가 남아 있으며, 정조 18년(1794) 9월에 187권 40책으로 수정해서 간행하였다. 『광해군일기』는 다른 국왕들과는 달리 유일한 필사본이다.

광해군은 임진왜란이 일어나 한양이 함락될 때 피난지 평양에서 세자로 책봉되었다. 다음날 선조와 조정은 평양에서 다시 피난길에 올랐는데, 피난 도중 영변에서 국왕과 세자가 조정을 나누었다.

1606년 선조의 계비 인목왕후가 영창대군을 낳자 세자지위가 위태로웠다. 하지만 정인홍 등 북인의 지원으로 선조의 뒤를 이어 즉위했다. 그가 즉위하자 한동안 명나라에서는 그의 임명을 거부했다. 이것으로 인해 임해군을 교동에 유배시키고 유영경을 죽였다.

1613년, 인목대비 아버지 김제남을 죽이고, 영창대군을 강화에 위리안치시켰다가 죽였다. 또 1615년엔 대북파의 무고로 능창군 전까지 죽였고, 1618년엔 인목대비를 폐비시켜 서궁으로 유폐시켰다.

1619년에는 명나라의 원병요청에 따라 강홍립에게 1만 군사를 주어 후금을 치게 하였다. 그러나 부차싸움에서 패한 뒤 명나라와 후금사이에서 실리적인 외교 균형을 취했다.

광해군은 임진왜란으로 불탄 서적간행에 힘을 쏟았다. 『신증동국여지승람』, 『국조보감』을 다시 편찬했다. 그리고 실록보관을 위해 적산산성에 사고를 설치하고 임진왜란 때 불타버린 네 곳의 사고를 대신했다. 이때 허준의 『동의보감』이 간행되었다.

세자 광해군의 울분

의인왕비 박 씨가 죽었을 때 선조가 50세였지만 재혼을 생각했다. 그렇지만 후궁에는 인빈, 순빈, 정(靜)빈, 정(貞)빈, 온빈 외에 아이를 낳은 빈도 많았다.

51세의 선조는 임인년(선조 35년)에 이조좌랑 김제남의 딸인 19세의 김 씨를 새 왕비(인목왕비)로 맞았다. 새 왕비가 임신하자 정실소생이 없던 선조로선 몹시 기뻤다.

그러던 어느 날 선조가 인빈의 처소로 갔다. 인빈은 여느 때나 마찬가지로 반갑게 맞았다. 선조는 인빈의 처소에서 즐거운 밤을 보냈다. 다음 날 아침 인빈은 오래 전부터 마음먹고 있던 말을 선조에게 했다.

"상감, 중전께서 아들을 낳으시면 세자로 정하십시오."

"허~어. 세자는 벌써 광해군으로 세우지 않았느냐?"

"하오나 이번에 태어날 원자는 정실소생이 아니옵니까?"

선조의 마음이 흔들렸으며 사람들 역시 당연하다는 말에 어느덧 새로 태어나는 원자를 세자로 삼겠다고 결심했다. 이 생각은 선조뿐만이 아니라 유영경도 마찬가지였다.

드디어 인목왕후가 첫아기를 낳았지만 아들이 아니라 딸 정명공주였다. 선조의 꿈은 깨어지고 말았다. 어느덧 일 년이 지나간 후 왕비에게 또다시 태기가 있었다. 이번엔 기다리던 아들 영창대군이 태어났다. 임금으로 정실에서 처음 낳은 아들이라고 기뻐했다.

유영경은 이때를 놓치지 않고 문무백관으로 하여금 영창대군 만세까지 부르게 했다. 그러자 이것을 바라보는 광해군의 마음은 여간 고통스럽지 않았다.

얼마 후 선조가 병을 얻더니 정미년 10월부터 증세가 매우 위태로

워졌다. 광해군은 세자로서 매일 임금에게 문안하러 들어갔다.

광해군이 이렇게 정성으로 부왕의 문병을 하는 까닭은 항간에 유영경 일파가 세자 광해군을 폐하고 영창대군을 새로 세자에 봉하려 한다는 소문을 덮기 위해서였다.

또한 광해군의 형 임해군도 은근히 왕위를 노리고 있다는 말까지 들렸다. 한마디로 광해군으로서는 마음을 놓을 수가 없었던 것이다.

그러던 어느 날 선조는 영의정 유영경, 좌의정 허욱, 우의정 한응인 등을 불러 세자 광해군에게 전위하겠다고 하자 세 정승들은 반대했다.

하지만 선조는 전위할 뜻을 굳혔다. 대신들이 물러간 뒤 선조는 전교를 내려 원로대신들과 의논해서 세자에게 전위하도록 독촉했다. 그렇지만 유영경은 선조의 전교를 받들고도 원로들에게 알리지 않았다. 당시의 원로대신들은 이항복, 이원익, 이덕형, 이산해, 기자헌 등이었다.

후에 이 사실이 대북 일파에게 알려지자 이이첨과 이산해의 아들 이경전 등은 그때 영남으로 내려가 있는 정인홍에게 사람을 보내어 유영경이 세자를 위태하도록 꾀한다는 진상을 알리고 상소하라고 권했다.

이때 이산해, 이이첨 등 대북 일파가 세자 광해군에게 붙어 세자빈의 오라버니 유희분과 유영경을 몰아낼 계획을 하고 있었다. 정인홍은 원래 성격이 곧아 두려움을 가리지 않고, 상대를 공격할 땐 항상 선봉에 섰다. 그는 경상도에서 선조에게 상소를 올렸다.

'유영경은 임금의 명령을 어기고 여러 원로대신들을 부르지도 않았사옵니다. 이건 필시 어떤 무서운 흉계를 꾸미고 있는지 알 수가 없나이다. 나랏일은 한 사람이 하는 게 아니옵니다.

예로부터 임금의 유고 때 세자가 대리를 하는 법임에도 불구하고, 모든 일을 유영경 혼자서만 비밀리에 처리하려고 합니다. 이것은 사직과 세자를 위태롭게 하는 수작이옵니다.'

그렇지만 선조는 유영경을 신임하고 있어 정인홍의 상소문을 보자 몹시 노했다. 이후 대북과 소북은 서로 반박하며 싸우기를 그치지 않았다. 그러나 소북은 당시의 여당이었다.

선조는 결국 유영경과 인빈의 주장대로 정인홍을 영해로, 이이첨은 갑산으로, 이경전은 강계로 귀양 보내라고 명했다. 그런 후 광해군이 문안을 하려고 하면 명나라에서 인준해주지 않는 세자는 세자가 아니라며 호통을 쳤던 것이다. 이에 마음의 골이 깊어만 갔다.

친정 정치로 흔들리는 조정

1592년 임진왜란이 일어나자 신하들의 간청으로 광해군이 세자로 책봉되었다. 임진왜란이 끝나고 1600년 정비 의인왕후 박 씨가 죽자 1602년 인목왕후가 선조의 계비가 되었다. 더구나 인목왕후가 영창대군을 낳자 최악이었다.

그때 선조는 적자인 영창대군에게 왕위를 계승시키려고 했다. 따라서 조정대신들은 영창대군을 왕으로 세우려는 세력과, 광해군을 옹호하는 세력으로 나뉘어졌다.

선조는 병이 악화되자 광해군에게 선위교서를 내렸다. 그렇지만 교서를 받은 영의정 유영경은 이를 공포하지 않고 감췄다. 이때 광해군을 지지하는 대북파의 정인홍과 이이첨은 이것을 알고 유영경을 죄로 다스릴 것을 선조에게 청했다. 하지만 선조는 사경을 헤매다가 죽었다.

유영경은 인목대비에게 영창대군을 왕으로 즉위시키고 수렴청정하도록 건의했다. 하지만 인목대비는 그의 말을 듣지 않고 광해군을 왕으로 즉위시켰다. 광해군은 왕위에 오르자 임진왜란으로 피폐된 나라의 재정회복에 힘을 쏟았다. 그리고 남인 이원익을 영의정에 임명하였으며, 불탄 궁궐을 수리하고 대동법을 실시해 백성들을 구제하는 데 노력했다.

그 후 영창대군을 지지했던 유영경과 그의 무리들을 죽였다. 이때 명나라에 자신이 보위에 오른 것을 알리기 위해 오억령을 시신으로 보냈다. 얼마 후 오억령으로부터 뜻밖의 보고가 왔다. 즉 선조의 큰아들 임해군이 있는데 둘째 아들 광해군이 왕위에 오른 것은 잘못된 것이라고 했다.

마침내 명나라는 요동도사 엄일괴를 조선에 보내 사실여부를 확

인토록 했다. 그러자 조선의 조정은 대책마련에 고심하기 시작했다. 조선에 도착한 명나라 요동도사 일행은 조선왕이 자신들을 찾아오지 않음을 이유로 이렇게 말했다.

"나는 임해군을 만나보고 사실을 황제께 아뢰어야 하는 책임이 있다. 그러니 어서 임해군에게 안내하라."

그러자 조선의 조정은 더더욱 난처했다. 한때 임해군은 선조의 병이 위급했을 때 앙심을 품고 비밀리에 결사대를 조직하고 무기를 마련하여 만일의 사태에 대비하고 있다는 밀고가 있었다. 이것을 구실로 임해군을 교동에 유배시켰다. 명나라 사신의 접대를 맡은 영의정 이원익은 이렇게 둘러댔다.

"조선의 예법은 상복을 입은 사람이 다른 사람을 만나지 않는 것이오."

그렇지만 명나라 사신은 자신의 주장만 되풀이 했다. 하는 수없이 광해군은 그들이 묵고 있는 객관으로 찾아가 예를 치렀다. 그런 후 교동에 있는 임해군을 배에 태워 서강나루에서 명나라 사신과 만나게 했다. 이때 임해군은 일부러 미친 척하였다. 그 후 임해군은 광해군 1년(1609년) 이이첨 등의 사주로 교동현감 이직에게 살해되었고 조정에서는 명나라사신들에게 은과 인삼을 뇌물로 주었다. 1609년 3월 명나라의 황제는 웅화를 사신으로 조선에 보내 광해군을 왕으로 봉하는 조서를 내렸다. 그런 뒤 자신의 어머니 공빈을 공성왕후로 추존하였는데, 무덤을 성릉이라 하였다.

광해군이 왕위에 오르자 그를 지지한 대북파가 세력을 떨쳤다. 대북파는 자신들의 정적들을 조정에서 쫓아내고 죽여 버렸다. 광해군 2년(1610년) 정여창, 김굉필, 조광조, 이언적, 이황 등을 문묘에 모시는 일이 결정되었다. 문묘는 유학의 비조인 공자를 제향하는 장소다.

정인홍은 문묘에 배향한 사람들에 대해 불만이 많았다. 그것은 자신의 스승 조식이 문묘에 배향되지 못했기 때문이었다. 그는 성품이 강직하였고, 명종 때 높은 행실로 추천되어 관직에 올랐다.

1611년 그는 이언적과 이황을 배척하는 상소를 올렸다. 상소에서 이황과 이언적을 시속에 따르는 부류로 칭하였다. 특히 이황을 몹시 비난했다.

그러자 성균관 유생 500명이 상소를 올려 이언적과 이황을 적극 변명했고, 정인홍의 이름은 유적에서 삭제됐다.

죽음으로 끝난 인목대비의 원한

대북세력은 임해군을 죽인 다음 인목대비를 타깃으로 삼았다. 그들은 인목대비가 낳은 영창대군을 없애야만 역모가 없을 것으로 판단했기 때문이다. 광해군 5년(1613년) 4월, 이이첨은 박응서, 서양갑 등 강변칠우라는 명문가의 서자 7명(박응서, 서양갑, 심우영, 이경준, 박치인, 박치의, 김평손)이 여주에서 결의형제하고, 조령에서 살인사건을 일으키자 이를 역모로 확대시켜 인목대비의 아버지 김제남을 연루시켰다.

이이첨의 농간으로 날조된 이 역모로 김제남은 역적으로 몰리게 되었다. 결국 김제남과 그의 형제들은 모두 사형당했고, 어머니 정씨는 제주도 관노비로 전락되었다. 강화도에 유배된 영창대군은 이듬해 2월 밀폐된 뜨거운 방 안에서 9살 나이로 질식사했다.

그런 후 광해군과 대북파 세력들은 인목대비의 폐모론을 거론했다. 광해군 10년(1618년) 정월, 영창대군이 죽은 4년 뒤 조정에서는 폐모에 관한 찬반양론이 격화되었다. 이때 광해군은 폐모론을 반대한 신하들을 유배시키고, 인목대비 김 씨에게 대비의 존호를 폐한 후 서궁에 유폐시켰다.

이것을 오히려 반대세력들에게 반정을 일으킬 좋은 구실을 제공했던 것이다. 그래서 서인 이귀, 김자점, 신경진, 심기원, 김유, 이괄 등은 선조의 후궁 인빈 김 씨의 3남 정원군의 큰아들 능양군을 추대했다. 그런 후 김 씨의 교지를 받아 광해군 15년(1623년) 3월 13일 반정에 성공했다.

능양군 역시 8년 전 동생 능창군의 억울한 죽음으로 광해군과 대북파에게 원한을 품고 있었다. 간밤의 난리에 도망쳤다가 붙잡힌 광해군은 취중인 채 폐주로 전락되었다. 반정군은 서궁에 유폐된

인목대비 김 씨에게 능양군의 전위교지를 내려달라고 청했다.

하지만 원한과 복수심에 불타는 대비 김 씨가 순순히 반정군의 뜻을 받아주지 않았다. 그러자 능양군이 직접 대비를 알현하고서야 윤허를 받아냈다. 오직 대비 김 씨는 광해군의 목숨을 원했던 것이다. 반정군에 의해 대북파 간신들은 모두 목이 잘렸고 광해군은 강화도로 귀양을 갔다. 이로써 능양군은 인조로 즉위했다.

인목대비 김 씨는 광해군을 끝내 죽이지 못하고 인조 10년(1632년) 6월 48세로 죽었다. 그녀는 경기도 구리시 인창동 동구릉 묘역에 붙힌 선조와 의인왕후의 능인 목릉에 묻혔다.

여장부 인목대비

이이첨은 좌의정 정인홍과 함께 인목대비를 폐위시키려는 음모를 꾸미고 있었다. 그러나 뭔가 두려움을 느낀 정인홍은 발뺌하고 시골로 내려가 버렸다. 영의정 기자헌도 마찬가지로 폐위에 반대한 후 벼슬을 버리고 강릉 고향으로 내려갔다.

그러나 이이첨은 심복 우참찬 유간에게 대비를 폐하라는 지령을 내렸다. 유간은 곧바로 한효순을 찾아가 이이첨의 말을 전했다. 그 대가로 이번 거사에 성공하면 영의정은 따 놓은 것이라고 했다. 이에 혹한 한효순은 유간의 손을 잡고 방법을 물었다.

한효순은 영의정에 눈이 어두워 옳지 못한 일임을 알고도 당장 대궐로 들어가 정원 승지를 불렀다. 승지들 역시 이이첨의 심복들로 한효순이 대궐로 들어온다는 소식을 미리 알고 있는 상태였다. 승지들은 3정승과 육조판서 이하 참판, 참의, 정랑, 좌랑까지 불렀다. 반나절이 넘어서 모인 사람들은 전관의 직함을 가진 사람들까지 모두 구백삼십 여명이나 되었다. 우의정 한효순은 큰 국사나 처리하는 듯 큰 소리로 외쳤다.

"역적 김제남의 따님인 대비는 그의 아들인 영창대군으로 왕위를 계승시키려하여 열 가지 죄악을 범하였소. 그래서 만조백관들은 폐위시키라고 합니다. 여론에 따라 가부를 묻는 것이니 여러분은 가부를 표해 주기 바라오."

이 말이 떨어지기가 무섭게 이이첨과 폐모론을 주장하던 대사간 윤인이 앞으로 나와 외쳤다.

"옳소. 벌써 폐모를 했어야했는데 전하의 인정으로 오늘날까지 유지됐던 것이다. 빨리 백관에게 가부를 물어 처단하시오. 자아, 만조백관들은 두 줄로 갈라서서 '가'면 좌편에, '부'면 우편에 서서 자신의 이름을 쓰시오."

대사간 윤인이 '가' 자를 쓰는 쪽 맨 앞줄에 섰다. 바로 뒤로는 대사헌 정조가 섰다. 이 두 사람은 폐모론을 주장한 직후 이이첨의 눈에 들어 미관말직인 당하관에서 급 승진했다. 그러자 대북 명사들이 꼬리를 이어 폐모하는 것이 옳다는 줄에 섰다.

이때 원임대신 이항복에게 가부를 묻기 위해 보낸 칙사가 수의문을 가지고 돌아왔다. 한효순이 수의문을 받아 만조백관에게 읽었다.

'신은 벌써 반년 농안이나 중풍에 걸려 병중에 있소. 누가 진하를 위하여 이런 일을 만들도록 하였는지 몰라도 자고로 어미가 악해서 비록 죄를 지었다고 하더라도 자식은 어미를 죄줄 수가 없소. 아버지가 자상하지 못해도 아들은 효도를 극진히 해야 하는 법이요. 도대체가 이러한 것은 논의하는 것부터가 불가하오.'

이항복이 폐모론에 반대하자 만당의 분위기는 삽시간에 변하였다. 그때까지 대북 일파의 눈치만 살피던 사람들 가운데 하나둘 반대론으로 줄을 서기 시작했다. 결국 이날의 공론은 찬반양론으로 흐지부지되고 말았다.

그러나 폐모론을 주장하는 대북 일파들은 반대하는 사람들에게 무서운 공격을 가했다. 우선 이항복에게 처참의 형을 가하라 하였고, 양사에서도 그의 말이 불손하다면 삭탈관직을 청했다.

광해군은 이항복을 북청으로 귀양 보내고 말았다. 이후부터 날마다 대비의 죄를 듣자 마침내 더 이상 자신을 괴롭히지 말라고 했다. 그렇지만 인성군과 여러 종실들은 대북파의 사주를 받아 나라를 위해 대비를 폐하라고 떠들었다. 그 다음 해인 광해군 10년 2월11일 임금의 말을 무시한 채 좌의정 정인홍과 예조판서 이이첨 등은 폐모의 절복을 결정했다.

절복은 명나라에서 내린 존호와 본국에서 내린 옥책과 옥보를 빼앗고 대비라는 명칭을 서궁으로 부르고, 국혼 때 내린 납폐등속을 비롯하여 왕비의 어보나 표신을 회수하고, 출입할 때 연과 의장까지 폐지해버리고 일체 문안과 숙배를 폐하여 후궁과 같이 대우를 한다는 것이다.

이밖에도 다음과 같은 대목도 들어있다.

'대비는 아비가 역적의 괴수가 되었고, 그의 몸이 역적모의에 참여했을 뿐만 아니라 역적들이 자식을 추대한바 되었으니 이미 인연은 종묘와 사직에 끊어진바 되었다. 그가 죽은 후에 나라에서는 거애를 하지 아니하고 복을 입지 아니하며 신주는 종묘에 들어갈 수 없다. 또 서궁의 담을 더 높이 쌓고 무장을 두어 지키게 하되 그 수직군사의 행동은 병조에서 감독하고 내시는 두 명, 별감은 네 사람만 둔다.'

승지는 곧 이 결정을 받들고 대비에게로 갔다. 대비는 영창대군이 죽었다는 소식을 들은 후로는 식음을 전폐하고 누워만 있었다. 승지는 우선 열 가지 죄목을 읽고 폐모의 선언을 내렸다. 그러자 대비는 갑자기 문을 열어젖히면서 호령했다.

"만고에 자식이 어미를 폐한다는 말은 처음 듣는다. 나는 상감의 아비가 친히 친영례를 거행하여 들어온 정정당당한 적모다. 제 아비가 정해놓은 어미를 어떻게 자식이 마음대로 쫓아낼 수 있단 말인가? 상감한테 내 말을 전해라. 폐모할 것이 아니라 죽이라고 해라. 그러면 만사가 다 해결될 것이 아니냐!"

승지는 고개를 숙이고 부들부들 떨다가 슬며시 나가버렸다. 대비는 늙은 궁녀들에게 영을 내렸다.

"먹을 것을 가져오너라. 내가 살아 저놈들이 망하는 꼴을 봐야겠다."

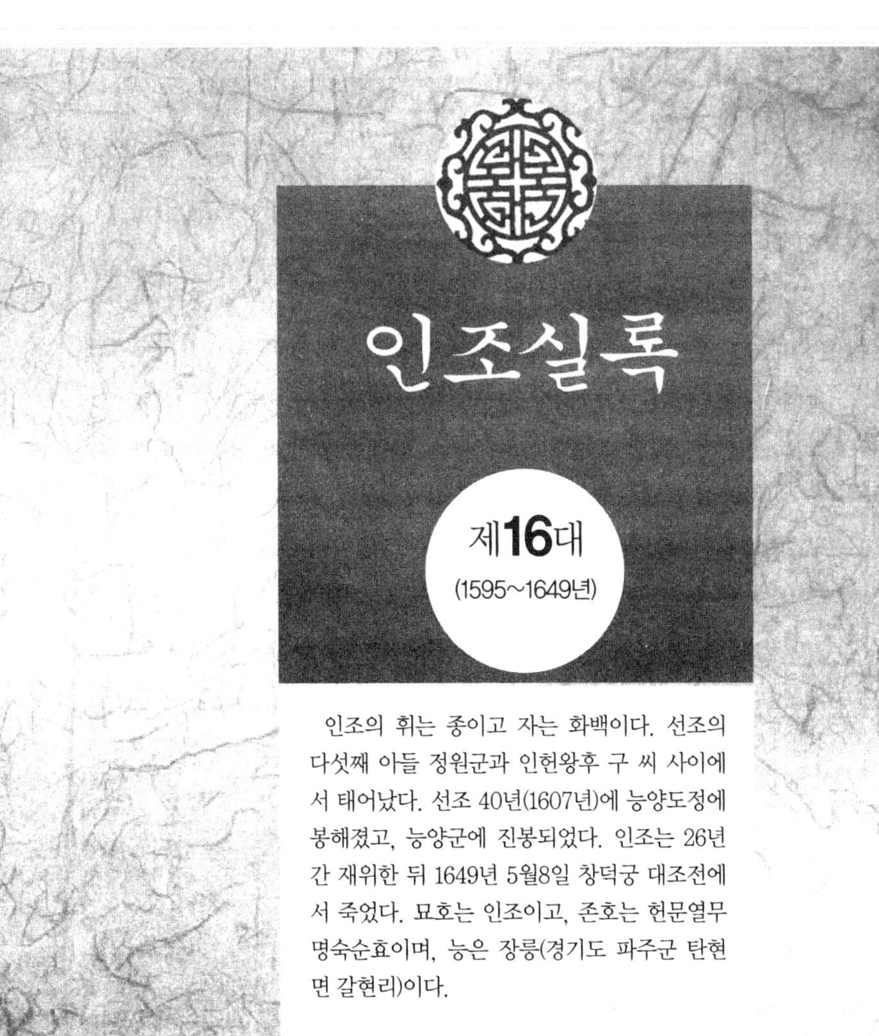

인조실록

제16대
(1595~1649년)

인조의 휘는 종이고 자는 화백이다. 선조의 다섯째 아들 정원군과 인헌왕후 구 씨 사이에서 태어났다. 선조 40년(1607년)에 능양도정에 봉해졌고, 능양군에 진봉되었다. 인조는 26년간 재위한 뒤 1649년 5월8일 창덕궁 대조전에서 죽었다. 묘호는 인조이고, 존호는 헌문열무명숙순효이며, 능은 장릉(경기도 파주군 탄현면 갈현리)이다.

『인조실록』

『인조실록』은 인조의 역사를 기록한 것으로 모두 50권 50책의 주자본이다. 1650년(효종 1) 8월에 편찬을 시작하여 1653년 6월에 완성했다. 총재관은 이경여와 김육이었고 당상으로 오준, 윤순지, 이후원, 이기조, 한흥일 등이 참여했다. 인조는 광해군을 폐하고 즉위했기 때문에 유년칭원법이 아닌 즉위년칭원법을 사용했다.

인조반정으로 이괄은 2등 공신으로 녹봉되어 도원수 장만 밑의 부원수 겸 평안병사로 임명하였다. 이괄은 이에 불만을 품고 인조 2년(1624년)에 난을 일으켰다. 이괄의 군대가 한양을 점령하자 인조는 공주로 피난했다. 그러나 이괄의 반군은 도원수 장만의 관군에 의해 진압되면서 한양으로 귀환했다.

인조 5년(1627년), 정묘호란이 일어났다. 후금은 군사 3만을 이끌고 의주를 함락시키고 평산까지 침략했다. 그러자 조정은 강화도로 천도하여 최명길의 강화주장을 받아들여 강화조약을 맺었다.

1636년 조선이 형제관계를 군신관계로 바꾸자는 청나라의 제의를 거절하자 그 해 12월 청나라는 10만 군사로 또다시 침입하였다. 이것을 병자호란이라고 한다.

조정은 봉림대군, 인평대군과 비빈을 강도로 보낸 뒤 인조는 남한산성으로 들어가 항거하였다. 결국 삼전도에서 항복하여 군신의 예를 맺고, 소현세자와 봉림대군을 청나라에 볼모로 보냈다.

1644년 소현세자가 볼모생활에서 풀려나 돌아왔지만, 의문의 죽음을 맞았다. 인조는 소현세자의 아들을 후계자로 삼지 않고 둘째 아들 봉림대군을 세자로, 소현세자의 빈이었던 강 씨를 죄에 엮어 사사하였다.

1623년 인조는 조익의 건의로 강원도, 충청도, 전라도에 대동법을 실시하였으나 강원도를 제외한 충청도 전라도는 다음 해에 폐지되었다. 1633년 김신국, 김육 등의 건의에 따라 상평청을 설치해 상평통보를 주조하여 민간무역을 공인하였다. 학문을 장려하여 우수한 학자들이 많이 배출되었다.

반란의 서막

인조는 광해군을 강화도로 귀양 보냈다. 그런 다음 인목대비를 창덕궁으로 모셨다. 그리고 조정관직에 새로운 인물로 영의정에 이원익, 이조판서에 신흠, 병조판서에 김유, 예조판서에 이정구, 형조판서에 서성, 공조판서에 이흥립, 대사헌에 오윤겸, 호위대장에 이귀 등을 출사시켰다.

그리고 영창대군, 임해군, 능창군, 연흥부원군 김제남 등 광해군으로부터 죽임을 당했거나 불이익을 당한 사람들을 복권시켰다. 하지만 이들에게 불이익을 사주한 간신배들은 그 죗값을 받았다. 더구나 폐모의를 주장했던 이이첨, 정인홍, 윤인, 정조 등 열여섯 명은 목을 베었다.

조정이 안정되면서 반정의사들은 논공행상의 발표에 불만들이 많았다. 그중 김유에 대한 이괄의 불만이 가장 컸다. 이괄은 김유가 공을 세웠지만 거사 당일 연서역에 늦게 도착한 것을 문제 삼았다.

이괄의 이런 주장에 김유는 나름대로 할 말이 있었다. 벌써 이괄의 목을 베어야 함에도 불구하고 반정거사란 대의 아래 참았다는 것이다. 그것은 연서역에 모이는 시각보다 훨씬 빨리 도착해 대장자리를 가로채보자는 비열한 행동이었다고 주장했다.

이렇게 논공행상에 대해 왈가왈부했지만 결국 승리는 김유에게로 돌아갔다. 그것은 임금이 김유를 무조건하고 신뢰하여 대소사 일체를 모두 맡기고 있었기 때문이다.

이 자리에서 이귀는 이괄의 행상에 대해 김유에게 주의를 주었다.

"이러쿵저러쿵해도 이번 거사에서 이괄의 공이 큰 것만은 사실이오. 앞으로 어떤 일이건 가리지 않고 과감하게 행동할 수 있는 인물이오. 그러니 관심 있게 생각하시오."

이귀의 말을 들은 김유는 이렇게 이유를 달았다.

"과감한 것은 일의 성격에 따라 다릅니다. 즉 성급하고 교양 없는 인물을 큰 자리에 올렸다간 오히려 일을 그르칠 수가 있소이다. 그래서 이등공신이 적당한 것이오."

"그건 너무 심한 것 같소이다."

"뭣이 심하단 말씀이오?"

"논공행상이란 공평하게 치러져야 하는데, 지나치게 불공평하다면 오히려 큰 화가 되는 법이오이다."

"화근? 생각해보시오. 공훈이 이등이라고 해서 높은 벼슬에 오르지 못하지는 아니잖습니까."

이처럼 김유는 그를 대수롭지 않게 생각해 자기 멋대로 처리할 심산이었다.

그 이튿날 논공행상이 발표되었는데 일등공신은 김유, 이귀, 김자점, 심기원, 이서, 신경진, 최명길, 이흥립, 구굉, 심명길 등이었다. 이등공신은 이괄, 원두표, 장유, 장신 등이었다. 삼등공신은 이기축, 승지 홍봉서 등이었다.

논공행상에서 장유, 장신, 이귀의 아들 이시백, 김유의 아들 김경증 등이 이등으로 분류된 것은 후한 처분이었다. 하지만 그들과 동등하게 이괄을 이등으로 취급한 것은 확실히 불공평했다.

영의정 이원익은 원로이기 때문에 당연했지만, 김유 자신은 병조판서로 앉고, 이귀를 호위대장의 자리로 돌렸던 것이다. 호위대장은 상감 신변을 호위하는 측근 중신이라고 하겠지만 별 볼 일 없는 관직이었다. 이것도 그냥 넘어간다고 해도 각조 장관은 모두 반정 동지들이 아니었다.

반정 때 뒤에서 협조했다고는 하지만 앞장서서 활동한 사람을 제외한 것은 잘못 된 것이다. 한마디로 이것은 김유의 심한 농간이었다.

더구나 거사 전 북방사였던 이괄은 한성좌윤이란 벼슬을 얻었다. 북병사와 한성좌윤의 계급차이는 많았다. 이때부터 이괄은 두문불출하고 집에 틀어박혀 술로 하루하루를 보내고 있었다. 이귀가 이괄을 안타깝게 생각해 김유에게 우대해줄 것을 말했지만 듣는 둥 마는 둥 했다.

그러자 이귀는 걱정스러웠다. 김유가 자꾸 저런 식으로 대하면 이괄의 감정이 폭발하여 언젠가는 일을 저지르겠다는 생각을 했다. 더구나 지금 북쪽 오랑캐가 세력이 날로 강해져 명나라를 침범코자 기회를 엿보고 있을 때였다.

이렇게 생각한 이귀는 먼저 이괄을 만나 그의 심중을 헤아려보고 그의 노여움까지 풀어야겠다고 생각했다. 이귀는 일부러 밤에 이괄을 찾아갔다. 불평불만에 쌓여있는 이괄도 노인 이귀에게만은 호의를 가지고 있었다. 처음 두 사람은 시국에 대한 이야기를 주고받았다. 그러다가 갑자기 이귀에게 이괄이 물었다.

"영감. 영감께서 야심한 밤에 날 찾아온 것은 필시 시국 이야기나 하려고 온 게 아닌 것 같소이다. 솔직히 내 근황을 알고 싶어서 오신 것 아니시오?"

"그렇소."

"그래요? 내 근황을 알아서 무엇에 쓰시려고요?"

"반정 초에 형제들의 싸움이 우려돼서…."

"내 존재가 그렇게 걸림돌이라도 된답디까?"

"화만내지 마시고, 바람이나 쐬는 것도 괜찮을 것 같소만."

"그럼, 외방으로 나가란 말씀이요?"

"눈치 한번 빠르시군요."

"그것도 좋은 방법이지요. 눈꼴사나운 놈도 보지 않고."

"뭐가 그렇게 눈꼴사납소이까?"

"반정이 성공하면 모든 것이 깨끗할 줄 알았지요. 그런데 임금 한 분 새로 모신 것밖에 달라진 것이 없지 않습니까? 그리고 서인 일파가 대북 대신 다시 머리를 들었다는 것 외엔 아무것도 변한 게 없지 않소이까."

"성급하게 생각하지 마시오. 차차 있을 것입니다."

이괄의 마음을 짚어본 이귀는 더 이상 꺼낼 말이 없었다. 이때 북방 오랑캐의 움직임이 수상해졌다. 그러자 조정에서는 장만을 도원수로 하고 이괄을 부원수로 임명해 북쪽을 지키게 하였다.

이괄은 그 이튿날 수병 수십 명을 데리고 한양을 떠났다. 임금은 전례 없이 모화관까지 행차하여 이괄을 전송하면서 보검 한 자루까지 건네주었다.

이괄의 반란

공신 등급에 불만을 품은 이괄이 인조 2년(1624년)에 반란을 일으켰다. 이괄은 용맹하여 반정 때 군사들을 지휘하여 큰 공을 세웠지만 김유와 김자점의 방해로 2등 공신으로 한성부윤으로 임명되었다. 이것이 불만이었다.

이런 불만을 품고 있을 때 북쪽 오랑캐가 걱정되어 그를 도원수 장만 밑에 평안병사 겸 부원수로 발령해 군사들을 데리고 영변으로 가게 했다. 이것으로 더더욱 불만이 쌓이게 되었다. 영변에 내려간 그는 군사들을 훈련시키는 한편 무기를 보수하기에 바빴다.

한편 김유를 중심으로 한 세력들은 그가 모반을 준비하고 있다고 인조에게 고변했다. 그래서 이괄의 아들을 가두고 그를 체포하려고 선전관을 보냈다. 이 소식에 이괄은 군사를 일으켰다.

"조정의 나쁜 무리들이 나를 모함하여 죽이려고 한다. 이대로 앉아서 죽을 수가 없다. 그들을 죽이고 조정을 바로잡겠다."

그때 이괄은 자신을 체포하러 온 선전관을 죽였다. 이괄이 거느린 군사는 1만 2천으로 세력이 막강했다. 그의 군사들 중엔 임진왜란 때 조선에 항복한 왜군 130여 명도 있었다. 그들은 조총으로 무장되어 있는 정예군이었다.

이괄의 반란을 도원수 장만이 막았지만 훈련된 군사들을 당할 수가 없었다.

여러 고을을 함락사킨 이괄은 지름길을 통해 한양으로 진격했다. 그러자 조정에서는 이귀에게 군사를 내주어 임진강을 방어하게 했다. 하지만 이귀의 군사 역시 당해낼 수가 없었다.

인조는 한양을 떠나 공주로 피신했고 이틀 후 이괄은 한양으로 진격했다. 그가 한양으로 내려올 때 안주방어사 정충신은 도원수 장

만을 찾아가 그의 전략을 말했다.

"저는 평소 이괄과 형제처럼 지냈소. 그가 모반을 일으켰다는 소식을 듣고 이렇게 달려왔습니다. 저에게 군사를 맡겨주시면 그를 물리치겠습니다."

"이괄에겐 어떤 작전이 있소?"

"이괄의 작전은 세 가지입니다. 첫째 그가 곧장 한강을 건너 임금의 뒤를 추격한다면 전세가 어떻게 될지 모르며, 둘째 그가 평안도와 황해도에 걸쳐 명나라 장수 모문룡과 결탁하면 쉽게 물리칠 수 없으며, 셋째 한양으로 쳐들어가 빈 성만 차지하면 아무 소용이 없습니다."

"좋은 작전이라도 있소?"

"이괄은 용맹하지만 계략이 없습니다. 그래서 셋째 작전을 쓸 것입니다. 그의 작전대로라면 관군과 반란군은 한양의 서문 밖에서 결전을 벌이게 됩니다. 그렇게 되면 북산을 먼저 차지하는 쪽이 당연히 승리하게 될 것입니다. 따라서 군사들을 동원하여 북산을 굳건히 지켜야 합니다."

장만은 정충신의 말을 듣고 부원수로 임명한 후 군사 2천을 주고, 자신은 군사 1천을 거느리고 뒤를 따랐다.

한양을 점령한 이괄은 정충신의 말처럼 인조를 추격하지 않았다. 이괄은 선조의 열한 번째 아들 흥안군을 왕으로 추대하고, 조정의 벼슬아치들을 임명한 후 과거령을 내렸다. 이때 정충신이 서대문 밖 안재를 점령하자 이괄은 깜짝 놀랐다.

"정충신은 장만보다 뛰어난 장수다. 그가 북산에 진을 치면 우리의 전세가 매우 불리하다. 우리가 먼저 북산을 점령해야 한다."

그런 후 이괄이 군사들을 동원하려고 할 때 부하가 달려와 관군이 이미 북산에 올랐다는 소식을 전했다. 깜짝 놀란 이괄이 북산을 바

라보자 몇 명의 군사들만 보였다.

"관군이 얼마 되지 않은 것 같구나. 우리가 먼저 쳐들어가자."

이괄은 수천 명의 군사들을 지휘하여 북산으로 올라갔다. 이때 동남풍이 불어 이괄의 군사들에게 유리했다. 신이 난 이괄은 맹공격을 퍼붓자 관군은 잠시 뒤로 물러났다가 다시 격전을 벌였다.

그런데 오시가 넘자 갑자기 바람이 북풍으로 변했다. 이때 정충신은 준비한 고춧가루를 군사들에게 뿌리게 했다. 그러자 반란군은 눈을 뜰 수가 없어 동요했다.

정충신은 이때를 놓치지 않고 맹렬하게 공격했지만 그들은 좀처럼 물러서지 않았다. 그러다가 마침내 반란군이 무너지고 말았다. 군사들이 성 안으로 들어가지 못하자 이괄은 군사들과 함께 한강을 건너 도망쳤다. 이때 중군대장 남이흥이 추격하려고 할 때 정충신이 말렸다.

"추격하지 않아도 됩니다. 곧 누군가 그의 목을 가지고 올 것입니다. 우리는 도성으로 들어가서 백성들이나 살펴봅시다."

그들이 도성 안으로 들어간 얼마 후, 이괄과 함께 도망쳤던 부하 기수백 등이 이괄과 한명련의 머리를 가져와 바쳤다.

죄 없이 죽어간 왕손들

인조반정이 성공한 후 반정공신에 대한 논공행상이 불공평했다. 이에 따라 또다시 조정이 어지러워지면서 역옥사건이 일어났다. 즉 몇 사람만 모이면 왕자를 추대한다고 떠들어댔던 것이다.

이럴 때마다 단골로 떠오른 사람은 인성군과 흥안군이었다. 즉 흥안군을 내세우려던 황현의 역옥사건과 인성군을 추대한 윤인발의 음모가 좋은 예이다. 이때 흉흉한 민심은 좀처럼 진정될 기미가 없었고 유언비어까지 난무했다.

'왕손이 많은데, 인빈 김 씨의 소생인 정원군 아들이 보위에 올랐으니 나라가 바로 될 수가 없지. 그래서 종실이 임금이 되어야 하는 것이야.'

조정에서는 이 소문의 출처를 찾기 위해 혈안이 되었다. 더구나 이것을 고발하여 공신이 되고자 하는 패거리들도 있었다. 과거 윤인발과 서로 맥이 통해 일했던 문회와 이우 등이 이런 글을 올렸다.

'기자헌, 현즙과 이괄 등이 흥안군을 내세우기 위해 역모를 꾀하고 있다.'

이 글을 본 인조가 공신들을 불러 의논하자 이귀와 최명길은 이렇게 고했다.

"아무래도 이괄이…. 영변병영으로 간 뒤 군사를 조련하고 병기를 보수하는 품이 이상합니다. 반란을 꾀하고 있는 것이 분명한 듯하옵니다. 속히 관련자들을 잡아 문초하시는 것이 옳은 줄 아옵니다."

이에 이괄의 아들 이전과 기자헌 등이 체포되고, 이괄에게는 체포령이 내려졌다. 사선인 영변에서 이괄은 아들이 잡혔다는 소식을 듣고 한탄했다.

'내 자식이 아직 어린데 무슨 역모를 꾀했겠나. 이것은 나를 미워하고 시기하는 일파가 모함한 것이다. 대장부로서 죄 없이 소인의 참소로 부자가 한자리에서 국청에 무릎을 꿇겠는가.'

이렇게 화를 내다가 믿지 못하겠다며 입을 열었다.

"난 양심을 걸고 죄를 짓지 않았다. 아무리 불공평한 조정이라도 김유 같은 사람만 있는 것이 아니다. 조정은 병력을 가진 나를 두고 내 아들을 먼저 잡아가는 어리석은 행동은 취하지 않을 것이다. 그러니 확실한 통고를 받지 않고 행동하는 것은 이른바 경거망동이다. 그랬다간 김유 같은 자에게 구실을 주는 꼴이 될지도 모르겠다."

며칠 후 금부도사와 선전관 일행이 경내에 들어섰다는 정보가 입수되었다. 그의 부하 이수백과 기익헌 등은 그들의 목을 잘라버리자고 했다. 그러자 이괄은 개죽음을 당할 수가 없다며 금부도사와 선전관 일행을 포박했다.

그런 후 한양 소식과 조정의 공론을 상세히 심문한 후에 단칼에 베어버렸다. 이를 본 주위의 군사들은 모두 벌벌 떨었다. 이괄은 피 묻은 칼을 높이 치켜들고 외쳤다.

"여러 군사들이여! 지금부터 싸움이 시작되었다. 지금 조정엔 간사한 무리들이 사람을 음해하여 충직한 신하를 죽이고 있다. 우리는 불의의 칼 아래 죽는 것보다 먼저 그 자들을 베어야만 한다!"

이 말에 군사들은 환호성을 지르며 옹호했다. 다음날 한양으로 진격할 때 부근에 있는 군사들까지 합세했는데, 가장 먼저 구성부사 한명련이 가담했다. 이때 반란군은 모두 1만2천 명이었다. 이밖에 임진왜란 때 해로가 막혀 돌아가지 못한 왜병도 130여 명이나 되었다. 왜병들은 모두 조총을 갖고 있어 실제로 일당백의 강병들이었다.

도원수 장만은 이 소식을 한양에 전한 후 이괄을 막으려고 했다. 그러나 오랫동안 훈련을 받은 이괄의 군대를 당할 재간이 없었다. 여러 고을을 함락한 이괄의 군대는 중군대장 남이흥과 부딪치는 것을 꺼려 뒷길로 돌아서 한양으로 향했다. 한양은 풍전등화였다. 조정에서는 벌써 패색이 짙자 갈팡질팡했다.

이때 김유는 한양이 위태로워지자 이괄에게 붙을 만한 사람들을 모조리 죽였다. 이괄의 친척들과 기자헌까지 끌어내어 죽였다. 마지막 방어선인 임진강에서 이귀와 박효립이 패한 뒤 한양은 더더욱 혼란했다.

갑자년 삼월 초여드렛날, 임금은 먼저 신주를 보내고 대비를 가마에 태워 내 보낸 다음 한강을 건너 공주로 몽진하였다. 임금이 공주로 떠난 지 이틀 만에 이괄의 군대가 한양으로 입성했다. 이괄은 선조의 열째 아들인 흥안군을 모시고 개선장군처럼 나타났다. 이때 어떤 백성의 입에서 새 임금이 들어온다는 말을 하자 일제히 환성을 질렀다.

그러자 이괄은 흥안군을 임금이라 칭하고, 서인에게 쫓겨난 대북 사람들까지 쓸 만한 사람이면 모조리 등용시켰다. 그리고 과거를 실시해 선비들을 뽑는다고까지 했다.

얼마 후 이괄의 귀에 정충신이 관군을 거느리고 남하한다는 소문이 들려왔다. 그러자 이괄의 몹시 당황하여 군사를 모으고 군기를 정비하고 있는데, 한 장교가 달려와 정충신의 군대가 이미 서대문 밖 안재에 진을 치고 있다고 알려왔다.

정충신은 이괄의 반란소식을 듣자 숙천부사 정문익에게 고을을 맡기고 단신으로 장만의 진중으로 뛰어갔다. 장만은 정충신에게 여러 가지 전략을 확인한 후 부원수란 직책을 맡겼다. 장만은 군사 2천 명을 정충신에게 내주어 중군대장 남이흥과 함께 반란군을 물

리치도록 했다.

이괄은 정충신이 앉아있는 막사를 바라보았다. 그의 주변에 사람들이 있었지만 군사의 수는 얼마 되지 않는 것 같았다. 이괄은 기회를 잡았다며 공격명령을 내렸다. 그러자 이괄의 군사는 일제히 안재를 공격했다. 마침 동풍이 불어 이괄의 군이 유리하여 총탄과 화살을 쏘면서 산위로 향했다.

싸움이 점차 치열해졌을 때 바람의 방향이 동풍에서 서북풍으로 변했다. 산 위에서 화살과 돌과 모래가 내려와 이괄의 진을 뒤덮었다. 이때를 놓치지 않고 정충신은 관군에게 돌격하라고 했다. 한동안 관군과 반란군이 뒤섞여 싸우고 있을 때 별안간 징소리가 나면서 "후퇴하라!"는 소리가 들렸다.

그러자 이괄의 군대는 멋도 모르고 후퇴를 개시했다. 이것은 정충신의 계교로 남이홍으로 하여금 반란군 후방에서 징을 치며 퇴각하라고 외치게 했던 것이었다. 이괄의 군은 패하고 말았다. 이괄은 얼마 남지 않은 군사를 이끌고 도망쳐 성안으로 들어가려고 했다.

그때 백성들은 성문을 굳게 닫고 들이지 않았다. 이괄은 하는 수 없이 초라한 군사를 이끌고 한강을 건너 광주 쪽으로 달아났다. 정충신의 관군은 성 안으로 들어와 그동안 이괄에게 협력한 사람들을 잡아들였다.

이괄의 군사들은 광주로 달아나 광주목사 임회를 죽이고, 이천에 다다랐을 때 군사는 여섯 명밖에 없었다. 그러자 이괄은 한명련, 기익헌, 이수백과 군졸 서넛을 데리고 남으로 내려가 재기하려고 했다.

그러나 이괄을 섬겨오던 기익헌과 이수백은 이괄과 한명련이 잠든 틈을 타 목을 베었다. 그 머리를 군복에 싸서 공주 행재소로 가서 임금에게 바쳤다. 기익헌과 이수백은 얼마 후 죄를 용서받았다.

하지만 서흥에서 이괄과 싸우다 전사한 이중로의 아들 이문웅이 아버지의 원수를 갚는다며 한양에서 이수백을 죽였다.

이후 서인들은 조금만 의심스러운 자가 있어도 이괄의 패라며 잡아다가 죽였다. 흥안군은 옥중에 있었는데 훈련대장 신경진이 역적은 죽어야 한다며 목을 베어버렸다. 그러나 흥안군은 평민과 다른 왕족으로 인조의 재가를 얻어 처리를 했어야 했는데 신경진이 제멋대로 목을 잘라버린 것이었다.

한양으로 돌아온 인조는 이 말을 듣고 신경진을 크게 꾸짖은 후 며칠 동안 금부에 가뒀다. 더구나 반정공신들의 방자한 행동은 날로 심해졌다. 역적이 아니더라도 당파가 다르다는 이유로 사람들을 죽였다. 그래서 저자거리엔 이런 격문이 나붙었다.

'폐주 광해군을 다시 모시고 와야 한다. 이번의 반정은 서인들이 자기네 당만 생각하고 일으킨 것이다. 더구나 나라에는 왕자가 얼마든지 있는데, 한 대를 건너간 손자를 세워 나라가 이 꼴이 되었다. 이것은 반정이 아니라 순전히 서인들의 농간이다.'

그러자 서인들은 인성군을 내세우려고 역모하는 자들의 소행이라며 당장 인성군을 없애자고 했다. 이때 이원익을 중심으로 한 남인들은 인성군을 두둔하여 서인과 대항했다.

따라서 조정은 인성군 문제를 가지고 서인과 남인으로 갈라져 또다시 당파싸움에 휘말렸다. 그 후 하루가 멀다고 효성 땅의 선비 이인거의 역모사건과 광해군의 왕비 유 씨의 조카 유효립의 역모사건이 연속적으로 일어났다. 이때도 역시 추대된 인물이 인성군이었다. 그래서 삼사 모두가 합세하여 인성군을 참하라고 했다. 그러자 대사간 정온은 임금에게 이렇게 아뢰었다.

"전에 영창대군은 역적들이 그 이름을 입에 올렸다고 해서 죽였습니다. 인성군의 경우 확실한 증거도 없는데, 극형에 처하면 원통

하고 억울하지 않겠사옵니까. 역옥이 거의 해마다 일어나는데, 지금 인성군을 제거한다고 해도 또 다른 인성군이 나오지 않는다고 누가 보장하겠습니까. 따라서 삼사에서 종사를 위해 처벌해야 된다고 처벌하면, 전하께서는 광해군과 무엇이 다르겠습니까?"

며칠이 지나자 대비로부터도 인성군을 죽이라는 전교가 내려왔다. 물론 대비는 서인 편을 두둔해서 그런 것은 아니었다. 하지만 서인들에겐 기쁜 소식이 아닐 수가 없다. 마침내 임금은 죄가 없는 인성군을 반정공신들의 등살에 못 이겨 결국 참형시키고 말았다.

강빈의 음모와 비운의 세자

청나라 심양으로 끌려간 소현세자는 청나라 관리들과 활발한 관계를 유지하면서 문물을 자세히 살폈다.

1644년 청나라가 명나라를 멸망시키고 북경으로 수도를 옮겼다. 소현세자도 북경에 들어가 몇 달 동안 머물렀다. 그 때 소현세자는 아담 샬을 만났고, 그는 소현세자에게 유럽인의 천문대와 과학자들을 소개했다. 그리고 서양의 역법까지 알려주었다.

소현세자는 북경에서 심양으로 돌아올 때 아담 샬로부터 받은 『천문역산서』와 지구의, 천주상 등을 가지고 왔다.

한편 조선에서 난 소문은 청나라가 소현세자를 돌려보내 왕으로 삼고, 인조를 심양에 불러들인다는 것이었다. 인조는 기분이 몹시 나빴다. 이런 상황에서 1645년 3월 소현세자가 9년 만에 귀국하였다. 그러자 인조는 달갑게 생각하지 않았다.

소현세자는 귀국하면서 많은 서양의 물건들을 가지고 들어왔다. 하지만 당시의 조선은 그것을 받아들일 분위기가 아니었다. 소현세자는 서양의 문물을 받아들여 조선을 개혁하려는 큰 뜻을 품고 있었다.

그러나 그가 뜻을 펴보기도 전에 갑자기 병으로 죽었다. 소현세자의 갑작스런 죽음은 의문점이 많다. 즉 인조의 후궁 조 씨는 평소에도 소현세자를 못마땅하게 생각했다. 세자가 병을 앓자 이형익에게 침을 놓게 했다. 이형익은 소용 조 씨의 집안과 가까운 사이였던 것이다.

소현세자가 갑자기 죽자 다음 세자를 정해야 했다. 하지만 소현세자의 아들이 너무 어려 인조는 둘째 아들 봉림대군을 세자로 책봉하였다.

1645년 9월 봉림대군이 세자로 책봉되자 소현세자의 부인 강 빈에게 비난의 화살이 빗발쳤다. 이때 조정의 권력을 김자점이 잡고 있었는데, 그는 소용 조 씨와 한통속이 되어 강 빈을 무고했다.

인조는 강 빈의 오빠인 강문성, 강문명 등을 섬으로 귀양을 보냈다가 후에 곤장으로 죽였다. 그리고 강 빈을 사가로 내쫓았다가 인조 24년(1646년)에 사약으로 죽였다.

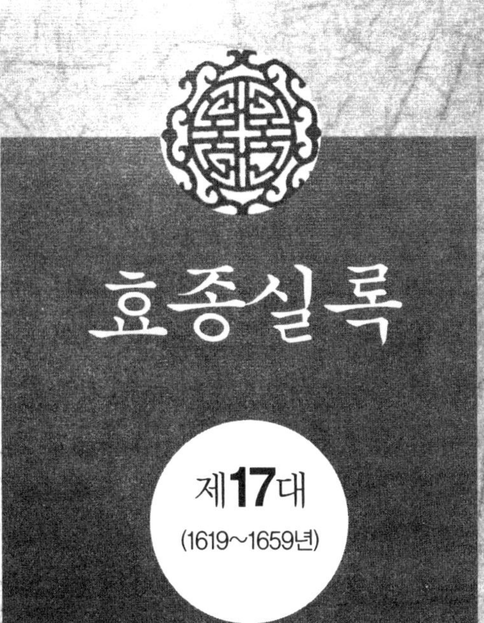

효종실록

제17대

(1619~1659년)

인조와 인열왕후 한 씨의 둘째 아들로 휘는 호이고, 자는 정연이다. 1619년 5월22일 한성부 경행방에서 태어났고, 인조 4년(1626년) 봉림대군에 봉해졌다. 1659년 5월 효종은 얼굴의 종기가 악화되어 41세의 나이로 갑자기 죽었다. 묘호는 효종이고 존호는 선문장무신성현인이며, 능호는 영릉인데 처음엔 구리시 인창동 동구릉 경내에 있었지만, 현종 14년(1673년)에 경기 여주군 능서면 왕대리 세종의 영릉 뒤편으로 옮겼다.

『효종실록』

『효종실록』은 조선 17대 왕 효종 10년간의 사실을 기록한 것으로 본문 21권 21책과 효종의 행장, 지문, 시책문, 애책문 등이 수록된 부록을 합쳐 모두 22책으로 구성된 활자본이다. 효종이 죽은 다음 해인 1660년 편찬을 시작하여 이듬해 2월에 완성했다. 이때 처음으로 등록낭청이 신설되었고 편찬자는 총재관 이경석, 도청당상 홍명하, 채유후, 이일상, 각 방의 당상은 허적, 김수항, 유계, 윤순지, 오정일, 김남중 등으로 되어 있다.

1636년 병자호란이 일어나자 인조의 명으로 아우 인평대군, 왕족들과 함께 강화도에 피난하였다. 하지만 이듬해 강화도가 함락되고 인조가 항복하자 형 소현세자 및 삼학사 등과 함께 청나라에 볼모로 잡혀갔다.

1648년 4월 소현세자가 갑자기 죽자, 청나라에서 돌아와 9월27일 세자로 책봉되었다. 1649년 인조가 죽자 즉위하였다. 효종은 즉위 후 북벌계획을 추진하기 위하여 충청도 지역의 재야학자들을 조정에 대거 등용시켰다.

1658년 6월 김집을 선두로 송시열, 송준길 등이 조정에 들어왔다. 그들은 정계에 진출하자 김자점 및 원두표 중심으로 훈구세력을 탄핵하고, 효종 2년(1651년) 조귀인 옥사를 계기로 친청파 김자점과 낙당계 관료들을 조정에서 제거하였다. 원당계에서도 이행진과 이시해 등의 중진들도 파직되었다.

효종 10년(1659년) 3월, 이조판서 송시열과 함께 북벌계획을 논의했다. 이때 양병에 치중한 북벌정책을 내세웠고 송시열은 원칙론만 내세웠다.

효종이 주도한 군비증강계획은 중앙군의 강화와 수도방위에 역점을 두었다. 또 군비강화를 내세우면서 대동법의 확대 등을 통해 국가재정확보책에 주력하였다. 이것은 왕권강화와 직결되었다.

효종의 북벌계획

효종은 왕위에 오르자 때 북벌계획을 위해 친정세력인 김자점과 일당들을 제거했다. 인조 말 무렵 서인들은 원당, 낙당, 산당, 한당 등의 파당으로 나누어져 있었다.

원당과 낙당은 인조반정의 공신들인데 원당은 원평부원군 원두표가 중심세력이고, 낙당은 김자점이 중심세력이었다, 그리고 산당은 김집을 영수로 하는 처사적인 사람들인데, 고향에 살면서 성리학에 철저한 사람들이었고, 한당은 김육이 중심세력이었다.

효종은 송시열을 중심으로 한 산당세력을 조정에 등용했다. 그들은 대의명분을 내세워 청나라에게 받은 치욕을 씻는 방법을 제시했다. 조정이 산당세력으로 개편되자 김자점은 자신의 입지가 불안해져 산당세력을 모함하다가 유배를 갔다.

그는 유배지에서 역관 이형장에게 새로 왕위에 오른 왕이 중신들을 쫓아내고 청나라를 공격하려 한다고 청나라에 고발했다. 이때 그 증거로 조선이 청나라 연호를 쓰지 않는다는 문서를 보냈다.

이형장의 고발로 청나라는 압록강 부근에 군사들을 보냈으며, 사건의 진상을 조사하기 위해 조선으로 사신을 보냈다. 그러자 원두표, 이시백 등을 청나라에 보내 이 사건을 무마시켰고, 김자점은 광양으로 다시 유배되었다.

1651년 유배된 김자점은 조귀인과 짜고 또다시 역모를 꾸몄다. 아들 김이익으로 하여금 수어청군사와 수원의 군대를 동원해 원두표, 김집, 송시열 등을 제거하고 숭선군을 왕으로 추대하려고 했다. 이 역모가 폭로되어 그는 아들과 함께 죽었고, 조귀인 역시 사약을 받고 죽었다.

이때부터 효종은 북벌을 준비했는데, 이 계획에 참여한 사람은 이완, 원두표 등을 비롯한 장수들이었다.

1652년 효종은 어영청을 대폭적으로 개편하여 강화했다. 또 금군을 기병화하고 남한산성을 근거지로 하는 수어청을 강화해 한성외곽의 경비를 보강했다. 그러는 한편 지방군의 핵심인 속오군의 훈련을 강화시켜 군사력과 수도의 안전을 도모하였다.

못다 이룬 북벌의 꿈

효종은 조선군이 두 번씩이나 러시아군을 물리치자 한껏 고무 되었다. 그래서 북벌에 박차를 가했고, 인조 때 표류해 온 네덜란드 하멜을 훈련도감에 보내 조총을 비롯한 신무기를 개발하고 화약생산에 종사케 했다. 그러나 무리한 북벌계획으로 재정적인 어려움에 부딪혀 백성들은 살기 힘들어졌다.

한편 청나라는 날이 갈수록 세력이 확장되었고 북벌의 기회는 좀처럼 얻기 힘들었다. 그리고 무리한 군비증상과 소현세자의 부인 강 빈의 신원을 주장하다가 죽은 김홍욱 사건으로 백성들의 비난이 쏟아졌다.

1655년 북벌계획에 의한 노비추쇄사업은 그야말로 비판이 심했다. 이 사업은 군수품을 확보하기 위해 시작된 것이기 때문에 매우 엄하였다. 백성들의 불만이 커지자 북벌계획에 찬성했던 대신들도 추쇄사업을 낮추도록 건의했다. 하지만 효종이 일언지하에 거절하자 그들 역시 등을 돌리게 되었다.

1658년 한당의 영수 김집이 병으로 관직을 사임하자 송시열 등이 다시 조정에 들어왔다. 조정에 들어온 송시열은 효종을 만났다. 이때 효종은 이런 넋두리를 했다.

"과인이 경을 만난 것은 북벌에 관한 일이오. 하지만 과인이 병이 들었으니 자주 만나지 못할까 걱정되오."

"전하, 어찌 그런 약한 말씀을 하시옵니까? 먼저 옥체를 보중하시는 것이 좋을 듯싶습니다."

그러자 효종은 송시열에게 자신에게 건의할 말이 있으면 하라고 하였다. 그러자 송시열은 이렇게 건의했다.

"전하의 학문은 높고 밝지만 아직은 부족한 곳이 있사옵니다. 한

나라의 백성들을 다스리시는 군왕으로서 모든 일을 신중하게 처리하셔야 되옵니다. 이제부터는 작은 일은 신하들에게 맡기시고 큰 일만 처리하시옵소서."

송시열은 효종의 건강을 염려했던 것이었다. 그 후 이조판서에 임명되어 자신의 세력들을 불러들여 북벌계획을 추진하였다. 효종은 나라의 경제적인 안정을 위해 충청도와 전라도 근해지역에 대동법을 실시해 백성들의 부담을 덜어주었다. 또 역법의 발전을 위해 태음력과 태양력을 결합한 시헌력을 사용하게 했고, 『국조보감』을 다시 편찬하였다.

삼전도에서 청나라에 항복한 치욕을 씻기 위해 북벌에 매달렸지만, 국제정세는 날이 갈수록 청나라에 유리하게 전개되었으며, 나라 안의 재정이 부족하여 많은 어려움이 따랐다. 안타깝게도 북벌의 웅대한 꿈을 실현하지 못한 채 효종은 1659년 5월 41세의 나이로 죽었다.

비운의 왕과 이완대장

효종은 31세에 왕위에 올랐는데, 형 소현세자와 9년 동안 볼모로 심양과 북경에서 살았다. 당시 봉림대군(효종)은 입술을 깨물고 군사를 양성할 줄 아는 장수가 있어야 하며, 그래야만 병자년이나 정축년의 치욕을 갚을 수 있다고 다짐했다.

효종은 즉위 초 송시열, 송준길, 이유태 등에게 정치를 보좌케 하고, 대동법을 다시 시행했으며, 물차를 장려하여 농사관계에 쓰게 했다. 갑오년에 웬만큼 국고가 자고 삼남 각 도에 오영장을 두었다. 어느 날 임금은 갑자기 침전으로 무감을 불러 귀에다가 무슨 분부를 내렸다. 그날 밤 자정이 훨씬 지난 후 대궐별감 십여 명은 말을 달려 장안의 무신들 집으로 향했다.

"상감마마께서 지금 예궐하라는 분부가 계십니다."

이에 무신들은 무슨 영문인지를 몰랐다. 무신들은 황급히 말이나 가마를 타고 대궐로 들어왔다. 그들이 대궐에 들어서는 순간 사방에서 촉이 없는 화살이 쏟아졌고, 모두 화살을 맞고 쓰러졌다. 이때 오직 한 사람만이 빗발치는 화살 속에서도 흔들림 없이 꼿꼿하게 읍을 한 상태로 정전을 향해 나아갔다. 그때 용상 아래 서 있던 내관의 소리가 울렸다.

"누군가라는 하문이 계시오."

그러자 그는 대궐이 흔들릴 정도로 우렁찬 목소리로 대답했다.

"삼도 도통사 이완이라 하옵니다."

"이리 오시오."

이 목소리의 주인공은 용상 위에 앉아있는 임금이었다. 내관을 물리치고 손수 용상을 내려와 그를 맞았다.

"상감마마, 야반의 급명은 어떤 것인지요?"

"경은 저 빗발치는 화살을 어떻게 하고 들어왔소?"

그러자 이완은 자신의 옷 앞자락을 약간 들춰보였다. 겉은 보통 옷이었지만 그 속에는 튼튼한 갑옷을 입고 있었다.

"옷 속에 갑옷을?"

"그렇사옵니다. 상감마마. 한밤중에 황급히 입궐하라는 어명은 분명 범상치 않은 일이라고 생각해 옷 속에 무장을 했나이다."

이 소리를 들은 임금은 몸소 그를 데리고 내전으로 들어갔다. 그 날 임금은 이완과 함께 밀담을 나누면서 밤을 새웠다. 그 다음날 이완은 특지로 훈련대장의 임무를 부여받았다.

즉위 5년간 임금의 마음속에만 간직하고 그것을 준비하기 위한 행동으로 국력충실에만 힘쓴 목적인 북벌이 드디어 공포되었다.

"최근 5년간을 두고 봤는데 이런 중대사를 맡을 장군은 대장 한사람밖에 없었소. 그날 밤 예궐할 때에 총망 중에도 몸단속을 잊지 않은 점은 이런 대임을 넉넉히 소화할 수 있다고 생각하오. 부디 나를 도와 병자년의 치욕을 씻어주시오."

임금이 이완의 손을 잡고 간곡히 당부하자 그는 눈물을 흘리며 성지에 반드시 보답하겠다며 맹세하였다. 그 후 전국에서 힘깨나 쓰는 장사 6백 명을 모았다. 그리고 그들을 훈련시켜 장차 북벌의 웅지를 펼 때 쓰려고 준비했다.

또한 송시열의 협조로 정치에도 몰두하여 장차 북벌할 때 군량이 부족하거나 국력이 고갈되지 않도록 전력을 다했다.

갑오년에 드디어 돈을 사용했다. 임금은 큰 뜻을 관철시킬 때 지장을 줄 수 있는 물물교환을 없앴다. 그런 후 실험으로 당전 십오만 문을 사다가 평양과 안주 등에 사용케 했다.

결과가 양호하여 훈련도감에 명하여 돈을 만들어 사용하게 했다. 또한 돈으로 바꿀 물가표까지 작성했던 것이다.

군사들의 옷도 가볍고 편안하게 개량했다. 이것 역시 장차 북벌할 때 유리하도록 하기 위한 것이다. 또한 전국에 금은 광을 장려하여 거기서 나는 금은을 모두 모아서 바둑돌 모양으로 만들어 두었다.

이것도 장래 군용자금으로 쓰려는 것이었다. 이것은 소위 금바둑쇠라고 했는데 대원군의 집정 초까지 보관되어 있다가 경복궁 중건 때 모두 사용되었다.

어느덧 창고엔 곡식과 재물이 가득 찼는데 을미, 병신, 정유, 무술을 지나 기해년엔 국력과 군력이 모두 마련되었다. 이제 남은 것은 북벌이라는 거사만 남게 되었다. 드디어 효종 10년 기해년 5월5일 최후의 결정까지 끝났다.

그해 봄 임금은 이황, 이이, 김린, 송인수, 이항복, 김장생 등의 서원에 사액(조정에서 예산, 인력, 재산 등을 하사하여 지원함)을 하였다. 지금 북벌을 하기 위해 대군을 보내는데, 말썽 많은 유생들이 이러쿵저러쿵하면서 또다시 당쟁이 일어나면 대사를 그르치는 것을 막기 위해서였다.

4월로 접어들면서 북벌준비 때문에 온 나라가 뒤끓다가 어느새 오월 초하루가 되자 이젠 출전일수가 나흘이 남았다.

출전을 기다리던 이완대장은 갑옷으로 몸을 싼 채로 잠깐 눈을 붙이려고 안석에 기대었다. 순간 불길한 꿈을 얼핏 꾸면서 눈을 번쩍 떴다. 동시에 누군가 대문을 요란히 두드리는 소리를 들었다.

대궐에서 급사가 달려와 급히 입궐하라고 했다. 무슨 일인지 알 수가 없었지만 가슴이 철렁 내려앉았다. 이완대장은 까닭 없이 떨리는 다리를 겨우 지탱한 후 말에 올라 대궐로 달려갔다.

"상감마마, 이완 참내하였습니다."

"들어오시오."

얼마 전까지 우렁차던 임금의 음성이 아니었다. 힐끗 임금을 보자

용안이 검붉게 변하고 온몸을 와들와들 떨고 있었다.

"내 몸이 좋지 않아! 이리 가까이 오시오."

이완이 무릎걸음으로 다가갔다.

"대장, 오월 단오, 오월 단오."

"예, 출사가 이제 나흘 남았습니다."

"내가 죽는 일이 있을지라도 기어코 북벌은 진행해야 되오."

"상감마마! 그게 무슨 말씀이십니까."

이 말을 들은 임금은 기운이 없어 그 자리에 눕고 말았다. 그날 밤을 이완은 내전 뜰에서 선채로 밝혔다.

'출전하기로 결정된 날이 이제 겨우 나흘이 남았는데, 임금께서 갑자기 몸이 좋지 않다니…. 이 일을 장차 어쩌나.'

그러나 효종은 이완의 기원에도 불구하고 출전하기 하루 전날 승하하고 말았다.

현종실록

제18대

(1641~1674년)

현종은 효종과 인선왕후 장 씨의 맏아들로 이름이 연이고 자는 경직이다. 그는 효종이 봉림대군으로 청나라 심양에 볼모로 있을 때인 1641년(인조 19년) 2월4일 심양에서 태어났다. 조선 역대 왕 중에 유일하게 외국에서 출생한 왕이다. 1649년(인조 27년) 소현세자가 급작스럽게 죽자 효종이 세자에 책봉됨과 동시에 현종도 함께 세손에 책봉되었다. 그 해 5월에 인조가 승하하고 효종이 왕위를 잇자 세자자리에 올랐다. 1659년 5월 효종이 갑자기 죽자 19세에 왕으로 즉위했다. 그러나 1674년 8월, 현종은 2차 예송이 완결된 직후 병으로 죽었다. 존호는 소휴순문숙무경인창효대왕, 묘호는 현종이다. 능호는 숭릉(경기도 구리시 인창동 동구릉)이다.

『현종실록』

『현종실록』은 조선 18대 왕 현종의 역사를 기록한 것으로 모두 22권 23책으로 간행되었다. 이 실록은 『현종실록』과 『현종개수실록』 두 가지로 기록되어 있다. 이중에 『현종개수실록』은 서인이 득세한 숙종 6~9년에 28권으로 편찬, 간행된 사서다.

실록편찬은 1675년(숙종 1)에 시작했는데, 당시 서인이 실각하고 남인이 정권을 잡은 시기였다. 실록편찬을 담당했던 당상과 낭청이 모두 중책을 겸하고 있었기 때문에 2년이 되도록 완성되지 못했다. 결국 왕의 독촉으로 1677년 2월 편찬담당관들을 늘려 편찬사업을 강행해 2개월만인 5월에 완성하고 9월에 인쇄했다. 편찬자는 거의 남인인데 총재관은 허적과 권대운이며 도청당상은 김석주, 오시수, 민점, 홍우원 등이었다. 각방 당상은 오정위, 민희, 김휘 등이었다.

1680년 서인이 재 집권하자 재차 실록개수청을 설치하여 개수작업을 시작했다. 실록 편찬 후 시정기는 세초하여 없애버리는 것이 상례였기 때문에 시정기가 남아 있지 않다. 따라서 사관들의 가장사초와 『승정원일기』 『비변사등록』 등 정부문서를 참작하여 편찬했다. 체제는 도청만 두고 각방은 설치하지 않았다. 이로써 『현종실록』은 명실상부하게 2종이 존재한다. 이때의 편찬담당관은 서인들로 총재관은 김수항, 도청당상은 이단하, 신정, 이민서, 이익상, 김만중, 이선 등이다.

현종은 즉위하자 복제문제에 부딪쳤다. 효종의 상에 입을 자의대비 복제가 『국조오례의』에 규정되어 있지 않다는 것이다. 이에 따라 송시열은 효종이 인조의 둘째 아들이기 때문에 기년복을 주장하였고, 윤휴는 효종이 대통을 계승하여 왕위에 올랐다는 이유로 3년복을 주장했던 것이다.

그러자 영의정 정태화의 중재로 큰아들과 둘째 아들을 구별하지 않은 『경국대전』에 따라 기년복으로 정했다. 그러나 이듬해 2월 허목이 『의례』를 근거로 다시 장자 3년 설을 주장하면서 격심한 논쟁이 일어났다. 결국 서인들의 주장으로 기년복으로 결정되었다.

그러나 1674년 2월에 효종의 비 인선왕후가 죽자 자의대비의 복제문제가 다시 거론되어 조정이 시끄러웠다. 현종 3년(1662년) 호남지방에 대동법을 확대 시행하였고, 1666년 난파선의 표류로 조선에 들어온 하멜이 일본으로 탈출하였다. 1668년에는 동철활자 10여만 자를 주조했다. 그리고 혼천의를 만들어 천문관측과 역법 연구에 사용했다. 현종 10년(1669년)에는 훈련별대를 설치하여 유료군사들을 줄여 나라의 예산절약에 힘썼다.

1차 예송사건

현종이 왕위에 오르는 순간부터 복제문제로 서인과 남인의 정쟁이 벌어졌던 것이다. 자의대비 조 씨는 효종의 계모였고, 효종 역시 인조의 둘째 아들로 왕위에 올랐기 때문에 복상문제가 거론된 것이다. 효종이 죽자 예조에서 세자에게 국상에 관한 일을 건의하였다.

"선왕을 위해 자의대비께서 입을 복제가 『오례의』에 기록이 없사옵니다. 사람들은 대비께서 3년을, 다른 사람들은 1년을 입어야 한다고 하옵니다. 더구나 이런 경우의 근거가 어디에도 없사옵니나. 그래서 대신들과 의논하는 것이 좋을 것으로 생각되옵니다."

이 말을 들은 현종은 송시열과 송준길을 불러 물어 보라고 명하였다. 이때 송시열은 영의정 정태화와 영돈녕부사 이경석이 주장하는 1년 복에 동조했다. 그러나 남인의 허목과 윤휴는 효종이 비록 인조의 둘째 아들이지만 왕위를 계승했기 때문에 3년 복을 입어야 한다고 주장했다.

두 당파의 정쟁이 끝이 없자 결국 『경국대전』과 『대명률』에 의해 1년 복으로 결정되면서 남인의 기세가 꺾였다. 1660년 3월, 남인 허목이 상소를 올려 1년 복이 부당하다고 이의를 제기했다. 그것은 효종이 인조가 죽은 뒤 인조의 큰아들이 되었기 때문에 마땅히 3년 복을 입어야 한다는 것이었다.

그러자 송시열은 조대비가 소현세자를 위해 3년 복을 입었는데, 효종을 위해 또다시 3년 복을 입는 것은 부당하다고 반박했다. 결국 허목의 상소가 묵살되고 1년 복으로 추진되었다.

그러자 윤선도가 상소를 올려 허목을 두둔하면서 송시열을 거세게 비판했다. 상소는 효종이 둘째 아들로 왕위를 계승했으면 마땅히 큰아들이 된 것이고, 효종이 세자가 되었을 때는 큰아들이 되었

기 때문에 3년 복을 입어야 한다는 것이었다.

윤선도의 상소로 예송논쟁이 정쟁으로 비화되면서 송준길은 성 밖으로 나갔고, 서인들은 자신들을 중상모략 했다며 윤선도를 몰아세웠다. 그러자 삼사에서 윤선도를 탄핵하자 그의 상소문은 불태워졌고 삼수로 유배되었다. 이것이 1차 예송논쟁이다.

2차 예송사건

현정 15년(1674년), 효종의 후비 인선왕후가 경덕궁 화상전에서 죽었다. 이때 그녀의 시어머니뻘인 조대비가 살아 있었기 때문에 앞서 시행되었던 1차 예송문제가 또다시 거론되었다. 예조에서는 조대비의 상복을 1년복으로 했다가 잠시 뒤 대공복(9개월)이라고 주장했다. 이에 따라 예조에서는 자신들의 잘못을 처벌해 달라고 했고, 현종은 예조정량을 신문하도록 명령했다.

현종에 의해 대공복으로 국상을 결정하고 장례질차를 진행하던 중이었다. 예학에 밝은 영남 유생 도신징이 상소를 올렸다. 상소에서 제1차 예송 때 조대비의 복제는 『경국대전』에 의해 1년복으로 했기 때문에 당연히 1년복으로 거행되어야 한다고 주장했다. 현종은 1차 예송 때 선왕 효종이 서자라며 1년복으로 정한 것에 불편했다. 도진징의 상소문을 읽은 현종은 김수홍과 조정대신을 불러서 물었다.

"도대체 대왕대비께서 입으실 상복이 처음엔 기년복으로 정하였다가, 후에 대공복으로 고친 이유가 무엇이오?"

그러자 김수홍이 이렇게 대답했다.

"전하, 그것은 기해년 국상 때 기년복으로 정했기 때문이옵니다."

"당시 송시열이 기년복을 주장하여 말씽이 있었소. 그때 기년복으로 의견을 수렴하자 영의정 정태화가 '이 일에 대해 뒷날 틀림없이 말하는 사람이 있을 것이오.' 라고 하였소. 더구나 그때엔 옛날의 예를 사용하지 않고 『국조보감』의 예를 사용하였다고 했소. 그러면 지금의 대공복은 국가의 제도요?"

이에 김수홍은 이렇게 말하였다.

"상감마마 『대전』엔 기년복이란 글자만 기록되었지 큰아들인지

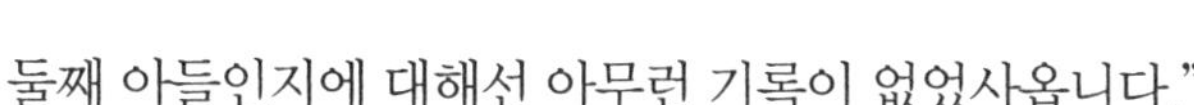

둘째 아들인지에 대해선 아무런 기록이 없었사옵니다."

그런 후 현종은 예조판서를 불러 꾸짖고 복제문제를 다시 의논하여 올리라고 했다. 그렇지만 서인 측은 대공복을 바꾸지 않겠다고 고집을 부렸고, 남인 측은 인선왕후가 자의대비의 둘째 며느리로 중전에 올랐기 때문에 큰며느리나 다름없다면서 기년복(1년)을 주장하였다.

결국 복상문제가 결정되지 않자 현종은 장인 김우명의 의견에 따라 남인들이 주장하는 기년복으로 결정하였다. 그러자 서인 김수흥은 상소를 올려 자신의 죄를 청하자 현종은 춘천부로 유배시키고 예조관리들을 국문하도록 했다. 그리고 남인 이하진, 권대운 등을 조정으로 불러들였다.

현종은 효종 때 추진되던 북벌계획을 중단했다. 그 대신 군비증강을 위해 훈련별대를 창설했고, 백성들을 위해 대동법을 호남지방에 실시했다. 그리고 인쇄사업을 육성하기 위해 동철활자 10만 자를 주조시키고 천문관측법과 혼천의를 다시 만들게 했다.

이때 제주도에 표류되어 조선에 들어온 네덜란드인 하멜 등은 본국으로 돌아가기 위해 전라도 좌수영을 탈출했다. 귀국한 그는 14년 동안 조선에 억류되었던 일들을 쓴 『하멜표류기』를 발간했다. 이것으로 인해 조선이 유럽에 최초로 알려졌던 것이다.

격식의 함정에 빠진 조정 대신들

효종이 죽자 인조 계비 자의대비 조 씨가 입게 되는 복상문제로 조정이 시끄러웠다. 즉 어머니가 아들을 위해 1년 동안 상복을 입느냐 삼년 상복을 입느냐 하는 것이었다.

이것이 구실이 되어 서인과 남인이 논쟁을 벌였다. 서인 송시열과 송준길은 효종은 차자이니 1년이라고 하였고, 남인 허목과 윤휴는 비록 차자라도 장자로 승격했기 때문에 당연히 3년이어야 한다고 우겼다. 임금 역시 자기 아버지의 종통을 인정하느냐 하지 않느냐가 문제였다.

그러던 중 윤선도가 상소를 올려 예론 싸움에 크게 불을 질렀다. 더구나 서인들이 소현세자의 아들을 내세운다는 말에 궁중은 크게 흔들렸다. 그러자 승지 김수항 등은 윤선도의 상소문은 예론을 칭탁해 나라를 위태롭게 한다고 주장했다. 이때 임금도 윤선도의 상소문이 너무 지나치다며 상소문을 돌려보낸 후 근신할 것을 명했다.

그러나 서인들은 이에 만족하지 않고 윤선도를 죄를 주라며 우겼다. 그러자 윤선도를 두둔하는 남인 측에서도 대항했다. 이 문제로 남인과 서인이 서로 다투자 임금은 윤선도의 상소문을 태우게 한 후 삼수로 귀양 보냈다.

현종 갑인년 2월에 임금의 어머니 인선대비 장 씨가 죽었다. 임금은 전에 아버지 효종 때의 일을 상기하면서 일에 잘못이 없도록 전교까지 내렸다. 그러던 중 예조판서 조형 등이 또다시 자의대비의 복상문제를 상주하였다.

'시왕제에 의하면 어머니가 자부를 위해 복을 입는 것은 기년과 대공(9개월)의 두 가지가 있습니다. 전에 효종대왕 때는 대비께서

기년의 복을 입었으니 이번엔 대공의 복을 입는 것이 옳은 줄 압니다.'

이것이 또 문제가 되었다. 이번에는 효종 부인이 승하했기 때문에 시어머니인 자의대비가 며느리를 위해 복을 입는 것이 1년이냐 9개월이냐의 문제였다. 임금이 신하들과 자의대비의 복제를 의논하고 있을 때 대구의 유생 도신징이 상소를 올렸다.

'대왕대비의 복제에 대하여 대공으로 마련한다는 것은 효종대왕 승하 때처럼 인선대비를 장부로 인정하지 않겠다는 것입니다. 마땅히 기년으로 해야 맞습니다.'

그는 서인들이 대공으로 해야 한다는 주장을 반대했던 것이다. 더욱이 임금도 자칫 잘못하면 자기도 차자의 손으로 대우를 받을 것을 염려했다.

"부왕 때 기년제를 채택한 것은 차자로 취급한 것이 아닌가. 그러니 이번에도 인선왕비를 작은 며느리라는 입장에서 대공으로 하자는 것이 아니요? 이제 논할 가치도 없다. 그냥 기년제로 시행하도록 하라."

임금은 이렇게 하여 서인들의 주장을 물리쳤다. 이것으로 인해 대공을 주장한 우의정 김수홍, 조형, 김익경, 홍주국 등은 귀양을 갔다.

현종은 어려서부터 몸이 유약하였는데 재위 14년간도 이와 마찬가지로 건강한 날이 없었다. 더구나 유약한 체질을 이어 받은 세자의 장차 국사가 고민이었다. 인선대비의 장례가 끝나고 효복을 입은 채 현종은 또다시 병석에 누웠다. 현종은 나날이 병세가 나빠지자 후계자를 튼튼히 세워 두어야겠다고 생각했다.

이때 세자 나이는 14세였는데 총명하면서 성품이 순했다. 과히 믿음직스러웠다. 그렇지만 근심되는 것은 신체가 약하다는 것과 현

종의 변고로 당장 보위에 오르기엔 나이가 어렸다. 병상에 누워있는 현종은 동궁을 앉힌 후 자신의 사후에 생길 일을 근심하며 이렇게 말했다.

"동궁, 내가 죽더라도 의지하고 믿을 만한 재상이 한 분 계신다. 그는 시임 영의정 허적과 우의정 김수항이다. 가장 어려운 일을 당했을 때 두 재상에게 부탁하고 믿어라."

한참 뒤에 현종은 두 재상을 불러놓고 동궁에게 사부의 예로서 절하게 하고, 뒤이어 두 재상에게 간곡한 말로 당부했다. 현종은 갑인년 추석에 임종을 맞는 듯했다. 그러자 보든 궁중의 내신들이나 백성은 추석 차례를 지내지 못했다.

그러나 저녁때부터 현종의 병세가 점차 좋아졌다. 하룻밤이 지난 그 다음날 아침에 임금은 할마마마 자의 조대비를 보겠다고 했다. 그러자 자의대비는 임금의 병상에 나와 근심스러운 얼굴로 손자 왕의 이마를 짚었다. 이때 임금은 대비의 손목을 잡으면서 말했다.

"할마마마, 전 회생할 가망이 없습니다. 제가 용상에 앉은 지 15년이지만 아무것도 해놓은 일이 없습니다. 선왕이 갈구한 국치를 씻지 못한 채 세상을 떠나게 되어 너무 원통합니다."

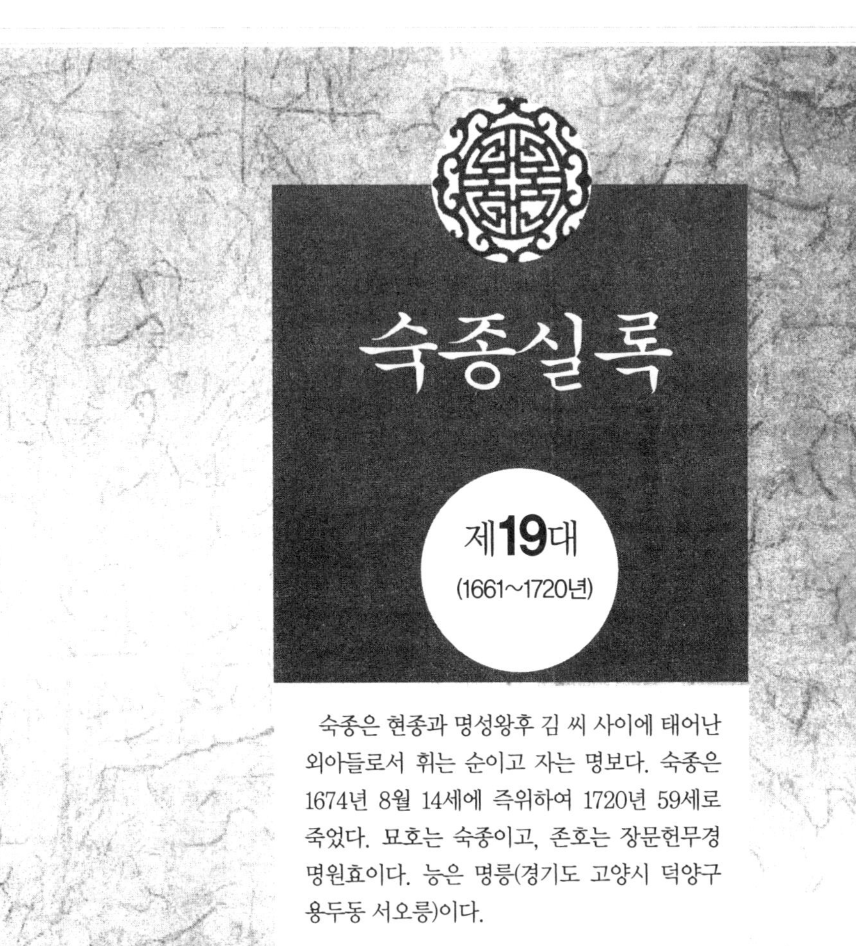

숙종실록

제19대
(1661~1720년)

숙종은 현종과 명성왕후 김 씨 사이에 태어난 외아들로서 휘는 순이고 자는 명보다. 숙종은 1674년 8월 14세에 즉위하여 1720년 59세로 죽었다. 묘호는 숙종이고, 존호는 장문헌무경명원효이다. 능은 명릉(경기도 고양시 덕양구 용두동 서오릉)이다.

『숙종실록』

『숙종실록』은 숙종의 재위기간인 1674년 8월부터 1720년 6월까지의 역사를 기록한 것으로 모두 65권 73책으로 된 활자본이다. 원제는 『숙종현의광륜예성영렬장문헌무경명원효대왕실록(肅宗顯義光倫睿聖英烈章文憲武敬明元孝大王實錄)』이다.

숙종이 죽은 반년 뒤인 경종 즉위년(1720년) 11월부터 시작하여 영조 4년(1728년) 3월에 완간하였다. 실록 편찬은 1720년(경종 즉위) 11월에 편찬을 시작하여 1728년(영조 4) 3월에 완성했다. 이처럼 8년이 소요된 것은 숙종의 재위기간이 47년이나 되어 기사의 분량이 많았고, 편찬 도중 노론과 소론의 정쟁으로 신임옥사가 생기는 등 정국이 요동치면서 편찬 책임자가 자주 바뀌었기 때문이다.

숙종 6년엔 경신환국, 15년엔 기사환국, 20년엔 갑술환국이 일어났다. 더구나 그때마다 남인과 서인들이 번갈아가면서 득세했고, 그런 와중에 많은 사람이 죽었다.

숙종 6년에 왕비 인경왕후 김 씨가 죽자, 이듬해에 계비 민 씨가 왕비로 책립되었다. 하지만 아들을 낳지 못하자 후궁 숙원 장 씨가 숙종의 총애를 받아 숙종 14년 10월에 왕자를 낳았다.

숙종 15년 정월에 왕자를 원자로 책봉하고 장 씨를 희빈으로 봉하였다. 1689년 인현왕후 민 씨는 폐출되면서 장희빈이 중전으로 올랐다. 이때 송시열이 인현왕후가 젊기 때문에 후사를 낳을 가능성이 있다며 폐출을 반대했다. 그러자 숙종은 송시열의 관직을 삭탈하고 서인일파를 내쫓았다. 이를 계기로 남인들은 송시열을 제주에 위리안치시켰다가 6월에 정읍으로 옮기는 도중에 사사시켰다.

세월이 지난 후 폐비 민 씨가 왕비로 복위되고, 왕비 장 씨는 희빈으로 강봉되었다. 또 호서와 호남지방에 시행하던 대동법을 영남으로 확대시켰고, 상평통보라는 동전을 주조했다. 또 서원의 중첩설치를 금지하고 서북인의 임용을 장려했다. 숙종 38년(1712년)에는 백두산 분수령(압록강과 두만강이 갈리는 곳)에 정계비를 세웠다.

장막과 차일의 비화

1679년 6월 영의정 허적이 허목의 상소에 반대해 한양 성 밖으로 나가버렸다. 그러자 숙종은 당파 간에 불화가 심한 것을 비판하면서, 사사로운 의견으로 자신들의 파당을 지지하면 중벌로 다스리겠다고 경고했다.

1680년 3월, 탁남의 영수 허적은 자신의 할아버지 허잠에게 시호가 내려지자 축하연을 마련했다. 그래서 허적의 집엔 조정의 관리들이 대거 참석하였다. 또한 김석주와 숙종의 장인 김만기를 초청하려고 노력했지만, 김석주는 병을 핑계로 참석하지 않았다.

이때 허적의 서자 허견이 무사들을 모아 서인들을 없애려고 한다는 소문이 장안에 나돌았다. 그래서 김만기는 독살을 염려해 다른 사람의 술잔으로 술을 마셨고 안주로 나물만 먹었던 것이다. 그날 비가 몹시 내려 숙종은 내시에게 궁궐에서 쓰는 장막과 차일을 허적의 집에 갖다 주라고 했다. 그러자 옆에 서있던 내시가 무심코 대답했다.

"상감마마, 허적은 벌써 그 물건들을 가져갔습니다."

그러자 숙종은 내시에게 허적의 집에 찾아가 상황을 살피라고 명령했다. 허적의 집에서 돌아온 내시는 이렇게 보고했다.

"전하, 그들은 기세가 마치 하늘을 찌르는 것 같았사옵니다."

이 말을 들은 숙종은 괘씸하게 생각해 이번 기회를 이용하여 그들의 세력을 조정에서 제거하기로 마음먹었다. 곧바로 숙종은 장인 김만기를 훈련대장으로, 신여철을 총융사로 임명한 후 철원으로 귀양 간 김수항을 조정으로 불러들였다. 그리고 정재승, 조지겸, 남구만 등을 요직에 등용시켰다. 이것을 '경신환국' 이라고 한다.

남인이 조정에서 쫓겨날 무렵 정원로와 강만철의 고변이 숙종의

귀로 들어왔다.

"허견이 복선군에게 '지금 전하께서는 젊은데도 몸이 자꾸 불편하시고, 세자까지 없기 때문에 만약 불행한 일이 닥치면 복선군께서 대통을 이으셔야 합니다.' 라고 하자 복선군은 대답이 없었습니다. 그러자 허견이 '반드시 당론을 타파해야 됩니다.' 라고 말하였습니다. 신은 이 말을 듣자 등골이 오싹해 곧바로 고변하려고 마음먹었지만 주상께서 영상을 신임하시기에 감히 고변하지 못했습니다."

한마디로 허적의 서자인 허견이 복선군을 끼고 역모를 도모했다는 뜻이다. 이에 따라 숙종은 도성의 경비를 엄하게 하고 국청을 설치했다. 허견과 복선군은 국청에서 자백했다. 허견은 군기시 앞길에서, 복선군은 당고개에서 교살형에 처해졌다. 허적은 선왕을 모신 대신이라며 벼슬만 빼앗았다. 이 사건으로 많은 사람들이 죽었다.

이것은 숙종의 외삼촌 김석주가 만들어낸 사건이다. 이런 고변서를 제출한 정원로는 김석주의 밀정이었다. 조정에서 남인들을 몰아내기 위해 김석주가 꾸민 계략으로 '삼복의 변' 이라고 한다. 이 사건을 '경신대출척' 혹은 '경신환국' 으로 부른다.

경신대출척사건

인경왕후 김 씨는 서인 광성부원군 김만기의 딸이다. 현종 11년(1670년) 11세 때 세자빈으로 간택되어 이듬해 3월 왕세자빈으로 책봉되었다. 1674년 숙종이 왕으로 즉위하면서 왕비가 되었고, 숙종 2년(1676년) 정식으로 왕비에 책봉되었다.

숙종은 인경왕후가 서인들의 힘으로 중전이 된 것에 대해 달갑지 않게 생각했다. 그렇지만 시간이 지나면서 그녀가 절세미인에 심성이 고왔기 때문에 차츰 정이 들어갔다. 숙종은 동궁시절 인조의 계비 장렬왕후 조대비의 나인 장 씨와 사랑에 빠져 있었다.

숙종이 왕위에 오르자 장 씨는 숙종에게 접근했다. 그러자 숙종은 그녀의 숙소를 수시로 출입하게 되었다. 그때 인경왕후는 장렬왕후에게 이렇게 말했다.

"주상께서 보잘것없는 나인의 처소에서 자게 둔다는 것은 왕실에 누가 될까 걱정이옵니다. 그래서 처소를 따로 정해 주심이 옳을까 해서 아뢰나이다."

이후 장 씨의 처소는 '응향각' 으로 옮겨져 왕을 맞이하게 되었다. 이런 왕비의 배려에도 불구하고 장 씨는 왕비 김 씨에게 은혜를 원수로 갚은 것이었다.

장 씨는 틈만 나면 숙종에게 인경왕후가 왕을 욕하고 자신도 죽어야 한다는 거짓말로 이간질했다. 숙종 5년(1679년) 늦가을, 장렬왕후가 이런 사실을 확인한 후 장 씨를 집으로 내쫓았다.

그러나 장 씨는 뉘우침이 없었고, 중전 인경왕후를 원망하고 있을 때 동평군이 찾아왔다. 그는 조사석이 조대비의 마음을 돌리려 힘쓴다며 다시 궁궐에 들어가게 될 것이라고 전했다.

조사석은 여러 관직을 거친 서인 중에 강직한 성품의 인물이다.

그는 동평군과 인척지간이며, 또 조대비의 친정아버지 사촌 아들로 재종동생이기도 했다.

장 씨는 동평군과 조사석의 공작으로 다시 궁궐로 돌아간다는 기대를 걸고 있었다. 그러던 이듬해인 숙종6년(1680년) 봄에 '경신대출척'이 일어났다. 이 사건으로 삼복형제와 허적과 허견 등 남인들 대부분이 조정에서 제거되었다. 이때 동평군과 조사석은 근신하고 있어, 장 씨가 궁궐에 들어오는 운동을 중단했다. 그러던 중 조사석은 예조판서로 승진되자 또다시 장 씨의 궁궐 복귀를 슬그머니 시작했다.

숙종 6년(1680년) 10월, 인경왕후가 만삭이 된 채 갑자기 죽었다. 그녀의 죽음에 오직 장 씨만이 기뻐했다. 인경왕후는 장 씨의 질투와 모함에 시달려 일찍 죽었던 것이다. 그녀는 경기도 고양시 덕양구 용두동 서오릉 능역의 익릉에 묻혔다.

이듬해 서인 세력인 영양부원군 민유중 딸과 숙종이 가례를 올렸는데, 그녀가 숙종의 계비 인현왕후 민 씨다.

그러나 숙종은 어머니가 간택한 인현왕후에게 관심이 없었고, 오직 죽은 인경왕후만을 생각하고 있었다. 이를 본 어머니 명성왕후와 증조할머니 장렬왕후는 문득 쫓겨난 장 씨가 생각났다. 때마침 재종동생 조사석이 장 씨를 입궁시킬 것을 권유했다. 그래서 장렬왕후는 장 씨를 궁궐로 불러들였는데, 숙종이 지나치게 장 씨를 탐닉하자, 왕대비 명성왕후가 노했다.

"상감이 승하한 중전으로 상심했다는 것도 헛말이구나. 더구나 장 씨는 과거 현덕한 중전을 모함한 계집이 아닌가? 지금 당장 궁궐에서 쫓아내어라!"

그래서 장 씨는 다시 쫓겨나고 말았다. 그러자 숙종은 장 씨에게 어머니의 노여움이 풀리면 다시 불러들이겠다고 하면서 이별했다. 이렇게 쫓겨난 장 씨는 인조의 다섯째 아들 승선군 부인 신 씨의 배

려로 그 집에서 살게 되었다.

숙종 7년(1681년), 숙종의 계비 인현왕후 민 씨가 15세의 어린나이로 왕비로 간택되었다. 계비 인현왕후의 단점은 지나치게 예의가 바른 것이었다. 그런 관계로 인현왕후와 숙종은 첫날밤부터 사이가 벌어졌다. 이런 분위기를 파악한 대비의 배려로 숙종은 인현왕후와 지내다가 그녀에게서 현숙하고 아름다움을 발견했던 것이다.

한편 장 씨는 숙종이 새 중전과 첫날밤부터 다투었다는 말에 기뻤다. 그러나 세월이 흐르면서 임금이 중전에게 정을 붙인다는 소식에 분함을 참지 못했다.

숙종 9년(1683년) 12월에 대비 명성왕후가 죽자 인현왕후가 궁중의 사실상 어른이 되었다. 이때 조정은 서인들이 득세했고 민심은 여전히 흉흉했다. 영의정 김수항은 너무 강경해 임금도 꺾을 수가 없었고, 숙종이 믿었던 대비의 사촌오빠 김석주가 당파를 일으켜 다른 계파를 배척하고 부귀와 영달만 쫓고 있었다. 그러자 숙종은 3년 전 '경신대출척' 때 영의정 허적을 죽인 것이 후회스러웠다.

이런 저런 사연으로 장 씨는 대궐로 들어가는 것을 포기하고 있었다. 그때 명성왕후가 죽었다는 소식을 듣고 희망을 걸었다. 하지만 대궐로부터 좀처럼 소식이 오지 않았다. 이때 장 씨를 궁궐로 다시 불러드리기를 원했던 숙종은 장렬왕후를 설득하여 마침내 승낙을 받았다.

인현왕후에게 후사가 없자 26세의 숙종이 장 씨에게 집착했다. 그러자 서인들은 불안을 느껴 서인출신 집안에서 후궁을 뽑아 후사를 잇게 하자고 했다.

숙종 12년(1686년) 2월부터 간택령이 내려져 3월에 영의정 김수항의 종손녀가 간택되었다. 후궁으로 간택된 김 씨는 김수항의 형 김수흥의 아들 김창국의 딸이다. 숙의에 봉해진 후궁 김 씨는 몸이 허약해 숙종의 관심을 끌지 못하자 인현왕후와 가깝게 지냈다.

경신대옥의 비밀

숙종은 즉위한 후 부왕 현종이 빈천하는 시각까지 "아버지 대신 의지하고 믿으라"고 부탁했던 허적을 죽이지 않으면 안 되었다. 허적이 사약을 받아 죽고 가족까지 몰살당한 것은 권력욕심 때문이었다.

허적은 현종 말년에 영의정에 올라 숙종을 추대한 후에도 영의정으로 있었다. 그는 서인들을 몰아내고 남인의 세력을 펼치려다가 변을 당했다.

서인들은 허적이 세력을 확장하고자 할 때 그를 해치려고 약점을 찾았지만 전혀 없었다. 그래서 그의 아들인 허견을 조사했다. 이를 눈치 챈 허적은 아들을 불러놓고 조심하라고 타일렀다. 이것도 불안해 심복으로 하여금 아들을 감시하라고 했다.

어느 날 허적은 아들 허견이 뒤 집 양가집 규수를 간통했다는 말보다 놀란 것은 복선군이란 종친을 내세워 역모를 꾸몄다는 혐의를 받고 있다는 것이다. 허적은 아들을 불러서 물었지만 그런 일이 절대로 없다고 했다.

그러던 중 허견은 옛날부터 역관 이동구의 딸 차옥에게 반해서 마음속에 간직하고 있었다.(이차옥은 역관 서효남의 며느리였다) 그래서 허견은 이차옥을 자신의 품 안에 넣어보려는 마음을 가지고 있었다.

그러던 중 허견은 취중에 갑자기 차옥이 생각나 계략을 꾸몄다. 그런 후 결혼식에 참석한 그녀를 거짓으로 꾀어내 능욕을 했던 것이다. 능욕을 당한 다음날 아침 기회를 보아 도망가려고 했지만 철통같은 감시로 벗어날 수가 없었다. 차옥은 이웃과 시집에서 알게 될까봐 노심초사하며 사흘째를 보내고 있었다.

사흘째 되는 날밤, 허견은 차옥을 집으로 데려다 준다며 가마에 태웠다. 얼마 후 가마꾼들이 쉬어가자며 가마를 내려놓았다. 한참을 기다려도 가마가 움직이지 않자 차옥은 밖을 내다봤다. 가마꾼들은 이미 도망가고 없었다. 차옥은 얼른 밖으로 나왔는데 그곳은 사동 친정집 대문 앞이었다.

차옥이 집으로 들어서자 친정부모는 깜짝 놀라며 이유를 물었다. 차옥은 하인들을 물린 후 울면서 어머니에게 지금까지 자신이 당한 일들을 이야기했다. 그 다음날 아침부터 백방으로 사람을 놓아 가마의 주인을 찾기 시작했다.

그러던 중 가마주인을 찾았는데 주인은 사직골 허대감이 빌려갔다고 했다. 그러자 이동구는 벌써 그가 누구라는 것을 직감적으로 알았다. 하지만 그들은 세도가인 재상이라 그저 참는 수밖에 없다며 분기를 억지로 참았다. 그날 허견이가 이차옥을 데려간 곳은 청풍부원군 김우명의 첩 예정이 살고 있는 집이었다.

청풍부원군이라고 하면 현종의 왕비 명성왕후 김 씨의 아버지가 되는 사람이다. 즉 숙종의 외조부다. 예정은 허견의 처 예형과 의형제지간으로 허견의 집사람이나 마찬가지였다.

당시 서인과 남인은 서로의 불미스런 일들을 염탐해서 무슨 단서를 얻어내기 위해 혈안이 되어 있었다. 예정 역시 서인 김우명을 내탐하기 위해 보낸 첩자였다. 예정에게 홀딱 반한 김우명은 그녀를 첩으로 삼아 새로 집을 장만해 놓고 살림했던 것이다. 그러다가 김우명이 죽자 첩실을 면하게 된 예정은 다시 허견의 집을 드나들었다.

허견의 아내 예형은 혹시나 하는 생각에 예정의 집에다 심부름하는 계집아이를 첩자로 들여보냈다. 어느 날 첩자가 와서 고하는 말을 듣고 깜짝 놀 랐다. 그 이튿날 예정은 평상시와 똑같이 예형을 찾아왔다. 이때 허견은 시골에 가고 없었다.

냉면으로 밤참이 들어와서 맛있게 먹은 예정은 추워서 떨고 있었다. 그러자 예형은 하인을 시켜서 생강차를 끓여 오라고 한 뒤 예정에게 입을 열었다. "아우님, 옥동자를 낳으려나 보구먼. 이렇게 더운 방에서 춥다고 떨고 있으니?"

"형님도 별말을 다 하십니다. 하늘을 올라가야 별을 따지 않겠소."

"우리 대감을 어째서 자네 집 건너 방에 사흘씩이나 묵혀 두었나? 자네, 할말 있으면 해보게나."

이렇게 두 사람의 싸움은 말에서 행동으로 옮겨가기 시작했다. 예형은 한층 더 호통을 치면서 예정의 머리채를 잡아당기자 넘어지고 말았다. 예정은 넘어지면서 장지에 입이 부딪처 이빨 두 개가 부러졌다.

이런 싸움이 있었던 이듬해 봄. 청풍부원군의 조카 김석주는 죽은 숙부의 옛정을 생각해 서숙모가 되는 예정을 가끔 찾아가서 위로했다. 그러다가 김석주는 예정이 예형과 싸우다가 이빨까지 부러진 것을 알았다. 예정을 만난 김석주는 허견의 집을 은밀히 염탐해 줄 것을 당부했다. 그래서 예정은 다시 예형을 찾아가 사과를 하고 두 사람은 전과 같이 친해졌다.

김석주는 예정을 통해 허견에 대해 어느 정도까지 알게 되었다. 즉 허견이 매일 만나는 사람은 벼슬을 하지 않는 사람들인데, 그중에서 복선군이란 종실과 가장 친하다는 것이었다.

김석주는 의관을 차려입고 상동에 사는 한성좌윤 남구만을 찾아갔다. 김석주는 허견에 대한 것들을 남구만에게 들려주면서 이 기회에 허견을 내쫓고 서인들이 다시 일어나야 한다고 말했다. 남구만은 동인을 잡아먹지 못해 안달난 사람이다. 그는 이런 상소문을 올렸다.

'신이 들은 소문에 청풍부원군 김우명은 이미 작고했지만 그의 부실 오 씨(예정)가 아직 옛집을 지키고 있습니다. 오 씨는 허견의 처 홍 씨와 결의형제를 맺은 사이옵니다.

그런데 허견의 처 홍 씨는 항상 제 집에 드나들던 오 씨가 자신의 남편과 정분이 났다는 오해로 마구 때리고 싸웠습니다. 싸움 중 오 씨는 앞니 두 대가 부러졌습니다. 부원군의 첩은 비록 천인이지만 중전의 서모가 되는 분입니다. 이것을 그대로 둬야 옳겠습니까?'

따라서 이 상소문으로 또다시 조정이 시끄러워지자 이튿날 허적이 사연을 밝혀 상소했다.

'신의 소자 허견의 처는 죽은 홍순민의 첩의 딸로서 성품이 괴팍하고 결혼도 속였습니다. 그간 결의형제라는 예정이란 여자와 친하게 지낸다는 말은 들었지만, 서로 간에 싸움을 했다는 말은 처음 듣습니다. 아마 그의 성품이 흉패해서 그런 좋지 못한 소문이 난 모양입니다.'

그러자 그 다음날에는 우윤와 신정이 다시 상소를 올려 이차옥 사건을 놓고 공박했다. 임금은 그 상소를 포도대장 구일에게 주며 사실을 조사하라고 했다.

어명을 받은 구일은 당장 허견과 차옥을 잡아가두고 문초를 했지만 차옥이 부인하자 근거가 없는 일로 돌아갔다. 이튿날 남구만이 또다시 상소를 올렸다.

'허견은 집에서 백두친구들을 끌어 모아 시국을 의논하고 남의 집 유부녀를 겁탈하는 자입니다. 이차옥의 사건은 허견의 아내 예형과 그녀와 결의형제인 예정이 증인이옵니다.

그런데 그들을 다 젖혀놓고 허견과 이차옥만 불러 물어봤으니 진상이 드러날 수가 있겠습니까. 뿐만 아니라 이윤휴가 싸고돌기 때문에 결국 무소가 된 것입니다.

윤휴는 아시다시피 바른 사람이 될 수 없는 자입니다. 그는 나라에서 금하는 소나무 수천 주를 베어다가 자기 집을 지었다고 합니다. 국법에 소나무 열 주만 베어도 사죄에 이른다고 했는데, 법을 맡은 자가 이러니 어떻게 백성들을 보살필 수 있겠습니까.'

젊은 임금은 이 상소를 보고 눈살을 찌푸리며 즉시 형조판서 이관징을 불러 모든 사실을 밝혀내라고 명했다. 며칠 후 이관징은 임금께 모두가 거짓이라고 아뢰었다.

그러자 임금은 남구만이 무근지설로 남을 헐뜯고 임금을 속인 것이라고 하여 자리에서 관직을 삭탈하고 귀양을 보내고 말았다.

바로 이 무렵 의군이 일어나 승군과 합세해서 소현세자의 손자 임창군을 추대해서 거의한다는 무명의 투서를 강화도의 계선돈대를 쌓는 감독 이우가 병조판서 김석주의 손을 거쳐 조정으로 전달되었다.

이후 서인과 남인의 감정은 극도로 팽창되었다. 이때 허적과 사이가 좋지 않은 허목이 올린 상소를 임금이 보고 화를 내며 허묵을 귀양 보냈다. 이처럼 숙종은 허적을 믿고 의지했던 것이다.

이렇게 되자 그의 아들 허견의 방종은 날로 심해져 주변에 적들이 많았다. 그래서 공공연하게 남의 집 부녀를 겁탈하고 궐내를 출입하고 무기를 대량으로 만든다는 소문이 돌았다. 그렇지만 누구 한 사람도 그를 탄핵하지 못했다. 이때 김석주가 드디어 직접 탑전에 나아가 아뢰었다.

"상감마마, 허적은 늙은 간흉이요, 그의 아들 허견은 젊은 역적이옵니다. 그들을 그냥 내버려두시면 훗날 반드시 후회할 날이 올 것입니다. 여러 사람들의 여론을 살피시고 의심의 귀추를 따라 그들의 생활 이면을 살펴보시기를 바랍니다."

그러자 임금은 비로소 허적 부자를 의심하여 별군직 이입신과 어영장 박빈을 비밀히 불러서 복선군과 허적 부자의 사생활을 살피라고 명했다. 그들은 어느 날 새벽 찬 서리를 맞고 떨면서 복선군의 궁 행랑채 아궁이 앞에서 불을 때는 궁비 앞으로 갔다. 그들은 손을 째며 말을 붙였는데 의외로 이곳에서 이상한 말을 들었다.

"손끝은 왜 그렇게 다쳤소."

"바느질이 많아서 바늘에 찔린 것이 덧났답니다."

"혼수 바느질을 했소?"

"무엇에 쓸 것인지 몰라도 군복 백 벌을 한 개의 가위로 본 떴답니다. 그리고 꼭 밤에만 싯는 거예요. 거의 끝났는데 또 몇 백 벌을 만들지 모른다고 하니 바느질이 걱정입니다."

"그러면, 그것은 모두 궁대감께서 하시나요?"

"아니에요, 어느 정승의 아드님이라나. 그분께서 옷감을 가져오는데 꼭 밤에만 왔다가 돌아간답니다."

이입신은 그날 아침, 이것을 도맡은 김석주에게 낱낱이 고했다. 이날 영의정 허적의 집에선 조부 허잠이 충정공의 시호를 받는 날이었다. 아침부터 사당에 차례를 지내고 원근 친척과 친구들을 청해 잔치를 열게 되었다. 그런데 아침 후에 갑자기 비가 내려 잔칫집은 엉망이 되었다. 그렇다고 연기할 수가 없어 그대로 진행했다. 우선 비를 막을 수 있는 차일을 궁에서 빌려서 처 놓고 빈객들을 대접했다.

이때 임금은 비가 오는 날 잔치를 치르는 영의정 허적의 집일을 생각하여 차일을 내주라고 했다. 그때 옆에 서있던 내시가 아무 생각 없이 벌써 빌려갔다고 아뢰었다. 젊은 임금은 자기 승낙도 없이 가져간 것에 기분이 나빴다.

그 순간 허적에 대한 의심이 들었다. 이때 김석주가 급히 입궐하여 이입신이 내탐한 정보를 아뢰었다. 그러자 임금은 곧장 무감을

허적의 집에 보내 빈객들을 조사케 했다.

이날 참석자는 종친인 복선군 형제요, 서인으론 오두인, 이단상, 김만기 뿐, 그 외에는 모두 남인의 재상들이었다. 그중에서 훈련대장 유혁연이 주인과 가장 가까운 자리에 앉아 있었다.

무감은 조사한 내용을 대궐로 들어가 보고하는 즉시 내시가 허적의 집으로 찾아와 왕명을 전하고 유혁연과 김만기에게 당장 입시하라고 전했다. 상감이 병조를 통하지 않고 직접 훈련대장을 부르는 것은 나라에 변고가 있기 전에는 없는 일이다.

삼공이 대궐로 들어가 무마하라고 하자 부제학 유명천이 벌떡 일어나 곧장 예궐하였다. 이들은 내전 궐문에 이르러 승지에게 알현할 것을 전하자 승지가 들어갔다가 나오면서 지금 대할 이유가 없으니 그대로 물러가라는 것이었다.

그러자 이들의 얼굴은 흙빛으로 변했다. 집으로 돌아온 허적은 아들 허견을 불러 앉혀 최근에 어떤 일을 했는가를 물었지만 대답이 없었다. 허적은 걱정으로 하루가 지났지만 대궐로부터는 어떤 처분도 내려오지 않았다. 한편 김석주는 자기의 심복 정원로를 시켜서 상소를 올리게 했다.

'허견은 유혁연과 그밖에 잔당들과 규합해 역모를 꾸며 장차 복선군을 추대하려는 것이 최근에 알려졌습니다. 며칠 내로 거사할 모양이니 속히 처분하시옵소서.'

더 이상 임금은 참지 않았다. 허적이 가평고을로 내려가 숨어버리려고 황급히 가사를 정돈하는데 돌연 의금부 나졸들이 집을 에워싸고 들어왔다. 허적이 의금부로 붙들려 간 뒤 허견과 복선군도 체포되었다.

임금은 일곱 곳에 국문 처를 만들고 그들을 엄중 국문한 결과 이번 역옥 사건에 주범이 되는 허적 부자, 유혁연, 복선군, 윤휴, 민

희, 오시수, 이태서 등은 처형시키고 그밖에 사람들은 모두 귀양 보냈다. 이것이 경신년에 일어났다고 해 경신대옥이라고 한다.

이와 반대로 김석주와 정원로는 역모를 고변했다며 그 공로로 보사훈을 받았다. 허적이 죽은 후 김수항이 영의정을 맡자 좌우영상과 육조판서가 모두 서인이 임명되었다. 즉 남인들이 멸망하고 서인의 세력이 판을 쳤다.

게장에 숨은 비밀

숙종 12년(1686년) 5월 장 씨는 쫓겨난 지 5년 만에 다시 입궐하였다. 입궐한 장 씨는 인현왕후를 몹시 미워했다. 숙종은 장 씨에게 빠져 정사조차 팽개쳤다. 장 씨가 입궁한 지 얼마 되지 않아 예조판서 조사석이 이조판서에 올랐다. 이것은 장 씨의 힘이 작용했던 것이고, 이듬해는 자신의 오빠 장희재에게 금군장이란 벼슬을 하게 했다.

이미 장 씨에게 빠져 이성을 잃은 숙종은 그녀에게 취선당이란 별당까지 지어 주었다. 더구나 그녀가 재 입궐한 6개월 뒤인 12월에 장 씨는 정2품 소의로 진봉되면서 공중의 안주인 행세를 했나.

숙종 13년(1687년) 3월, 인경왕후의 아버지 김만기가 죽었고, 7월엔 계비 인현왕후의 아버지 민유중이 병으로 죽었다. 더구나 영의정 김수항은 임금의 무절제한 행동을 간하다가 청풍부사로 좌천되었다가 사직했다.

숙종 14년(1688년) 10월28일 장소의가 아들을 낳았다. 그 아기가 후일 조선 20대 왕 경종이다. 아들을 낳자 그녀의 콧대는 더욱 높아졌고 덩달아 그녀의 어머니 윤 씨까지 그랬다. 그래도 인현왕후는 왕자탄생을 축하하는 예물을 내렸다. 그러나 장소의는 오히려 냉소를 지었다.

왕자가 태어난 지 14일이 지날 무렵, 장소의의 어머니 윤 씨가 옥교를 타고 궁궐로 들어오다가 금리 김만석과 박소일에게 제지를 당했다. 당시 국법엔 윤 씨가 가마를 타고 대궐출입이 허용되지 않았다. 가마를 빼앗긴 윤 씨는 일부러 땅바닥에 뒹굴면서 대성통곡했다. 장소의는 숙종에게 통곡하며 이 일을 고했다.

"이게 모두 제 잘못입니다. 인삼이 든 보약을 먹으면 왕자아기에

게 해가 될까 봐 중전께서 하사하신 약을 돌려드렸습니다. 그랬더니 당장 이런 화가 미치는군요."

"중전이 그런 짓을 했단 말이요?"

숙종은 진노하여 금리 김만석과 박소일을 국문하면서 중전의 밀령을 받은 것을 자백하라며 고문했다. 결국 두 사람은 허위자백을 하였고 그날 밤 고문 후유증으로 죽었다. 숙종은 인현왕후에게 달려가 호통 쳤다.

"중전, 바른대로 말하시오? 왜 인삼이 든 약을 취선당에 내렸소? 그렇게 왕자를 해치고 싶었소?"

"전의청 제조 유영을 직접 불러 처방한 것입니다."

"그럼, 왜 문지기들을 교사하여 장소의 어미 윤 씨를 치게 하였소?"

인현왕후로서는 정말 어처구니가 없었다. 다만 요녀 장소의에게 빠진 임금이 안타까웠다.

이번에 숙종은 전의청 제조 유영을 고문하여 중전과 공모한 사실을 실토하라고 했다. 인현왕후는 억울하게 고초를 당하는 유영이 안타까웠다. 소문은 조정으로 순식간에 퍼졌다.

숙종 15년(1689년) 정초, 왕자가 태어난 지 백일이 되기 전에 장소의의 성화로 원자로 책봉했다. 이때 서인들은 민비가 아직 23살로 젊은데 서두를 필요가 있겠느냐며 반대했다. 그러나 숙종은 강경히 밀어붙여 5일 만에 왕자를 원자로 정하고 장소의를 희빈으로 승격시켰다.

그러자 노론 측의 영수 송시열이 송나라 철종의 예를 들어 왕자를 원자로 세우는 것은 급한 일이 아니라며 상소를 올렸다. 그러자 송시열을 비롯한 노론계 정치인들이 대거 유배되었다. 조정엔 남인들이 대거 등용되면서 주도권은 민암과 이의징 등에게 넘어갔다.

이들은 '기사환국'을 일으켜 수많은 사람들이 귀양을 가거나 파직되어 사사되었다. 또한 지난해 장희빈의 일로 귀양을 갔다가 풀려났던 김만중도 다시 남해로 귀양을 갔다. 그는 유배지에서 명작 『구운몽』을 집필하였다. 그리고 진도로 유배 간 김수항에게 사약이 내려졌다.

이때 장희빈은 또다시 음모를 꾸며 입궁한 지 4년이 된 후궁 김귀인을 모함하여 작호를 삭탈하고 사가로 추방했다. 인현왕후의 생일날, 그녀는 임금이 나타나지 않자 착잡한 심정이었다. 숙종은 점심때 영휘당 장희빈에게 갔다. 그러자 장희빈은 임금 앞에 엎드려 울면서 간했다.

"전하, 이대로 있다가는 소빈은 제명에 죽지 못하겠사옵니다."

"무슨 일이 있느냐?"

"마마, 저 뜰 밑에 피를 토하고 죽은 개를 보세요."

"아니?"

"도대체 저 개가 왜 여기서 죽었단 말이냐?"

"중전께서 오늘 음식을 많이 보내셨기에 살펴보았습니다. 먹으려다가 왠지 섬뜩한 생각에 개에게 주었습니다. 그런데 개가 저렇게…."

숙종이 분노하자 장희빈이 매달리면서 말리는 척 했다.

"오늘 중전마마 생신이옵니다. 그렇잖아도 신첩이 모함을 받고 있고, 아침에 중전에게 인사를 드리러 갔다가 거절당했습니다."

이 말을 들은 숙종은 인현왕후를 폐출시키기 위해 장희빈의 이야기를 자신이 직접 중전에게서 들었다고 했다. 그러자 남인인 조정 대신들도 왕이 중전을 폐출하려는 의도를 간파했다. 이때 승지 이기만이 부당하다고 간하자 숙종은 그를 파직시키고 중전을 폐위시키기로 마음먹었다.

중전은 생일 다음날인 4월24일 폐출되었다. 그러자 서인 측의 오두인과 박태보 등 85명이 연서로서 왕비 폐출을 비난하는 상소문을 올렸다. 그러자 화가 난 숙종은 그들을 잡아들여 낙형(달군 인두로 살을 지지는 형)을 자행했다. 오두인과 박태보는 귀양을 가다가 고문 후유증으로 죽었다.

이번엔 제주도로 귀양을 간 83세의 우암 송시열을 제거하려고 마음먹었다. 결국 남인세력에 의해 송시열은 그해 기사년 6월 국문을 받기 위해 한성으로 올라오던 중 정읍에서 사사되었다. 이로써 서인이 완전히 숙청된 '기사환국'은 끝이 났다.

인현왕후는 궁궐을 떠나 안국동 본가에서 머물고 있었다. 숙종 16년(1690년) 6월, 장희빈이 낳은 균은 3살 때 왕세자로 책봉되었고, 10월에는 장희빈 역시 왕비로 책봉되었다.

인현왕후는 안국동 별궁에서 근신하며 지냈다. 안마당은 잡초가 우거져 폐옥이나 다름없었다. 장비는 지금까지 인현왕후의 동정을 염탐해 왔는데, 그녀는 인현왕후를 죽이지 않고서는 안심이 되지 않았다. 그래서 기회를 노리고 있었던 것이다.

그때 인현왕후는 우연하게 집으로 들어온 큰 개를 길렀다. 그러던 중 새끼 세 마리를 낳아 모두 네 마리가 되었다. 모두 송아지만큼씩 자랐고 사나운 맹견이 되었다. 장희빈은 인현왕후를 시해하려고 여러 차례 자객을 보냈지만 번번이 개들에게 들켜 실패했다.

장비의 오빠 장희재는 대궐 같은 집을 짓고 망나니짓을 일삼았다. 어느 날 길을 지나다가 아이들이 부르는 동요를 우연히 듣게 되었다.

'미나리는 사철(四철)이요
장다리는 한철일세,
철을 잊은 호랑나비

오락가락 노닐으니
제철가면 어이 놀까
제철가면 어이 놀까.'

장희재가 생각해보니 미나리는 민 씨고 장다리는 장비를 가리키는 것 같았다. 게다가 호랑나비란 임금을 일컫는 것이고, 철을 잊은 임금이 장비에게 빠졌다가 제철이 지나면 어쩔 것이냐는 노래였다.

그 노래를 한 아이가 선창하면 다른 아이들이 따라 불렀다. 장희재는 아이들을 붙잡아 캐묻고는 죽였다. 그리고 아이의 아버지를 잡아들여 문초했다.

"네 이놈, 너는 무엇 때문에 이런 해괴한 동요를 만들어 민심을 동요시키느냐?"

그러자 지독한 형벌에 아이의 아버지가 죽었다. 이 소문이 장안에 퍼지면서 백성들은 분개했다. 그래서 백성들은 그 동요를 더 확산시켰다. 마침내 궁중의 나인들까지 이 동요를 흥얼거렸다. 그러자 장비는 숙종에게 동요에 대해 아뢨다.

숙종은 장희재에게 총융사 직책을 내렸다. 그리고 폐비 민 씨가 사는 곳에는 누구든 허가 없이 출입을 엄금한다는 방이 나붙었다. 이때 장희재를 총융사로 삼아 동요를 부르는 자들을 속속 잡아들였다.

숙종 19년(1693년) 봄, 숙종이 중궁전에 들자 장비는 무릎에 재우던 6살짜리 세자를 방바닥에 내던지며 독기를 품고 앙탈했다. 그것은 인현왕후에게 사약을 내려 세자로 하여금 저주에서 벗어나게 해달라는 것이었다. 숙종은 그녀가 세자를 내던지자 화가 머리끝까지 났다.

"이 못된 것 같으니라고!"

그날부터 숙종은 점점 자신의 과거를 뉘우치면서 이성을 찾기 시작했다. 어느 날 밤, 백성들이 자주 드나드는 술집으로 미행을 나섰다. 얼마 후 임금은 한밤중에 궁중을 미행했다. 어느 한 곳을 지날 때 창에 불빛이 훤하고 주문 소리가 들려왔다. 창틈으로 들여다보았는데, 기괴한 일이 벌어지고 있었던 것이다.

"비나이다. 비나이다. 폐비 민 씨가 화살을 맞은 자리마다 악창이 나게 해주십시오. 비나이다."

벽에는 폐비 민 씨의 초상화가 붙여져 있었고, 여러 명의 무당들이 춤추며 활을 쏘고 있었다. 화살은 그림의 눈, 목, 가슴, 아랫배 등에 꽂혔고 옆에서는 장님이 경문을 읽고 있었다.

숙종은 교만방자한 장비의 행동임을 완전히 알았다. 그런 후 4월 23일, 숙종은 심야에 궁중을 거닐다가 불이 켜진 궁녀 방을 엿보았다. 젊은 무수리 최 씨가 폐비 민 씨의 만수무강을 기원하는 축원을 드리고 있었다. 그것을 숙종에게 들킨 것이었다. 그녀는 민비가 폐출된 뒤 해마다 생일날이 되면 방에서 몰래 음식을 차려놓고 축원을 드렸던 것이다.

이런 일을 중죄에 처했을 임금이었지만 무수리를 책망하기는커녕 오히려 자신이 후회스러웠다. 벽에 걸린 옛 중전의 옷에서 인자한 체취가 느껴졌고 갑자기 인현왕후가 보고 싶어졌다. 하지만 숙종에게 겁에 질린 무수리는 방 아랫목에 주저앉아 있었다. 숙종은 인자한 말투로 입을 열었다.

"여봐라! 중전에게 올린 음식과 술이 먹고 싶구나."

무수리 최 씨는 그날 밤 숙종의 성은을 입어 숙종 20년(1694년) 9월에 연잉군을 낳았다. 이 아기가 바로 영조다. 그러나 영조를 낳기 전 최 무수리는 장비로부터 혹독한 고문을 당했다. 장비는 발악하면서 외쳤다.

"네 이년! 바른대로 고하지 못할까? 네 뱃속의 아이가 상감의 아이라고? 어서 바른대로 말해라."

장비는 손수 인두로 최 무수리의 국부와 온몸을 마구 지졌다. 초죽음이 된 그녀를 장독으로 덮어놓았다. 이것을 알아챈 임금은 다음날 즉시 예조에 명하여 최 씨에게 종4품 숙원에 봉했으며 1699년 내명부 정1품인 숙빈으로 봉했다.

숙종 20년(1694년) 3월, 노론계의 김춘택과 소론계의 한중혁 등이 폐비 민 씨의 복위운동을 벌였다. 그러자 권력을 잡고 있던 남인 민암과 이의징은 김춘택과 폐비복위운동의 관련자 수십 명을 옥에 가두고 온갖 고문을 가한 뒤 숙종에게 보고했다.

그러나 장비에 대한 감정이 좋지 않은 숙종은 도리어 민암을 귀양을 보내 사사시켰다. 그리고 권대운, 목내선, 김덕원 등을 유배시킨 후 소론계의 남구만, 박세채, 윤지완 등을 등용했다. 이번 일로 인해 고문을 자행한 참국 대신들도 모두 처벌되었으며, 장비의 오빠 장희재까지 옥에 가두었다.

마침내 4월 숙종은 안국동의 폐비 민 씨를 복위한 후 서궁의 경복당으로 옮기라 명했다. 그런 후 장비를 희빈으로 강등시켰다. 이렇게 남인의 세력이 축출된 사건을 '갑술옥사'라고 한다.

장희빈은 취선당으로 옮겨갔고 같은 해 9월에 최숙원이 옥동자를 낳았다. 그후 내명부 정1품 숙빈이 되었다. 복위된 인현왕후는 원래 몸이 허약했는데, 5년간의 어려운 생활 탓으로 시름시름 앓았다.

숙종 22년(1696년) 장희빈이 낳은 세자 균이 9세가 되자, 11살이 된 청송 심 씨 심호의 딸을 세자빈으로 맞았다. 인현왕후는 임금을 설득시켜 취선당의 장희빈에게도 배례토록 하였다. 세자 내외가 인사를 하려고 할 때 장희빈은 폐백 상을 뒤엎었다.

숙종 26년(1700년) 봄, 인현왕후가 환궁한 지도 벌써 6년이 흘렀다. 그동안 잔병을 앓아오다가 병세가 점점 악화되었다. 그러자 장희빈은 악독한 마음을 버리지 못하고 인현왕후가 죽기를 기원했다. 그리고 자신이 왕비로 복위할 환상에 젖어 있었다.

왕비의 환후가 지속되자 어약청을 마련하여 집중적으로 치료했다. 그 덕분에 병환이 조금 회복되어 일어났다. 이때 최숙빈은 입맛을 당기게 하기 위해 게장을 상에 올렸다. 다행스럽게도 중전의 구미를 돋워주었다. 그러자 최숙빈은 햇게장을 구하라고 시녀들에게 시켰다. 이것이 취선당까지 알려졌다. 장희빈은 이것을 기회로 삼았다. 추석 전날, 중전은 최숙빈의 노고를 치하하며 맛있게 게장을 먹은 후 갑자기 정신을 잃고 쓰러졌다. 묘는 경기도 고양시 덕양구 용두동 서오릉 능역의 명릉에 있다.

인현왕후의 정

숙종은 중전이 아닌 소의 장 씨에게 왕자 균(경종)을 얻었다. 1689년(숙종 15년) 정월 왕자 균을 원자로 봉하고 소의 장 씨는 희빈에 오른다.

이때 세자책봉을 반대하는 상소를 올린 송시열은 유배되어 사사(임금이 독약을 내려 자결하게 함)되었고, 나머지 서인들 역시 유배되면서 권대운 등 남인이 정권을 잡았다. 남인의 상소로 인해 같은 해 5월 숙종이 인현왕후 민 씨를 폐출시키고 희빈 장 씨를 왕비로 승격시켰다. 그러자 서인 박태보 등 80여 명이 반대하는 상소를 올렸다가 형벌을 받았다.

이렇듯 인현왕후 민 씨 일족과 그 일파가 전멸되고 장희빈은 왕비로 책봉되었다. 덕분에 그녀의 아버지 장 현을 옥산부원군에, 어머니 윤 씨를 파평 부부인으로 봉했다. 시정잡배 출신 그녀의 오빠 장희재는 어영대장이 되었다. 숙종은 장 씨의 말이라면 듣지 않는 말이 없었다. 임금은 이름만 가지고 있는 허수아비에 불과했다

1694년(숙종 20년) 서인 김춘택 등이 또다시 인현왕후의 복위운동을 일으켰다. 숙종은 인현왕후의 폐출을 후회한 나머지 남인을 몰아내고 인현왕후를 다시 복위시킨다. 이때 인현왕후의 나이는 28세였고 임금은 34세였다.

이때 장 씨는 자연적으로 희빈으로 강등되었다. 그렇지만 장희빈이란 예전 작호를 그대로 사용했고 조그마한 초가집에서 처량한 생활을 보내게 되었다.

그러나 장희빈은 자기분수도 모르고 오히려 민비에 대해 미안함과 자기 죄과에 부끄러움을 깨닫지 못했다. 그는 또 민중전과 최숙빈을 욕하고 저주하면서 복수를 다짐하고 있었다.

민비가 환궁한 지 어느덧 팔 년이란 세월이 흐른 뒤 잔병이 생겨 자리에 눕는 날이 많았다. 어느 날 병세가 회복되어 기동을 하자 최숙빈이 구미를 돋워드린다고 어렵사리 게젓을 구해다가 받쳤다.

"최숙빈, 게장이 유난히 달구나. 이렇게 맛좋은 게장을 난생 처음 먹어 보네."

최숙빈은 왕비의 말이 너무나 기뻐 사람들 시켜 싱싱한 게젓이 삭는 대로 들여오라고 했다. 그런데 왕비는 새로 가지고 온 게젓을 먹고 별안간 정신을 잃고 쓰러졌다. 그러다가 두어 시간 후 왕비는 세상을 떠나고 말았다. 그러자 임금을 비롯한 모든 측근들은 의심을 하기 시작했다. 최숙빈 또한 게정이 의심스러워 맛을 봤다. 죽기 전 왕비의 말처럼 게장의 단맛이 이상스러웠다. 어느 누가 틀림없이 게장 속에 꿀을 넣었던 것이다. 최숙빈은 곧바로 게장이 궁중에까지 들어오게 된 과정을 조사했다.

이 게장을 수라간에서 편전까지 김나인이 올렸는데, 편전에서 최숙빈이 몸소 미음상을 만들어 김나인에게 시켜 올렸던 것이다. 최숙빈은 곧 김나인을 가두어 놓고 임금에게 아뢰었다.

임금은 즉시 친국을 시작했다. 금부나장이 곤장을 치자 순순히 자백했다. 김나인은 장희빈의 사주를 받아 음식의 금기를 이용했던 것이다. 임금은 장희빈에게 사약을 내렸다.

이때 장희빈은 사약을 받아 놓고 나인을 궐내로 보내 죽기 전에 세자를 만나게 해달라고 했다. 이 말을 들은 세자가 애걸복걸하자 임금은 내시와 함께 장희빈에게 세자

를 보냈다. 세자는 장희빈을 보자 눈물을 흘리면서 어머니라고 부르며 달려들어 통곡했다.

그러나 정신이 나간 장희빈은 쏜살같이 세자의 급소를 잡은 후에 죽으라며 아래로 당겼다. 세자가 비명을 지르며 기절하자 옆에 있던 사람들이 달려들어 장희빈을 떼어놓았다. 세자 일행이 돌아가자 장희빈은 약사발을 내동댕이친 후 대청마루에 줄을 매어 자살했다.

세자는 차차 기운을 차리고 기동했지만 급소를 다친 상처 때문에 걸음걸이가 내시처럼 되었다. 그 이듬해 9월30일 인현왕후의 상이 끝나자 대신들은 임금에게 다시 왕비 간택을 고했다. 이때 서인들은 노론과 소론으로 분파되어 세력다툼을 하고 있었다.

그래서 외척과 당파싸움의 폐해를 뼈저리게 느낀 임금은 이들과 상관없는 곳에서 왕비를 찾았다. 임금은 경주 김 씨 김주신의 16세의 딸을 왕비를 삼았는데 이 사람이 인원 김 씨였다. 김주신은 친척들이 소론이었지만 어떠한 당색을 가지고 있지 않았기 때문에 임금이 그를 택했던 것이다.

경종실록

제20대

(1688~1724년)

경종은 숙종과 희빈 장 씨 사이에 태어난 큰 아들로 이름은 균이고, 자는 휘서이다. 태어난 지 두 달 만인 1689년 원자로 정호되었다. 숙종 46년(1720년) 6월13일에 즉위하여 4년 동안 재위하다가 경종 4년(1724년) 8월25일에 죽었다. 묘호는 경종이고 존호는 덕문익무순인선효이다. 능호는 의릉(서울 성북구 석관동)이다.

『경종실록』

『경종실록』은 조선 20대 왕 경종의 4년간 역사를 기록한 것으로 모두 15권 7책의 인본이다. 영조 2년(1726)부터 편찬하기 시작해 8년(1732) 2월에 완간하였다. 7책의 작은 실록이지만 6년이 걸린 것은 당시 노론과 소론의 대립으로 영조 4년(1727년) 정미환국과 정국변동이 있었고, 신임옥사의 후유증 때문이다.

『경종수정실록』은 영조 초에 편찬된 『경종실록』을 정조 때 수정하여 편찬한 것이다. 모두 5권 3책으로 본래 실록의 1/3분량이다. 정조 2년(1778년) 편찬이 시작되어 1781년 7월에 완성 간행되었다. 수정 이유는 『경종실록』이 소론인 이집, 조문명, 이덕수, 서명균 등이 편찬해 노론에게 불리한 내용이 많았기 때문이다.

따라서 수정 실록 편찬 작업에 참여한 인원은 총재관 정존겸을 비롯해 도청당상 6명, 도청낭청 4명, 분판낭청 12명 등 도합 23명이었다. 이들은 모두 노론이었다.

조정을 어지럽힌 패거리들

1720년 숙종이 죽고 경종이 즉위했을 때 노론이 정권을 잡고 있었다. 그들은 경종이 병약해 연잉군을 세자로 세우자고 건의했다.

1721년 경종은 소론의 반대에도 불구하고 노론 측의 주장에 따라 연잉군을 세제로 책봉했다. 그러자 두 달 뒤에 노론 측은 연잉군으로 하여금 대리 청정케 해야 한다고 주장했다. 이때 경종은 병석에 있었기 때문에 대리청정을 받아들였다가 다시 거둬들였다.

1721년 12월 경종을 지지하는 소론의 김일경을 비롯한 7명은 대리청정을 건의한 조성복과 대리청정을 받아들여 명령을 집행한 노론의 4대신 영의정 김창집, 좌의정 이건명, 영중추부사 이이명, 판중추부사 조태채 등을 왕권교체를 기도한 역모자라 공격하고 상소문을 올렸다.

그러자 경종은 조정에서 노론의 세력을 없애고, 김창집은 거제부에, 이이명은 남해현에, 조태채는 진도군에, 이건명은 나로도로 유배 보냈고, 소론의 조태구를 영의정에, 최규서를 좌의정에 임명하였다.

임금을 능멸한 대신들

4년간의 국정경험을 얻은 경종이지만 원래부터 병약했다. 따라서 대소사건을 승지, 사관, 주서들에게 맡겼다. 이래서 국정이 침체해지고 혼탁해지고 말았다.

이듬해 신축년은 경종 원년으로 신왕의 환후가 점점 나빠지자 무엇보다 국본을 내세우는 일이 급하다는 의논이 대두되게 되었다. 그래서 우의정 조태구를 제외한 노론파 대신들이 문무백관들을 거느리고 궐내에 들어와 합문밖에 엎드리며 세제를 동궁으로 책봉하라고 했다. 그러자 반대파의 반대로 큰 참극이 일어났다.

경종이 동궁시절 때 세자빈 단의 심 씨는 아깝게도 16세를 일기로 세상을 떠난 후 그 이듬해에 어유구의 딸을 계빈으로 맞아들였다. 어유구는 자신의 위치를 최대한 살려 외척의 이해득실을 밝힘과 동시에 궁중의 분위기를 잘 이용하는 인물이었다.

따라서 노론의 영수며 재상인 김창집은 그의 모든 것을 감시하기 위해서 그의 집에 밀정을 들여보냈다. 밀정은 그의 매부 김순행이었다. 그 결과 어유구가 딸 어비를 책동해서 경종이 아들을 낳을 가망이 없음을 기화로 소론들과 한패가 되어 종친 중에서 적당한 아이를 골라서 세자를 책봉한다는 것을 알게 되었다.

이렇게 되면 둘째 왕자 연잉군을 옹호해 오던 노론 당파의 몰락은 불 보듯 뻔했던 것이다. 더구나 최근 들어 경종이 양자 문제를 내세우는 것은 어유구 일당의 음모라는 것까지 알게 되었다.

마침내 노론파인 영의정 김창집, 좌의정 이건명, 판중추부사 조태채 등이 이조판서 이의현, 호조판서 민진원, 병조판서 이만성, 형조판서 이관명, 공조판서 겸 훈련대장 이홍술, 한성판윤 이우항, 대사헌 홍계적, 대사간 홍석보, 도승지 조영복 등과 함께 세제 동궁책봉

을 주청했다.

이것은 자신들의 선배 동지인 이이명이 일찍이 선왕으로부터 간곡한 유언을 받았는데, 그 유언을 받들겠다는 충의로써 일어났던 것이다. 그러면 숙종의 유언이란 무엇일까? 숙종 34년 8월 어느 날 숙종은 자신의 병세가 악화되자 우의정 이이명과 독대를 했다.

그때 임금은 이이명에게 동궁이 병이 많아 둘째 왕자를 동궁으로 바꾸겠다고 했던 것이다. 그러나 이이명은 인정과 의리를 생각해 병약할지언정 자신들이 보필하면 괜찮다며 반대했던 것이다. 그러자 임금도 동의해 다음날로 세자를 대리청정하게 했다.

하지만 이이명이 억지로 대리청정하게 했다고 반대파들은 떠들어댔다. 안산고을에 은퇴해 있던 원임영중추부사 윤지완은 소론의 영수로서 당년 90세 노인이었으나 이 소문을 듣고 크게 분노했다.

그는 즉시 관을 짜서 이끌고 한양으로 올라왔다. 그러나 소문과는 달리 이이명이 왕위를 둘째 왕자에게 옮기려는 전제의 행동이니 그대로 둘 수 없는 일이었다. 그래서 여론을 일으키고 상소를 올렸다. 그러자 임금은 이렇게 답했다.

"이이명이 한 것이 아니라 동궁에게 대리청정을 시키자는 것은 나의 병세를 염려해서 내가 한 것이다. 또 동궁에게 대리청정을 시킬 바에는 병약한 동궁보다는 튼튼한 연잉군을 동궁으로 봉하겠다고 했다, 그러자 이이명은 도리어 인정과 의리상으로 차마 큰 왕자를 버릴 수 없다고 도리어 동궁을 두호했던 바이다.

더구나 승지와 사관만 없었지 측근들이 모두 옆에 있었는데 독대라는 것이 말이 되느냐? 다른 풍설을 듣고 경솔한 행동을 취한 것을 보니 답답하기 그지없구나."

4년 후에 동궁이 임금으로 즉위했지만 병세가 무거워지자 대신들이 나라를 걱정해 과거 숙종이 둘째 왕자를 부탁했던 유지를 좇아서 왕세제로 동궁을 책봉하려는 것은 잘못 된 것이 없었다. 그러나 형당인 소론파들은 이 일을 옳지 않다며 그것은 도리어 환후 중에 있는 군왕의 지위를 엿보는 것이라고 주장했다.

원래 영의정 김창집과 여러 신하들의 연좌 시위할 때, 우의정 조태구가 빠져 있었다. 그 까닭은 그가 있으면 반대해서 방해가 되기 때문에 그가 고향으로 내려가 있는 동안을 택했던 것이다.

그 후 조태구가 한양으로 돌아와서 모든 것을 알게 되자 그는 본격적으로 소론들과 손을 잡고 세제 동궁책봉 문제를 반대했다. 그러자 임금은 이렇게 대답했다.

"상소한 것을 깊이 생각해본 후 신중히 처단할 것이니 아직 기다려라."

이 비답을 불경에 가까운 일이라 생각한 부원군이 유구와 함께 왕비 어 씨를 움직여 임금에게 양자를 들여 동궁으로 세우라고 했다. 그러나 임금은 이 말에 대답하지 않고 왕대비 인원 김 씨가 이 말을 듣고 노했다.

"효종과 태종 이래 그 혈통이 계승되는 왕실이요. 또 임금의 춘추가 아직도 젊은데 누가 양자를 의논하며, 만일 무슨 변고가 있더라도 선왕의 혈통이 또 한 분 있지 않소. 그래서 혈통이 이어질 것인데 왜 망령된 말들을 한단 말이요?"

이런 인비의 말이 전해지자 형당들은 잠잠해지고, 왕대비의 주장대로 왕세자가 동궁에 책봉이 되었던 것이다. 그러나 그해 10월12일에 조성복이 또 상소를 올렸다.

'상감께서 나날이 환후가 나빠지시고 그로 인해 나라의 일이 지체되고 있습니다. 따라서 왕세제께서 이미 동궁에 책봉되었으니 가만히 앉아서 환후가 좋아지는 것을 기다릴 것이 아니라 동궁에게 국정을 대리 청정케 하심이 당연한 줄 아옵니다.'

이것으로 조정은 또다시 소란해졌다. 이때 경종은 병세가 악화되어 무슨 일이든지 무조건 귀찮았던 것이다. 그래서 이런 상소가 임금으로선 무척 반가웠던 것이다. 또한 경종은 아우를 매우 사랑하고 믿고 있었다. 임금은 다음날 이렇게 명을 내렸다.

'나의 병세가 한결같아 회복될 가망이 없고, 나라의 일이 침체되어 하루가 바쁘니 왕세자에게 국정을 대리케 하겠다.'

그러자 조정은 갑자기 슬렁거렸고 이와 함께 소론 재상들은 큰 변이 난 것처럼 불안에 떨었다. 그 이유는 지금까지 임금을 섬겨왔던 처지로서 너무나 억울했던 것이다.

그래서 전왕 숙종의 유지를 내새워 부당함을 내세웠지만 불윤하였다. 이렇게 되자 소론파의 양자책립계획은 허물어지고, 노론파에서 옹호하던 세제추대계획이 이루어진 셈이다.

이때 조태구가 한밤중에 갑자기 내전에 들어가 임금을 만날 것을 청했다, 그러자 입직승지가 실례가 된다며 거절했다. 조태구는 승지가 못마땅한 것이 아니라 노론파 정승은 마음대로 소대를 허락하고, 소론 정승에게는 불허하라며 방어를 쳐둔 노론파의 행패가 괘씸했던 것이다.

그래서 그는 무감을 시켜 이 뜻을 곤순전에 아뢰었다. 그러자 왕비 어 씨는 조태구라 하면 부친의 동지인 것을 알고 있어, 곧 임금의 침전으로 가서 이렇게 아뢰었다.

"상감마마, 지금 좌의정 조태구가 시급한 일로 한밤중인데도 불구하고 입궐을 했는데 건방진 입직승지가 들이지 않는다 하옵니다. 군신지간을 이와 같이 막는 자를 치워버리시고 곧 좌의정을 인견하옵소서."

경종은 병세가 더욱 악화되어 정신이 시시각각으로 변하는 때에 이 말을 듣고 화를 내며 말했다.

"저런 무엄한 놈이 있나. 대신이 과인에게 급하다고 왔는데 왜 길을 막는단 말이냐. 여봐라! 입직승지 놈을 불러들여라."

조금 후에 조태구가 들어왔지만 임금은 그의 말까지도 물리치고 듣지 않았다. 이때 김일경이라는 사람이 있었다. 그는 노론인 광성부원군 김만기의 조카뻘로 그의 집을 출입했다.

그는 문장과 변론이 뛰어나고 지략이 있어 후대를 받아 노론에서 인정받을 뻔했다. 그러나 그의 본심이 흉악무도해 배척당했다. 이것을 계기로 김만기에게 감정을 품고 소론의 거두 이사상, 유봉휘 등을 찾아가 아첨했다.

김일경이 영변부사 때 궁중 장번내시 박상검이 영변출신으로 그 세력이 막강한 것을 알고 그의 일족을 잘 보살펴 주었다. 그 후 김일경이 한양으로 돌아와 박상검의 집을 드나들게 되면서 친한 사이가 되었다.

이때 박상검은 장희빈의 득세에 힘입어 남인과 소론들에게 충성을 바쳤다. 이사상, 유봉휘를 가르치던 김일경은 그들을 통해서 소론들과 친해졌고 조태구와도 친분을 쌓았다.

소론은 김일경을 통해 박상검을 움직이고, 박상검은 그의 심복인 내시 문유도를 통해 나인 석렬, 필정 등을 시켜 궁중연락을 했다. 이러한 조직을 기반으로 한 김일경은 이진유 등 여섯 사람의 동지와 함께 상소문을 올렸다.

'4명의 대신이 왕세제 대리청정을 건의하지 않는 것은 그들이 그 일을 일찍부터 권계하려고 했기 때문입니다. 그들이 이런 권계를 하려는 뜻은 틀림없이 왕세제를 추대해서 왕위를 엿보려는 흉계이옵니다. 그 흉계를 사전에 밝혀서 다스리옵소서.'

이런 상소를 올린 김일경은 다시 목호룡 같은 늙은 원로를 시켜 또다시 4명의 대신을 성토하는 상소를 올리게 했다. 이것은 이진유

의 상소를 더욱 힘 있게 밀어 주었다.

이때 임금의 병세가 더욱 위중하여지자 이 상소문을 박상검은 나인 석렬을 시켜 왕비께 올리게 하였다. 왕비는 이 글을 보고 신임하는 박상검에게 처리 방법을 물었다. 그러자 박상검은 왕비에게 자기의 의견을 말했다. 왕비는 즉시 병석에 누워있는 임금이 알지도 못하는 사이에 4대신의 관직을 삭탈하고 하옥시켰다.

그날로 최석항이 위관이 되고 남인 심단이 금부당상이 되고 소론 이삼이 포도대장이 되어 마음대로 4대신을 형살시키고 이와 연관하여 노론과 한편이 되었던 자들을 모조리 죽이고 내쫓았다. 이 일은 경종 원년 신축년부터 그 이듬해 임인년까지 일이 난 사건으로 신임무옥이라고 한다.

이 사건 이후 노론조정 대신 영의정에 조태구, 좌의정에 최규서, 우의정엔 최석항이 되면서 모든 육조판서가 소론으로 돌아갔다. 다시 말해 갑술년 장비폐출 이전의 소론시대로 돌아간 듯했다. 그러나 소론들이 두려워했던 것은 왕세제의 존재였다.

그가 즉위하면 반드시 노론이 다시 일어날 것이라고 생각해 이번 기회에 뿌리를 뽑아버리자고 했다, 그 때 총대를 멘 사람은 목호룡과 김일경이었다. 이들은 조태구, 최규서, 최석항과 새로운 음모를 꾸미기 시작했다.

먼저 임금 가까이 있는 석렬과 필정에게 사주해 임금과 왕세제 사이를 이간시켰으며, 세제를 동궁처소에 구금시킨 것이었다. 그러던 어느 날 왕세제는 답답함을 참지 못하고 미친 듯이 처소를 뛰쳐나와 왕의 침전으로 달려갔다. 이를 본 내시 석렬이 말리던 중 입직승지 김일경과 환관 박상검이 나와서 세제의 팔을 잡아끌었다.

동궁으로 돌아온 세제는 이를 갈았다. 이때 동궁을 모시고 있던 설서 송인명이 충심으로 세제를 위로했다. 그는 세제가 굶어죽던

가 아니면 간신들의 모해로 화를 입을 것이라고 생각했다.

어느 날 송인명은 세제에게 힘을 내라며 저녁식사를 든든히 들게 한 후 한밤중에 세제를 목마에 태워 담을 넘게 했다. 이렇게 해서 세제는 대비의 처소로 갈 수가 있었다. 세제는 대비를 보자 눈물을 쏟으며 통곡했다. 대비도 역시 목이 메어 울면서 때가 있으니 그때를 기다리라고 했다.

그러나 이것을 알게 된 김일경과 그 일당들은 세자가 빨리 동궁처소로 돌아가기를 간청했다. 그러자 대비는 들어내 놓고 김일경과 박상검 등을 호령하여 물러가게 했다.

그러다가 경종이 병을 이기지 못하고 재위 4년 후인 갑진년 8월 25일에 세상을 떠났고 그동안 구박을 받아온 왕세제가 왕위를 계승했다. 이가 바로 조선 21대 임금인 영조로 나이가 31세였다. 세상은 또다시 변화를 맞았다.

신인사화의 비밀 '칼로써'와 '독약으로써'

소론이 권력을 차지하자 왕세제 연잉군은 위태로웠다. 그가 데리고 있던 하인들도 쫓겨났고 국왕에게 날마다 문안가는 길도 막았다. 그러나 연잉군은 왕대비에게 신변보호를 요청하고, 왕세제의 작호를 거두어 달라고 했다.

경종 2년(1723년) 3월, 목호룡이 경종을 시해하고자 한다며 고변하였다. 목호룡은 본디 남인 집안의 서자출신이다. 시에 능통해 사대부 자제들과 폭넓은 교류를 가졌다. 그와 친한 사람들은 왕세제의 매사냥꾼이었던 백망과 노론의 핵심세력 출신 이천기과 김용택 등이다.

이들은 매우 친하게 지냈으며 비밀스런 일을 도모했다. 이때 왕세제의 문제가 잘 진행되자 김용택 등은 비밀을 막기 위해 목호룡을 죽이려고 했다. 그러자 소론의 김일경은 목호룡이 위험하다는 것을 알고 접근했다. 그런 후 김용택 등과 모의했던 것을 고변케 했던 것이다. 목호령의 고변내용은 다음 세 가지다.

대급수인은 '칼로써' 한다는 것인데, 백망이 궁궐의 담을 넘어 경종을 시해하는 것이고, 소급수인은 '독약으로써' 한다는 것인데, 이기지, 정인중 등이 궁궐의 지상궁을 시켜 독약을 타서 경종을 시해하는 것이고, '평지수'는 경종을 폐출하기 위해 언문으로 노래가사를 지어 궁중에 퍼뜨려 헐뜯는 것이었다.

목호령의 고변으로 최석항이 주관이 되어 조사하였는데, 이삼과 김일경도 참여하였다. 이 음모에 가담한 사람은 정인중, 김용택, 이기지, 이희재, 심상길, 홍의인, 백망, 김민택 등이다. 이들은 모두 노론 4대신의 아들이거나 조카들이었다. 이들은 모두 죽임을 당했고, 이 밖에 170여 명 이상이 죽거나 유배되었다.

이 사건은 노론에게 치명적인 타격을 주었는데, 노론 4대신인 김창집, 이건명, 이이명, 조태채 등은 한양으로 압송된 후 사사되었다.

권력을 잡은 소론은 윤선거와 윤증을 복관시켰고, 고변한 목호룡은 동지중추부사가 되었다. 이것이 신축년과 임인년에 연달아 일어났기 때문에 '신임사화'라고 부른다.

영조실록

제21대

(1694~1776년)

영조의 휘는 금이고, 자는 광숙이다. 숙종의 둘째 아들이며 생모는 숙빈 최 씨다. 6세에 연잉군으로 책봉되었고, 경종 1년(1721년)에 왕세제로 책봉되었다가, 경종 4년(1724) 8월25일 경종이 죽자 왕으로 즉위했다. 영조는 1736년 83세에 죽었다. 처음에 올린 묘호는 영종이었지만, 고종 27년(1890년)에 영조로 고쳤다. 능은 원릉(경기도 구리시 인창동 동구릉)이다.

『영조실록』

『영조실록』은 조선 21대 왕 영조의 52년 역사를 기록한 것으로 모두 127권 83책의 활자본이다. 원제은 『영종지행순덕영모의열장의홍륜광인돈희체천건극성공신화대성광운개태 기영요명순철건건곤녕익문선무희경현효대왕실록(英宗至行純德英謨毅烈章義弘倫光仁敦禧體天建極聖功神化大成廣運開泰基永堯明舜哲乾健坤寧翼文宣武熙敬顯孝大王實錄)』이다. 영조가 죽은 뒤인 정조 2년(1778년) 2월부터 시작되어 3년 6개월 만인 1781년 7월에 완성되었다.

편찬 인원은 총재관 김상철, 서명선, 이은, 이휘지, 정존겸 등 5인을 비롯하여 도청당상 17인, 도청낭청 19인, 각방당상 27인, 각방낭청 58인, 등록낭청 37인, 분판낭청 30인을 합해 총 183인이었다.

영조는 왕위에 오른 직후 소론 이광좌, 조태억을 영의정, 좌의정으로 삼고, 세제책봉을 격렬하게 반대했던 유봉휘를 우의정으로 발탁하였다. 신임옥사 때 자신을 모해한 김일경과 노론 역모설의 고변자 목호룡을 처형하였다. 이것을 정미환국이라고 한다.

영조의 탕평책이 본궤도에 오른 것은 1728년 이인좌의 난을 겪은 후였다. 영조 33년(1757년) 2월, 정성왕후가 죽고 영조 35년(1759년) 정순왕후가 계비로 들어왔다. 그러자 그녀의 아버지 김한구를 중심으로 또 하나의 척신세력이 등장해 분열이 가속화되었다.

영조 38년(1762년), 영조가 대리 청정하던 사도세자를 뒤주에 가두어 죽게 만든 참변이 일어났

다. 영조는 1729년 사형수에 대해 삼복법을 엄격히 시행하였다. 또한 신문고제도를 부활시켜 백성들의 억울한 일을 왕에게 직접 알리도록 하였다. 1729년에는 오가작통 및 이정법을 엄수하게 하여 탈세방지에 힘썼다.

1760년 개천(오늘날의 청개천)을 준설하고 준천사를 설치하여 이를 지속적으로 관리하게 하였다. 영조 때 경제정책 중 가장 중요한 것이 균역법이다.

1729년에 『감란록』을, 이듬해 『숙묘보감』을 편찬하였다. 1732년에는 이황의 『퇴도언행록』등을 비롯하여 많은 책을 편찬하였다.

탕평책의 효과

영조가 왕위에 올랐을 때 영의정 이광좌를 중심으로 소론들이 정권을 잡고 있었다. 영조는 노론세력에 의해 왕세제로 책봉되었고, 그들의 보호를 받고 성장했다. 따라서 자신을 위해 소론을 내쫓고 노론세력을 조정에 불러들이기 위해 귀양을 간 노론의 민진원을 석방했다.

11월 노론계의 이의연이 상소를 올렸는데, 내용은 소론세력이 흉악한 뜻을 품고 민심을 동요시키고 역모를 꾸민다는 것이었다. 그러자 소론세력은 선왕을 욕되게 하였다는 죄를 들어 처할 것을 요청하자 영조는 그를 섬으로 귀양을 보냈다.

영조는 김일경이 신임옥사 때 작성한 토역반고문을 문제 삼아 그의 벼슬을 빼앗고 섬으로 귀양을 보냈다. 노론의 송재후가 김일경이 주종이 되어 일으킨 옥사에 대한 조사결과를 들어 그들을 처벌할 것을 상소하였다.

송재후의 상소가 올라오자 전국 각처에서 김일경을 탄핵하라는 상소가 올라왔다. 영조는 김일경을 잡아들여 친히 국문하였지만 끝까지 불복하여 사형당했다. 또한 목호룡도 끝내 자신의 죄를 불복하여 사형을 당했다.

그리고 김일경이 노론의 4대신을 역적으로 몰아 상소할 때 동조한 이진유 등을 귀양 보냈고, 영의정 이광좌와 우의정 조태구 등 소론의 세력을 조정에서 내쫓았다. 이것이 '을사처분' 이다.

영조는 세제시절부터 당파 간에 싸움을 지켜보았기 때문에 즉위 초부터 송인명 등의 도움을 받아 각 당파를 고르게 조정에 등용하려는 탕평책을 펴려고 했다.

따라서 영조는 노론세력들이 계속 소론세력에 대해 보복하려고 하자 노론의 정호, 민진원 등을 파직시키고 이광좌, 조태억을 정승으로 삼았다. 이 사건을 '정미환국' 이라고 한다.

1728년 소론세력의 일부 인사와 남인 급진세력이 세상을 떠난 경종을 위한 보복을 명분으로 사건을 일으켰다. 이것이 '이인좌' 의 난이다.

이인좌의 난을 평정하는데 공을 세운 소론세력은 반란의 주모자들이 소론이 많아 조정에서 자신들의 처지가 약화되었다. 1729년 영조는 노론과 소론의 세력들을 조정에 고르게 등용시켰다. 이때 영조는 노론의 홍치중을 영의정으로 삼고 소론의 이태좌를 좌의정으로 임명하여 견제하게 했다.

사도세자의 탄생

영조의 후비 정성왕후 서 씨는 달성부원군 서종제의 딸이다. 서 씨는 숙종 30년(1704년) 3월, 13세 때 11세의 연잉군과 가례를 올렸다. 경종 1년(1721년) 8월 연잉군이 왕세제로 책봉됨에 따라 세제빈이 되었다. 경종 4년(1724년) 8월 경종이 죽자 연잉군이 왕위에 오르면서 왕비가 되었다.

영조 1년(1725년) 중전 서 씨는 자식을 낳지 못했다. 그나마 영조의 슬하에 정빈 이 씨가 낳은 경의군 행이 있어 위로가 되었다. 7세의 행은 이해 3월 왕세자로 책봉되었고, 중전은 영조가 후궁들을 가까이 해도 너그럽게 대했다.

영조에게 가장 아픈 열등의식은 자신이 서자라는 것이었다. 그것도 무수리 최숙빈의 몸에서 태어났기 때문이다. 이것을 알고 있는 중전은 영조를 달래곤 했다.

영조 4년(1728년) 11월, 경의군 행이 10세에 갑자기 죽었다. 이때 세자빈 풍양 조 씨는 14세였다. 숙종 45년(1719년) 2월에 태어난 행은 영조 즉위년(1724년) 11월에 경의군에 봉해졌다가 다음해 3월 7세 때 왕세자로 책봉되었고, 세상을 떠나자 시호를 효장이라고 했다

영조는 장헌(사도)세자를 폐한 뒤 사도세자와 혜빈-혜경궁 홍씨-사이의 왕세손을 효장세자의 양자로 입적시켜 왕통을 잇게 했다. 후일 왕위에 오른 정조는 영조의 유지를 따라 효장세자를 진종으로 추존했다. 진종은 사도세자의 이복형으로 사도세자가 태어나기 7년 전에 죽었다.

세자빈 조 씨는 좌의정 조문명의 딸이다. 영조 3년(1727년) 세자빈에 간택되어 효장세자와 가례를 올렸다. 그가 죽은 7년 뒤인 영

조 11년(1735년)에 현빈에 봉해졌지만 영조 27년(1751년)에 후사 없이 37살의 나이로 죽었다. 정조가 즉위한 뒤 효순소왕후로 추존되었다.

영조 10년(1734년) 봄, 귀인 이 씨의 몸에 태기가 있다는 소식에 중전과 영조는 기뻤다. 영조 11년(1735년) 정월 그믐날, 영빈 이 씨가 옥동자를 낳았다. 이 왕자가 비극의 사도세자다. 영조 12년(1736년) 1월 왕자 선은 세자로 책봉되었고 이때 영조는 42세였다.

사도세자의 죽음에 대한 비화

영조에게는 중전 정성왕후 서 씨와 계궁인 정순왕후 김 씨가 있었다. 정성왕후가 자식을 남기지 못하고 승하하자 66세인 영조는 빈궁과 귀인을 제치고 정실인 중전을 맞아들이려고 했다.

그러자 대신들은 늙은이가 여자를 밝힌다며 못마땅해 했다. 더구나 권력을 잡기 위해 어린 딸을 영조에게 준 김한구가 더 미친놈이라고 생각했다. 이때 아직 30세가 안된 젊은 몸으로 왕의 총애를 받아 옹주까지 낳은 문숙의의 질투가 무척 심했다.

문 씨는 자기가 아들을 낳아서 왕모로 올라서려는 야심을 품고 있었다. 그녀는 왕과 사도세자와의 사이를 이간시키려는 당파싸움에서 주동역할을 한 인물이었다.

특히 자기보다 어린처녀가 자신의 천한 집안 보다 문벌이 높은 재상집에서 들어오려는 것을 막으려고까지 했다. 그래서 온갖 아양을 떨고 있던 어느 날이었다.

"상감, 제 몸에 태기가 또 있는 모양입니다. 이번엔 꼭 왕자를 낳아서 상감을 기쁘게 해드리겠습니다."

"허~어, 그래? 이번엔 꼭 아들을 낳아라."

영조는 젊은 문 씨의 탄력 있는 배를 이불 속에서 어루만지면서 기뻐했다. 이때 문 씨는 영조에게 넌지시 말을 던졌다.

"상감, 효장세자는 일찍 세상을 떠났고, 지금 동궁(사도세자)은 공부는 않고 시정잡배들과 주색잡기에만 빠져 있사옵니다."

"그래, 나도 고민이구나. 그런데 내 나이가 칠십인데 아들을 낳을 수 있을지 모르겠구나?"

"마마, 정성마마가 승하한 이때, 저도 있는데 왜 계궁을 들여놓으시려 하세요?"

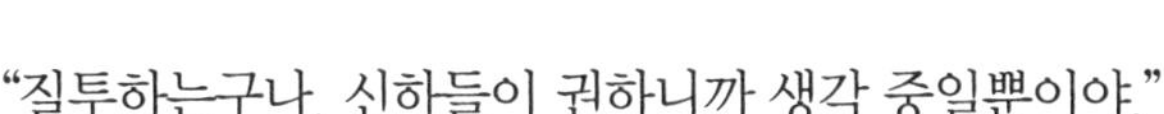

"질투하는구나. 신하들이 권하니까 생각 중일뿐이야."

"상감, 저보다 젊은 처자를 중전으로 들여놓으시면 질투가 나옵니다."

"중전이 들어오건 말건 넌 내가 가장 귀여워하지 않느냐."

문 씨는 이불 속에서 영조가 배를 만지면 힘을 주었고, 낮에는 치마 속에 솜뭉치를 넣었다. 이것은 왕이 계궁을 맞이하는 것을 중지시키려는 술책이었다.

이런 문숙이의 노력에도 불구하고 간신들은 중전의 빈자리는 왕실의 예의가 아니라고 주장했다. 하지만 마침내 김한구의 15세 딸을 정순왕후로 맞이했다. 그러나 영조는 정순왕후를 맞은 뒤에도 문숙이의 육체적 향략을 잊지 못해 종종 그녀를 찾아갔다.

그러던 어느 날 밤 영조가 찾아가자 문 씨는 밥까지 굶은 배에 힘을 빼고 낙태했다고 말했다. 그러자 영조는 그녀의 꺼진 배를 확인했다. 문 씨는 거짓말의 고통에서 벗어난 것에 대해서 환한 미소를 지었다. 더구나 왕의 동정과 사랑을 자신에게 집중시키는데 성공했던 것이다.

"제가 상감의 사랑을 한 몸에 받고 있지만 조정의 대신들은 상놈인 궁녀출신이라며 저를 멸시합니다. 양반이 별건가요. 당파싸움이나 하고 백성의 재물과 나라재물을 도적질하는 놈들이잖아요."

"네 생각에 당파싸움으로 나라가 망할 것 같으냐."

"상감마마, 당파싸움 못하게 하는 묘안이 있습니다."

"그래? 어디 한 번 들어보자."

"당파싸움은 상감의 명령이라도 고쳐지지 못합니다. 이것은 대대로 내려오는 원수지간이니까요. 그래서 당파와 관계없는 사람을 등용해야 합니다."

"나도 그렇게 생각하고 있지만 쉽지 않구나."

"양반들은 모두 당파에 속해있지요. 그래서 당파와 관계없는 중인이나 상민들을 등용시키시면 그런 폐단이 없어질 것이옵니다."

이것은 중인과 상민에게 벼슬을 시킨다는 것은 뿌리 깊은 신분제도를 타파하는 혁명이다. 그러나 영조라도 쉽게 용단을 내리지 못했다. 그것은 현재 각파의 양반들과 전국의 유림이 단합해 봉기할 것이 뻔한 일이기 때문이다.

그러나 문숙이의 생각은 다른 것이었다. 그것은 친정 동생에게 벼슬을 주어 중인에서 벗어나 양반대우를 받게 하려는 야심이다.

"상감마마, 가까운 예로 저의 아우에게 벼슬을 먼저 주세요. 제 친정 동생은 어느 양반집 가문 사람보다 학문과 인품도 잘 났습니다. 하지만 조상이 중인이고 제가 천한 궁녀출신이라 양반들에게 천대를 받고 있지요. 따라서 그런 천대를 면하게 될 것입니다."

"그래? 네 친정 동생이 그런 인물이더냐."

"네, 상감마마. 대신들은 자신의 친척이라면 사돈의 팔촌까지 벼슬도 시키지요. 중인들도 양반의 족보에 넣어가며 돈으로 감투를 사지만, 저는 그런 짓을 할 수 없어 지금까지 상감께서 알아서 처리하실 때만 기다렸습니다."

"그렇구나. 내가 처남의 존재까지 몰랐구나. 그래 무슨 벼슬을 원하느냐?"

"단번에 대감까지 바랄 수는 없지 않습니까? 그러니 적당한 영감자리만 시켜 주세요."

"흠~ 그렇다면, 육상궁소감 자리가 어떻겠니?"

문 씨는 자신의 동생이 궁중에 자유롭게 출입할 수 있는 벼슬을 하게 되어 더욱 기뻤다.

문 씨의 친정 동생 문성국은 글깨나 하는 청년으로서 장안의 호걸을 자처하던 유명한 건달이었다. 그는 장안의 건달과 깡패를 모아

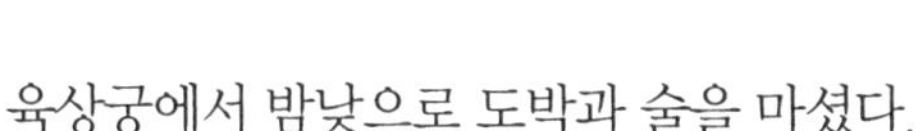
육상궁에서 밤낮으로 도박과 술을 마셨다.

더구나 그는 문 씨의 밀령으로 자왕파라는 소론을 잡아 죽이려는 무서운 밀정이었다. 이 소문이 장안에 퍼지자 소론파들은 술집에서 말을 함부로 하지 못했다.

소론파는 윤지의 반란이 실패한 후에 자신들의 희망을 사도세자에게 걸었는데 이것이 자왕파의 기초가 되었다. 이들은 일을 시작함에 있어서 유언비어를 조작하고 미신까지 이용했다.

그것은 황해도에 예언하는 생불이란 여자가 나타나 민심을 끌었던 것이 좋은 예이다. 당시 이 여자는 무당들에게 세자를 지지하는 선동을 생불의 이름으로 퍼뜨렸다.

첩보를 입수한 조정에서는 이경옥을 암행어사로 명하여 황해도로 파견시켰다. 암행어사는 허술한 옷차림으로 변장해 봉산의 어느 시골에서, 생불이란 무당이 기도하는 것을 구경했다. 기도를 하러 온 사람들에게 그 무당은 부자가 되게, 아들을 낳게, 벼슬을 하게 기도한 뒤에 이렇게 설법했다.

"벼슬을 하려면 늙은 세력을 없애버리고 젊은 세력이 일어서야 한다. 늙은 세력은 노망한 임금과 노론의 간신들이다. 젊은 세력은 왕세자와 소론의 중신들이다. 따라서 늙은 세력이 멸망하라고 기도를 해야만 한다."

암행어사는 곧바로 황해감사와 각 읍의 수령에게 지시해서 무당들을 검거해 엄하게 다스렸다. 하지만 민심은 더욱 흉흉해졌고 노망한 임금이라고 저주 받는 영조도 불안감을 느끼고 있었다.

이때 사도세자가 반역을 갖고 있을 듯한 의심이 생겼다. 그것은 글은 읽지 않고 무술에 전념한 것이 변란을 준비하는 것처럼 보였던 것이다. 그러나 뚜렷한 증거가 없었기 때문에 자왕파인 소론을 경계했다.

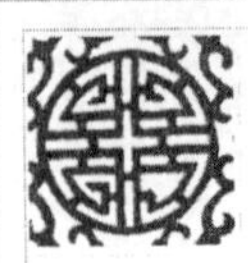

문숙의와 내통하는 부왕파는 이것을 기회로 자왕파로 지목되는 소론파를 소탕하려고 했다. 이때 문성국은 영의정 김상로의 집을 밤중에 찾아갔다. 찾아간 이유는 영의정의 내탁으로 일을 하려는 다짐을 받고 싶어서였다. 또한 이런 중대한 문제가 조정에 상정되었을 때 영의정이 책임지고 증언하는 것을 노렸던 것이다.

다음날 문성국은 궁중으로 달려가 누이 문 씨에게 사도세자가 반역음모를 꾸미고 있다며 고자질했다. 문숙의는 영조에게 밀고하면서 부자간을 이간질까지 했다. 사실은 동궁의 반역심을 조장한 것은 동궁측근의 소론들이다. 그러자 노론파는 그들을 능지처참해야 한다고 주장했다.

이런 공격을 받자 영부사 이천보와 우의정 민백상이 차례로 자결했다. 사도세자는 자신을 감싸주던 가신들이 이렇게 자결하자 마침내 실성한 사람같이 되어버렸다. 영조 37년 4월, 사도세자는 수 명을 데리고 부왕 영조 몰래 평양으로 유람의 길을 떠났다.

그는 부왕이 언제 자신을 역적으로 몰아서 죽일지도 모른다는 공포감에서 해방되려는 생각이 많았다. 세자는 산에 놀러갔다가 기생에서 여승으로 전향하고 수도하던 가선까지 농락했다. 세자는 평양에서 한양으로 돌아올 때 그동안 정들은 평양미인을 5~6명이나 가마에 태워 가지고 몰래 돌아왔다. 이중에는 가선도 있었다.

사도세자는 영조로부터도 미친 자식으로 구박받아 온지가 오래였고 영조를 극도로 무서워해 정신병환자의 증세까지 나타났다. 영조 32년에 세자는 모친상을 당한 후 정신적으로 더 큰 타격을 받았다. 그 와중에 영조의 총애를 받는 후궁 문 씨와 친정 동생 문성국이 사사건건 세자를 고자질 했다.

이로 인하여 세자는 영조에게 인간취급을 받지 못하고 울화병이 점점 심해 궁중의 내관들을 매질하거나, 칼로써 궁중비복을 찔러

죽이는 살인도 여러 번 저질렀다.

영조 38년 여름, 마침내 세자와 영의정 신만과의 사이가 극도로 악화했다. 신만은 영조에게 세자에 대한 걱정을 여러 가지 일로 올렸는데 그것은 모두 세자의 잘못에 대한 선후책들이었다.

그래서 세자가 화를 냈지만 자신의 지위로서 영조의 신임을 받고 있는 영의정 신만에게 직접 화풀이를 할 수가 없었다. 그래서 그의 아들 영성위를 대신 잡아다가 죽이겠다고 별렀다. 영성위는 세자의 누이동생 화협옹주의 남편이었다.

영조의 때늦은 후회

영조 38년(1762년) 윤5월, 중전 김 씨의 아버지 김한구와 그 일파인 홍계희, 윤급 등의 사주를 받은 나경언이 세자의 비행과 역적모의를 꾀한다고 무고했다.

휘녕전에 엎드린 세자가 끝까지 역모를 부인하자 영조는 용천검을 내려 자결하라고 했다. 이때 임금과 세자 사이를 중재한 영의정 홍봉한은 파직되고 후임으로 신만이 임명되었다. 신만 역시 임금에게 자결명령을 거두어 달라고 애원해도 영조는 듣지 않았다. 마지막으로 임덕재가 죽기를 각오하고 간언했지만 역시 쫓겨났다.

덕성합에서 이런 살벌한 소식들을 듣고 있던 세자빈 홍 씨는 통곡하였고, 세손 성도 울면서 어머니 홍 씨를 위로하였다. 세손이 영조를 찾아가 엎드려 울면서 애원했다. 하지만 영조는 그 자리에서 세손을 끌어내라고 했다.

이때 영빈 이 씨가 적은 글을 읽은 영조는 바로 찢어버려 무슨 내용인지 알 수가 없지만 무슨 밀고인 것은 분명했다. 임금은 즉시 명을 내렸다.

"여봐라, 동궁의 토굴 속에 있는 뒤주를 이곳으로 옮겨 오너라."

뒤주는 세자가 만든 것이었다. 세자가 그 속에서 낮잠을 자기도 하였고, 마음이 울적할 때면 그 속에 들어가 마음을 가라앉히기도 했다. 세자는 마지막으로 부왕 영조에게 절하고 뒤주 속으로 들어갔다. 그러자 뒤주 뚜껑에 큰 못을 박았다. 더구나 그 위에 풀을 덮고 큰 돌까지 올려놓았다.

도승지 이이장이 세자를 위해 간언하다가 참수 당했기 때문에 누구 한 사람 세자를 위해 나서는 사람이 없었다. 가끔 뒤주 안에서 세자의 신음소리만 들렸다.

세자빈 홍 씨의 아버지 홍봉한과 숙부 홍인한은 세자의 죽음을 지지하는 입장이었다. 그리고 영의정 김상로도 세자를 죽음에 이르게 하는 데 한 몫을 했다.

임금 역시 가슴 아프긴 마찬가지였다. 얼마 후 영조는 명을 내렸다.

"여봐라, 세자의 비행 10조를 적어 응징해야 한다고 상소한 나경언을 끌고 오너라."

나경언은 형조판서 윤급, 판부사 조재호, 응교 이미 등의 사주로 올린 상소문이라면서 살려 달라고 애걸했지만 곧바로 처형되었다. 세자가 뒤주 속에 갇힌 지 8일 만에 뚜껑을 열었다. 숨이 멎어 있는 세자의 앞가슴은 얼마나 쥐어뜯었는지 살갗이 모두 헤어져 유혈이 낭자했다.

세자빈 홍 씨는 기절하였다. 그 후 홍 씨는 1795년 남편의 애절한 죽음과 자신의 일생을 기록한 『한중록』을 썼다. 이것은 『인현왕후전』과 함께 궁중문학의 효시라고 할 수 있다.

영조는 세자를 죽인 것을 후회하며 '사도'라는 시호를 내렸다. 후일 세손 정조가 즉위하자 '장헌'으로 추존했다가 다시 '장조'로 추존했다. 처음 양주 배봉산(동대문구 휘경동)에 묻혔다. 정조 13년(1789년) 경기도 화성군 태안면 안녕리로 천장되어 현륭원으로 이름이 바뀌었다가 장조로 추존된 뒤에 융릉으로 정해졌다. 세자빈 홍 씨는 사도세자가 죽은 뒤 혜빈에 오르고 정조 즉위년에 궁호가 혜경궁으로 올랐다.

영조는 세자의 죽음을 부채질한 김상로를 파직시켜 귀양을 보냈다. 그리고 전 우의정 조재호에게 사약을 내렸다. 영조는 세손에게 이렇게 말했다.

"네 아비의 원수는 김상로이니라"

그러나 사도세자의 죽음에 관련된 홍봉한은 계속 세도를 누렸다. 노론들의 화살은 이제 세손에게 향했다. 세손이 즉위할 경우 자신들에게 보복이 있을 것은 당연했기 때문이다. 이때 홍봉한은 사도세자의 후궁 임 씨가 낳은 은언군 인을 추대하려 했다가 영조 48년(1772년)에 사직 당했다.

이렇듯 세손이 외가에 의해 궁지에 몰리자 소론을 앞세워 홍인한을 공격하는 상소가 올라왔다. 그러자 홍인한은 노론을 내세워 반대상소를 올려 대립했다. 그러던 중 영조 51년(1775년) 5월, 목숨을 걸고 직간한 춘방설서 홍국영의 상소로 같은 해 12월 영조는 세손에게 대리청정을 명했다.

24세의 왕세손 산이 대리청정한 지 3개월 뒤인 영조52년(1776년) 3월 영조가 83세로 죽었다. 경기도 구리시 인창동 동구릉 능역의 원릉에 묻혔다. 영조의 생모 숙빈 최 씨는 서울 종로구 궁정동 소재 칠궁에 신위가 모셔져 있다. 칠궁은 최 씨처럼 조선시대 역대 왕이나 왕으로 추존된 이의 생모인 일곱 후궁들로서 왕비에 오르지 못한 여인들의 신주를 모신 궁이다.

출생의 비밀

영조의 생모는 최소녀라는 천한 여자였다. 따라서 영조는 선천적인 열등감에서 자란 탓에 성격형성에 문제가 있었다.

연잉군(영조)은 이복형 경종의 무능함과 자신을 지지한 당파 덕택으로 왕세제가 되었다. 하지만 이것으로 인해 소론에서는 즉위 후에도 실력으로 폐왕 시키려고 반란까지 일으켰다.

영조 원년, 임금 자리를 노리던 왕족들과 소론파들은 뒤에서 영조를 쫓아낼 음모를 진행시키고 있었다. 지난날 연잉군이 왕세자로 책립되는 순간 맨 먼저 경종에게 반대 상소를 올렸던 유봉휘가 귀양을 갔다. 그때 경종의 병세가 악화되자 소론파의 조성복이 동궁에게 섭정을 시키자며 상소했고, 이어 경종은 동궁에게 국정을 맡겼다.

그런 후 영의정 김창집과 최석항이 왕에게 상소를 올려 거사를 음모했다고 하여 조성복을 진도로 귀양 보냈다. 그러자 소론파에서는 계략을 꾸며 노론파의 김창집과 이이명, 조태채 등을 귀양 보낸 후 조성복을 복귀시켰다.

연잉군이나 밀풍군 중 누가 임금이 되건 백성들에겐 상관없었다. 하지만 노론파는 연잉군을 밀고 소론파는 밀풍군을 미는 것은 자신들의 권력을 유지하기 위해서 였다.

따라서 당파싸움에 신물을 느낀 영조는 당파싸움을 금하려는 탕평책으로 노론파의 원한은 어느 정도 풀어졌지만 소론파의 불평은 더욱 격화되었다. 김일경의 아들 김영해, 목호룡의 형인 목시룡의 패거리들은 영조를 원망한 후 반란음모를 꾸며 영조 4년에 반란을 일으켰다. 그들은 이유익, 조덕징과 함께 성사 후에 임금으로 추대할 밀풍군을 충동질했다. 그런 후 조덕징은 한세홍과 함께 청주로

내려가 거짓으로 이인좌를 충동해 반란군의 대원수로 추대하겠다고 권했다.

그러나 이들의 반란음모를 사전에 알게 된 봉조하의 최규서가 궁중으로 달려가 왕에게 알렸다. 그러자 왕실과 조정에서는 반란군 진압에 대한 긴급대책을 세웠다. 반란군들은 한양 장안에 격문 등을 붙이고 유언비어를 퍼트렸다.

'지금 영조는 어미가 없는 가짜 임금이다. 왕대비 명령으로 남원군을 모시려는 의병이 일어난다.'

드디어 청주에서 반란이 일어났다. 이인좌가 반란군의 대원수를 자칭하고 청주병영을 점령했던 것이다. 다라서 조정은 양성, 진위, 안성, 용인의 수령을 무관으로 대체했다. 그런 후 병조판서 오명항을 사로도순무사로 임명하고 박찬신을 중군 사령관으로 파견했다. 관군은 안성에서 반란군과 맞서 선봉장 박종원의 목을 베고, 이인좌와 청주목사를 자칭하던 권서봉을 사로잡았다. 반란이 진압되고 이인좌를 비롯한 주모자 60여 명은 참형을 당했고, 밀풍군은 일 년 후에 사약을 받았다. 이때 승병과 함께 이인좌를 사로잡은 농민 신길만은 그 공으로 일약 동지중추부사가 되었다.

영조는 이번 반란의 원인이 노론과 소론의 당파싸움에서 생겼다며 안타까워했다. 따라서 탕평책으로 화해를 붙였다. 임금은 양 파의 거두를 불러 좌우에 앉히고 친히 두 손으로 그들의 손을 잡았다.

"이제부터 경들과 경들의 동지는 오늘부터 분쟁을 벗어던지고 나와 손을 잡고 국사에 함께 힘씁시다. 나도 앞으로는 어느 당파를 두둔하지 않고 능력과 충성만을 믿고 등용하겠소."

그들은 시원한 대답 대신 상소하겠다고만 했다. 그러자 영조는 웃으면서 지금 당장 화해를 약속하지 않으면 끝까지 손을 놓지 않겠다고 했다. 그러나 그들은 협력을 거부했다. 그러나 왕의 끈질긴 설

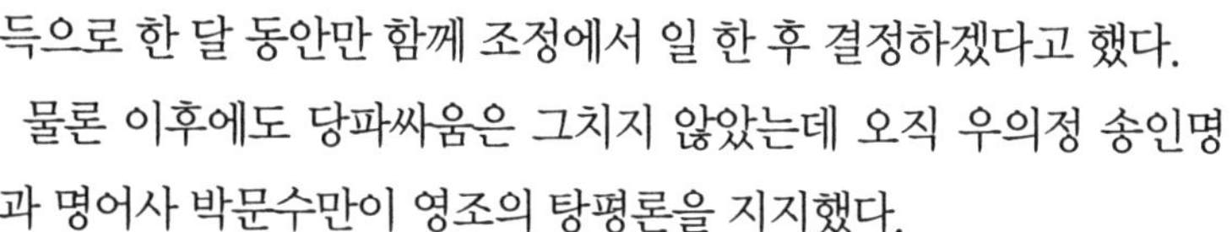

득으로 한 달 동안만 함께 조정에서 일 한 후 결정하겠다고 했다.

물론 이후에도 당파싸움은 그치지 않았는데 오직 우의정 송인명과 명어사 박문수만이 영조의 탕평론을 지지했다.

정조실록

제22대
(1752~1800년)

정조는 영조 둘째 아들 사도세자와 혜빈 홍씨 사이의 둘째 아들로 태어났다. 이름은 산이고 자는 형운이다. 영조 35년(1759년) 8살에 세손으로 책봉되었다. 영조 38년(1762년)에 장헌세자가 죽자, 어려서 죽은 영조의 맏아들 효장세자의 아들로 입적되었다. 정조는 1800년 6월에 48세에 죽었다. 존호는 문성무열성인장효이며, 능호는 건릉으로 사도세자가 묻힌 융릉 서쪽에 있다. 1897년 대한제국이 성립되자 1900년에 황제로 추존되어 선황제로 개칭되었다.

『정조실록』

『정조실록』은 조선 22대 왕 정조의 역사를 기록한 것으로 본서 54권과 부록 2권을 합쳐 모두 54권 56책의 주자본이다.

1800년(순조 즉위) 12월부터 편찬을 시작하여 1805년 8월에 완성했다. 총재관은 이병모, 이시수, 서용보, 서매수 등이며, 도청당상은 이만수와 김조순이다. 이외 각 방 당상으로 김재찬, 한용구, 김달순 외 17명이 간여했다. 조진관, 서유구 외 7명이 교정당상, 서미수, 한용탁이 교수당상을 보았다. 정조의 묘호가 원래 정종이기 때문에 판심에는 『정종대왕실록』으로 되어 있다.(정조라는 묘호는 1899년에 올렸음) 부록에는 정조의 시책문, 애책문, 비문, 시장, 행장 등을 수록했고, 부록 속편에는 천릉비문, 천릉지문 등을 수록했다.

정조는 친아버지의 죽음과 시파, 벽파의 대립갈등으로 위태로웠지만, 홍국영 등의 보호로 어려움을 이겨냈다. 영조 51년(1775년)부터 대리청정을 하다가 다음해 영조가 죽자, 25세로 즉위했다. 정조는 왕위에 오른 후 규장각을 설치해 문화정치를 표방했다.

그리고 그의 즉위를 방해했던 정후겸, 홍인한, 홍상간, 윤양로 등을 제거하였다. 정조 4년(1780년)에는 홍국영을 축출하고 친정체제를 구축하였다. 정조는 영조 이래의 탕평책을 계승하였다.

17세기부터 조선에는 천주교가 들어오게 되었고, 권철신, 정약용 형제, 이벽 등과 같은 신자들이 나타났다. 정조 7년(1783년)에는 이승훈이 북경 천주교회당에서 영세를 받았고, 다음해에는 한양 남부 명례동 역관 김범우의 집에 최초의 천주교회가 창설되었다.

정조 15년(1791년)에는 조상의 신주를 불태운 진산의 윤지충, 권상연 등의 사건이 있었다. 정조 19년(1795년)에는 중국인 신부 주문모가 입국하여 활동하였다. 정조는 천주교를 금지하기는 했지만 심하게 단속하지 않았다. 그래서 1800년경엔 신도가 1만여 명으로 불어났다.

홍국영의 지혜로 목숨구한 세손 정조

정조는 1752년 영조의 둘째 아들인 사도세자와 혜빈 홍 씨 사이에서 둘째 아들로 태어났다. 이름은 산이고 자는 형운이다.

정조는 왕위에 오르자 아버지 사도세자의 억울한 죽음을 복수하는 한편 조정의 파당을 없애고 새로운 사람들을 조정에 대거 등용했다. 그래서 자신의 친위세력을 형성해 나가는 한편 홍국영을 몹시 신임했다.

홍국영과 정조는 세손시절부터 매우 가까운 사이였다. 홍국영은 세손을 죽음을 무릅쓰고 지켰으며, 항상 그의 그림자처럼 따라다녔다.

어느 날 세손을 반대하는 세력들은 영조에게 세손이 『시전』의 '요아편'을 읽는다고 무고하였다. 영조가 이 책을 읽지 말도록 당부했지만 세손은 궁금하여 어느 날 몰래 펼쳐 보았다. 그 책에는 다음과 같이 쓰여 있었다.

'아버지가 날 낳으시고 어머니가 기르셨으니 그 깊은 은혜 갚고자 할진대 하늘이 끝이 없음과 같다.'

그들은 세손이 『시전』의 이 대목을 읽는 것을 목격하자 곧바로 영조에게 달려가 고했다. 그러자 영조가 세손을 불러 물었다.

"오늘 어떤 글을 읽었는지 말해보아라."

"『시전』을 읽고 있었사옵니다."

"내가 『시전』을 읽지 말라고 했는데 왜 읽었느냐?"

세손이 머뭇거리자 영조는 내시에게 세손이 읽었다는 책을 가져오게 하였다. 이때 마침 홍국영이 세손을 찾아갔는데 자리에 없었고 『시전』이 방에 놓여 있어 이상하게 생각했다. 그래서 그는 『시전』의 '요아편'을 칼로 도려냈다.

영조의 심부름을 갔던 내시가 책을 가져오자 영조가 책을 살폈는데, '요아편'이 칼로 도려내져 없었다.

"네가 '요아편'을 도려낸 이유가 있느냐?"

"예, 전하께서 읽지 말라고 해서 칼로 도려냈습니다."

세손은 엉겁결에 이렇게 둘러댔다. 그러자 영조는 이렇게 말했다.

"음, 앞으로도 '요아편'은 읽지 마라."

세손은 이렇게 하여 무사히 동궁으로 돌아왔다. 그곳에는 홍국영이 벌써부터 기다리고 있었다.

"저하, '요아편'은 여기에 있사옵니다."

"그대는 나를 살렸소. 참으로 고맙소이다."

세손은 홍국영의 손을 덥석 잡고 몇 번이나 고마운 마음을 전했다. 홍국영은 자신이 '요아편'을 도려낸 연유를 말하자 세손은 말했다.

"그대의 재치로 내가 살았소. 앞으로 그대에게 잘못이 있다고 해도 내가 반드시 용서하리다."

정조가 왕위에 오르자 홍국영은 도승지에 임명되었다. 그리고 정조의 정적들을 없애는 데 앞장섰다. 이때 홍상범이 자객사건을 일으켰다. 그는 정조가 왕위에 오르자 반역을 꾀하기 위해 무사들을 모았다. 이때 호위군관 강용휘를 꾀어 자기 사람으로 포섭했다.

마침내 강용휘는 전홍문을 포섭하였고, 그들은 홍상범의 친척인 홍대섭의 집에 자주 모였다. 여러 사람을 포섭한 홍상범은 거사 날짜를 정하고, 강용휘는 고들개철편을 품속에 지니고, 전홍문은 칼을 숨겨가지고 대궐로 들어가기로 하고 자신은 그들의 뒤를 따라 행동하기로 굳게 약속했다.

강용휘와 전홍문은 약속한 날에 대궐에 들어가 강계창과 나인 강월혜의 주선으로 존현각에 이르렀다. 이때 음모가 드러나 군사들에게 쫓겼다. 그들은 대궐에서 빠져 나와 다시 모의하다가 모두 잡혔다. 그런 뒤 홍계능은 정조를 살해하고 정조의 이복동생인 은전군을 왕으로 추대하려고 음모를 꾸미다가 발각되었다.

홍국영은 정조를 반대하는 세력들을 조정에서 쫓아냈다. 왕대비 정순왕후의 동생 김귀주를 흑산도로 유배시켰다. 그리고 자신의 여동생을 정조의 후궁으로 들여보내자 원빈으로 책봉되었다.

정조 3년(1779년) 5월 홍국영의 여동생 원빈이 갑자기 죽었다. 이때 홍국영은 자신의 누이가 독살되었다며 중궁전의 나인들을 혹독하게 다스리자 비난이 일었다. 그러자 정조는 그를 조정에서 물러나게 했다. 그때 32살이었고, 한창 세도를 누리다가 허무하게 쫓겨났다.

정조는 규장각을 넓히고 인재를 모았다. 그가 규장각을 만든 것은 규장각을 통해 인재를 모아 외척들과 환관들의 역모를 방지하고 또한 새로운 정치를 펼치기 위해서다. 1779년 규모가 커진 규장각 외각에 검서관을 두고 박제가 등의 서얼출신 학자들을 그곳에 배치했다.

정조는 규장각을 중심으로 임진자, 정유자, 한구자, 생상자 등의 활자가 만들어졌고, 『속오례의』, 『증보동국문헌비고』, 『국조보감』, 『대전통편』, 『동문휘고』, 『오륜행실』등을 편찬했다.

정조는 영조의 탕평책을 계승하였다. 이때 조정은 사색당파에서 시파와 벽파로 나뉘어졌다. 영조 때 외척중신의 노론은 벽파가 되었고, 정조를 찬성하던 남인과 소론이 시파가 되었다.

조선의 신도시 건설

1789년(정조 13) 7월 영조의 부마 금성위 박명원이 양주의 배봉산 기슭에 있는 사도세자의 묘를 다녀와 상소했다.

"묘지에 뱀이 똬리를 틀고 주망석은 쓰러져 있고, 봉분에는 억새풀이 돋아 처량하기 그지없었습니다."

정조는 가슴이 미어지는 듯했다. 왕의 아버지의 묘가 이 지경이라니 믿기지 않았다. 정조는 조정 대신들을 희정당에 불러 승지로 하여금 상소문을 읽게 하였다.

정조는 아버지 묘를 수원부의 관청 뒤쪽으로 이장하기로 하고, 서유방을 경기관찰사로, 조심태를 수원부사에 임명하여 일을 맡겼다. 그해 10월 공사가 마무리 되어 이장했다. 묘는 영우원에서 현륭원으로 이름을 고쳤고, 묘소 옆에 용주사를 세웠다.

이때 사도세자가 묻힌 현륭원은 수원부의 읍내인데, 이곳에 살고 있는 백성들을 수원 팔달산 아래로 이주시켰다. 그런 후 새로운 도시로 만들기 위해 1794년부터 34개월 동안 공사를 벌여 1797년 10월16일 낙성식을 가졌다.

마음 약한 임금

정조는 학문을 좋아해 수많은 편찬사업을 이룩했다. 그러나 패거리 싸움이 다시 시작했다. 이것은 왕권의 쇠퇴를 가져온 계기가 되었다.

정조는 학문 외의 모든 정치문제는 신하들에게 맡겼다. 이것 때문에 척신들의 세도정치를 조장하는 폐단을 남겼다. 이에 정권을 노리는 무리들은 정조의 이복형제들을 추대해 정조를 몰아내려는 반역음모를 여러 번 일으켰다.

정조에게는 영빈 임 씨 소생의 은언군, 숙빈 임 씨 소생의 은신군, 귀인 박 씨 소생의 은전군 등의 이복형제가 있었다. 정조 원년에 홍상범 등이 은전군 이찬을 임금으로 추대하려는 반란을 꾸몄다. 홍상범의 부친 홍술해는 황해감사 재직 시 부정 축재자로 죄를 받아 섬으로 귀양을 갔다.

그러자 그의 일족 홍상간이 원한을 품고 역적모의를 하다가 처형당하고 그의 일족은 모두 귀양을 가거나 폐적을 당했다. 홍술해의 아들 홍상범과 홍상길은 전주로 귀양 갔다가 부친과 일족의 원수를 갚기 위해 탈출한 후 한양으로 잠입, 홍필해, 강용휘, 전흥문 등과 결탁했다. 그리고 궁녀들과 짠 후 정조를 침전에서 시해하고 은전군을 왕으로 세울 음모를 꾸몄다.

거사 날 밤, 홍술해는 무장한 장정 50여 명을 데리고 궁중을 기습하기 위해 행동을 개시했다. 홍술해와 전흥문과 강용휘 세 명이 맨 먼저 궁궐의 담을 넘었지만 파수병에게 들켜서 죽음을 당했다. 사건에 격분한 대신들과 대사헌 및 종친관들은 은전군을 법대로 다스려 독약으로 죽이라고 주장했다.

그러나 마음이 온순한 정조는 반대를 했지만 대신들은 은전군의

처벌을 강력히 주장했다. 정조는 하는 수 없이 독약을 내려서 은전군의 목숨을 끊게 했다. 또 충주의 이술조는 홍인한일파가 정권을 마음대로 휘둘러 반대파를 역적으로 몰아 죽인다고 분개한 후 대담하게 충주목사와 직접 면담했다.

"조정에 역적 홍인한이 제 마음대로 유능한 충신들을 역적으로 몰아 죽이고 있소. 그놈을 없애려면 그를 신임하는 임금을 갈아치워야겠소. 그래서 난 군사를 일으켜 대궐로 쳐들어가서 나라를 바로잡겠소. 목사도 언제 역적으로 몰려 죽을지 모르니 나의 의거에 찬동하시오."

이 말을 들은 목사는 곧바로 상부에 보고했다. 그러고 이술조를 잡아 처벌했지만 아무런 군사모집의 사실도 없고 단순한 당파적인 불평임이 밝혀졌다. 그리고 숙청당한 홍국영의 잔당인 송우암의 후손 송덕상은 평산 땅의 신형하와 함께 소론파를 누르려는 음모를 꾸미다가 사전에 발각되어서 귀양을 갔다. 그 뒤에 조정안에서도 정조를 비방하는 사건이 일어났다. 지평지위에서 쫓겨난 이유백과 공조참의 이택징은 공론했다.

"임금은 규장각의 벽파 놈들만 만나기 때문에 국정을 돌보지 않고 있소. 우리 모두 규장각을 때려 부셔야 합니다."

"놈들 세력을 무슨 방법으로 제거하겠소. 말만 들어도 시원하지만 공연히 또 역적으로 몰리면 안 되잖소."

"충신이 역적으로 몰려서 죽는 것이 두려워 의로운 일을 못하겠소? 방법이야 합법적으로 상소해서 상감의 잘못을 깨우쳐 드리는 것이요. 그래도 효력이 없다면 다른 방법을 쓰는 수밖에 없지요."

이들은 은근히 실력행사도 사양치 않겠다는 음모를 꾸몄다. 그리고 이택징은 곧 시폐를 규탄하는 상소문을 올렸다. 이때 그는 역적에 몰리는 것을 각오했다.

'근래 규장각은 승정원 이상의 집정기관으로 변해 모든 국정이 그곳에서 결정되고 있습니다. 따라서 규장각을 본무로 돌아가게 하셔야 됩니다. 신의 생각으로는 규장각과 승정원 둘 중에 하나를 선택하심이 좋을 듯 싶습니다. 규장각은 본래 상감께서 사사롭게 학문을 연구하시는 곳입니다. 금후로는 전교를 비롯한 모든 국정문제는 승정원을 통해서 하시기 바라옵니다.'

정조는 과격한 표현의 상소를 받고도 노함 없이 도리어 알아듣도록 이야기했다. 그러나 대사헌은 이택징을 반역죄로 다스려야 한다고 주장했다. 따라서 이유백은 이택징의 상소를 옹호하는 상소문으로 대항했다. 그 내용은 더욱 용감하게 청풍 김 씨 중전까지 미쳤고, 중전의 친정출신인 김시묵의 죄상까지 들춰 숙청해야 한다고 진언했다.

그러나 결과는 이택징과 이유백을 모두 귀양 보내라는 왕명이었다. 사태가 이렇게 되자 자기에게도 화가 미칠 것을 겁낸 이유백의 아우 이유원은 자기만 살기 위해 형까지 파는 비굴한 발고를 했다.

'이유백과 이택징은 반역의 뜻을 품고 공모해서 상소문을 전후로 올렸습니다. 사전에 그런 일을 알고 미리 보고하지 못한 속죄를 하기 위해서 늦게나마 사실을 아룁니다.'

그의 발고로 귀양 갈 형과 이택징은 결국 사형당하고 말았다. 그러자 반대파에서는 이 사건을 발전시켜서 귀양 보냈던 송덕상, 신형하를 비롯한 일파 등 일곱 명도 완풍군을 임금으로 내세우려는 음모를 했다고 역적으로 몰아서 모조리 사형에 처했다.

정조 8년에 소용 서 씨가 정조의 아들을 낳았는데 서자였지만 왕세자로 책봉되었다. 그것은 중전에게 아들이 없었기 때문이었다. 왕실에서는 이 경사를 영희전에 받들어 고하는 의식으로 올렸다.

고백헌관인 김하재는 직무상 할 수 없이 제전을 집행하였지만 예

방승지 이재학에게 정조를 비방했다. 그러나 이재학은 자신이 역적으로 몰려서는 죽는 것이 두려웠다. 그래서 친구를 배반하고 왕에게 밀고했다. 왕은 김하재를 잡아다가 직접 심문했는데 그는 왕에게 당당하게 진술했다.

"상감께서는 말로만 당파싸움을 금하면서 실제로는 소론파만 중용하고, 소론파가 날조한 반역죄로 노론파의 충신을 얼마나 죽였습니까. 중전이 아직도 젊은데 좀 더 생남을 기다리지 않고 서실 소생을 왕세자로 봉하셨습니까. 신은 죽겠지만 억울한 충신을 죽이는 것은 신으로만 끝내시길 바라옵니다."

죽음을 두려워하지 않은 김하재의 당당한 말에 그가 죽은 뒤에도 정조는 마음이 편치 않았다. 그래서 정조는 조용히 그의 말을 되새겨 보았다. 처음으로 노론파의 유력한 집안이 역적죄로 몰려 죽은 사람을 세어보니 소름이 끼쳤다. 다음엔 소론파의 유력한 집안을 세어보았다. 그 역시 역적에 몰려 죽은 자가 많았다. 정조는 이렇게 생각했다.

'어렵구나. 어느 파를 믿어야 할까. 모두 저희들끼리 세력싸움으로 죽이고 죽는 것은 모두 미친 짓이야.'

그래서 정조는 원로대신들과 상의한 국법이 정하는 대사령을 내렸다.

"선왕 때부터 국사범으로 죽은 자는 할 수 없지만, 귀양 간 사람들을 모두 용서해서 돌려보내라."

이후 정조는 당파싸움에 환멸을 느껴 당장이라도 양위할 세자가 있으면 정치에서 떠나 학문에만 몰두하고 싶었다.

순조실록

제23대
(1790~1834년)

정조와 수빈 박 씨 사이에 태어난 둘째 아들이다. 이름은 공이고 자는 공보며 호는 순재다. 정조 14년(1790년)에 태어나 정조 24년(1800년) 정월 왕세자에 책봉되었다. 6월 정조가 죽자 11세의 나이로 즉위하였다. 나이가 어려 대왕대비 정순왕후(영조의 계비)가 수렴 청정했다. 순조 2년(1802년) 10월, 영안부원군 김조순의 딸을 왕비로 맞았다. 순조는 1834년 11월 45세에 죽었다. 존호는 연덕현도경인순희문안무정헌경성효이며, 묘호는 처음 순종으로 정하였다가, 철종 8년(1857년) 8월에 순조로 추존 개정했다. 능호는 인릉으로 처음에 교하군(파주시 탄현면) 장릉(인조의 능) 경내에 조성했지만, 철종 7년(1856년)에 서초구 내곡동 헌인릉 경내로 옮겼다.

『순조실록』 약전과 요약

『순조실록』은 순조의 역사를 기록한 것으로 본서 36권(부록 2권 포함) 36책의 활자본이다. 원제는 『순종대왕실록(純宗大王實錄)』이다. 순조의 묘호가 처음에는 순종이었기 때문에 『순종대왕실록』으로 표기되었다. 이 실록은 헌종 원년(1835년)에 편찬하여 헌종 4년(1838년)에 완성하였다.

실록청의 구성과 작업일지는 현존하는 『순조실록의궤』에 자세히 기록되어 있다. 3방으로 나눠 먼저 「시정기(時政記)」를 정리하고 다음 「승정원일기」 「일성록」외 기타 자료를 토대로 초고를 만들고 중초, 삼초 작업을 거쳐 완성했다. 편찬 담당자는 총재관에 이상황, 심상규, 홍석주, 박종훈, 이지연, 도청당상은 신재식, 조인영 등이다. 각방 당상은 조인영, 조만영, 서유구 외 23명이었다. 부록은 순조의 행록, 시책문, 애책문, 비문, 지문, 시장, 행장, 천릉비문, 천릉지문 등을 모은 것으로 1865년(고종 2) 『철종실록』을 편찬할 때 추가했다.

순조는 시파를 숙청하기 위해 사교탄압을 시작해 200여 명의 천주교 신자들을 처형했는데, 이것을 신유사옥이라고 한다. 1804년 순조가 친정을 시작했지만, 부원군 김조순과 안동 김 씨 일문의 세도정치가 기승을 부렸다.

1811년 12월, 평안도 가산에서 홍경래의 반란이 일어났지만 이듬해 4월 정주성이 함락되면서 진압되었다. 그러나 1813년 제주도 양제해의 난, 1815년 용인의 이응길의 난, 1817년 유칠재와 홍찬모의 흉서 사건, 1819년 액예와 원예 등의 모반, 1826년 청주 괘서사건 등이 계속적으로 발생했다.

순조 19년(1819년), 왕세자가 풍은부원군 조만영의 딸을 세자빈으로 맞아들였다. 1827년에는 세자가 대리청정하면서 풍양 조 씨가 조정에 들어와 안동 김 씨 세도를 견제했다. 하지만 1830년 세자가 죽자 그 세력은 소멸되었다. 순조 때 『양현전심록』, 『사부수권』, 『대학유의』 등이 간행되었다.

천도교 탄압의 시작

순조가 어려 정순왕후가 수렴청정을 시작했다. 정조 16년 영남의 남인들이 상소를 올려 사도세자의 신원을 주장하였다. 이때 상소에 동조한 서유린과 김이익, 김이재, 박제가 등이 유배되었다. 그리고 홍국영, 심이지 등의 관작을 추탈하고 정조를 도왔던 김관주, 심환지 등을 죽였다.

정조의 세력을 몰아낸 정순왕후는 천주교도들을 탄압하고 천주교에 관련된 남인들을 제거하려고 했다. 이때 천주교도들을 잡기 위해 오가작통법(다섯 가구를 묶어 서로 감시하게 한 것)을 썼다.

전국적으로 천주교도 색출 령이 내리자 수많은 신도들과 핵심세력인 권철신, 이가환, 정약전, 정약용, 정약종, 이승훈 등이 검거되었다. 권철신과 이가환은 고문으로 죽었고, 정약용은 장기현으로 정약전은 신지도로 유배되었다. 정약종은 서소문 밖에서 참수형에 처해졌다. 당시 500여 명의 천도교도들이 희생되었다. 이 사건을 '신유사옥' 이라고 한다.

이때 중국인 신부 주문모가 자수했는데, 그는 강화도에 유배된 은언군 인의 아내와 며느리가 만난 사실을 자백해 모두 사사되었다. 그 뒤 항사영의 백서가 발각되었다. 이 백서로 인해 황사영은 처형되었고, 조선은 천주교를 가혹하게 탄압했다. 백서내용은 다음과 같다.

'청나라 황제가 조선의 왕에게 명령하여 서양인과의 교제를 허용하도록 할 것, 안주를 청나라에 편입시켜 감독하게 할 것. 서양의 선박 수백 척을 동원하여 정병 5~6만을 조선에 보내어 천주교를 받아들이도록 보장할 것.'

수렴청정과 홍경래의 난

왕위에 오른 순조는 11살로 나이가 어려 영조의 미망인 정순왕후 김 씨가 수렴정치를 했다. 이때부터 대왕대비 정순왕후의 친정인 경주 김 씨들의 척신들이 세도를 부림과 동시에 반대파 숙청의 풍파가 일어났다.

왕대비는 선왕 때 역적으로 몰려서 죽은 김구주를 복권시켰다. 이것은 경주 김 씨가 속한 벽파들의 선전포고였다. 이때 천주교가 전파되고 있었기 때문에 벽파에서는 사학(邪學)의 추방이라는 명목으로 그들을 탄압했다.

"사학의 괴수 정약종과 그 도당을 잡아서 처단하라."

대왕대비는 이런 엄명을 내림과 동시에 사학 반대에 철저한 목만중을 대사간으로 임명했다. 그런 후 정약종, 정약전, 동생 다산 정약용, 이가환, 이존창, 홍교만 등이 체포되어 문초를 받았다. 그러나 이들은 한결같이 서양학문을 연구하는 자유와 함께 신앙의 자유를 주장하면서 학문까지 당파싸움에 희생하지 말라고 반박했다.

더구나 이들은 위협과 고문에도 그들의 신념은 굳건했다. 그렇지만 권력으로 그들을 사형에 처하거나 귀양 보내는 것을 할 수가 없었다. 하지만 섭정하는 대왕대비가 엄금하는 천주교였지만 불우한 왕족들 가운데 천주교에 의탁하는 사람들도 있었다.

시아버지는 역적으로 몰려 강화도로 귀양 가서 빈농으로 몰락했고, 신 씨 남편 역시 역적으로 몰려 독약을 먹고 죽었던 것이다. 신부는 불우한 왕족을 위로하고 하나님을 잘 믿으면 모든 불행과 고민에서 구원받는다고 설교했다.

그러자 은언군의 부인 송 씨는 천주교 탄압은 남인파를 잡아 죽이려는 핑계라고하면서 신부를 피하라고 했다. 그러자 중국인 주문모 신부는 다른 신도의 죄를 대신해서 자신이 희생하겠다고 했다.

이때 한 신도가 달려와 신도 중 한 사람이 관가에 밀고했다고 했다. 주신부는 의금부로 자수한 후 천주교도를 죄인으로 몰지 말 것을 호소하고, 그 책임을 자신이 대신해 희생하겠다고 했다. 하지만 의금부에서는 대국으로 섬기는 중국 사람이라 소홀히 할 수가 없었다. 그래서 영의정 심환지에게 보고했고 영의정도 청국이 두려워 주신부에게 조심스럽게 물었다.

"당신은 대국인이라 특별대우를 하겠소. 그래서 신도들의 소재만은 정직하게 말해주기 바라오."

"남자 신도는 이번에 모두 잡혀 처형되고 두세 명의 여자 신도밖에 없소."

중국인 신부는 남은 신자들을 보호하려고 한 말이었다. 하지만 영의정은 여자의 신분을 밝히라고 했다.

"이제 여자까지 처형하시겠소?"

"처형은 않더라도 조사는 해야겠소."

신부는 공연한 말을 했다고 후회했지만 꺼낸 말을 부인할 수가 없었다.

"송 씨와 신 씨는 왕족이고, 김 씨는 나를 구해 준 사람이요."

이 말을 들은 영의정은 곧 은언군의 미망인과 며느리라는 것을 알았다. 그는 곧바로 궁중으로 들어가 대왕대비 김 씨에게 사실을 보고했다. 그러자 대왕대비는 노하며 죄를 물으라고 했다. 대왕대비의 명령으로 송 씨와 신 씨를 잡아다가 신부와 대질시켰다.

이때 혹시나 하고 있던 대신들은 깜짝 놀랐다. 이들은 임금 순조의 삼촌댁 인 숙모와 사촌 형수였던 것이다. 그러나 체통과 법을 핑계로 내세우는 이들은 몰락한 왕족쯤이야 눈에 들어오지 않았다. 영의정을 비롯한 대신들은 역적의 과부들이 역적의 앞잡이인 천주

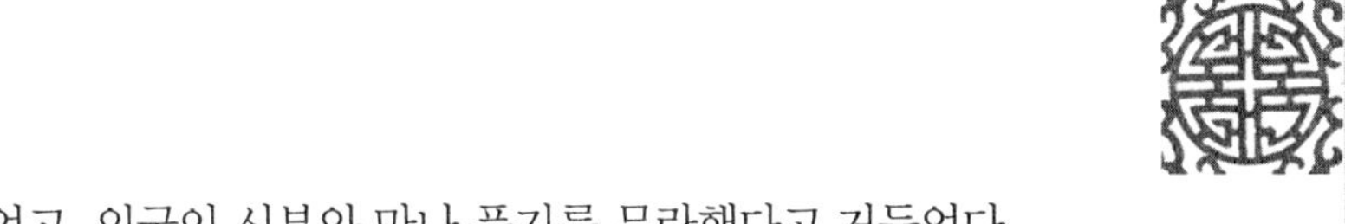

교를 믿었고, 외국인 신부와 만나 풍기를 문란했다고 거들었다.

대왕대비는 사형선고를 내리고 사약을 내려 죽게 했다. 벽파에서는 두 여자를 처형한 뒤에 또다시 송 씨의 남편을 죽이려는 구실로 삼았다. 그 역시 독약을 내려서 죽게 만들었다.

경주 김 씨를 중심으로 한 벽파의 세도정치는 정적을 가혹하게 숙청하는 동시에 자기 일파만 벼슬을 하도록 노력했다. 하지만 그들의 부패는 국고를 좀먹고 각종 명목의 중세로 민간재물을 취해 사적으로 복을 채웠다.

그러자 순조 11년에 관서지방에서 홍경래가 반란을 일으켰다. 홍경래의 반란군은 2년 동안 파죽지세로 서북지방을 휩쓸었으며, 그 세력은 충청도 일대까지 퍼져나갔다.

또한 홍경래의 밀령인 유한순이 한양으로 잠입해 민심을 선동하고, 김 씨 일파에 몰린 불평정객을 규합해 한양에서 반란을 일으키려고 했다. 그때 암행어사로 잘 알려진 박문수의 증손 박종일은 유한순을 만나 함께 거사를 도모할 뜻을 모았다.

그러나 순조 12년에 홍경래는 싸우다가 잡혀 죽었고 반란 역시 진압되었다. 그렇지만 그가 죽은 후에도 대원수 홍경래가 살아서 피신 중이며, 병자년(순조 16년)에 다시 난리를 일으켜 새 임금을 맞아서 나라를 바로잡는다는 풍문이 나돌았다.

헌종의 이름은 환이고 자는 문응이며, 호는 원헌이다. 순조의 손자이며 익종의 아들이다. 어머니는 신정왕후 조 씨로 풍은부원군 조만영의 딸이다. 순조 30년(1830년)에 세자였던 아버지 익종이 죽자 왕세손에 책봉되었다. 1834년 6월에 8살의 나이로 즉위하였는데, 대왕대비 순원왕후가 수렴 청정하였다. 헌종은 1849년 창덕궁 중희당에서 23세에 후사 없이 죽었다. 존호는 경문위무명인철효, 묘호는 헌종이다. 능호는 경릉(경기도 구리시 인창동 동구릉)이다.

『헌종실록』

『헌종실록』은 헌종의 역사를 기록한 것으로 17권 9책(행록, 시책문, 애책문, 비문, 행장행록 등을 수록한 부록 1책 포함)의 주자본이다. 1850년(철종 1) 실록청을 설치하여 편찬을 시작해 다음해 9월에 인쇄했다. 『헌종실록청의궤』가 남아 있어 작업과정과 일정을 알 수가 있다. 처음에 당상이 「시정기」 「일성록」 「승정원일기」에서 필요한 기사를 발췌하면, 낭청이 이를 정리해 초고를 만들고 당상이 이를 다시 교정하여 완성했다. 담당 총재관에 조인영, 정원용 외 5명이며 도청당상은 조두순, 서기순 등이었다. 김좌근이 찬수와 교정당상을 모두 맡았고 조두순과 서기순도 겸임했으며 이외 약 20명의 당상이 참여했다.

편찬관의 수는 많지만 이전 실록과 달리 1권에 1년으로 구성되었으며 1판에 1, 2개월분 기사가 들어갈 정도로 내용이 간략하다. 날짜표시 간지만 있고 기사가 없는 날도 허다하다. 가끔 그날의 날씨만 기록하거나 극히 소략한 인사내용을 수록하는 등 형식적으로 편집한 인상을 강하게 보여준다. 권17은 부록으로 대비언교, 시책문, 애착문, 비문, 지문, 시장, 행장 등이 수록되어 있다.

헌종 즉위 초 안동 김 씨 세도정치가 유지되었다. 하지만 헌종 3년(1837년) 3월부터 외척인 풍양 조 씨 세력이 우세했다. 순원왕후가 수렴청정에서 물러나고 헌종의 친정이 시작되었을 때 주도권이 그들에게 있었다. 그러나 1846년 조만영이 죽자 또다시 안동 김 씨가 정국을 주도했다.

1836년에는 남은준, 1844년에는 이덕원과 민진용 등의 모반사건이 일어나 민심이 동요하고 사회가 불안했다. 그러자 풍양 조 씨 세도정권은 민심의 동요를 막기 위한 일환으로 천주교도들을 탄압하

기 시작했다. 따라서 1836년에 기해사옥이라는 천주교 박해가 일어났던 것이다. 이때 프랑스인 선교사였던 앙베르, 신부 모방과 샤스탕 등이 학살되었다.

1846년에는 최초의 한국인 신부인 김대건이 처형당했다. 헌종 11년(1845년) 이후엔 서양 선박의 출몰이 빈번했다. 헌종 때에는 『열성지장』, 『동국사략』, 『문원보불』, 『동국문헌비고』, 『삼조보감』등이 편찬되었다.

세도정치에 놀아난 임금

순조가 죽자 헌종이 8세 나이로 임금에 등극했다. 왕이 너무 어려 조모인 순원왕후가 섭정했다.

선왕 순조 때 섭정으로 인해 척신세도정치가 시작되었는데, 이번에도 마찬가지였다. 이번에는 순원왕후가 안동 김 씨였기 때문에 친정일파가 강력한 척신정치를 했다.

그러자 경주 김 씨와 섭정이 되지 못한 헌종의 모친(순조의 왕후) 풍양 조 씨 친정과 안동 김 씨 등이 세력다툼을 시작했다. 경주 김 씨의 세력은 헌종 6년에 안동 김 씨인 김홍근이 대사헌이 된 후, 경주 김 씨인 김노경의 벼슬을 추탈했다.

안동 김 씨의 이런 행위로 인해 헌종 외가인 풍양 조 씨가 점점 왕의 세력을 믿고 안동 김 씨를 싫어했다. 따라서 그것에 대한 위협수단의 일환으로 추탈했던 것이다. 헌종이 15세가 되자 과부 조모의 섭정을 거두라는 여론이 강하게 일어났다. 그러자 순원왕후는 노령을 빙자하고 후궁으로 물러났다. 오랫동안 정권을 독점해 오던 경주 김 씨는 안심하고 헌종의 친정을 환영했지만 그것은 큰 실수였다.

헌종이 친정을 맡은 다음 해부터 임금의 외척인 풍양 조 씨의 세력이 강해졌다. 경주 김 씨가 세력을 만회하려고 했지만 경종의 외증조부 조인영이 영의정으로, 외사촌 형 조병구가 총융사가 되어서 국권을 장악했다. 이미 때가 늦었던 것이었다. 따라서 경주 김 씨의 몰락은 점점 속도가 빨라졌다.

가난한 전계군 이광은 과거의 정치적관계로 언행을 조심하고 있었다. 그러던 중 의술과 관상가로 행세하는 이원덕이 전계군에게 왕운이 있다고 예감하고 그의 곤궁한 생활을 도와주었다.

전계군은 속으로는 바라는 일이었지만 그런 소문이 퍼지면 화가 미칠 것을 염려했다. 그러나 전계군은 왕운의 대통을 보지 못하고 가난 속에서 병을 앓다가 죽고 말았다.

하지만 이원덕은 그의 어린 아들이 장래에 왕운이 있다고 믿었다. 전계군의 큰아들 이원경은 자기를 도와준 이원덕의 은혜를 고맙게 여겼다. 그는 불평정객 민진용, 박순수 등과 만나기만 하면 그들을 선동했다.

그들의 불평은 곧바로 적극적인 음모로 발전되었다. 민진용은 죽산으로 이종락을 찾아가 김씨일파와 외척에 휘둘리는 무능한 임금을 몰아내고, 전계군의 아들 원경을 임금으로 추대하자며 동지로 끌어들였다. 또 포천의 서광근에게 접근하여 충의계에 기명하게 한 뒤에 한양에서 거사할 때에 폭도를 몰고 상경하라고 했다.

그러나 서광근은 한양에서의 거사를 기다리면서 준비하는 중에 조부 서기순에게 들키고 말았다. 하는 수 없이 충의계의 음모사실을 밝히고 조부에게도 협력할 것을 권했다. 서기순은 감투욕에 눈이 어두워 손자를 팔았다. 이 밀고로 이원덕 일당은 일망타진되어 참형을 당했고, 서기순의 손자 서광근은 고문 중에 매를 맞아 죽었다. 또한 왕족 원경도 18세의 소년으로 사형 당했다.

허수아비 임금 순조는 외척들에게 정치를 맡긴 채 비와 빈을 비롯해 궁녀들의 치마폭에 싸여 청춘의 혈기를 탕진해서 폐결핵의 일종인 부족증에 걸렸다.

병세가 점점 증해지고 대통을 이을 혈통을 남기지 못한 젊은 왕은 언제 죽을지도 몰랐다. 이에 아랑곳하지 않고 조정의 당파싸움은 날로 심해졌다. 헌종 13년에는 권불 10년이란 말이 있듯이 풍양 조씨의 세력이 기울기 시작했고 반대파의 공격을 받았다. 헌종의 외조부 조만영의 부자가 차례로 세상을 떠났고 이제 외척으로는 조

인영 부자만 남았다.

대사헌 이목연까지 조병현의 비행을 열거했다. 외척의 위복을 남용해 매관매직으로 뇌물을 받아 축재했다고 폭로한 후 숙청해야 한다고 상소를 올렸다.

하지만 헌종은 그 일을 무마하려고 했지만 대사간까지 주장하고 나섰다. 헌종은 하는 수 없이 그를 귀양 보냈다. 그러나 얼마 후 헌종이 22세로 죽자 철종이 등극하면서 또다시 안동 김 씨가 세력을 잡아 결국 그를 사형에 처했다.

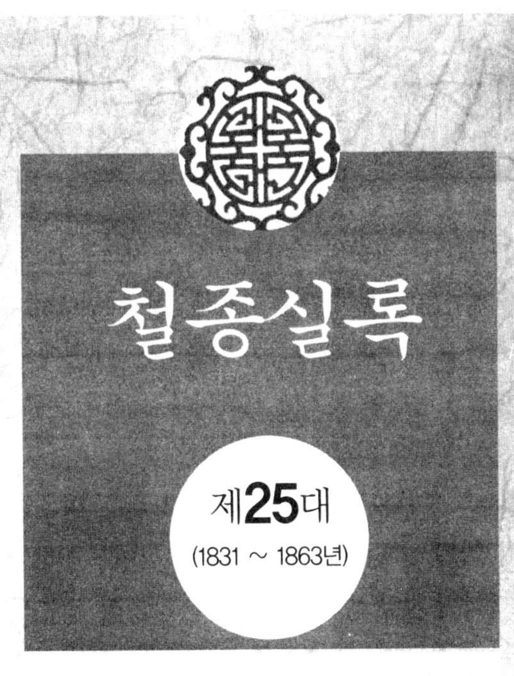

철종실록

제25대

(1831 ~ 1863년)

철종은 전계대원군 광의 셋째 아들로 정조의 이복동생인 은언군의 손자다. 이름은 변, 초명은 원범이고, 자는 도승이며, 호는 대용재다. 어머니는 용성부대부인 염 씨였지만, 순원왕후가 양자로 삼아 순조의 뒤를 잇게 했다. 철종은 1863년 12월8일 33세에 죽었다. 존호는 희륜정극수덕순성문현무성헌인영효, 묘호는 철종이다. 능호는 예릉(경기도 고양시 서삼릉 능역)에 묻혔다.

『철종실록』

『철종실록』은 철종의 역사를 기록한 것으로 16권 9책의 주자본이다. 이 실록은 철종이 죽은 다음해인 1864년(고종 1년) 5월에 실록청을 세우고 작업을 시작하여 다음해인 윤5월에 출판했다. 이것은 조선왕조가 편찬한 마지막 실록이다.(고종과 순종실록은 일제강점기에 일본인들에 의해 편찬되었음).

총재관은 정원용, 김흥근, 김좌근, 조두순, 이유원, 김병학 등으로 대부분 『헌종실록』 편찬에 당상으로 참여한 사람들이다. 도청당상은 김병학이 맡았고, 각 방 당상과 교정 및 교수 당상에는 김병기, 김병국, 홍재철 등 20여 명의 인원이 참여했다. 체제는 『헌종실록』과 거의 같으며 역대 실록에 비해 다소 부실하다. 14년의 재위에도 불구하고 1년 기사를 1권으로 편찬하고 1판에 2개월분의 기사를 수록하는 등 내용이 빈약하다. 마지막 권은 부록으로 행록, 애책문 등을 수록했다.

철종의 할아버지 은언군은 사도세자의 서자다. 정조 때 아들 상계군 이담이 모반죄로 몰려 자살했을 때 연루되어 강화도로 안치되었다. 순조 원년(1801년)의 신유사옥 때 그의 아내와 며느리가 천주교 신자로 처형되었으며 그도 사사되었다. 철종의 형 원경도 헌종 10년(1844년) 이원덕의 역모에 연루되어 처형되었다.

철종은 6월8일 덕완군에 봉해지고, 이튿날 관례를 치른 후 인정문에서 즉위했다. 그러나 나이가 어려 대왕대비 순원왕후가 수렴청정을 하였다. 철종 2년(1851년) 9월, 대왕대비의 친족 김문근의 딸과 가례를 올렸다.

철종은 1852년부터 친정했지만, 조정의 실권은 여전히 안동 김씨에게 있었다. 따라서 매관매직과 탐관오리들의 수탈로 인해 백성

들이 도탄에 빠지게 되었다. 철종 11년(1860년) 4월, 최제우의 동학이 급속하게 전파되었다. 그러자 조정에서는 1863년 11월 그를 체포하여 다음해 3월 사도난정의 죄목으로 처형했다.

철종은 구휼에 힘썼는데, 1853년 4월 관서지방에 기근이 들자 철종은 선혜청의 돈 5만 냥과 사역원의 삼포세 6만 냥을 백성들에게 대여해 주었다. 그해 여름에 가뭄이 들자 그들을 구휼하지 못하는 것이 안타까워 탐관오리들을 징벌하기도 했다.

또 1856년 봄에 화재를 입은 1천여 호의 민가에 은전과 약재를 내려 구휼하게 했으며, 함흥의 화재도 3천 냥을 지급했다. 그리고 그해 7월에 영남의 수재지역에 내탕금 2천 냥, 단목 2천 근, 호초 2백 근을 내려 구제하게 하였다.

강화도령의 출세

헌종이 후사 없이 죽자 순원왕후가 원로대신들을 불러 왕통 문제를 논의하자 좌의정 권돈인은 말했다.

"대비마마, 도정 이하전을 지명하시지요."

그러자 영의정 정원용은 입을 열었다.

"대비마마, 전계군의 셋째 아들이 좋을 듯싶습니다."

대신들의 말에 순원왕후는 안동 김 씨 세력을 유지하기 위해 헌종의 7촌 아저씨뻘 되는 전계군의 셋째 아들 원범을 왕으로 세우기로 결정했다.

철종은 사도세자의 증손이자 정조의 아우 은언군의 손자다. 사도세자는 두 아들과 함께 후궁에서 은언군, 은신군, 은전군을 얻었다. 첫째 은언군은 김귀주의 모함으로 사약을 받아 죽었고, 은언군의 아들 전계군은 강화도에 건너가 살았다. 이 전계군의 셋째 아들이 바로 철종이다.

은언군에게는 세 아들이 있었는데 큰아들 담은 1779년 홍국영의 음모로 강화도에 유배되어 자살했고, 은언군의 부인 송 씨와 큰며느리 신 씨는 1801년 천주교 신자로 사사되면서 은언군까지 죽었다.

민진용은 은언군의 아들 전계군 이광과 그의 손자 원경의 신임을 얻고 있던 이원덕을 포섭하였다. 그들은 은언군의 손자 원경을 왕으로 추대하기로 모의하다가 발각되어 1844년 능지처참 당했고, 원경 역시 사사되었다. 그 뒤 둘째 아들 경응, 셋째 아들 원범은 강화도로 유배되어 농사꾼으로 살았다.

영의정 정원용이 순원왕후의 명을 받아 강화도로 내려가 전계군의 집을 찾았지만 아무도 없었다. 정원용은 집 주위의 사람들에게

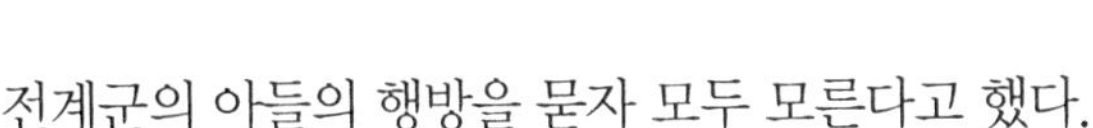

전계군의 아들의 행방을 묻자 모두 모른다고 했다.

얼마 뒤 나뭇짐을 진 총각이 산에서 내려왔다. 그는 늘어선 군졸들을 보자 겁을 집어먹고 불안에 떨었다. 정원용은 그에게 다가가 허리를 굽히고 모시러 왔다며 정중하게 말했다. 그러나 원범은 자신을 잡으러 온 것으로 착각해 살려달라고 애원했다. 자초지종을 들은 원범은 그제야 허락했다. 이때 그 주위에 모인 많은 사람들이 한마디씩 했다.

"원범이가 왕이 되었구나!"

한양으로 올라온 원범은 덕완군에 봉해졌고, 6월9일 창덕궁 희정당에서 관례를 행한 뒤 인정문에서 조선 25대 철종으로 등극했다. 하지만 나이가 어리다는 이유로 1851년까지 순원왕후가 수렴 청정했다. 그가 21세 되던 1851년 9월 순원왕후의 일가 김문근의 딸을 왕비로 맞았다.

1852년부터 철종이 친정했지만 조정의 실권은 안동 김 씨 일족이 쥐고 흔들었다. 그들 안동 김 씨의 세도정치로 나라 안에 탐관오리가 득실거리고 삼정(전정, 군정, 환곡)이 문란해졌다.

더구나 안동 김 씨들은 자신들에게 도전할 수 있는 다른 세력을 원천적으로 봉쇄했다. 그리고 왕족 중에서도 자신들에게 위협이 되면 죽였다. 철종 13년(1862년) 왕족 이하전이 그들에 의해서 희생된 것이 좋은 예이다.

철종은 세도가들의 첩자들이 궁중에 있다는 것을 알고 자신의 목숨이 위태롭다는 것을 알았다. 그는 국사를 팽개치고 술과 궁녀들을 가까이 했다.

그러다가 몸이 점점 쇠약해져 철종은 1863년 12월 33세의 나이로 죽었다. 그의 유일한 핏줄로는 숙의 범 씨가 낳은 영혜옹주로 박영호에게 시집갔지만 3개월 만에 죽었다.

일자무식꾼 강화도령의 행운

헌종이 후사 없이 죽자 대왕대비 안동 김씨가 임금을 모시는 문제로 대신들을 모아놓고 연일 회의를 열었다. 이때 왕대비는 영묘의 혈손으로는 원범밖에 없다며 그로 하여금 종사를 잇도록 하고자 했다. 그런 후 이름을 써서 내 놓았다. 그때서야 비로소 전계군의 막내아들 원범이 강화도에 생존해 있다는 것을 알았다. 이때 안동 김씨들은 속으로 쾌재를 불렀다. 이것은 자신들이 임금을 정했기 때문이었다.

강화도에서 귀양살이하던 이원범이 고아가 된 것은 조부, 부모, 형제들이 모두 역적으로 몰려 죽었기 때문이다. 한마디로 그는 강화도에서 농사지을 땅 하나 없는 17세의 무식한 고아였으며 오직 자신의 육체노동만 믿고 살아왔다. 그는 상놈친구들이 장가를 가는 것을 보면서 몹시 부러워했다.

한편 조정의 명을 받은 강화도 관아의 군졸들은 신왕의 집을 찾아 헤매다가 동네사람의 안내로 초라한 초가삼간으로 달려갔다. 이 광경을 본 이웃사람들은 또 역적으로 몰려서 죽는다며 안타까워했다.

그러나 이런 희소식을 모른 체 이원범은 그날도 지게를 지고 풀을 베러 나갔다. 그때 한 친구가 이원범을 찾아와 피하라고 했고, 얼마 후 다른 친구가 찾아와 조정에서 왕족 대우를 해준다고 했다.

그러나 원범은 '이제 죽었구나!' 라며 왕족의 피를 타고난 자신을 원망했다. 그렇다고 도망칠 곳도 기운도 없었다. 그래서 이원범이 운명을 기다리고 있을 때 이곳까지 찾아온 교군들이 보였다. 그들은 세 명의 총각이 있는 것을 본 후 다가왔다. 그 중에 대신처럼 풍채가 좋고 비단관복을 입은 노인이 교군과 함께 와서 물었다.

"어떤 분이 강화 도련님이신지요?"

그러자 세 명의 총각 중에서 제일 남루한 옷을 입은 이원범이 일어서면서 물었다. 이때부터 철종은 강화도령으로 불렸다.

"제가 이원범인데 무슨 죄로 절 잡으러 오셨지요?"

그러자 늙은 대신은 공송하게 절을 올리면서 이렇게 대답했다.

"황공하옵니다. 대왕대비의 어명으로 곧바로 한양으로 행차하셔야 합니다."

그제야 이원범은 안심하였다. 이때 대신도 임금으로 모시러 왔다는 말은 하지 않았다. 원범을 가마에 태운 군졸들은 그의 집이 아니라 곧장 강화군으로 달렸다.

얼마 후 궁중에 도착한 이원범은 대신들이 시키는 대로 면류관을 쓰고, 곤룡포를 입고, 대보를 받고서 철종 임금으로 등극했다. 그러나 강화도에 살 때가 편안했다고 생각한 철종은 자유가 없는 것이 제일 고통스러웠다. 더구나 신하들은 무식한 왕에게 글공부를 권했다.

결국 안동 김 씨의 허수아비 왕이 된 철종은 그들의 손아귀에 놀아났던 것이다.

고종은 1852년 7월25일 한성에서 흥선군 이하응의 둘째 아들로 태어났다. 1866년 9월 여성부원군 민치록의 딸과 결혼했다. 고종이 12세의 어린 나이였기 때문에 조대비가 수렴 청정했지만 흥선대원군이 국정을 총람하였다. 이후 흥선대원군이 정권을 잡자 안동 김 씨의 세도정치를 타파하고 왕권을 확립했다. 고종은 1919년 정월 덕수궁에서 68세에 죽었다. 국장일인 3월1일에 3 · 1운동이 일어났다. 묘는 경기도 남양주시 금곡동 홍릉에 묻혔다. 민비도 이때 합장되었다.

『고종실록』

『고종실록』은 대한제국의 첫 황제인 고종의 재위 기간(45년)의 역사를 편년체로 기록한 사서로 본문 48권 48책과 목록 4권 4책을 합쳐 모두 52권 52책으로 간행되었다. 원명은 『고종순천융운조극돈륜정성광의명공대덕요준순휘우모탕경응명입기지화신열외훈홍업계기선력건행곤정영의홍휴수강문헌무장인익정효태황제실록(高宗純天隆運肇極敦倫正聖光義明功大德堯峻舜徽禹謨湯敬應命立紀至化神烈巍勳洪業啓基宣曆乾行坤定英毅弘休壽康文憲武章仁翼貞孝太皇帝實錄)』이고 약칭은 『고종태황제실록(高宗太皇帝實錄)』이다.

『고종실록』은 『순종실록』과 함께 일제강점기에 일본인들의 주관으로 편찬되었기 때문에 『조선왕조실록』에 포함되지 않았다. 이 실록은 『순종실록』과 함께 이왕직의 주관으로 1927년 4월1일에 시작하여 이듬해 3월31일 완료되었다.

편찬에 필요한 사료를 경성제국대학에서 빌려 수록할 기사를 발췌하여 등사하였다. 1930년 3월까지 3년간에 걸쳐 『일성록』 『승정원일기』 등 각종 기록 2,455책에서 총 24만5,356매 분의 원고를 등사하였다. 편찬위원들은 실록의 기술과 체제 및 편집을 역대 실록, 특히 『철종실록』의 예에 따른다는 범례를 세웠다. 다만 『고종실록』과 『순종실록』은 기사목록을 따로 작성하여 각 일자 밑에 중요 기사를 요약하여 수록하였다. 당초의 계획은 1년의 기사를 1권 1책으로 편찬하기로 했지만 고종 즉위년 기사는 원년에 통합하였고 1894년(고종 31), 1897년(광무 1), 1898년, 1905년은 기사의 양이 많아 분권 분책하여 모두 48권 48책이 되었다. 실록의 편찬은 1934년 6월에 완료되었고, 익년 3월에 영사본으로 간행되었다.

대원군은 고종 3년(1866년)부터 천주교를 탄압해 8,000여 명을 학살하였다. 이것으로 병인양요를 겪었고, 1871년에는 신미양요를 극복해 전국에 척화비를 세우고 쇄국정책을 고수했다.

민 씨 정권은 개방정책을 시행하여 1876년 일본과 수호조약을 체결하고 구미 열강과 차례로 조약을 맺으며 개항정책을 추진하였다. 고종과 민 씨 정권은 개항 후 일본에 신사유람단과 수신사를 파견하였다.

개화당과 수구세력 간의 세력다툼으로 1882년에 임오군란, 1884년에 갑신정변이 일어났다. 1894년에 동학농민혁명이 발생하자, 이 문제를 둘러싸고 청나라와 일본이 전쟁을 일으켰다. 이 전쟁은 일본의 승리로 끝났고 1895년 강화조약을 체결함으로써 한반도에서 일본이 주도권을 가지게 되었다.

일본공사 미우라는 1895년 8월 군대와 낭인들을 동원하여 경복궁을 습격해 왕비를 살해하는 을미사변을 일으켰다. 고종은 1896년 2월 러시아 공사관으로 피신하는 아관파천을 단행하였다.

1897년 2월에 환궁했으며, 10월에는 대한제국의 수립을 선포하고 황제에 올라 연호를 광무라고 했다. 그때 독립협회를 중심으로 만민공동회가 개최되고 자유민권운동이 확산되었다. 그러자 고종은 보부상과 군대의 힘을 빌려 이를 진압했다. 1904년 러 · 일 전쟁이 일어나자 일본은 의정서를 강요해 제1차 한일협약을 맺었다. 다음해 일본은 을사조약의 체결을 강요하였다.

고종은 1907년 6월 네덜란드 헤이그에서 개최되는 만국평화회의에 특사 이상설, 이준, 이위종 등을 파견하였다. 그러나 일본과 영국의 방해로 수포로 돌아가고, 고종은 일제의 강요로 7월20일 물러났다.

외척세도가들의 말로

고종이 왕위에 오를 때 안동 김 씨들이 모든 권력을 독차지하고 있었다. 따라서 조대비는 그들의 세력을 내쫓기 위해 흥선군과 결탁하여 그의 둘째 아들을 왕으로 등극시켰다.

흥선대원군은 안동 김 씨의 화를 피하기 위해 호신책으로 시정의 무뢰한들과 어울려 방탕한 생활을 했다. 이때 그는 일부러 안동 김 씨 가문을 찾아다니며 술 구걸을 하는 등 비웃음과 조롱을 받으며 살았다.

철종 14년(1863년), 철종이 위독하자 흥선군은 안동 김 씨 세도에 짓눌려 지내던 풍양 조 씨 일족인 조성하와 조영하에게 접근했다. 이들은 효명세자 비인 대비 조 씨의 조카들이었다. 조대비도 안동 김 씨 일족을 싫어했다.

흥선군은 은밀히 조대비를 만나 안동 김 씨 일족이 철종의 후사를 정하기 전에 선수를 쳐야 한다고 했다. 조대비도 흔쾌히 흥선군의 차남 명복을 왕으로 세우기로 결정하였다.

철종 14년(1863년) 12월, 철종이 죽자 조대비는 옥새를 감추었다. 그런 후 곧바로 정원용에게 교지를 내려 흥선군 둘째 아들 명복을 익종의 대통을 잇게 했다. 궁중의 최고 어른인 조대비의 후사 결정에 누구도 반박하지 못했다.

이렇게 해서 왕위에 오른 고종은 조대비가 수렴청정을 맡았다. 얼마 후 조대비

는 흥선군을 대원군으로 봉해 모든 국정을 총람케 했다. 이로써 흥선대원군은 조정의 권력을 장악하고 국정을 주도했던 것이다.

그는 우선 안동 김 씨 세력들을 몰아내고 당파와 문벌을 초월하여 인재를 고루 등용했다. 또한 당쟁의 온상인 서원을 철폐하고 탐관오리들을 처벌했다. 그리고 양반과 토호의 토지세를 철저히 조사해 국가재정을 충당했다.

백성들의 부담을 줄이기 위해 온갖 세금을 없애고, 지방에서 궁중에 특산물을 바치는 진상제도도 폐지시켰다. 나라의 재정에 도움이 되도록 은 광산개발도 허용했다. 사회악습을 개선하고 복식을 간소화했으며, 군포세를 호포세로 변경하여 양반까지 세금을 내도록 했다.

비변사를 없애고 의정부를 부활시켜 삼군부로 하여금 군국기무를 맡게 해 정무와 군무를 분리시켰다. 『대전회통』 『양전편고』 『육전조례』 등의 법전을 편찬하여 법질서도 확립시켰다.

숨 막히는 왕위 계승

1863년 34세로 철종이 죽자 조대비는 중신들을 창덕궁 중희당으로 불렀다. 상좌에는 조대비, 헌종비, 철종비 등 삼대과부가 차례로 앉고, 안동 김 씨, 풍양 조 씨, 남양 홍 씨 중신들이 배석했다.

조대비는 외척인 김 씨의 우두머리를 쳐다보면서 다음 임금에 대해 물었다. 그러자 영의정 아들 김병기 이하 안동 김 씨들은 묘책이 없어 당황했다. 이 순간 조대비는 자신의 생각대로 밀고 나가기로 했다. 그래서 여유를 두지 않고 곧바로 명령조로 말했다.

"이 자리에서 속히 대통을 이을 분을 결정해야 하오."

조대비의 말에 김 씨 일가와 다른 세도가들은 묵묵부답이었다. 이때 팔십 노신인 영중추부사 정원용이 입을 열었다. 그는 조대비와 한통속이었다.

"아뢸 의견이 없으면 대비마마의 현명한 판단을 기다립시다. 이 문제는 대비마마께서 결정하시는 것이 옳을 듯싶습니다."

그러자 김 씨 일파는 아찔했지만 막을 명분이 없었다. 한참 후 조대비는 엄중한 표정으로 중대발표를 했다.

"흥선군의 둘째 아들 명복으로 하여금 대통을 이어 받도록 하겠소!"

이것은 김 씨 일가로선 청천벽력이었다. 지금까지 자신들이 멸시해온 흥선군이 득세하면 모든 것이 끝난다는 것을 알고 있었다. 이때 정원용이 또다시 입을 열었다.

"대왕대비의 말씀이 지당하옵니다. 증거로 친필로 써서 내려주시지요."

조대비는 순식간에 친필로 선언문을 적었다.

'흥선군의 둘째 아들을 익종의 대통을 잇도록 하라.'

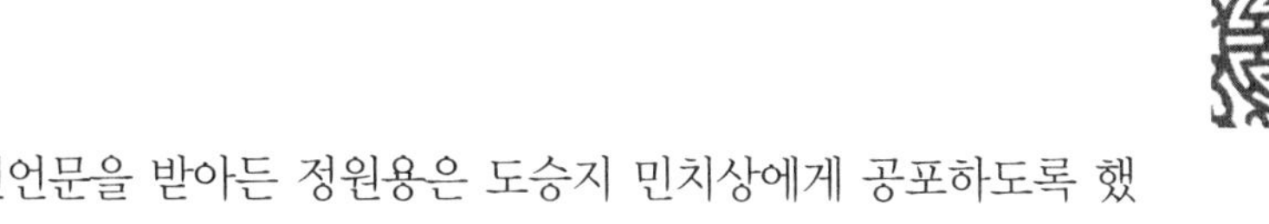

이 선언문을 받아든 정원용은 도승지 민치상에게 공포하도록 했다.

“도승지는 듣거라! 이 교서를 한문으로 번역해 좌중에 공포하라!”

한문으로 번역된 조대비의 교서는 안동 김 씨들에겐 사형선고문과 같았다. 이때 절차순서 역시 정원용이 또다시 요청했다.

“대왕대비께 아뢰오. 사왕은 아직 봉군하지 않고 계시오니, 먼저 봉군하도록 분부를 내리시옵소서.”

그러자 조대비는 얼른 명을 내렸다.

“익성군으로 봉하고 곧 궁중으로 모시는 예를 갖추게 하시오.”

안동 김 씨 일가들은 그제야 조대비가 치밀하게 준비했다는 것을 눈치챘다. 이들은 신왕이 문제가 아니라 그의 생부 흥선군 이하응의 섭정이 두려웠던 것이다.

아들이 왕위에 오르기 전까지 흥선군은 부랑자들과 교제를 하고 스스로 미친 짓을 했지만 야망만은 드러내지 않았다. 그는 외로울 때마다 술타령과 난초그림으로 자신을 달랬다.

헌종과 철종 때 외척 김 씨 일가 때문에 왕족들이 숨도 못 쉬던 수난을 겪었다. 이때 흥선군은 후일의 대망을 위해 우선 생명을 부지한다는 차원에서 정계진출의 뜻을 접었다. 이에 세상을 버린 풍류객 또는 방탕아로 지내면서 시정잡배들과 어울렸던 것이다.

더구나 세도가의 집을 직접 찾아가 구걸까지 했다. 그래서 재상집 큰 사랑에 우글거리는 문객들 역시 그를 모르는 사람이 없었다. 그들까지 흥선군을 조롱했지만 조금도 개의치 않았다.

이런 가운데 그는 귀신도 모르게 세력의 줄을 잡고 있었다. 즉 익종비 조대비와 그의 조카 조성하가 세도 김 씨들에게 불평이 있다는 것을 알고 있었다.

그래서 흥선군은 조성하에게 접근하여 친분을 맺는데 성공했던

것이다. 이때 풍류객다운 가야금 솜씨와 난초그림에 조성하가 반했다. 그런 후 외척인 김 씨 일가를 타도할 것을 은밀히 말한 후 그를 동지로 삼았던 것이다.

조성하와 의기투합하면서 왕실의 제일 어른 조대비와도 관계를 취할 수 있었다. 그때부터 외척인 김 씨 타도의 계획을 진행시켰던 것이다. 그러던 중에 철종이 승하하자 기회가 빨리 찾아왔던 것이다. 철종의 죽음을 슬퍼하는 것보다 외척인 김 씨 일가를 타도할 기회가 왔다며 조대비, 조성하, 대원군, 정원용은 기뻐했다.

흥선군은 새로운 임금을 정하는 중신들의 긴급회의의 결과를 초조하게 기다리고 있었다. 답답한 나머지 부인에게 입을 열었다.

"부인, 궁중에서 무슨 기별이 없었소?"

"아무 기별이 없습니다."

"형님이나 명복이 유모한테도 없었소?"

"네, 대감."

그는 친형이 종척회 일을 보고 있었기 때문에 조대비의 의중을 미리 알아보기 위해 궁중에 보냈다, 또한 명복의 유모도 연락원으로 딸려 보냈던 것이다. 흥선군은 초조한 마음으로 술잔을 기울이며 기다렸다. 뒤뜰에는 오늘 임금이 될 명복이가 형과 함께 연을 띄우며 놀고 있었다.

이때였다. 갑자기 운형궁 대문 밖에서 요란한 소리가 들려왔다. 그때 흥선군은 자리에서 벌떡 일어섰다가 환한 표정을 짓고는 자리에 앉았다. 이윽고 정원용이 사랑마루에 올라오자 흥선군은 모른 척 시치미를 떼고 방문을 열고 나가서 인사를 했다.

"원로대감께서 어찌 오셨습니까?"

"대비마마의 명으로 왔소이다."

"무슨 분부라도?"

흥선군은 동지에게 그렇게 하는 것이 미안했다. 정원용 역시 자신의 체면을 유지하면서 정중하게 말했다.

"대감의 둘째 아드님을 익성군에 봉하고 곧 궁중으로 모시라는 분부올시다."

이 말을 들은 흥선군은 안으로 들어갔다. 이때 정원용 역시 성공의 공로를 흥선군이 챙겨줄 것으로 짐작했다. 정원용은 사랑방을 둘러보자 집과 방안 꼴이 엉망이었다. 오직 병풍에 주인이 그린 난초만 싱싱하게 살아 있었다.

흥선군은 내실로 들어가서 부인에게 그 소식을 전하고 뜰에서 연을 날리고 있는 아들 명복을 불렀다. 12세의 소년은 무슨 영문인지 어리둥절했다.

"명복아, 내 말을 명심하여라. 너는 오늘부터 임금이 되어 궁중으로 들어갈 것이다. 아버지로서 네 이름을 불러보는 것도 오늘이 마지막이구나. 이제 임금이 되면 개똥짓 장난을 해선 안 되고, 글공부도 더 열심히 해야 한다."

개똥이는 명복의 별명으로 생부로서 사사롭게 타이르는 최후의 훈계였다. 그리고 부인 역시 눈물을 흘리며 이렇게 말했다.

"상감마마, 축하하옵니다."

"오늘 같은 좋은 날에 웬 눈물이요?"

부인을 나무란 흥선군은 명복에게 다시 한 번 당부했다.

"내 아들의 이름을 불러보는 것도 오늘 뿐입니다. 내일부터는 지존하신 나라님이며 우리 부부도 나라님을 섬기는 백성이랍니다. 더구나 친척은 다른 백성과 달라 친근하게 대해야 인륜에 어긋나지 않습니다. 앞으로 잘 대해주시기 바랍니다."

명복은 아버지 흥선군과 어머니 민 씨의 존대어에 놀라며 말했다.

"아버님, 어머님! 벌써부터 저에게 공대의 말씀을 하십니까?"

"조정은 권력을 차지하기 위해 추악한 음모가 난무하는 곳입니다. 어떤 일이 있더라도 부모의 정을 저버리시면 안 됩니다."

흥선군은 아버지로서 아들에게 마지막 말을 했다. 그러자 명복은 부모의 은혜에 보답하겠다고 다짐했다.

"제가 이렇게 된 것은 모두 아버님의 덕택입니다. 그렇지만 소자 아직 부족한 점이 너무 많사옵니다. 공사의 문제에 있어서 자식 된 도리를 다하겠사옵니다."

명복은 자신을 임금으로 세우기 위해 치밀한 공작이 벌어졌다는 사실을 모르고 있었다. 흥선군은 아들로서 마지막 말을 하는 명복이 대견스럽웠다.

"어서 궁중에서 보낸 옷으로 갈아입으세요. 대비마마께서 기다리시고 계십니다."

흥선군 부부는 명복에게 궁중에서 보낸 용포를 입히고 복건을 씌워 사랑에서 기다리는 정원용에게 보냈다. 명복은 사랑으로 가서 정원용을 보는 순간 어른을 대하는 마음에서 절을 하려고 했다. 그러자 궁중예법에 능통한 정원용은 깜짝 놀라 명복 앞에 먼저 읍하면서 말했다.

"익성군님, 이번 경사에 경하 드립니다."

정원용은 실권자 흥선군 앞에서 명복에게 익성군 대신 상가마마라고 아첨하고 싶었다. 하지만 공식적으로 등극대례를 올리지 않았기 때문에 익성군이라고 불렀다.

정원용은 흥선군에게 인사하고 대문 밖에 기다리고 있는 가마로 안내했다. 이때 명복은 대문 밖까지 배웅 나온 부모에게 인사를 하려고 했다. 그러자 이들 부부는 극구 말리면서 조심스럽게 읍하면서 입을 열었다.

"이러시면 예법에 어긋납니다. 지존은 사친에게 절을 하지 않는

것을 아셔야 합니다."

이때 흥선군 부인 민 씨가 눈물을 흘리면서 손을 흔들었다.

"잘 가세요."

그러자 가마 안에서 어머니를 부르는 소리가 가늘게 들려왔다. 정원용은 조대비의 명령으로 비밀리에 왔지만 소문이 퍼져 구경꾼들이 흥선군 집 앞에 모여들었다.

"사람팔자 뭐라더니, 개똥이가 새 임금이 됐어."

한편 궁중에서는 만조백관들이 익성군의 입궁을 기다리고 있었다. 가마가 도착하고 정원용이 익성군을 조대비 앞으로 인도했다.

조대비는 영의정 김좌근 이하 고관대작들이 서 있는 앞에서 환한 표정으로 익성군을 맞았다.

"익종의 뒤를 이을 내 아들이 왔구나!"

조대비가 미리 익성군으로 봉해놓았던 것은 자신의 양자로 삼아 왕으로 추대하려던 계획이었음을 알게 된 김좌근 이하 김 씨 일파는 할 말이 없었다. 조대비는 당황해하는 안동 김 씨들 앞에서 예정대로 봉군식을 속전속결로 치렀다.

이윽고 밤이 되자 궁중에서는 촛불이 켜지고 익성군은 첫 수라상을 받았다. 이때 함께 따라온 유모 박 씨와 처음 보는 궁녀들이 시중을 들었다.

익성군은 오늘 하루 동안 꼭 도깨비에 홀린 듯해 진수성천이 목구멍을 넘어가지 않았다. 그리고 익성군은 이제부터 대궐 밖과는 결별해야 된다는 생각에 표정이 어두웠다. 이때 갑자기 궁녀 하나가 말을 던졌다.

"시장하시지 않으십니까?"

익성군은 진수성찬으로 차려진 수라상을 보자 문득 가난한 살림으로 아버지 밥상에 무김치와 된장찌개가 오른 것이 생각났다. 그

러자 갑자기 부모님에게 미안한 마음이 들었다.

"유모, 다음부터 내 밥상에 여러 가지 반찬을 올리지 마세요."

"알겠사옵니다."

그때 옆에 서 있던 궁녀 한 사람이 이 광경을 본 후 조대비에게 아첨할 좋은 꺼리라고 생각해 그 소식을 전했다.

"대비마마, 어쩌면 어린 임금의 말씀이 그렇게도 현명하신지 모르겠습니다."

"내가 고른 새 임금 아니더냐. 이제야 나라가 바로 가겠구나."

"이것이 모두 대비마마님의 복이옵니다."

궁녀들조차 조대비의 세력이 강해진 것을 알기 때문에 최대한의 비위를 맞추고 있었다.

다음 날 아침 조정에서는 임금의 생부에 대한 대우 문제가 대두되고 있었다. 조대비는 흥선대원군으로 승격시키려고 했다. 임금의 생부에게 붙여지는 칭호가 대원군이다. 하지만 지금까지 생존한 임금의 생부로서 대원군이 된 사람은 전혀 없었다.

이때 영의정 김좌근은 조대비의 신왕선정에 대한 불만으로 반대했다. 그것은 흥선군이 임금이 된 아들을 등에 업고 정계에 등장하는 것을 막아보기 위한 속셈이었다. 영의정은 궁중예법을 들먹이며 입을 열었다.

"자고로 우리나라에는 생존한 대원군이 없었습니다. 익성군의 생부를 대원군으로 봉하면 그 자신이 정치에 관여할까 두렵습니다. 대원군 칭호는 생존 시엔 보류하는 것이 좋을 듯 합니다."

"영의정의 생각은 잘 알겠소이다. 허나 흥선군은 그림과 술만 즐기는 풍류객으로 정치에 관심이 없으니 신경 쓰지 않아도 될 것이오. 전례가 없다고 대원군으로 봉하지 않으면 그분이 죽기를 기다리는 것이나 뭐가 다르겠소. 어린 임금의 효성으로는 얼마나 미안하겠소이까. 참으로 안타까운 일이외다."

김좌근은 조대비의 말은 못들은 척했다. 흥선군은 김좌근의 말에 격분했지만 우선 실권을 잡는 것이 중요하다고 판단했다. 그런 후에 대원군 칭호를 사용해도 늦지 않는다고 생각했다. 그는 이렇게 소문을 퍼뜨렸다.

"대원군의 봉작은 나도 원하지 않는 바이다. 다시는 입에 올리지 말라."

그러자 조대비는 정식으로 중단된 칭호문제로 흥선군을 불렀다. 영의정 김좌근은 괜한 반대로 명분은 얻었지만 실속을 잃었다. 흥선에게도 패한 꼴이 되어 버렸다.

"대비께서는 저의 문제보다 하루빨리 신왕의 즉위식을 올리는 것이 좋을 듯싶습니다."

이 말을 들은 조대비는 영의정 김좌근을 불렀다.

"난 미망인이라 세상 돌아가는 일은 잘 모른다오. 오직 익성군을 좋은 임금으로 기르는 것만이 나의 희망이라오. 그래서 좋은 임금으로 성장시키기 위해서라도 하루빨리 즉위식을 올리도록 절차를 갖추게 하시오."

"즉위식 시기는 잘 생각해서 아뢰겠습니다."

즉위식을 치러야 하는 것이 기정사실이지만 가능한 한 지연시킬 전략을 세웠다. 그의 생각은 어린 익성군이 정식으로 국왕자리에 앉는다면 대원군이라는 무서운 호랑이가 전면에 나서서 정권을 뒤흔들 수 있다는 판단에서다.

하지만 조대비는 며칠이 지난 후에 또다시 영의정을 불러 즉위식을 재촉했다. 조대비 역시 영의정 못지않게 불안하기는 마찬가지였다. 그것은 익성군이 정식으로 임금이 되기 전 간악한 김 씨 일파에서 무슨 음모를 꾸밀는지 몰랐기 때문이다.

김좌근도 성화같은 조대비의 재촉을 마냥 묵살할 명분이 없었다. 그래서 기일을 잡은 후 창덕궁 인정전에서 즉위식을 올렸다. 즉위식을 올린 어린 임금은 조선 26대 고종이다. 흥선군은 아들을 고종으로 정식 등극시킨 뒤 완전하게 정권장악의 무대를 완성시켰다.

"이제부터 김 씨들에게 원한을 풀 기회가 왔구나. 원한이 아니라 썩은 파당정치를 숙청하고 백성을 위해 나라에 봉사할 기회가 왔구나."

대원군은 외척들인 안동 김 씨들에게 학대받던 것을 되갚을 수 있다는 생각에 기분이 통쾌했다.

흥선군은 이번 왕위계승문제를 볼 때 김 씨의 세력단결이 별 볼일 없다는 것을 몸소 알았다. 더구나 그는 김 씨 일파 중에서 거물인 김병학을 왕위계승문제가 나오기 전부터 인간적인 친분관계로 사귀었다.

흥선군은 불우한 시절 그에게 물심양면으로 도움을 받았다. 그러다가 왕위계승문제가 있을 때 흥선군은 김병학에게 자기의 의중을 털어놓고 찬성해주기를 원했다.

"이 일이 성사되면 대감께 서운치 않게 대우하겠소."

"그런 말씀하지 마세요. 이런 중대한 국사에 개인의 이해가 개입돼선 안 되지요."

"내가 바라는 것은 오직 대감이 찬성하시건 반대하시건 간에 비밀을 지켜주시는 것이오."

"내가 그 정도로 신의가 없을 사람으로 보였소이까. 종친 중에서 결정할 문제로 흥선군 아들도 물망에 오르지 말란 법이야 없잖소. 왕비와 충신들의 공의로 정할 문제니까 흥선군도 낙관은 못하겠소. 하지만 비관도 할 필요도 없다고 생각하오."

김 씨 일파의 거물이지만 흥선군을 이해하고 동정해주었기 때문에 큰 힘이 되었다. 김병학이란 든든한 후원자를 만난 흥선군은 무릎을 딱 치면서 바싹 다가가 앉았다.

"이왕 말이 나왔으니…. 대감 잠깐 귀 좀 빌립시다. 만약 내 아들이 왕위에 오르면 대감의 따님을 꼭 왕비로 맞도록 힘쓰겠습니다."

"흥선군께서 나를 그렇게까지 믿소이까? 하하하."

김병학은 체면상 확약하지 못하고 웃자 흥선군은 그것으로 확답을 들었다는 듯 감사를 표하고 자리를 떴다. 그와 약속한 김병학은 다른 김 씨들이 흥선군 아들의 왕위계승에 반대하는데 동조하지 않았다.

하지만 대원군은 약속했던 김병학의 딸을 고종의 왕비로 맞아들이지는 않았다. 하지만 집권하던 모든 김 씨를 관직에서 숙청할 때도 김병학만은 전보다 중용해서 호의를 베풀었다.

흥선군은 김 씨 일파의 일부분을 분열시켰으며, 중립파로서 덕망이 높은 원로 재상 정원용과 박규수가 고종의 즉위를 지지하도록 했다.

이처럼 이면적인 공작과 동시에 조대비를 전면에 내세운 흥선군은 모든 것을 장악하는데 성공했다.

따라서 궁중의 제일 어른이며, 형식상으로 섭정이었던 조대비는 영의정 김좌근 일파를 무시하고, 대원군에게 실질적으로 국정을 운영할 수 있는 실권을 위임했다.

"내가 미망인으로서 정치에 어둡고 국왕 또한 나이가 어리기 때문에 흥선군이 뒤에서 돌봐야 하지 않겠소."

김좌근은 흥선군을 대원군으로 봉하는 형식적인 것에 반대의 명분으로 삼았다. 하지만 조대비가 비공식으로 개인적인 고문을 삼겠다는 것에는 어쩔 도리가 없었다. 사태가 이쯤 되자 김흥근이 또 다시 조대비에게 직접 항의했다.

"상감의 생부는 일체 정치에 관여해서는 안 됩니다. 만약 중대한 국정문제에 상감의 뜻과 생부의 뜻이 다를 경우엔 상감께서는 생부의 뜻을 따를 위험이 있기 때문입니다."

"대감의 말이 옳은 줄을 나도 알고는 있소. 하지만 정치문제가 아닌 상감의 건강문제나 교육문제 등을 지도해 올리는 것은 당연한 것 아니겠소. 그것까지 막는다는 것은 도리에 어긋나는 일이 아니고 무엇이겠소."

조대비는 이렇게 김흥근의 화살을 자연스럽게 피해 나갔다.

"또한 나와 상감께서도 흥선군에게 어떤 대우를 해주고 자주 만나 가정적인 이야기도 하고 싶다오. 그런데 이것은 정치와는 관계없는 인정상문제가 아니겠소?"

"그런 의미의 대우문제라면 관계가 없습니다. 그분에게 나라의 체면을 생각해 적당한 땅과 돈을 하사해서 생활을 편하게 해주옵소서. 또한 그분에게 오직 나라의 태공으로서 예전처럼 풍류생활을 즐기게 하시면 되옵니다."

"대감께서도 아실 것이요. 지난번 대원군에 봉하겠다는 말이 났을 때도 스스로 사양했지 않소. 대감들께서 염려하시는 정치에 관여는 없을 것이오."

김 씨 일가의 염려대로 대원군이 자주 궁중에 출입하면서 정치적 세력이 강화되기 시작했다. 그러자 영의정 김좌근이 또다시 조대비를 찾아와 항의했다.

"흥선군의 궁중출입이 너무 잦아 사람들로부터 많은 오해를 받고 있습니다. 앞으로 궁중출입을 금하게 하시고, 상감께서 한 달에 한 번씩 운현궁으로 행차하시면 문제가 없을 것으로 생각되옵니다."

그러자 조대비와 함께 앉아있던 흥선군 파인 조두순이 접적 나서서 반박했다. 그는 말을 꺼내면서 흥선군을 대원군으로 칭했다.

김좌근은 공식적으로 대원군으로 봉하지 않았기 때문에 흥선군이라고 했지만, 조두순은 대원군파가 궁중에서 흥선군에게 공공연히 부르고 있는 대원군이라고 했던 것이다.

그러자 김좌근은 조두순이 무슨 말을 할까 싶어서 상을 찌푸리고 있었다. 이때 조두순은 슬쩍 대원군의 궁중출입 가부에 대한 말을 피했다.

"흥선군이 상감의 생부일지라도 상감 앞에선 신하에 지나지 않소. 그런 신하에게 상감이 친히 행차해서 볼 의무가 어디 있단 말이요?"

그러자 김좌근은 얼른 타협안을 내놓았다.

"그러시다면 흥선군에게 한 달에 한 번씩만 궁중에 들어와 상감을 뵙게 하시옵소서. 다만 정사는 대비마마께서 수렴청정 하십시오."

이것으로 조대비는 정식으로 섭정의 책임을 맡게 된 것이다. 그렇다고 조대비가 지지하는 대원군의 이면적인 정치활동을 막을 수가 없었다. 더구나 대원군의 궁중출입을 무한정 보장할 수도 없었다. 그래서 이런 제안을 내 놓았던 것이다. 그래야만 대원군의 궁중출입제한과 감시를 할 수 있다고 판단해서다.

익성군이 임금이 된 처음부터 흥선군도 김 씨 일파의 반발을 무마하기 위해서 궁중출입을 가급적 피했다. 그렇지만 흥선군의 세력은 이미 자리를 잡고 있었기 때문에 궁중출입을 하지 않더라도 정치활동엔 아무런 지장이 없었다.

조대비는 흥선군이 궁중 출입할 때 신변보호를 위해 장수 한 명과 군사 다섯 명을 붙여주었다. 중요대관들은 스스로 운현궁으로 흥선군을 찾아가 문안하고 정치문제를 논의했다.

한마디로 정치의 중심무대가 조정이 아니라 흥선군의 사저인 운

현궁으로 옮겨진 것이다. 한참 후엔 창덕궁과 운현궁을 연결하는 통로와 문을 만들고 고종과 대원군만이 출입할 수 있게 했다.

얼마 후부터 조대비는 국정전반을 흥선군에게 맡겼다. 그렇지만 흥선군은 정식 관직명을 바라지 않고, 막후에서 조대비의 명이나 고종의 왕명으로 독재정치를 시작했다.

이처럼 흥선군이 운현궁에서 천하를 호령하자 오랫동안 세도를 떨치면서 왕족들의 씨를 말린 영의정 김좌근과 김 씨 일파들은 위축되었다. 이때 흥선군의 힘이라면 김 씨 일파의 정적을 역적의 죄명을 씌워서 몰살할 수 있었고 귀양 보낼 수도 있었다.

더구나 흥선군을 지지하는 파에서도 김 씨 일파를 엄중히 처단하자고 건의했지만 서두르지 않고 자멸을 기다렸다. 그것은 당파싸움의 세도정치로 나라가 망하려는 것을 구해보려는 애국심이었다.

점점 김 씨 일파가 자멸됨과 동시에 그들로 인해 핍박받았던 유능한 인재를 발굴해 등용시켰다. 그것은 자신이 천대받을 때 시정을 배회하면서 직접 경험한 것이다. 더구나 민심이기도 했다.

흥선군이 득세하면서 오랫동안 세도를 부렸던 김 씨 일가는 풍전등화였다. 자신들이 무자비하게 휘두른 권력 때문에 '김 씨가 망해서 시원하다. 이젠 나라가 제대로 되고 백성도 편히 살게 되었다.' 라는 백성의 소리가 더 무서웠던 것이다.

시국이 이런 가운데도 김 씨 일가들은 모였다 하면 흥선군을 미워하고 욕했다. 그러면서도 한편으론 흥선군의 숙청에서 구명되기를 바라기도 했다. 이렇듯이 세도가 꺾이자 그들은 비굴해지기 시작했다.

안동 김 씨들이 득세한 것은 김조순이 순조의 장인이 되고부터다. 그 뒤로 순조, 헌종, 철종 등을 거치면서 무소불위로 군림했다. 따라서 관직을 돈으로 파는 탐관오리들의 수탈로 인해 민생은 도탄에

빠졌고, 정치는 곪을 대로 곪았다.

그러나 하루아침에 처량한 신세가 된 김 씨 일파들은 삼계동 김홍근의 호화별장에 모여 신세한탄을 하고 있었다. 이때 김홍근은 불쑥 푸념 섞인 목소리로 말했다.

"망나니 홍선이 정치를 알기나 하겠소. 그놈의 일당들은 한결같이 천하의 시정잡배들 아니요?"

"그렇지요. 천하고 무식한 부랑배 일당들이 정치를 감당하겠습니까? 앞으로 어쩔 수 없이 우리 김 씨의 힘을 빌릴 수밖에 없을 것이요. 그래서 우리 김 씨를 함부로 대하지 못하잖습니까."

"나는 그렇게 생각하오. 그들이 손을 벌리면 못 이기는 척하고 갑시다. 그런 후에 적당한 기회에 세력을 되찾을 수가 있지요."

김병기가 낙관적으로 말하자 흥선군과 친분이 있는 김병학은 그를 잘 알고 있었기 때문에 찬동하지 않았다. 그는 과거부터 흥선군과 친했으며 또한 고종 등극문제에 있어서도 적극적으로 반대하지 않았다. 따라서 같은 일파에서 이렇게 쏘아붙였다.

"병학이 놈은 집안을 배반하고 흥선군 덕을 볼 놈이야. 그놈도 딸을 고종의 왕후로 시켜준다는 꼬임에 빠진 놈이지."

그러나 김병학은 자신의 일가를 팔아먹을 마음도 없었을 뿐더러 그런 행동을 하지 않았기 때문에 양심의 가책은 느낄 필요가 없었다.

"흥성군은 권력을 잡은 이상 나라가 흥하든 망하든 큰일을 저지를 인물입니다. 우리 김 씨뿐만 아니라 노론 파를 꺾고 새로운 서민정치를 분명히 할 것입니다. 하지만 우리 김 씨만을 모조리 잡아 죽이는 일은 하지 않을 것이요."

그러자 김병기가 말을 받아 빈정거렸다.

"자넨 믿는 구석이 있지 않은가? 홍선이 약조한 자네 딸과의 국혼

문제는 어떻게 됐나?"

"그거야, 흥선군이 낭인시절에 한 농담이지요. 지금 우리 안동 김가와 국혼을 하겠습니까?"

"좌우간 천하장안의 잡것들과 막상막하인 흥선이 나라 일을 해보려면 반드시 우리 힘을 빌리러 올 것이야."

김병기는 아직도 정치에 미련을 버리지 못하고 착각 속에 빠져 있었다.

"형님, 절대로 그를 얕봐선 안 됩니다. 그는 민심의 향방에 우리보다 더 밝답니다. 시중잡배들과 어울리면서 주색잡기에 빠진 것은 일부러 그런 것입니다. 그래서 민심의 기미를 직접 체험했고 백성에게 친밀감을 받고 있지요."

"자네는 흥선이 놈이 밀어 줄 테니까 칭찬하는 게 아닌가?"

"오해하지 마십시오. 막말로 무식한 망나니가 권력의 칼을 함부로 쓸 때는 얼마나 무섭겠습니까. 그런 의미에서도 경계하시란 말입니다."

김병학은 일가들에게 배신자 취급을 당하기 싫었던 것이다. 그의 말에 잠시 좌중은 조용해졌다. 자기 이외엔 인물이 없다며 으쓱하던 김병기는 김병학의 말에 소름이 끼쳤다. 곧이어 입을 열었다.

"그래, 흥선이 놈이 우리에게 미친 척하고 칼을 휘두를 때 우리가 취할 수 있는 무슨 방도가 있을까?"

"당장엔 우리 김 씨에게 잔인한 행동은 안할 것입니다."

"세상은 바뀌어 우린 패장이 되었는데 무슨 할 말이 있는가? 이런 때 가장 좋은 것은 몸조심 하는 것이야. 아무튼 병학이 자넨, 그를 잘 알고 있으니까 무슨 수상한 낌새가 있으면 연락이나 하게나. 미운 일가지만 남보다 낫지 않은가."

"별 말씀을 다 하십니다. 그럴 경우에 제가 동지구실을 할 거 아닙니까?"

대원군을 제일 멸시해 오던 김병기가 흥선군을 제일 무섭게 생각해, 일종의 구명운동 같은 말을 했기 때문에 병학은 일가들을 안심시켰던 것이다.

며칠 후에 김병기는 자기 집에 잔치를 열고 흥선군을 초대했다. 그것은 흥선군을 은근히 떠보고 싶었기 때문이다. 그것은 새로운 권력자의 호감을 사려는 비굴한 술수였다.

"흥선이 거만해져서 우리 집에 과연 올까? 과거에 천대받은 것에 대해 앙갚음으로 오지 않을 수도 있을 것이야."

김병기는 흥선군이 오지 않을 까봐 걱정하고 있었다.

"와도 좋고 안와도 좋다. 만약 오지 않는다면 그것으로 그의 심중을 알 수 있으니까."

이렇게 말하면서 초조하게 흥선군을 기다렸다. 얼마나 시간이 흘렀을까. 대원군은 과거처럼 허술한 옷차림으로 혼자 나타났다. 흥선군이 큰 가마를 타고 많은 수행원을 거느리고 폼 잡고 올 줄 생각했었다. 초라한 행색은 상다리가 부러져라 차려놓은 요리상이 무색했다.

더구나 김병기를 비롯한 일족들은 대원군의 단신 내방에 도리어 위압을 느꼈다. 한편으론 자기들을 경계하지 않는 태도라고 판단해 속으론 기뻤다.

"대군께서 이런 누추한 곳에 와주셔서 황송합니다."

"대감, 그게 무슨 말이오? 우리 집보다 훌륭한 고래등 같은 재상집인데 누추하다니요."

과거와 똑같은 호탕한 농담이었지만 김병기는 가슴이 뜨끔했다. 흥선군이 살고 있는 운현궁은 이름만 궁이지 오늘까지도 폐옥을 면할 정도로 간소하게 수리한 보잘것없는 집이었다.

대원군은 김병기가 안내하는 대로 윗자리에 앉고 좌우로 김병학과 그의 일족들이 배석했다. 이 잔치에 흥선군과 친한 김병학을 함께 동석시킨 것은 딱딱한 분위기를 풀기 위해서였다. 인사를 마친 뒤에 김병학이 먼저 잔을 들어서 흥선군에게 권했다.

"대군, 한 잔 드시지요."

그러자 흥선군이 술잔을 받으며 뼈있는 말을 한 후 시원하게 한 잔 들이키며 김병학에게 잔을 건넸다.

"옛날과 달리 이 댁에 올 때 다리가 몹시 떨리더군요. 술로 떨리는 다리를 달래야겠소. 커~ 술맛 좋다. 자~, 대감도 한 잔 드시오."

"대군, 요즘 얼마나 분망하십니까?"

"나야 예나 지금이나 시정잡배들과 어울려 탁주타령하기에 바쁘다오."

흥선군은 일부러 정치 이야기를 듣기 싫어했다. 지금도 흥선군은 밤이면 종종 옛날 부랑자 친구들과 어울려서 싸구려 주색을 즐겼다. 흥선군의 말이 끝나기가 무섭게 김병기가 술잔을 권했다.

"대군, 제 술도 한 잔 받으시죠."

"아~, 주인대감의 잔은 못 받겠소."

"섭섭하게, 무슨 말씀이신지?"

"그 술에 독이 들어있지 않소? 나도 죽기는 싫소이다."

흥선군의 말에 김병기는 안색이 창백해지면서 말을 이었다.

"대군, 지금 잡수신 술과 같은 주전자에서 따른 것입니다."

"허어, 그래요? 아까 것과 잔이 다르지 않소이까?"

"그럼 제가 먼저 시음하고 드리겠습니다."

김병기는 손에 들고 있던 술을 마신 뒤에 다시 술을 쳐서 흥선군에게 권했다. 그러자 흥선군은 잔을 받으며 너털웃음을 지었다.

"허허, 이제 됐소. 주인이 마시고 객에게 주는 것이 주법이올시다."

"대군, 제가 워낙 주법을 몰라서 실례했군요."

흥선군의 이런 생뚱맞은 농담으로 좌중이 서먹서먹해졌다. 아무래도 김병기의 정책적 초대라 대원군은 흥이 나지 않고 오히려 분위기만 싸늘했다. 이럴 때 김병학이 웃으면서 분위기를 녹였던 것이다. 기생은 좌석의 분위기를 눈치 채고 아양을 떨며 흥선군에게 술을 올렸다.

"대군, 한 잔 더 드사와요."

"이년, 기생 노릇을 하는 너까지 주법을 모르느냐? 나는 역시 선술집 작부의 막걸리 잔이 어울리는구나."

흥선군은 이 말을 하면서 술잔을 들고 있는 기생의 손목을 쳐서 물리쳤다. 그때 튕겨져 나간 술잔이 하필이면 김병기의 얼굴로 튀었다.

기생의 얼굴은 사색이 되었고, 이때 김병기는 얼굴에 튄 술은 닦지 못하고 흥선군의 얼굴만 힐끗 쳐다봤다.

그는 흥선군이 무엇 때문에 화를 냈는지를 몰랐다. 그래서 등골이 오싹했다. 그때 흥선군이 말을 했다.

"네, 이년. 무슨 잘못을 했는지 아느냐?"

"대군, 죄송하옵니다."

"네 이년. 잘못도 모르면서 무엇이 죄송하다는 것이냐. 술자리에 대감이 어디 있느냐. 술 먹을 때는 재상도 망나니요, 정경부인도 화냥년이다. 그래야 술맛이 나는 법이야."

흥선군은 자신의 망나니 별명이 너희 대감들보다 낫다며 비꼬는 말이었다. 그의 이런 수작은 다른 재상이나 양반들은 도저히 상상할 수도 없는 풍자였던 것이다. 더구나 주인 김병기로선 도저히 이해하기 어려웠다.

"네 알아 모셨습니다."

"알아 모셨다는 말도 틀렸다."

그러자 기생은 생글생글 웃으면서 이렇게 말하고 술잔을 올렸다.

"망나니, 이 술 한 잔 드시지요."

"그래, 그래. 이제야 제대로 하는 구나."

흥선군은 호탕하게 웃으면서 기생이 올리는 술을 받아 마시며 말했다.

"요런, 귀여운 화냥년아. 너도 한 잔 들어라."

"호호호, 대군도. 정말 재미있는 술꾼이셔요."

"나한테 반하면 속살을 보여줘야 한다. 알겠느냐. 허허허."

"어찌 몸 둘 바를 모르겠습니다."

"알면 됐다. 망나니한테 혼날 테니 모르는 게 약이니라."

흥선군은 망나니 행동을 이들에게 보여주려는 수작이었고 이 덕분에 좌석에서 웃음소리가 터졌다.

그때 흥선군은 기생에게 노래를 청한 후 옆에 있던 거문고를 잡아서 풍류객 솜씨를 보여주었다. 김병기도 역시 솜씨를 치켜세우자 흥선군은 그에게 술을 권했다.

"자아, 나야 본디 기본주량이 있지만 주인께서도 술을 하셔야 연회가 어울릴 것 같군요."

"저야 얼마든지 하겠습니다. 대군께서도 좀 더하시지요."

"허허허, 대감이 나더러 또 대군이라는군요. 전엔 그렇게 인색하시던 술이었건만 오늘 왜 이렇게 권하는지 모르겠군요."

이것 또한 가시 돋친 말이었다. 그러자 김병기는 머리를 조아리며 사과를 했다.

"대군, 과거는 과거일 뿐이잖습니까?"

"허허, 무슨 말씀을. 나도 입으론 험담을 잘 하지만 건망증이 있어서 지난 일에 연연하지 않습니다. 산천이 변하는데 어찌 인심이 변하지 않겠소?"

흥선군은 이런 농담으로 김병기의 초대에 감사의 뜻을 표했다. 그는 이 말에 안도의 한숨을 쉬었다. 연회가 끝난 뒤에 김병기를 비롯한 안동 김 씨 고관들은 이구동성으로 입을 열었다.

"흥선군도 알고 봤더니 독종은 아니구먼. 우리 일가들이 참화까지는 받지 않을 것 같구나."

그러나 김홍근의 호화로운 삼계동 별장은 흥선군의 계략에 걸려들어 어쩔 수 없이 자진해서 고종에게 진상했던 것이다.

어느 날 대원군은 소탈한 평복으로 김홍근의 집에 예고도 없이 찾아왔다. 그러자 김홍근은 깜짝 놀라 당황하면서 사랑채로 흥선군을 맞았다.

"대군께서 기별도 없이 웬일이십니까?"

"대감에게 청이 있어서 왔소이다."

"청이라니요?"

"다른 게 아니고 술친구들과 한적한 곳에서 하루를 놀고 싶은데, 대감의 삼계동 별장을 빌려주실 수 있겠습니까?"

옛날 같으면 씨알도 먹히지 않은 말이었지만 지금은 사정이 바뀌었다. 김홍근은 부드럽게 대답했다.

"대군께서 쓰신다면 어찌 거역하겠습니까? 요즘 나가보지 않아 지저분할지도 모르겠습니다. 며칠만 여유를 주시면 청소와 정돈해서 빌려드리겠습니다."

"그렇게 하지 않아도 됩니다. 내일 하루만 사용하는 것이라 일부러 그러실 필요가 없습니다."

"오늘 중이라도 청소를 하도록 하겠습니다."

"빌려 쓰는 것도 황송한데 그런 폐까지 끼친다면 내가 나쁜 사람이 됩니다. 그러시다면 그만두겠소이다."

"대군, 성미가 급하시군요. 그럼 그대로 나가셔서 노십시오."

그의 집을 나온 흥선군은 김홍근의 굽실거리던 광경이 우스웠다. 그래서 그는 새삼스럽게 김병학을 떠올리면서 이렇게 중얼거렸다.

'홍근이나 병기에 비하면 김병학이 정말 의리가 있는 진정한 친구다. 내가 곤궁할 때 돈이나 곡식으로 도와주었다. 하지만 세상이 바뀐 지금에도 나에게 아첨도 않고 오히려 친구로서 충고까지 해준다. 그는 역시 괜찮은 사람이야.'

이튿날 흥선군은 천하장안의 유명한 부랑자 친구들과 천민출신인 옛날 술친구 십여 명을 데리고 김홍근의 별장으로 놀러갔다. 별장에는 굉장한 잔칫상이 준비되어 있고 일류 기생까지 대기하고 있었다.

"대군, 이게 웬일입니까? 마치 칙사를 대접하는 진수성찬 같습니다."

"너희들을 위한 상이 아니다. 칙사를 보내시는 분께서 행차하신다. 너희들은 그분이 나가신 뒤에 진탕 놀아라."

"그럼, 오늘 상감마마께서 여기로 행차하십니까? 저희들을 이런 자리에 불러 주셔서 영광입니다."

이 별장에서 제일 경치가 좋은 유관재는 신선이 살던 집처럼 아름다웠다. 흥선군은 술친구들을 다른 정자에 차려진 술상으로 데리고 가 일렀다.

"여기서 두서너 잔만 먼저 하자꾸나. 상감께서 오실 때까지 낯이 붉어져선 안 된다. 나는 잠깐 궁중으로 가 상감마마를 모시고 오겠다."

흥선군은 궁중으로 가서 고종의 행차를 인도하고 돌아왔다. 어린 임금은 유관재에서 경치를 구경하면서 오찬을 하고 이내 환궁했다. 그런 뒤에 흥선군과 친구들은 밤이 늦도록 먹고 마시며 놀았다.

그러면서도 세상에서 멸시 받는 천민과 상인들에게 자신의 정치적 포부를 피력하면서 그들의 협력을 구했다.

"나라를 구하는 정치란 별 것이 없다. 세력이 없고 가난한 백성을 잘 살게 해주는 것만이 선정이다. 민심이 곧 천심이라 임금도 대신들도 백성을 하늘처럼 떠 받쳐야 한다. 앞으로 백성도 정치를 알기 위해서는 직접 정치에 참여해야만 한다.

따라서 너희들에게 고관들을 감시하는 직책을 맡기겠다. 더구나 민심의 동향을 잘 살펴야 한다. 특히 신분의 고하를 막론하고 탐관오리의 죄상을 염탐해서 직접 나에게 보고하도록 하라."

"대군, 그런 일이라면 얼마든지 맡겨주세요."

흥선군의 지기에 감격한 이들은 의협심으로 신의를 맹세하는 잔을 들었다. 그는 누구에게나 이런 식으로 솔직한 심정을 토로했기 때문에 상대방에게 신임을 얻고, 대소의 정치문제에 큰 효과를 얻었던 것이다. 이때 좌중에서 이런 말을 했다.

"대군, 주인 김가 놈의 별장이 참 훌륭합니다. 이것도 모두 국고를 좀먹고 백성의 재물을 훔쳐서 지은 것이 아니겠습니까?"

"그렇지. 앞으론 벼슬아치들이 이런 짓거리를 못하게 너희들이 잘 감시해야 한다."

"대군께서 이 별장부터 몰수하시는 것이 어떨지요."

"이놈아, 그런 생각부터가 김가들이 저지른 죄가 아니더냐? 내가 왜 남의 재산을 빼앗겠느냐. 지난 일엔 나는 관대한 태도를 취하겠다."

"그럼 김가 스스로 재물로 바치게 하면 되지 않겠습니까?"

"그렇게 생각해야지. 김가들이 나의 관용을 아는지 모르는지 아직까지 새 임금과 나를 깔보고 있어. 그것을 알게 하기 위해서 오늘 상감마마를 이곳으로 행차하시게 한 것이야."

"내일 대감께서 김홍근에게 상감마마께서 이 별장을 좋아하신다는 말을 하시면…."

"허허허, 상감께서 한 번 노시고 가셨다는 소문을 들었다면 지금쯤 반성하고 있을 것이다."

"이제 알겠군요. 상감께서 행차까지 하신 이곳에서 앞으로는 주색향락의 장소론 쓸 수 없겠군요."

며칠 후 김홍근은 대전에서 고종을 뵈었을 때 삼계동의 유관재를 바쳤다. 한마디로 임금이 놀던 곳은 신하가 소유하지 못하게 되어 있었기 때문이다.

대원군은 이런 수단으로 김홍근에게 억지 충성을 시켜 생색을 내게 했다. 세월이 흐른 뒤 고종은 그 별장을 대원군에게 내려주었다. 그땐 아무도 흥선군이 김홍근의 별장을 빼앗았다고 할 수가 없었다.

흥선군은 이 별장 외에는 안동 김 씨에게 정치적 보복을 행하지 않았다. 그렇지만 그들을 모든 요직에서 자연스럽게 물러나게는 했다. 뿐만 아니라 김 씨 중에서도 몇 명의 인물은 중용하는 아량까지 베풀었다.

어느 날 밤중, 흥선군이 김병학의 집을 찾아갔다. 김병학도 밤중에 흥선군이 찾아왔기 때문에 의아하게 생각했다. 그렇지만 서로의 우정이 깊었기 때문에 반갑게 맞았다.

"대군께서 밤중에 웬일시옵니까?"

"대감에게 청이 있어서 왔소이다."

"무슨?"

"지금 조정을 초당파 인물중심으로 꾸미고 있소이다. 당파나 양반만이 벼슬을 하는 폐단을 없애고, 어느 정도의 상놈까지도 공평하게 등용시키려고 요."

"대군의 개혁취지를 잘 알겠습니다. 그렇지만 지배층인 양반관료와 유림에게 반발을 일으키지 않을까요. 그래서 서서히 적용시키면 안 될까요?"

"맞소이다. 그렇지만 독초는 단번에 뿌리를 뽑는 게 혁신이잖소. 다소 잡음이 있더라도 구폐를 이번 기회에 일소해야겠습니다."

"대군의 용단이라면 충분하지요."

"용단을 내릴 어떤 방안이 있답니다. 하지만 용단을 내린 후 생기는 문제를 수습할 능력이 없습니다. 대감의 고견을 듣고 싶소이다."

"당치도 않습니다. 대군에겐 그런 능력도 충분히 있습니다."

"아니오, 그래서 대감의 도움을 받기 위해서 이렇게 찾아왔지요. 대감께서 좌의정을 맡아주셨으면 하오."

"좌의정이요? 대군의 호의에 감격합니다. 그러나 세상은 우리 김씨 일가를 모두 죄인 취급하고 있답니다. 그런 연유로 당연히 삼가야 할 시기라고 생각합니다. 더구나 나로선 친척들이 모두 벼슬에서 물러난 이때 그런 영광을 누린다면 어찌 되겠습니까. 죄송합니다만 거둬주세요. 대군."

"세상잡음과 인정만 생각한다면 크고 어려운 일은 추진하지 못합니다. 세상에선 김병기 대감과 나의 사이가 제일 나쁘다고 하지요. 하지만 그분에게도 유임을 청할 생각이라오. 그러니 대감께서는 그렇게 생각하지 않으셔도 됩니다."

하지만 새로운 조정에서 요직을 맡은 것은 오직 좌의정 김병학뿐이었다. 김병기와 김병국은 감등과 좌천으로 남았을 뿐 영의정 이하 여러 판서들은 모두 밀려나고 말았다.

수구파 유림을 탄압하는 민비

명성왕후가 왕실로 들어왔지만 15세의 고종은 후궁 이 씨와 사랑에 빠져 있었다. 그 후 고종 5년(1868년) 4월에 후궁 이 씨가 완화군을 낳았다.

완화군을 원자로 책봉하려고 하자 민비는 대책을 강구했다. 그녀는 자신의 세력 확장을 위해 시아버지에게 쫓겨났던 풍양 조 씨 조영하와 안동 김 씨 일족 김병기, 고종의 형 이재면 등을 끌어들였다.

또 유림의 거두 최익현과도 손을 잡았다. 당시 유림들은 흥선대원군의 서원철폐로 불만이 쌓여있었던 것이다.

고종 8년(1871년) 민비는 항문이 막힌 왕자를 낳았지만 배설을 못해 5일 만에 죽었다. 뒤이어 13세의 완화군까지 갑자기 죽자 민비는 생모 이 씨를 궁궐에서 쫓아냈다.

고종 10년(1873년) 민비는 최익현에게 흥선대원군의 퇴진상소를 올리게 했다. 당시 흥선대원군은 경복궁중건사업으로 백성들의 원성이 높았던 시기였다. 고종도 22세로 친정할 때가 되었다. 이런 내용으로 대원군의 퇴진을 요구했던 것이다.

이로 인해 대원군은 조정에서 물러났다. 고종이 친정을 시작하자 민비는 흥선대원군이 운현궁에서 창덕궁으로 들어가는 출입문을 폐쇄시켰다. 그 후 조정은 민 씨 일족이 장악하게 되었다. 고종 11년(1874년) 2월 민비는 둘째 아들 척을 낳았다. 그 이듬해인 2월에 척을 왕세자로 책봉하였다.

한편 일본은 고종 12년(1875년) 8월 군함 운요호를 강화도에 보내 조선의 개항을 요구했다. 하지만 조선 수비병의 포격을 받고 물러갔다. 그들은 한동안 영종도를 점거하고 10월엔 부산에서 무력시위를 벌였다.

이듬해 1월 일본은 운요호사건을 해결하기 위해 전권대신 구로타 기요다카를 특명대사로 임명해 군함 7척과 군인 400명을 경기 남양만으로 보냈다. 이들은 무력시위를 벌이면서 회담을 요구했는데, 결국 고종 13년(1876년) 2월 강화도에서 병자수호조약(강화도 조약)을 맺었다. 그런 후 제물포항이 개항되었고 뒤를 이어 부산과 원산항까지 개항되었다.

고종은 개항정책을 위해 미국, 프랑스, 러시아 등의 열강과도 조약을 맺었다. 고종 18년(1818년) 1월, 고종은 신사유람단을 일본으로 보내 일본의 신문물제도를 시찰하게 하였다. 윤7월에는 김윤식을 영선사에 임명, 신식기계학습을 위해 청나라에 보냈다.

신사유람단으로 일본을 다녀온 김홍집은 청나라의 외교관 황준헌이 쓴 『조선책략』을 고종에게 전했다. 이것은 조선, 청나라, 일본 3국이 단결하여 러시아를 막아야 한다는 내용이었다. 하지만 당시 유생들은 이를 반대하는 만인소까지 올렸다.

이것을 계기로 고종 18년(1881년) 2월엔 수구파 유생들이 척하상소운동을 일으켰다. 이것을 계기로 민 씨 정권을 규탄하기 위한 역모를 꾸몄다. 같은 해 8월, 대원군의 주변세력인 안기영과 권정호 등은 대원군의 서자 이재선을 왕으로 옹립하고 역모를 꾸몄다. 하지만 발각되어 이재선과 안기영은 사형을 당했다. 이것을 계기로 민비는 척사를 주장한 수구파 유림을 탄압하기 시작했다.

민비의 등장

지금으로 말하면 민비는 신데렐라다. 즉 고아로 자란 시골처녀가 일약 중전마마로 올랐기 때문이다. 민비는 어릴 때 어머니를 잃었다. 그 후 계모를 맞았지만 아버지 역시 죽었다.

이런 어려운 상황에서 민비는 낮에는 살림을 꾸리고 밤에는 글공부를 했다. 더구나 집안일을 깔끔하게 했기 때문에 동네사람들에게 칭찬이 자자했다.

그녀가 궁중에 들어온 첫날밤에 소박을 맞았다는 소문이 백성들 사이에 퍼졌다. 오히려 백성들은 민비를 가엾게 생각하고 고종은 비난했다.

'여자는 남편의 사랑을 받아야 가정이 화목해지는 법이야. 차라리 임금에게 시집가지 말고 농부의 아내가 되었으면 더 좋았을 것을…. 사람은 자기분수를 지켜야지 그것을 넘어서면 항상 좋지 못한 일이 생기는 것이지. 중전을 소박하는 건 이 상궁 때문이야.'

이에 대원군은 고종이 궁녀 이 씨를 사랑하고 민비에게 냉대한다는 것을 알았지만, 민비를 3년 동안 처녀로 독수공방하게 한 것은 몰랐다. 그렇지만 대원군은 후사가 없다며 부인 민 씨에게 까지 잔소리했다.

"민중전은 자식 복이 없나 보오. 혹시 몹쓸 병이라도 걸린 것이 아닐까? 벌써 3년이 지났는데 태기가 없으니 말이요. 숙종의 민비처럼 아들을 낳지 못할까봐 걱정이오. 당신이 졸라대는 통에 결정한 것이 잘 못된 것 같소."

"대군, 제 탓으로 돌리십니까. 아직 젊은데 뭐가 그렇게 걱정됩니까? 결혼 십년 만에 초산하는 일도 많답니다."

"부인, 말씀이 너무 섭섭하오. 10년을 기다리라고? 할 수 없이 빈

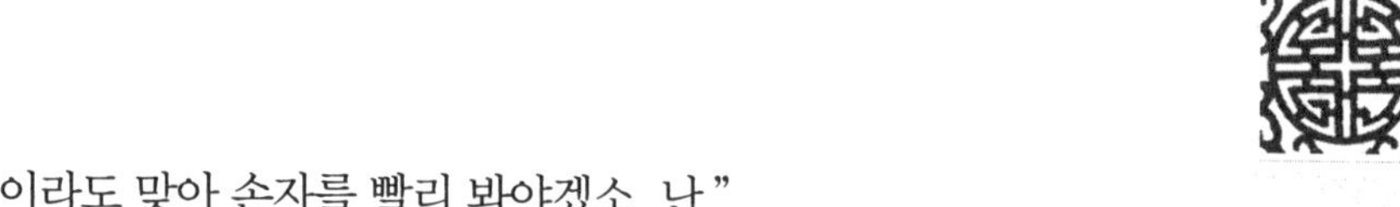

궁이라도 맞아 손자를 빨리 봐야겠소. 난."

"대감께서는 모르고 계셨습니까? 지금 상감께는 상궁 이 씨가 있잖습니까? 이 씨가 중전보다 더 가까이 했지만 태기가 없잖아요? 그래서 좀 더 기다려보자는 것입니다. 제가 명산을 찾아가 상감에게 아들을 점지해달라고 기도드리겠습니다."

"기도한다고 없는 아들이 하늘에서 뚝 떨어진답디까?"

이때 대원군은 정책으로 백성들에게 미신을 금지시키고 있었지만 궁중에서 여전히 미신이 행해지고 있었다. 이때 상궁 이 씨의 몸에 태기가 있다는 소문이 궁중에 돌았다. 그렇게 되자 이 씨의 지위가 졸지에 중전보다 더 높아진 것 같아 보였다.

그러자 지금까지 아무 소리 없이 참아오던 민비도 가만있지 않았다. 영리하고 치밀한 민비는 고종에게만은 그 문제로 감정을 상하게 하지 않았다. 오직 그녀는 고종의 애정을 자신에게 돌리는데 전력을 쏟았다.

그래서 상궁 이 씨를 능가하는 미모보다 향기와 웃음으로 낭군을 끌려고 했다. 민비는 그전에 소홀히 여기던 화장과 의상에도 각별한 신경을 기우렸다. 하지만 그녀의 몸단장에도 고종은 본척만척

해 실망과 분노만 끓었다.

민비는 질투보다 자존심이 궁녀에게 지고 싶진 않았던 것이다. 즉 자신의 미모가 부족하면 지식으로, 그것도 아니면 고종의 권력에 대한 야심을 불태워서라도 자신의 존재를 알려 마음을 끌어야겠다고 마음먹었다.

이것이 시집에 대한 애정과 사랑이 분노로 바뀌게 된 동기가 되었다. 그녀는 애정의 굶주림을 채우기 위해 차츰 정치에 손을 뻗치기 시작했다. 더구나 시아버지 대원군이 고종을 무시하고 궁중의 사생활까지 뒤흔드는 것조차 싫었다.

따라서 대원군의 섭정에서 벗어나 고종의 친정으로 변경시키고, 자기 자신이 권력을 잡아보고 싶은 충동을 느꼈다. 그러기 위해서는 우선적으로 고종을 자기의 애정과 정치적 식견으로 신임 받게 해야 했다.

이로써 대원군은 자기가 고른 며느리에게 세력을 빼앗기고 몰락의 길을 걷게 되었던 것이다. 이렇게 대원군까지 몰아낼 야망을 품은 민비는 이 씨는 아무것도 아니었다.

질투의 화신으로 돌변한 민비는 노골적으로 이 씨를 학대를 하기 시작했다. 어느 날, 상궁 이 씨를 불러놓고 죄인 다루듯이 문초했다.

"네 이년! 요망스러운 꼬리로 상감의 총명을 흐리게 해서 공부도 못하시게 추잡한 짓거리를 하다니. 도대체 중전인 나를 어떻게 알고 그렇게 했느냐?"

"오해이십니다, 중전마마. 상감께서 가끔 제 처소에 행차하시지마는 제가 잘못 한 것이라도…."

"하루에 두세 번이 가끔이더냐? 그것은 네 년이, 무슨 요부짓거리를 해서 그런 게 아니냐?"

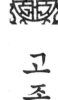

"오시는 상감을 저로선 거역할 수도 없사옵니다."

"임신을 했다는 것이 사실이더냐?"

"마마…, 아직 잘 모르겠사옵니다."

"이년이! 네 뱃속의 일을 모른다고 할 테냐? 바른대로 말하지 않으면 네 배를 갈라서 확인하겠다."

"그런 것 같사옵니다."

"지금, 몇 달이 되었느냐?"

"자세히는 알지 못합니다."

"궁중에 소문이 퍼져있는데, 벌써 여러 달이 된 것이 아니더냐?"

"서너 달이 된 것 같사옵니다."

"지금부터 내가 묻는 말에 거짓이 없어야 하겠다. 그럼, 아들을 낳으면 세자로 봉해 주신다는 어른들 말은 무슨 말이더냐?"

"중전마마, 그런 말씀은 듣지도 못하였을 뿐더러 소녀로선 생각조차 못할 말씀입니다."

"상감께선 너에게 무슨 말씀을 하시더냐?"

"아직 상감껜 말씀을 올리지 못했습니다."

"가증스러운 년, 왜 말씀을 드리지 못했느냐?"

"부끄러워서 그랬사옵니다."

"너는 언제부터 상감을 가까이 모셨더냐?"

"중전마마께서 들어오시기 전부터이옵니다."

사랑의 우선권을 주장한 상궁 이 씨의 말에 민비는 할 말이 없었다.

"오늘부턴 상감을 가깝게 해선 안 된다. 알겠느냐? 아니 맹세를 해라."

"알겠사옵니다. 중전마마."

"요부 같은 네년의 얼굴도 보기 싫다. 냉큼 물러가거라."

상궁 이 씨는 겁도 났지만 분하고 원통해서 자기 방으로 들어가

엎드린 채로 눈물을 흘리고 있었다. 그때 고종이 소리도 없이 방문을 열고 들어와 엎드려 울고 있는 이 씨를 끌어안았다.

"울고 있구나. 무슨 일이 있는 것이냐?"

하지만 이 씨는 고종의 물음에 대답 하지 않고 다른 말을 했다.

"상감마마, 이제부터 낮에는 제 방에 오시면 안 되옵니다."

"그렇게 되지 않는데 어쩌란 말이냐? 책장마다 내 얼굴이 선명한데…, 그런데 왜 울고 있느냐?"

고종이 이 씨를 일으키며 얼굴에 있는 눈물을 손수 닦아주었다. 그러자 이 씨의 마음이 눈 녹듯이 풀렸다.

"상감마마, 청이 있사옵니다. 소녀를 멀리해 주서야 합니다."

"내가 그렇게 그런 말을 하지 말라고 몇 번이나 당부했는지 아느냐? 그런 말을 자꾸하면 화를 낼 것이야. 하하하."

"상감마마께서 이렇게 자주 납시면 제 몸이 힘들어서 그렇지요?"

"무슨 불편한 데라도 있느냐?"

"아닙니다. 제 몸이 점점 무거워져서요."

"오~ 그래? 어디 옥동자라가 얼마나 자랐는지 내 손으로 만져보자."

왕후의 질투 가운데도 불구하고 이 씨는 고종 5년 4월에 첫아들을 낳았다. 그러자 왕후의 초초함은 극도에 달했다. 대원군은 왕손을 본 기쁨으로 상궁 이 씨 소생의 아들에게 완화군이라 봉했다. 그러면 그럴수록 민비는 상궁 이 씨 모자에 대한 증오가 타오르고 있었다.

고종은 내전에 들렀다가 민비 방을 항상 들렀다. 하지만 어느 날 민비 방에 들르지 않고 지나가고 있었다. 이때 단장을 마친 왕후가 재빨리 방문을 열고 나가 고종의 앞을 막고 요염한 웃음을 띠며 말했다.

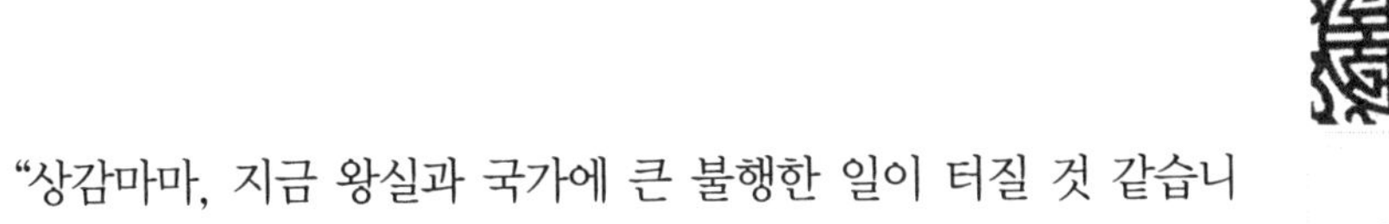

“상감마마, 지금 왕실과 국가에 큰 불행한 일이 터질 것 같습니다. 잠깐만 제 방으로 들어오시지요.”

“무슨 큰일인데 그러시오. 무슨 불길한 징조라도 있는 것이오?”

“지금 나라가 망하고 상감께서 어떤 변고를 당할지 모를 위태한 시기에 이르렀습니다. 이때 상감께서 큰 용단을 내리지 않으시면….”

“무슨 역적음모라도 있다는 것이요? 어서 말해보시오.”

민비가 입을 열려는 순간 망을 세웠던 시녀가 급하게 뛰어와 알렸다.

“중전마마, 대원군께서 내전으로 오셨습니다.”

“상감, 오늘 자정 쯤 다시 오십시오.”

이 말에 당황한 민비는 뒷문으로 고종의 등을 밀어서 내보냈다. 고종은 중대문제가 대원군과 무슨 밀접한 관계가 있을 것이라는 예감이 머리를 스쳐 지나갔다.

고종은 민비와 대원군이 평소에 사이가 좋지 않다는 것을 알고 있었다. 그래서 낮에 민비 방에 고종이 와 있는 것을 보면 민비의 입장이 거북해서 그러는 줄로만 생각했다. 고종 역시 민비 방에 와있는 것을 대원군에게 알리고 싶지 않았다.

그날 밤 자정 쯤 고종은 평복차림으로 민비의 방을 찾아갔다. 민비는 기회를 잡았다고 생각했다. 고종에게 국가의 중대한 기밀을 알리겠다고 약속한 민비는 화려한 화장을 하고 금침까지 깔아놓고 기다리고 있었다. 미리 술상도 준비시켰던 것이다.

고종은 지금까지 보지 못한 민비의 다정스러운 모습을 새로 발견했다. 고종은 새삼 남편으로서 미안한 마음이 들었다. 은은한 미소를 지우며 술잔을 따르고 있는 민비의 얼굴이 오늘따라 너무나 예뻐 보였다. 민비는 차분한 목소리로 고종에게 말했다.

“상감마마, 우선 술 한 잔 쳐 올리겠습니다.”

그러자 고종은 잔을 받아 마시면서도 민비의 말을 묻고 싶었지만 그녀의 정성에 감동받았다. 고종이 술을 마신 후 민비는 갑자기 수심에 찬 듯한 엄숙한 태도로 입을 열었다.

"상감마마."

"중전, 말해보구려. 낮에 하려던 중대 문제란 것이 뭣이요?"

"이제 상감께서는 스무 살이 되신 어른이옵니다. 그런데도 친정을 하지 않는다며 국내외로 원성이 높습니다. 더구나 대원군은 이 나라의 임금인 상감에게 아직까지 어린 아들처럼 무시하고 있습니다. 또한 상감의 이름만 이용하고 왕실까지 업신여기니 신하로서 불손한 태도라고 생각되옵니다.

더구나 무모한 쇄국정책으로 서양의 강대국들뿐만 아니라, 옛날부터 우리의 대국으로 알려진 청국까지도 놀라고 있습니다. 국내외의 정세가 위급한 이 시기에 하루빨리 대원군의 섭정을 중지시키고 상감께서 친정을 하셔야 왕권이 회복되고 국가의 유지와 번영을 이룰 것이옵니다."

고종은 한편으로 깜짝 놀랐고 한편으론 첫날 밤 자신에게 소박맞았던 중전이 임금으로 극진히 대접하면서 정치문제를 상의하는데 기뻤다. 이것은 부인 민비에게 처음으로 듣는 정치문제였다. 민비의 말에 이제야 자신이 엄연한 임금이란 사실을 발견했던 것이다. 민비는 계속해서 입을 열었다.

"상감마마, 나라를 대원군이 망쳐도 그 책임은 상감께 있습니다. 그렇게 된다면 왕실의 열성에 죄를 짓는 것이 됩니다. 하루빨리 친정을 하셔야 되옵니다."

민비는 작금의 현실 정치문제를 비판하고, 이론적으론 춘추좌씨전과 맹자에서 배운 왕도와 정치철학을 남편인 고종에게 처음으로 말했다. 정말이지 고종은 사려 깊은 중전의 말에 너무나 감격했던 것이다.

"중전의 말이 하나도 틀리지 않소이다. 당연히 내 스스로 해야 할 것인데, 나의 불찰로 국정을 섭정에게 일임한 것을 까맣게 잊고 있었소. 중전의 말대로 친정을 빨리 회복하겠소. 그렇지만 아직 대신들과도 생소하고 정치에 대한 지식과 경험이 부족하니 어쩌면 좋겠소?"

"상감마마, 그렇다면 제가 내조로 받들겠습니다. 지금 대신들도 대원군의 세도에 밀려 마지못해 따르는 사람이 태반입니다. 상감께서는 그들과 비밀리에 친분을 쌓은 다음 친정복귀의 명분을 만드심이 순서라고 생각합니다."

"중전께서 대신들의 찬성을 얻을 수가 있겠소?"

"저에게 맡겨만 주신다면 여자의 몸으로 상감마마와 나라를 위해 목숨을 바치겠습니다."

민비는 고종이 자기 말에 찬성한 것이 기뻤다. 그와 동시에 권력에 대한 욕망에 불을 지폈다. 더구나 고종 역시 권력에 관심을 가지고 있다는 것도 알았다. 이후 민비는 일개 아내의 지위로 내려가서 노골적인 성적매력을 고종에게 발산했다.

"상감마마, 밤도 깊었는데 이곳에서 주무시옵소서."

"어~허. 음, 글쎄…."

고종은 희미한 불빛에서 민비 얼굴을 보자 새로운 정을 느끼기 시작했다. 그래서 더더욱 첫날밤의 소박에 대해 많은 후회를 했다.

"마마, 이 상궁이 여자라면 저도 여자랍니다. 어떤 아픔이 있어도 체통 때문에 참아왔습니다. 지금까지 얼마나 외롭게 지낸 줄 모른답니다."

"중전, 그동안의 내 불찰을 사과하리다."

고종은 소박한 민비에게 처음으로 여자로서의 매력을 느꼈다. 고종은 3년 만에 노처녀 민비와 첫날밤을 치렀던 것이다.

구식군대의 반란사건 임오군란

고종 18년(1881년) 말, 민비는 일본 군사고문을 초빙해 양반자제 100여 명을 선발하여 별기군을 창설해 신식훈련을 시켰다. 하지만 그에 비해 구식군대의 대우는 그야말로 형편없었다.

고종 19년(1881년) 6월, 구식군대에게 13개월의 밀린 급료 중 1개월 분만 지급했는데, 그것은 돌이 반이나 섞인 쌀로 지급됐다. 이에 불만이 폭발한 구식군대의 군인들은 선혜청 당상 민겸호의 집으로 몰려가 난동을 부렸다. 이것이 '임오군란' 이다.

군인들은 흥선대원군 밖에 믿을 사람이 없다고 생각해 그에게 몰려갔다. 그러자 대원군은 이것을 이용해 민 씨를 축출할 생각을 했다. 그래서 그는 배후에 서서 은밀히 주동자들을 선동했다. 군인들은 민비 지지세력들과 일본공사관을 습격했다. 그 다음 민비를 죽이기 위해 창덕궁으로 몰려갔지만 그녀는 이미 창덕궁을 피신한 뒤였다.

이때 흥인군 이최응과 민겸호는 군인들에게 살해되었고 민비는 대전별감 홍계훈의 등에 업혀 간신히 피신해 장호원의 민응식의 집으로 숨었다. 대원군은 군사들을 풀어 장안을 샅샅이 뒤졌지만 민비를 찾지 못하자 그녀가 죽었다며 전국에 선포하고 국상절차를 밟게 했다.

이때 흥선대원군은 청나라 천진에 있던 김윤식에게 청나라군의 파병을 요청하게 했다. 그러자 일본을 감시할 필

요를 느끼던 청나라는 즉시 4,500명의 군대를 파병했다. 이와 동시에 일본도 공사관 습격을 구실로 공사 하나부사 요시모토가 1,500명의 병력을 이끌고 인천을 거쳐 한성으로 입성했다.

그러자 대원군이 일본군의 만행을 좌시하지 않겠다는 의지를 보이자 다시 인천으로 물러났다. 청군은 이것을 이용해 일본군과 대원군의 협상을 중재하다가 대원군을 제거하기로 결정했다. 같은 해 7월, 청나라 제독 오장경이 대원군을 청나라로 납치했다. 그날 밤 조선군을 몰아내고 한성을 장악했다.

그때 민비는 청군의 보호아래 입궁했고, 의왕의 생모 장상궁을 제거했다. 일본군 역시 공사관 습격에 따른 피해배상문제를 제기하여 고종 19년(1882년) '제물포조약'을 체결해 조선 주둔을 합법화시켰다. 청나라 역시 난을 진압했다는 명목을 내세워 조선의 내정 간섭을 강화했다.

청나라와 민비의 복귀

임오군란으로 창덕궁 뒷문을 통해 민비를 등에 업고 탈출에 성공한 별감 홍계훈은 그녀를 내려놓으면서 사과했다.

"중전마마, 이렇게 모셔서 황송하옵니다."

"그런 말씀하지 마세오. 어서 안전한 곳으로 갑시다."

민비는 자신을 구해준 홍계훈에게 고맙다고 하면서 길을 재촉했다. 억수같이 퍼붓는 장맛비를 흠뻑 맞은 민비였다. 그녀는 궁녀로 변장했는데 통통하고 풍만한 육체에 옷이 찰싹 달라붙어 있었다.

"중전마마, 윤태준의 집으로 모시겠습니다."

"그곳은 안전하오?"

"그렇사옵니다. 저와 믿는 사인지라 괜찮을 것입니다."

홍계훈은 민비를 화개동에 있는 윤태준 집으로 모셨다. 거리의 백성들은 비를 피해 모두 집안에 들어가 있었기 때문에 도망치기엔 안성맞춤이었다.

민비가 도착하자 당황한 윤태준은 송구스러워하며 곧장 골방으로 안내한 다음 옷을 갈아입게 했다. 민비는 밤이 되자, 홍계훈에게 민응식과 민긍식을 불러오게 했다. 민비는 그들을 만나 먼저 신변안전에 대한 방도를 상의했다.

"거리는, 상황은 어떤가? 반란은 어떻게 되겠는가? 상감께서는 지금 어디에 계시는가?"

"중전마마, 걱정하지 마시옵소서. 상감께서는 대원군에게 국정을 맡기셨사옵니다. 그리고 대원군은 중전께서 승하하셨다고 국상발표를 했사옵니다."

"그건 나도 알고 있소. 아무래도 이곳 장안을 빠져나가 시골로 숨는 것이 안전할 것 같소. 그러자면 노잣돈이 필요한데 마련할 수 있겠소?"

"분부대로 하겠사옵니다."

말은 쉽게 했지만 세도를 부리던 모든 민 씨들이 도망치는 판국이라 돈을 준비할 길이 없었다. 그래서 주인 윤태준에게 부탁했다. 그러자 윤태준은 조충희에게 오백 냥을 빌려 민비의 피란 비용을 마련해주었다. 노자가 마련되자 민비는 동대문 밖 이근영의 집으로 갔다. 그곳에서 민응식, 민긍식, 민영기 등과 함께 피난민을 가장해 여주로 향했다.

일행은 14일 새벽 광나루에 도착해 배를 타기 위해 사공을 만났다. 이때 민비는 저 멀리 보이는 북악산을 돌아보고 원수를 갚겠다며 이를 갈았다. 한쪽에서 하인처럼 짐을 진 민응식, 민긍식 등이 뱃사공과 교섭했지만 움직이려고 하지 않았다.

"아 글씨, 강물을 보세요. 장마로 불어난 이런 큰물에 배를 댔다간 큰일 납니다. 더구나 대원군이 일체의 피난민을 건너게 해선 안 된다고 엄명을 내린 상태라오. 만일 그것을 어겼다간 내 목이 달아납니다요."

이때 평민의 신부로 가장하고 가마 안에 있던 민비가 큰 금가락지를 빼어서 민응식에게 주며 눈짓했다. 금가락지를 사공의 손에 쥐어주자 그는 얼른 배를 갔다 대면서 대꾸했다.

"생원님, 뱃삯으로 인심을 쓰셨지만, 나중에 피난민을 건네주었다는 것이 발각되면 목이 잘린답니다."

"대원군께서 설마 그런 가혹한 벌을 내리시겠소?"

"대원군은 세도에 눈이 어두워 중전마마까지 죽인 흉악한 시아버집니다. 그런 사람이 우리 뱃사공 따위의 목숨을 생각하겠어요?"

민비는 대원군을 미워하고 자기를 동정하는 백성이 고마웠다. 하지만 이와 반대로 다른 사공은 민비가 죽어서 속이 시원하다는 말에 서글펐다.

대원군의 철통같은 정보망도 민비를 잡지 못하고 이들 일행은 한강을 건너 탈출했다. 권력을 다시 잡은 대원군은 민비의 생사엔 관심이 없었다.

그는 오랫동안 굶주린 정권욕을 채우기에 바빴다. 그는 민비 일파를 몰아내고 새 조정을 조직하기 시작했다. 그러나 정변으로 인해 대원군과 운명을 같이 할 인물이 없었다.

신응조를 우의정에 앉혔지만 곧바로 사퇴하고 조정에 나오지 않았다. 그래서 조대비의 외척인 병조판서 조영하를 중용하려고 했지만, 그는 협력하지 않고 방관태도를 취했다.

병조판서를 그만두고 싶었지만 그렇게까지 하면 대원군에게 박해를 받을 것 같아서 관망만 하고 있었던 것이다. 더구나 영의정 홍순목까지 조정에 나오지 않았다.

하는 수 없이 대원군은 부자체제로 임할 수밖에 없었다. 자신의 아들인 이재면에게 삼영의 대장을 겸임시키고, 호조판서와 선혜당상까지 맡겨 군권과 국고를 장악하게 했다.

이때 민비는 청국으로 망명해 과거부터 청국에서 미워하던 대원군을 끌어낼 공작을 꾸미고 있었다. 백성들 사이에선 정변으로 민비에 대한 유언비어가 나돌았다.

'민비는 청국에 간 것이 아니라 일본에서 군사들을 이끌고 와 일본공사관에 불을 지른 대원군을 몰아낸다고 하더라.'

대원군은 벼락같이 정권회복을 했지만 심복이 적었고, 국제정세가 불리하자 고독감과 불안감에 휩싸였다. 대원군은 그럴수록 민비 일당에 대한 가혹한 숙청의 칼날을 휘둘렀다.

먼저 고종을 단속하기 위해 군신관계가 아니라 부자관계로 되돌렸다. 12일 밤에 대원군은 궁중의 조용한 곳으로 고종을 불러놓고 아버지로서 자식에 대한 엄숙한 훈계를 했다.

"내가 너를 임금 자리에 앉힌 것은 나라를 위하고 집안을 생각했기 때문이다. 그런데 넌 간악한 계집이 하자는 대로 휘둘려 나라를 이 꼴로 망쳐놓았다. 임금으로서 그런 사단이 어디에 있으며, 나에게까지 이렇게 불효를 할 수 있느냐?:

"아버님, 모든 것이 소자의 불충에서 일어난 일이옵니다."

"더구나 신성해야 할 궁중이 굿터와 유흥장으로 타락했고, 국정은 민가 일파의 세도로 부패했다. 또한 개화정책으로 일본의 세력을 끌어들였으니 이것이 매국이 아니고 무엇이겠느냐?"

"아버님, 소자의 힘으론 어떻게 할 수가 없었답니다."

"국정은 둘째치더라도 궁중의 유흥장도 막지 못하는 그런 무능한 임금, 아니 그런 사내자식이 천하에 어디에 있겠느냐?"

대원군은 시아버지답지 않게 며느리 민비에 대한 원한 때문에 온갖 말을 했다. 그러자 고종은 머리를 조아리며 입을 열었다.

"이 모든 것이 얄팍한 주술에 놀아난 계집의 소행이었습니다."

"이젠 궁중에서 그런 잔당들을 모두 제거해야만 하느니라."

"명심하겠습니다. 아버님."

이런 말을 한 대원군이 나가자 고종은 오열했다. 앞으로 자신의 지위와 생명이 불분명했기 때문에 무척 불안했다. 아버지 대원군에게 부정이라곤 조금도 남아있지 않고 마냥 무섭기만 했다.

그래서 더더욱 민비에 대한 사랑이 그리워졌다. 고종은 민비가 살아있기만 빌었다. 또한 민비가 살아서 대원군을 다시 몰아내고 전처럼 왕실의 위세를 세워보고 싶었다.

탈출 다음날 아침에 광나루에서 한강을 건넌 민비 일행은 그날로 여주 친정인 민영소의 집으로 들어갔다. 그곳에서 며칠 지내며 정세를 살피던 중 이런 말을 들었다.

"대원군이 민비를 잡기 위해 전국에 밀정을 놓았다. 이 집 주위에

도 수상한 놈이 기웃거리고 있는 것 같다."

민비는 곧바로 그 집을 나와 남한강 지류를 타고 올라가 장호원으로 피신했다. 장호원에는 한성에서부터 민비를 호위해 온 심상훈의 별장도 있었고, 민형식의 시골집도 있었다. 민비는 은밀하게 민형식의 집에 은신했지만 세도하던 한성의 민 씨들이 이곳으로 몰려왔기 때문에 그녀가 있다는 비밀은 탄로 났다.

그러자 민형식이 휘두른 권력의 칼에 학대를 받았던 지방민들이 보복을 할 수 있는 좋은 시기라며 들고 일어났다. 그때 장호원에 살고 있는 장사 정문오가 주동이 되었다.

그들은 민형식의 집을 습격했는데 그때도 민비는 용케도 운이 좋아 신속하게 피신했다. 그곳을 도망쳐 나온 일행들은 다시 60리나 되는 산길을 지나 국망산 밑의 한적한 산촌에 도착했다.

민비는 피난 온 사람이라며 신분을 속였다. 그리고 돈으로 마을 부녀자들에게 선심을 쓰면서 일류사교술로 이곳에서 여왕 노릇을 했다. 민비는 망명 중임에도 불구하고 유흥과 미신의 기도로 심신을 달랬다. 그래서 무당의 굿 소리와 술집의 잡가소리가 마을을 점점 시끄럽게 하자 훈장은 민비 일행의 행동을 꾸중했다.

"한성에서의 난리가 이곳 산촌의 미풍양속을 어지럽히게 됐다. 그래도 피난해 온 한성양반들인 줄 알았더니 장사로 돈푼께나 번 잡스런 중인 같구나."

민비 일행은 그런 공격이 도리어 망명정객으로 의심받는 것보다 낫다며 도리어 고마워했다. 민비가 이곳에서 소원성취를 기도하는 굿의 목적이 무엇인지 마을사람들은 전혀 알 수가 없었다.

그리고 부녀자들과의 자연스러운 유흥태도는 자신들을 숨기기 위한 술책이었던 것이다. 남이 보는 앞에서는 신하들도 민비에게 왕비에 대한 존경의 태도는 일체 취하지 않았다. 그러나 밤만 되면 민비를 중심으로 회의를 열어 음모를 꾸몄던 것이다.

"이젠 민심도 가라앉았으니, 우선 상감께 중전께서 무사하시다는 것을 알려야겠습니다."

"그렇지만 상감께선 내가 살아 있다는 소식만으론 오히려 걱정만 시켜드릴 뿐이요. 따라서 대원군을 몰아낼 비책과 함께 전해야 기뻐하실 것입니다. 그리고 청나라에 밀사를 보내어 이번 일을 도와 달라고 해야겠소."

민비는 청나라의 이홍장에게 밀사를 보내 군사를 빌어서 대원군을 죽이거나 잡아가게 하는 것을 목표로 삼았다. 이것은 예전에 세자책립문제로 청국에 밀사를 보내어 이홍장의 일갈로 대원군 주장을 꺾어버렸던 경험이 있었기 때문에 생각한 것이다.

한마디로 민비는 산속에 피난해서도 외국의 힘을 이용하고 외국을 이간시키면서 자기의 정권을 회복하려는 외교술책을 창안해 냈던 것이다. 그렇지만 이것은 나라와 함께 자신의 생명까지 앗아가는 사건으로 전개될 줄은 꿈에도 몰랐던 것이다.

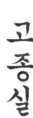

우정국은 갑신정변의 시발점

고종 21년(1884년) 10월17일, 우정국의 개국 축하연을 틈타 개혁파 김옥균과 박영효가 거사를 일으켰다. 이때 민태호, 민영목 등이 죽고 고종과 민비가 경우궁으로 납치되어 일본군 1개 중대가 감싸고 있었다.

개화파들은 자신들의 정강과 개혁안을 공포하고 각국의 공사관에 새로운 정부가 수립되었음을 알렸다. 이때 민비는 수구파인 경기감사 심상훈에게 사람을 보내 청군의 도움을 청하도록 했다.

이때 민비는 거처를 창덕궁으로 옮기자고 고종에게 주장했다. 김옥균이 재정문제해결로 잠시 자리를 비운 사이, 일본공사 다케조에가 민비의 요구를 받아들여 창덕궁으로 돌아가게 했다.

다음날 청나라 공사 원세개는 6백 명의 군사를 이끌고 고종의 면회를 청했다. 김옥균이 저지하며 시간을 끌자 오후 3시경 청군은 1천 5백 명으로 늘어났고, 시민들까지 궁궐 앞에서 친일파 개화당을 죽이라고 외쳤다.

그러다가 시민들의 공격이 시작되자 일본군은 싸우지도 않고 도망쳤다. 이때 반군 8백 명은 수적으로 열세해 패하고 말았다. 이틀에 고종과 민비는 홍영식, 박영교와 몇 명의 사관생도의 호위를 받으며 청군 진영으로 들어갔다.

그렇지만 홍영식과 박영교는 청나라군에게 죽임을 당하였다. 김옥균은 박영효,

서재필, 서광범, 변수, 유혁로, 일본공사 다케조에 일행은 일본군들의 호위를 받으며 북쪽 문으로 도망쳤다.

다음날 오후 2시, 김옥균, 박영효 등은 다케조에 일행과 인천으로 향했다. 이들은 공사관을 떠나기 전 기밀문서를 태우다가 불이 번져 공사관이 불에 탔다. 이들이 모두 일본으로 망명함으로써 3일 만에 '갑신정변'은 끝나고 말았다.

갑신정변에 얽힌 비화

개혁파의 거사 일은 고종 21년(갑신년) 12월5일(음력 10월17일) 우정국 낙성식 밤이었다. 거사주체들은 일본을 배경으로 한 개화독립당의 박영효, 김옥균, 홍영식, 서재필, 서광범 등이었다.

거사 전 개혁파들은 일본공사관과 짜고 후원 약속까지 받아놓았다. 폭력배를 매수해 행동대원으로 썼고 김옥균은 습격목표와 방화 및 암살의 방법 등을 지시했었다.

이들이 우정국을 택한 것은 우정국장이 개화당 동지 홍영식이 맡고 있었기 때문이었다. 이들의 계획은 낙성식에 초대된 민 씨 일파 정권의 실력자들을 암살하고, 행동대원들을 앞장세워 왕궁을 점령한 뒤에 고종과 민비를 협박해 개화독립당 위주의 정부조직을 왕명으로 발표할 예정이었다.

그런 다음 고종에게는 보수당의 반란이라며 속인 후 호위명목으로 일본군에게 동원을 요청해 청국군의 간섭을 막으려고 했다. 혁명의 봉화는 우정국에서 연회가 열릴 때 행동대원들이 안동별궁에 불을 지르는 것이었다.

초조하게 기다리던 중, 우정국에서 연회가 한창 진행되고 있었지만 안동별궁에서의 방화소식이 없었다.

이마에 식은땀을 흘리고 있던 김옥균과 박영효는 급하게 계획을 변경했다. 그래서 의도적으로 연회를 밤 10시까지 지연시켰다. 그러자 각국 공사들은 지루함에 못 이겨 돌아갈 채비를 차렸다.

이때 우정국 옆의 민가에서 화제가 발생했다. 행동대원들은 혁명의 봉화를 안동별궁대신 애매한 민가에 방화했던 것이다. 불길은 삽시간에 퍼져나가 우정국 주변을 모두 태우고 있었다. 그러자 화제로 당황한 내외귀빈들은 허둥지둥 밖으로 뛰어나갔다.

개화당을 배신한 민영익이 맨 먼저 연회장을 빠져나오는 순간이었다. 그는 문밖에서 기다리고 있던 개화당 행동대원 윤경순과 이은종의 칼과 몽둥이에 맞았다.

민영익은 머리에 흐르는 피를 손으로 막으면서 우정국 안으로 되돌아갔다. 그를 목격한 귀빈들은 깜짝 놀라며 떨고 있었지만 미국공사와 영국공사는 침착한 태도로 물었다.

"대감, 무슨 일이요? 도대체 어떤 자가 이런 짓을 했습니까?"

이때 갑자기 김옥균이 우정국 밖으로 뛰어나가자 그의 패거리들도 함께 뒤를 따랐다. 이것을 본 민영익은 단순하게 자신에 대한 암살이라고 생각했다. 하지만 그것은 반란사건의 서막에서 빚어진 첫 번째 유혈이었다.

우정국을 나온 김옥균과 박영효는 곧바로 일본공사관으로 달려가 행동개시를 알렸다. 아울러 일본의 협력을 부탁한 뒤에 궁궐의 금호문으로 달려갔다. 이들이 도착하자 그곳엔 이들이 오기만을 기다리며 숨어있던 행동대원들이 하나둘씩 나타났다.

김옥균이 명령하자 몽둥이와 망치를 든 40여 명의 행동대원들이 수문장을 때려눕히고 궁중으로 들어갔다. 이때 이들을 저지하려던 내시를 죽인 후 고종과 민비가 단잠을 자고 있는 침전의 안뜰까지 쳐들어갔다.

개화독립당은 낮에 김봉균을 시켜 인정전 행랑채에 묻어둔 폭탄심지에 불을 붙이고 숨었다. 얼마 후 천지를 뒤흔드는 폭발음과 함께 인정전이 불길에 휩싸였다. 고종과 민비는 폭음소리에 놀라 잠에서 깨어났다.

"중전, 저 폭음과 저 불이 무엇이요?"

"상감, 진정하세요. 또 역적 놈들의 반란인 듯하옵니다."

"어디로 가야할지 모르겠소,"

고종은 민비를 보호하기는커녕 자신부터 살고 봐야하겠다는 행동이 엿보였다. 그렇지만 민비는 섭섭함보다 담담한 얼굴로 고종을 진정시키면서 안내했다.

"상감, 절 따라오세요. 이쪽으로…."

민비는 고종을 앞세운 후 시녀들과 함께 침전에서 나오려고 일어섰다. 순간 민비의 머리엔 임오군란 때 궁녀로 변장하여 궁중에서 도망치던 때가 생각났다. 또한 반란을 일으킨 자들이 대원군의 잔당이나 개화독립당일 것이라고 추측했다. 민비는 시녀들에게 명했다.

"여봐라, 그 등불을 밝히지 말라. 반란군의 눈에 발각될 수가 있다."

민비는 고종의 팔을 잡고 안내하여 어두운 침전에서 마당으로 내려섰다. 이때 갑자기 김옥균이 나타났다.

"상감마마, 반란이 일어나서 저희들이 모시러 왔습니다."

"한밤중에 무슨 일이 벌어진 것이냐?"

고종의 말이 끝나기가 무섭게 민비는 담담한 태도로 물었다.

"이 반란은 청군이 개입한 것이요, 아니면 일본군이 개입한 것이요?"

민비의 이런 질문은 개화독립당원인 김옥균에게 개화독립당이 아니냐고 물을 수가 없어서 궁여지책으로 던진 것이다.

민비의 물음에 김옥균은 청국군대를 업은 보수당의 소행이라고 거짓말을 하려는 순간 또다시 폭탄이 터져 얼른 대답하지 못했다. 잠시 후에 김옥균은 국왕과 민비에게 공포심을 주기위해 이렇게 아뢰었다.

"중전마마, 청국군대가 궁궐을 포위한 후 궐내로 쳐들어오고 있습니다."

이 말이 끝남과 동시에 박영효가 앞으로 나서며 말을 이었다.

"상감마마, 사태가 너무 급박하옵니다. 속히 청국군대를 막기 위해선 일본군대의 출동을 요청하셔야 하옵니다."

그러자 김옥균 이하 행동대원들까지 모두 합세했다.

"상감마마! 속히 일본군대의 청병을 윤허하여 주시옵소서."

이들은 임금을 속여서 공식적으로 일본군대의 출동을 요청하려는 것이었다. 이때 박영효가 고종과 민비를 일본공관으로 납치하기 위해서 말을 이었다.

"상감마마, 청국군대에게 포위된 궁중은 위험하옵니다. 잠시 옥좌를 일본공사관으로 옮기시는 것이 좋을 듯싶습니다."

이 말을 들은 고종이 주저하자 민비가 얼른 말을 막았다.

"상감, 체면문제가 있사오니 다른 곳으로 피신하십시오."

"그럼, 어디로 가야 안전하겠소?"

박영효는 일본공사관으로 납치하려던 계획이 차질을 빚자, 고종과 민비를 경우궁에 감금시키기로 계획을 바꿨다. 고종이 일본공사관으로 가지 않겠다는 것은 다행이었지만, 다리가 후들거려서 발걸음을 떼지 못했다. 그러자 김옥균은 박영효에게 상감마마를 업으라고 지시했다.

임오군란 때 민비가 홍계훈의 등에 업혀서 도망했는데, 이번엔 고종이 박영효의 등에 업혀서 경우궁으로 갔다. 고종과 달리 민비의 걸음걸이는 매우 차분했다.

드디어 김옥균은 고종과 민비를 경우궁에 보호한다는 명목을 감금했다. 그런 후 50여 명의 무장행동대원들을 시켜 이곳을 철통같이 지키라고 명령했다. 날이 밝아오는 겨울날의 새벽은 살벌하게 춥기만 했다.

겨우 새벽이 되어서야 반란이 일어났다는 것을 알게 된 민비일파

정권의 고관대작들은 깜짝 놀랐다. 민태호와 조영하가 반란의 성격을 파악하지도 못한 채 궁중으로 달려왔다. 그곳에서 고종과 민비가 경우궁에 감금되었다는 사실을 알게 되었다. 조영하가 민태호에게 마른 입술을 침으로 핥으면서 입을 열었다.

"대감, 서둘러 청국공사와 원세개 장군에게 연락합시다."

"그것보다 먼저 상감의 신변부터 파악합시다."

두 사람은 초조하고 불안한 마음으로 경우궁 문 앞까지 갔다. 그러자 갑자기 대문이 열리면서 무장한 행동대원들이 나타나 두 사람의 목을 베어버렸다.

그 다음으로 들어오던 윤경순과 이조연을 비롯해 민영목까지 이들 손에 죽고 말았다. 이렇게 해서 경우궁 앞은 민비의 보수당 인물들의 피로 얼룩졌다. 이런 상황 속에서 내시 유재현은 고종과 민비가 척살될까 봐 염려하여 박영효와 김옥균에게 항의했다.

"이보시오. 상감과 중전을 이런 식으로 감금하는 불경스런 행동이 어디 있소이까. 당신들 뜻대로 칙령을 받으려다가 이에 불응하시면 두 분을 해치기라도 할 것이요?"

그러면서 이들을 향해 역적이라고 면박하자 김옥균은 부하들에게 명령해 죽이라고 했다. 그래서 유재현은 이들 패거리 일당에게 맞아서 죽었다. 이 모습을 지켜본 고종은 떨고 있었다.

영리한 민비는 이번 반란의 주범이 김옥균과 박영효라는 것을 알고 목숨을 그들에게 맡겼다. 이때 안절부절 못하고 있는 고종에게 박영효가 자신에게 명을 내려달라고 윽박질렀다.

"상감마마, 새 정부의 각료들을 빨리 조직하라고 어명을 내리시오."

이때 경비를 맡고 있던 행동대원 한 사람이 급히 들어와 미국공사와 영국공사가 고종을 만나러 왔다고 알렸다. 천하의 김옥균이라도 외국사신들의 국왕방문을 막을 수가 없는 것이었다. 고종을 알현한 두 나라 공사는 침착하게 인사하며 입을 열었다.

"상감마마, 급변을 듣고 문안차 예방하였습니다. 걱정하지 마십시오. 사태가 곧 진정될 것으로 생각됩니다."

두 나라 공사가 인사를 마친 후 바로 물러나자 이번에는 독일공사가 찾아왔다. 고종과 한참 동안 화담을 나눈 후 돌아갔다. 이때 일본공사는 다른 나라 공사와는 달리 경우궁을 수시로 드나들면서 김옥균과 밀담을 거듭했다. 그러자 민비는 애써 모른 척하면서 동물적인 감각으로 음모의 냄새를 맡고 있었다.

반란 그 다음날 저녁때였다. 노환의 조대비가 어젯밤 소란에 놀라 병세가 악화되어 위급해졌다는 전갈이 왔다. 고종과 민비는 이것을 핑계로 창덕궁으로 돌아가게 해달라고 김옥균에게 말했다.

그러자 김옥균은 옆방에 있는 일본공사를 만나 상의한 후 나오더니 문병을 가도 좋다고 했다. 고종과 민비는 이미 출동한 일본군대의 삼엄한 경비를 받으며 창덕궁으로 돌아왔다.

이때 김옥균이 이끄는 개화독립당에서는 국왕을 협박해 자신들의 내각을 만들어 놓은 상태였다. 흥영군 이창응을 영의정으로, 24살의 개화당원 홍영식이 좌의정과 우포도대장을 겸직했다. 박영효는 전후영사 겸 좌포도대장으로, 김옥균은 호조참판을 맡았다. 이밖에 서광범, 변수, 윤치호 서재필 등을 요직에 임명했다.

이런 인사는 정계와 국민들에게 신뢰받지 못했던 개화독립당으로서는 어쩔 도리가 없었다. 이처럼 인물난에 허덕인 이들은 보수파와 중간파들의 관직을 그대로 유임시키기로 했다. 또한 거국일치 내각이라는 허울집단을 만들었다. 김옥균 패거리들은 열악한 인사와 동시에 새 정부의 당면정책을 다음과 같이 공포했다.

1. 대원군을 속히 귀국시킨다.

2. 문벌을 없애고 탕평책으로 관리를 등용한다.

3. 지세법을 없애고 탐관오리를 숙청해 국민부담을 줄이고 국가 재정을 증대시킨다.

4. 내시부를 폐지한다.

5. 국정을 부패하게 하고 사리사욕을 채운 자를 색출해 엄벌에 처한다.

6. 규장각을 폐지한다.

7. 순경을 모집해서 훈련시켜 도적을 방지한다.

8. 혜상공국을 폐지한다.

9. 정치범으로 귀양 간 사람을 방면하여 복권시킨다.

10. 전후좌우의 사영을 폐지하고 근위군을 둔다.

11. 국내재정은 호조에서 관활하고 기타의 재정기관은 모두 폐지한다.

12. 대신과 참찬관의 회의는 의정소에서 결정해서 임금께 품정한 후에 정령을 반포한다.

13. 정부육조 이외의 관청은 모두 폐지한다.

이런 포고령에도 백성들은 관심이 없었다. 더구나 궁중을 폭력으로 점거하여 정권을 잡은 김옥균의 개화독립당은 역시 후사가 불안했다. 그들은 무력으로 차지한 정권이 한낮 꿈으로 끝나지 않기 위해 일본공사에게 군사적 지원을 적극적으로 당부했다.

그러나 18일이 되면서 일본공사는 청국 측의 반발이 의외로 커지자 타협하자면 태도를 바꿨다. 일본공사 다케조에는 김옥균과 박영효에게 이렇게 말했다.

"일본군이 궁중에 오래 있으면 내정간섭의 오해를 받기 쉽소이다. 그래서 철군을 하기로 결정했소이다. 하지만 걱정하지 마시오. 우리가 뒤에서 모든 것을 원조할 것이요."

이 말에 김옥균은 깜짝 놀라며 일본공사에게 따졌다.

"당신의 약속만 믿고 거사를 치른 것이외다. 그런데 뭐요? 혼란 중에 갑자기 철군을 한다니, 말이 되는 소리요? 그것은 우리와 약속을 어기는 배신행위란 말이요. 부탁이요. 아무 말씀마시고 딱 삼일만 궁중에 주둔해 주시오. 그러는 사이에 우리가 완전하게 자리를 잡겠소이다."

"그렇다면 철군을 해도 3일간은 사관열명으로 근위대의 훈련을 하겠소."

이처럼 일본공사로부터 개화당 간부들은 일본이 궁중에서 철군해도 군사고문 제공, 삼백만원 차관, 재정고문 제공을 약속받았기 때문에 철석같이 믿고 있었다.

그래서 오직 청국의 간섭만 막으면 모든 것이 끝나고 자신들의 세상이 도래할 것으로 생각했다. 이에 따라 김옥균은 개화당 간부들과 군사문제를 논의하고 있었다. 이때 청국의 오조유 장군이 보낸 사관 한 명이 고종을 만나겠다고 신청했다.

그러자 김옥균은 오조유나 원세개 장군이 직접 찾아오면 가능하지만, 일개 사관에게는 고종을 알현시킬 수 없다고 거절했다. 그러자 청군의 사관은 오조유가 고종께 바치는 서한을 전달했다. 그 내용은 이렇다.

'한성장안 안팎이 평시와 다름없이 평정하니 부디 안심하십시오.'

이 글을 본 김옥균 일파는 청국이 개화독립당 혁명을 소가 닭 보듯 관심이 없자 은근히 불안했다. 그는 이에는 이라는 식으로 서한을 전달한 청국 사관을 냉대해 보냈다.

그가 떠난 지 채 한 시간도 지나지 않아 청국군 통역관이 찾아왔다. 그는 원세개 장군이 군사 6백 명과 함께 궁중으로 국왕을 알현

하러 오겠다는 통고만 남기고 가버렸다.

이에 당황한 김옥균은 곧바로 일본공사와 상의한 후 청군과의 전쟁도 불사하겠다고 결의했다. 하지만 그날 오후 2시30분, 청국군 1천5백 명은 동서 양쪽을 두 부대로 나누어 궁중으로 기습해 들어왔다. 요란한 총성에 김옥균 일파와 일본공사는 몹시 당황했다.

청국군의 기습작전은 보수당의 긴밀한 연락으로 취해진 행동이었다. 또한 이것은 민비가 고종의 이름으로 요청한 것이기도 했다. 즉 오주유 장군의 군대가 선인문을 돌파했고, 원세개 장군의 군대는 돈화문을 공격했다. 이밖에 청국군이 훈련시켜 오던 조선군 좌우영의 군대와 백성까지 합세한 부대도 수천 명에 달했다.

그러나 청국군대의 공격군에 맞설 수 있는 일본군은 겨우 2백 명에 불과했고, 박영효가 지휘하는 전후영의 조선군은 8백 명에 지나지 않았다.

싸움이 벌어지자 김옥균 일파가 당황하여 우왕좌왕하자 민비는 세자 부부와 함께 궁을 탈출해 북쪽 산으로 도망했고, 왕대비, 대왕대비 등도 궁을 빠져나왔다.

얼마 후 청군의 공격을 방어하고 있던 김옥균에게 중전이 세자와 함께 궁을 빠져나갔다는 보고를 받고 침전으로 달려갔다. 그곳에 있어야 할 고종까지 없어졌다.

김옥균은 급히 고종의 행방을 찾기 위해 후문으로 뛰어나가 울창한 후원 산길로 올라갔다. 그때 무감에게 인솔된 네다섯 명의 병사들의 호위를 받으며 북쪽 산으로 탈출하고 있는 고종 을 발견했다. 그러자 김옥균과 서광범은 고종을 향해 단숨에 달려가 또다시 납치했다.

이번에는 고종을 연경당에 감금시키고 청군과 싸우고 있던 일본공사에게 급히 연락했다. 그러자 일본공사는 일본군 일부와 연경당

으로 달려와 고종의 주위를 지켰다. 개화독립당의 간부들은 연경당에서 일본공사와 긴급대책회의를 했다. 얼마 후 김옥균이 고종에게 아뢰었다.

"상감마마, 청군이 궁중까지 침범했습니다. 잠시 인천으로 피하셨다가 사태수습 이후 환궁하시는 것이 좋을 듯 하옵니다."

하지만 고종은 일본공사보다 먼저 반대의시를 표했다. 그러자 개화독립당의 간부들은 고종의 강경한 태도에 당황하는 기색이 역력했다. 한참 침묵이 흘렀다. 그러던 중 갑자기 청군들이 발사한 탄환이 연경당 왼쪽에서 쏟아졌다.

일본공사와 김옥균의 개화독립당원들은 고종을 모시고 뒷산 언덕으로 달아나다가 동북 문까지 이르렀다. 이미 해가 저물어 사방이 어둑한데도 총소리만은 요란했다. 청군의 방화로 궁궐은 화염에 휩싸여 저녁 하늘을 환하게 밝혀주고 있었다.

일본공사와 개화독립당원들은 고종을 인질로 데리고 갔지만 안전한 곳을 찾지 못해 갈팡질팡하고 있었다. 이때 민비와 세자, 대왕대비, 왕대비가 상감에게 사람을 보내 북묘로 오시라는 기별을 했다. 북묘는 진령군에 봉한 무당 박소사가 민비의 복을 빌던 곳이라 신앙적으로 마음의 피난처였다. 기별을 받은 고종은 민비를 비롯한 왕족들과 함께 있고 싶었다.

"여봐라, 과인이 지금 북묘로 가고 싶다."

하지만 김옥균은 위험하다며 반대했지만 그것은 민비를 함께 모신다는 것이 부담스러웠기 때문이었다. 그렇지만 고종은 김옥균의 말을 듣지 않고 무감에게 강경하게 명령했다.

"무감은 뭘 하고 있는 것이냐? 빨리 북묘로 인도하지 않고?"

무감은 고종의 명을 받들어 북묘로 출발했다. 이것을 쳐다보고 있던 박영효가 갑자기 화를 내며 장검을 뽑아 무감의 옆구리에 갖다

대고 위협했다. 이렇게 하여 고종은 또다시 억류를 당했다. 김옥균이 일본공사에게 요청했다.

"상감을 모시고 인천으로 가야겠소. 군대로 우리를 호위해 주시오."

이 말을 들은 일본공사는 여전히 입을 굳게 다물고 눈을 감았다. 그 순간 북쪽 산을 점령한 조선 별초군 1백여 명이 일본군을 발견한 후 맹렬한 사격을 가했다. 총알은 고종 옆에 서 있던 내시 한 명을 쓰러뜨렸다.

그래서 김옥균은 무감에게 시켜 이곳에 상감마마가 계시니 사격을 중지토록 했다. 곧이어 공격하던 조선군 부대의 사격이 중지되었다. 고종은 또다시 북묘로 가야겠다고 주장했다. 이럴 즈음 침묵으로 일관해온 일본공사가 입을 열었다.

"우리가 대한제국 국왕을 호위한다면 도리어 문제가 복잡해질 수도 있소. 따라서 군대를 철수시키고 사태의 진전에 따라 선후책을 강구하겠소이다."

은근 슬쩍 발뺌하겠다는 일본공사의 말에 김옥균과 박영효는 머리가 띵했다. 김옥균이 앞으로 나오면서 벌컥 화를 냈다.

"상감을 여기까지 모신 것은 당신과 군대를 믿어서였소. 지금 철군한다면 청군과 민가 일족에게 정권이 돌아갈 것이고, 우리 또한 어찌 되겠소?"

이 말이 끝나기가 무섭게 일본공사가 말했다.

"현실을 보시오. 사태가 심상치 않게 돌아가고 있소이다. 처음엔 청군뿐인 줄 알았는데, 조선군까지 있지 않소. 조선군의 발포는 국왕을 우리 군대가 호위하고 있기 때문이오."

일본공사는 고종에게 공송하게 아뢰었다.

"상감마마, 곧바로 우리 군을 철수하겠습니다. 부디 이번 사태를 잘 수습하시옵소서."

고종은 일본공사의 말을 듣고 무감을 재촉해서 민비가 기다리고 있는 북묘로 향했다. 그러자 박영효, 김옥균, 서광범, 서재필 등이 일으킨 갑신정변은 삼일천하로 끝나고 말았다.

명성왕후와 강대국과의 밀약사건

민비는 조선을 가운데 두고 열강들의 쟁탈전이 치열해지자 러시아를 이용해 청나라 세력을 견제하려고 했다. 당시 청나라의 주선으로 조선정부에 고문으로 와있던 묄렌도르프를 일본 주재 러시아 공사에게 접촉시켜 밀약을 맺으려고 했다.

이것은 조선에서 청나라와 일본을 내쫓고 러시아가 조선의 보호국이 되어 주길 바라는 밀약이었다. 이것이 알려지면서 오히려 청나라에게 빌미를 제공하게 되었다.

결국 그 밀약은 무산되고 청나라는 묄렌도르프를 소환했으며, 임오군란 후 납치했던 대원군을 1885년 2월 원세개와 함께 귀국시켰다.

고종 22년(1885년) 3월, 영국함대가 거문도를 점령했다. 영국은 점령한 지 2년 만에 청나라의 중재로 물러갔다. 물러간 조건은 러시아가 조선의 영토를 다시는 점령하지 않겠다는 약속이었다.

조선을 둘러싸고 청, 러시아, 일본의 각축전 속에 민비는 권력유지에 온 정성을 쏟았다. 이때 국가재정은 파탄직전이었고 민생은 엉망진창이었다. 그러나 민 씨 일족은 매관매직을 일삼았고 탐관오리들로 인해 농민들은 죽을 지경이었다. 이로 인해 농민들이 폭발하면서 갑오농민전쟁의 시발점이 되었다.

나라를 망친 집안싸움

민비의 병이 중해지자 원세개가 직접 왕실로 들어와 조정대신들을 제멋대로 조정하였다. 그래서 민비정권은 청국에게 불만이 쌓였다. 더구나 그들의 보호 아래 정권의 명맥은 유지되었지만 내부적으론 부패했다.

특히 정치적 공작으로는 반대파인 대원군의 세력을 탄압하고, 일본에 망명중인 김옥균, 박영효 등 개화독립당의 음모를 분쇄하는 것에만 신경을 곤두세우고 있었다.

따라서 그들을 암살하기 위해 민비정권은 여러 명의 자객을 일본에 밀파하는데 비용을 소비했다. 일본에서는 이것을 알고 낭인정객들로 하여금 김옥균, 박영효 등을 보호했고, 일본정부에서는 귀양을 보내 그들의 신변을 보호해주었다.

김옥균은 민비를 싫어하는 청국 이홍장의 후원을 받기 위해 상해로 건너갔다가 홍종우에게 피살되었다. 그런 후 그의 시체가 한성으로 이송되자 민비파들은 죽은 시체에 역적의 패를 붙이고 참형에 처하는 잔인한 보복을 자행했다.

이처럼 민비정권에 대한 일본의 반감과 일청관계가 악화되고 있을 때 전라도에서 동학혁명이 일어났다. 동학혁명은 부패한 민비정권을 타도하려는 민중운동이었다.

민비정권의 부패하고 무력한 관군으로선 도저히 반란을 진압하지 못했다. 그러자 조정에서는 상투적인 구명책으로 청국에 파병을 요청해 진압을 호소했다.

그러자 조선의 파병구실을 기다리고 있던 청국은 5월3일에 1천5백 명의 군사를 아산만 백석포로 보냈다. 청국은 조선출병에 앞서 천진조약에 따라 일본에 통보하자, 5월6일 1만 명의 군대를 태운

군함이 인천항에 입항했다. 일본군의 일부는 한성으로 향했고 일부는 평택으로 내려가 북상하는 청국군을 막았다.

이에 당황한 조정에서는 사신을 일본공사 오오도리에게 보냈다.

'동학당의 내란도 진압되었다. 따라서 귀국의 군대를 곧 철수시켜라.'

그러나 오오도리 일본공사는 억지 핑계를 대면서 완강히 거부했다.

"청국군대가 먼저 왔다. 그들이 먼저 철수하면 우리도 철수하겠다."

이처럼 민비정권은 내정의 부패로 농민폭동인 동학난을 유발시켰고, 그것을 진압하기 위해 청국군대를 불러들였다. 하지만 청하지 않은 일본군대까지 침입하는 결과를 초래했던 것이다. 하지만 안타깝게도 일본군을 격퇴시킬 힘이 없는 조정은 청국군대가 그들을 격퇴해주기만을 바라고 있었다.

하지만 일본공사 오오도리의 속셈은 청국군대와 일전을 치르기 위해 지금까지 숨겨온 내정간섭을 노골적으로 나타냈다. 오오도리 일본공사는 조선에서 민란이 끊이지 않고 일어나는 것은 부패한 정치에 있다고 역설했다.

"이번 기회에 내정개혁을 단행하시오. 모든 국내반란과 국제 분규는 내정개혁에서만 이룰 수가 있소."

그러면서 그는 조정에 5강목 20개조에 달하는 개혁안을 강요하면서 교정청을 신설하고 심의하라고 강요했다. 힘없는 조정에서는 어쩔 수 없이 교정청의 임원을 대신급으로 구성하고 일본이 지시한 개혁안을 심의했다.

이남규가 올린 상소는 자주적 입장에서 하루빨리 내정개혁을 하라는 뜻이 담겨져 있다.

'일본의 개혁안은 체면상 부끄럽지만 그 취지와 원칙엔 찬성이다. 곧 민 씨 일파의 부패한 전제정치를 폐하고 거국내각으로 서민정치

로 일신해야 한다. 또한 선진문명국의 제도를 채택해야만 오늘의 국난을 극복할 수가 있다.'

그렇지만 민비의 대변자인 고종은 이런 긴박한 내외공세에 정신을 차리지 못하고 어정쩡하게 시일만 보내고 있었다. 그러자 민비는 고종에게 아뢰었다.

"원세개와 파견군 사령관이 본국과 연락해서 일본군을 몰아내는 대책이 설 때까지 일본의 회답을 지연시키도록 하세요."

안타깝게도 민비는 상대의 힘을 빌려 상대를 제압하려는 얄팍한 외교 잔꾀만 말할 뿐 자기일파의 내정개혁엔 조금도 반성하지 못했다. 고종은 민비의 말에 따라 청국 이홍장에게 친필로 호소하는 비밀전보를 보냈다.

'일본의 내정간섭이 심하오. 그들이 요구한 개혁안을 심의하는 척하면서 귀국의 신속한 해결을 기다리고 있소.'

그렇지만 이홍장은 청국 주재 각국 공사를 통해 일본군의 철군을 외교적으로 교섭할 뿐이었다. 민비정권은 조선에 파병된 청국군 1천5백 명으론 일본군 1만 명을 이길 수가 없다는 것을 알았다. 더구나 일본군을 몰아내기 위한 추가파병도 하지 않았다. 그래서 매일 불안하게 보내고 있었다.

그러던 중 일본공사는 하루도 빠짐없이 내정개혁의 결과를 재촉했다. 하지만 지연작전에 화가 난 그는 조선대표 세 명을 불러 담판했다. 대표들은 내정개혁에 합의했지만 청나라를 믿고 있는 고종은 결재를 하지 않았다.

이때 원세개가 정세 보고 차원에서 귀국하고, 그의 대리로 당소의가 부임했다. 그러자 조정에서는 불길한 예감에 사로잡혔다. 청국의 현지세력들은 일본에 비해 정보능력과 정세판단이 떨어졌다. 그러자 민비정권에 불만을 품은 각 정파들은 비밀리에 일본공사관

에 출입했다.

물론 대원군 일파도 있었다. 일본 측에서는 민비정권을 무너뜨리는데 대원군을 이용할 계획이었다. 정치에는 영원한 동지도 영원한 적도 없다고 하지 않았던가. 일본은 과거 대원군이 배일정책의 주창자로서 미워했고 꺼렸지만 민비를 제거하기 위해선 그를 이용할 수밖에 없었다.

일본공사가 담판에서 결정한 최후의 기한인 6월20일이 되어도 조정에서는 아무런 회답을 내놓지 못했다. 일본 측은 이렇게 될 것을 예상하고 실력행사를 준비해두었다. 21일 새벽 일본군 2개 대대가 경복궁으로 침입했다. 이때 도망치고 남은 병사들의 무장을 해제시켰다.

그런 뒤에 일본공사 오오도리는 곧장 함화당으로 달려가 고종을 배알하고 겉으로는 공손하게 안심시켰다. 하지만 이것은 고종을 감금시킨 꼴이었다. 이때 경복궁 안은 호위군과 일본군과의 싸움이 계속되었다. 하지만 일본군의 승리로 조용해졌으며 군사들은 모두 무장해제 되었다.

대원군은 민비정권을 퇴진시킨 것은 좋았지만, 일본군의 앞잡이로 괴뢰정권의 수반이 되는 것은 별로였다. 하지만 자신이 또다시 정권을 잡으면 부패한 정치를 일신하겠다는 야심과 포부는 컸다. 고종도 일본군의 총칼 밑에서 일본공사가 요구한 내정개혁안에 무조건 찬성했다. 그리고 신하들에게 신속하게 개혁안을 실시하라며 명을 내렸다.

"오늘부터 중요한 국사와 육해군의 통수권 모두를 대원군에게 맡기도록 하라."

고종은 큰 인심이나 쓰는 것처럼 모든 실권을 민비로부터 대원군에게 이양시켰다. 과거와는 달리 대원군은 민 씨 일파의 숙청을 철

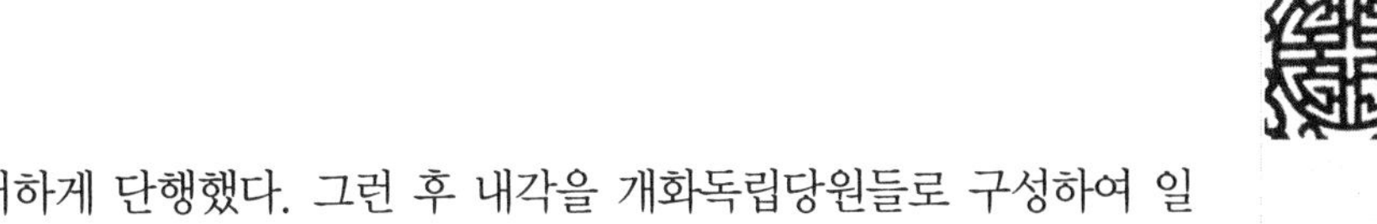

저하게 단행했다. 그런 후 내각을 개화독립당원들로 구성하여 일본이 요구한 정치개혁을 진행시켰다.

이후 일본군과 청군이 충돌하기 시작했다. 6월23일 청국군 9백명을 싣고 오던 군함이 일본군함의 공격을 받아 침몰했다. 25일에는 평택에서 육전이 벌어졌지만 역시 일본의 대승으로 끝났다.

청군 패잔병들은 강원도를 돌아 평양으로 들어가 새로 파견된 청군과 합류했다. 그런 후 일본군을 조선 땅에서 방어하고 자기네 땅엔 침입하지 못하게 작전을 세웠다.

7월1일 청군은 정식으로 일본에 대한 선전포고를 했다. 그러나 예상과 달리 일본군은 연전연승하면서 평양의 청군을 단번에 물리치고 압록강을 넘었다. 일본군은 9월이 되자 만주를 휩쓸고 여순과 군항을 차례차례 함락시켰다.

그러자 친청파들은 비로소 강력한 일본의 신흥세력에 놀라움을 금치 못했다. 따라서 국내는 청국세력이 아닌 일본세력들이 세도를 부렸다. 대원군은 일본의 힘으로 정권을 다시 잡았지만 일말의 희망으로 청이 일본을 이기길 바랐다. 그래서 평양전투 때까지 평양감사에게 밀사를 보내 청군에게 협력하라고 지령까지 내렸던 것이다.

이런 와중에 대원군의 가슴을 답답하게 하는 고민이 있었다. 그것은 아직까지 고종과 민비정권의 잔당을 조종하고 있는 민비를 처치하지 못한 것이다. 따라서 대원군은 친일파인 개화독립당과 국사를 함께 하기가 싫었다. 현재 자신이 섭정을 하고 있긴 하지만 그들은 과거의 정적들이었다. 또한 지금은 일본의 내정간섭만 합리화하려는 것도 못마땅했던 것이다.

따라서 대원군은 모든 국정을 마음대로 하기 위해선 일본의 내정간섭을 봉쇄해야 된다고 생각했다. 그래서 그는 청국이 연전연패하자 스스로의 힘으로 일본세력을 추방할 비밀계획까지 추진시켰다. 하지만 불행하게도 군대가 없기 때문에 동학당의 잔존세력을 이용해 부패와 외세의 내정간섭을 막고자 그들을 선동했다.

10월21일 새벽 대원군의 밀령을 받은 동학군 총사령관 전봉준과 참모장 김원식 등이 수만 명의 동학군을 재수습해서 한성을 공격하기 위해 행군을 개시했다. 이때 동학당 간부들 사이에는 찬부양론이 격했다. 결국 교주 최시영과 손병희, 이용구는 경천안민의 종교적 평화론을 주장하면서 합류하지 않았다.

동학군들이 북상하면서 공주를 습격했을 때 일본군 1천 명이 관군을 도와주기 위해 급파되었다. 그러자 재래식 무기로는 신식무기를 가진 일본군을 당할 수가 없어 패했다. 이런 가운데 동학군이 대원군의 충동으로 다시 일어나 행동을 개시했다는 풍문이 전국 각지에서 유언비어로 떠돌았다.

당시 정부의 요직엔 개화독립당원으로 구성되어 있었는데, 김옥균과 함께 일본으로 망명했던 박영효까지 돌아와 감투를 쓰고 있었다. 그렇지만 박영효는 배일태도를 고집한 대원군을 민비만큼이나 싫어했다.

민비와 대원군은 이런 와중에서도 권력싸움을 하고 있었다. 일본은 민비를 제거하기 위해 대원군을 섭정시켰지만 일본의 말을 잘 따르지 않아 점점 거리가 멀어져갔다.

이것을 알게 된 민비는 과거엔 대원군을 제거하기 위해서 청국의 힘을 빌렸지만, 지금은 일본의 힘을 빌려서 제거하고 싶었다.

대원군은 동학군이 일본군에게 참패하자 불안해졌고, 그것이 일본과 민비에게 알려질까 봐 두려웠다. 그리고 섭정자리도 곧 끝날 것이라는 초조한 마음으로 나날을 보내고 있었다. 더구나 민비를 빨리 제거하지 못하면 언젠가 큰 화를 당할 수 있다는 생각에 신변

까지 챙겼다.

이때 개화독립당의 득세로 벼락감투를 쓴 법부협판 김학우가 10월에 암살된 것이다. 경무청에서는 전동석을 범인이라고 체포해 고문을 가하면서 거짓으로 사건을 꾸몄다. 또한 정인덕을 비롯해 검거된 사람들은 모두 대원군의 부하들이었다. 얼마 후 특별법원에서 이들을 조사한 결과를 발표했다.

'대원군의 종손 이준용을 임금으로 삼아 고종과 민비를 살해할 목적으로 동학군과 결탁했다. 이들은 궁중을 습격하고 조정요인들을 몰살한 뒤에 대원군 일파로 새로운 내각을 세운다.'

재판 후 전동석 등 네 명은 사형에 처했고, 대원군의 종손 이준용 등 세 명은 귀양 보냈다. 그 외 관련자들은 10에서 15년의 징역에 처해서 대원군세력을 송두리째 뽑아버렸다.

이 사건에 대해 중립파인 각료의 김홍집, 김윤식, 어윤중 등은 날조된 것이기 때문에 무죄를 주장했지만 박영효, 서상범 등은 엄중한 처단을 주장했다.

이에 대원군은 민비의 소행이라며 분개했지만, 아무도 두둔해 줄 사람도 없었다. 더구나 일본도 그의 이용가치를 떨어졌다고 판단했다.

그 사건 후 대원군은 마포별장으로 은퇴해서 두문불출하자 정권은 또다시 민비의 수중으로 돌아갔다.

난도질당한 민비

청일전쟁에서 일본이 승리했지만 친러정책을 쓰는 민비 때문에 러시아에게 밀렸다. 그러자 일본은 고종 32년(1895년) 8월, 일본공사 미우라의 지휘로 민비시해를 행동으로 옮겼다. 이것이 '을미사변'이다.

당시 대원군이 살고 있던 공덕리 아소정에 일본군이 훈련시킨 조선군대가 일본 낭인무사 백여 명과 함께 야간훈련 명목으로 나타났다. 미우라는 민비와 대원군의 사이가 좋지 않다는 것을 이용해 대원군과 결탁했다.

서정쇄신을 명분으로 대원군을 사인교에 태우고 경복궁으로 나아갔다. 이때 궁궐 수비대장 홍계훈을 사살하고 궁궐로 쳐들어가 민비를 찾았다.

민비는 궁녀 복으로 갈아입고 건청궁의 곤녕각으로 피신했지만 낭인무사들이 찾아냈다. 이때 내부대신 이경직이 두 팔을 벌려 민비를 방어했지만 무사들은 이경직의 양 팔목을 잘라 버리고 민비를 난도질했다.

그들은 증거인멸을 위해 민비의 시신을 홑이불에 말아 근처 녹산으로 옮겨 석유를 뿌리고 불로 태워버렸다. 그리고 남은 뼈 조각은 근처 향원정 연못에 던져버렸다.

1895년 8월20일, 민비는 이렇게 죽었다. 민비가 죽은 지 이틀 만에 일본의 압력으로 폐서인시켰다. 그러나 같은 해 10월 일본의 만행이 국제사회에 알려지면서 지탄을 받자 그들은 사죄의 뜻으로 형식적인 진상조사와 함께 민비를 복권시켰다. 그리고 동구릉 능역의 숭릉 우편에 시신 없이 국장을 치른 후 숙릉이란 능호를 내렸다.

궁중암투의 전말

민비가 시해되기 전부터 이런 소문이 떠돌았다.

'이노우에 공사가 대원군과 결탁하여 민비를 시해하려고 한다.'

이노우에는 과거 청국의 원세개 이상의 권력을 갖고 오오도리 공사 후임으로 부임했다. 대원군 역시 민비의 모함으로 부하들이 참형을 받자, 분개한 나머지 일본의 세력을 빌려서 민비일당을 없애버릴 생각이었다.

그렇게 생각한 이유는 청일전쟁 동안 일본의 군사력을 알았기 때문이다. 대원군은 일본인 낭인정객 오카모도 류우노스케를 동지로 삼아 민비 제거와 정권회복에 힘썼다.

이노우에 공사가 부임하자 오카모도는 민비의 음모로 죽을 뻔한 대원군의 손자 이준용의 비밀면회를 주선했다. 이때 이준용은 할아버지 대원군을 대신해서 민비가 할아버지를 음해하고 있으며, 또한 할아버지가 일본과 화친하려는 것을 꺼려하기 때문이라고 민비를 중상했다.

이처럼 일개 외국공사에게 궁중의 추악한 암투까지 설명해야 하는 것은 독립된 국가로서 수치였다. 더더욱 가관인 것은 이노우에가 고종에게 궁중의 사치생활을 비판하고 정치의 방법론까지 강의한 것이다.

이때 옆방에 있던 민비는 고종이 이노우에의 논리에 끌려가는 것을 무척 안타까워했다. 이노우에는 실력 있는 민비를 만나고 싶어 다음 날 민비와 국왕과의 공동회견을 요청했다. 다음 날 민비는 병풍 뒤에 앉아서 얼굴을 보이지 않고 음성만으로 이노우에의 물음에 답했다. 이노우에가 내정개혁의 시급을 강조하자 민비는 확실하게 항의했다.

"유월정변 때 대원군을 내세운 것은 일본이 내정간섭을 했다는 증거가 아니고 무엇이오?"

그는 민비의 날카로운 추궁에 움찔하면서 변명했다.

"제가 관계하지 않았기 때문에 잘 모릅니다. 다만 그것은 궁중의 완고파가 일본과의 친선조약을 무시하고 청국의 종 노릇을 막기 위한 일종의 경고였다고 봅니다. 정권의 교체를 감행한 장본인은 어디까지나 대원군이었습니다. 그것 역시 귀국의 사정일 뿐입니다."

그러자 민비가 날카롭게 쏘아붙였다.

"폐왕, 폐비까지 하려던 음모사건은 어떤 세력을 믿고 한 짓이요?"

"그것은 대원군 일파에서 했다고 처벌까지 한 일입니다. 그것이 사실이라면 대원군에게 물어보십시오. 일본으로선 단지 궁중의 암투라고 생각하옵니다. 따라서 우리로선 흥미가 없사옵니다."

"지금, 공사도 대원군의 집권을 바라고 있지 않소?"

"무슨 말씀이십니까? 대원군은 잠시 흐트러진 궁중을 감독했을 뿐, 이미 물러간 것이나 다름없지요."

민비는 이노우에 공사에게 되풀이하여 대원군을 밀었던 내정간섭을 추궁했다. 그러자 그는 대원군이 일본의 호의를 배신하고 전쟁 중 청국과 밀통한 도덕적으로 믿을 수 없는 자라며 불만까지 털어놓았다.

민비정권은 이노우에가 요구한 내정개혁안의 기초인 14조를 발표했다. 이것은 현대적인 정치방법임에는 틀림없었다. 단점으로는 이것이 자주적으로 실천되지 못해 거꾸로 일본에게 당하게 된 것이다. 일본은 조선을 청국의 속국에서 해방시킴과 동시에 평등한 독립국가로서 공수동맹(한 패거리가 되는 것)까지 맺었다.

일본의 세력이 국내외적으로 조선을 흔들자 갑신정변으로 일본으

로 망명했던 박영효, 서광범, 서재필 등의 개화독립당원들이 들어와 대신이 되었다. 일본이 청일전쟁에서 승리한 후 독립국으로써 고종과 민비는 황제폐하와 황후폐하로 승격되었다.

1895년 청국은 일본에게 항복한 후 시모노세키조약에 따라 조선은 완전한 독립국가로 승인되었다. 또한 청국은 대만, 요동반도, 팽호도를 일본에게 주기로 약속했다. 하지만 러시아, 독일, 프랑스가 반대했기 때문에 요동반도와 팽호도를 단념했던 것이다.

이때 민비는 일본이 러시아보다 약하다는 것을 재확인하고 과거에 실패한 러시아와의 친선정책을 꾀했다. 그것은 개화정책으로 민비 일파가 몰락한 것을 회복시킬 수 있는 유일한 수단이라도 생각했기 때문이다. 박영효는 대원군 세력을 꺾는데 이용했지만 서광범, 서재필, 이완용 등은 모두 갑신정변 때의 원수들이었다.

박영효는 대원군의 세력 제거에서 민비의 신임을 받았다. 하지만 세력이 커지가 총리대신 김홍집을 무시하기까지 했다. 그러다가 마침내 김홍집을 밀어내고 내무대신과 군무대신을 겸하면서 민비까지 위협했다.

민비는 박영효를 몰아내고 갑신정변으로 쫓겨났던 민영달, 민영환, 민영소, 심상훈 등을 특진관으로 등용해 옛날 개화당 세력을 회복시켰다. 이것은 앞에서도 언급했지만 3국 간섭에 물러난 일본을 깔보고 취한 숙청이었다.

벼슬에서 쫓겨난 박영효 일파는 민비의 공작이란 사실을 알고 반격했다. 이때 일본공사가 박영효를 만나 친러정책에 대한 문제를 논의했다. 그러자 박영효는 논의 중에 화를 내며 공사에게 충공했다.

"민비와 일당들은 개화독립 출신과 친러정책으로 일본세력까지 몰아낼 음모를 꾸미고 있소."

그러자 일본공사는 고개를 끄덕이며 말을 이었다.

"민비가 대원군을 제거할 때 나를 이용하더니, 이제는 구파를 재등용해 친러반일 음모를 꾸미고 있소. 그런 궁중요물 때문에 조선의 개화가 방해되고 궁중이 또다시 시끄러워 질 수 있어 걱정입니다."

박영효는 일본공사의 태도에서 싸늘함을 보았다. 그것은 오늘밤에라도 당장 일본이 보낸 자객의 칼에 민비가 죽을 것 같은 공포였다. 며칠 후 대원군파로 몰려 관리에서 쫓겨난 한재익이 일본낭인과 함께 민비정권에 대해 서로 욕을 했다.

"민바가 사라져야 나라가 바로 서지."

"이봐, 대원군도 죽이지 못한 민비를 누가 죽일까?"

"그러? 박영효가 죽일 것이오."

집으로 돌아간 한재익은 역적음모를 밀고하면 상을 받고 벼락감투를 쓴다는 생각에 박영효를 밀고했다. 그러자 민비는 곧바로 박영효를 잡아오라고 명했다. 밀고자 한재익은 경무관으로 발탁되고 표창까지 받았다.

외무대신 김윤식은 일본공사에게 박영효가 역적음모로 체포령이 내려졌다며 양해해 달라고 통고했다. 일본공사는 이 사실을 박영효에게 알렸다. 그러자 곧바로 일본공관으로 피신해 신변보호를 요청했다.

그러자 조선정부의 강경한 요구를 받았는데, 망명한 정치범은 국제법상 인도하지 못한다고 했다. 박영효는 일본군의 호위를 받으며 한성 시내를 거쳐 한강으로 갔다. 그곳에서 일본인이 운전하는 기동선에 태워져 인천으로 보내졌다. 그는 거기서 일본의 기선을 타고 또다시 망명길에 올랐다. 이때 그와 동행한 사람은 신응희와 이규완뿐이었다.

이를 즈음 대원군을 추대하려던 오카모도는 박영효의 잔당 이주회와 함께 민비를 제거하기 위한 계획을 짰다. 또한 박영효에게 밀려난 전 총리대신 김홍집의 세력도 참가했다. 이들은 대원군을 업은 후 거사하려고 그를 찾아갔다. 대원군도 역시 민비축출 후 정권을 재탈환하려고 적극적인 태도를 보였다.

을미년 10월3일 가을밤, 공덕동에 있는 대원군의 별장에는 중대한 비밀회의가 열리고 있었다. 책사 오카모도와 대원군, 대원군의 아들이며 고종의 형 이재면, 손자 이준용 등 네 명이 모였다. 오카모도는 일본공사의 양해를 받았다는 전제하에서 말했다.

"지금 당장 민비를 제거하고 싶지만 아직 일본공사는 시기상조라며 찬성하지 않습니다. 따라서 대원군께서는 국왕을 돕고 궁중을 감독하는 정도만 하시고 정치문제엔 손을 떼십시오. 김홍집, 어윤중, 김윤식 등을 중심으로 내정개혁을 추진시킨다면 민비의 독재를 막을 수 있을 것입니다. 그리고 아드님(이재면)은 국내대신으로 하고, 손자님(이준용)은 3년 동안 일본으로 유학해서 실력을 쌓는 것이 장래를 위해서 좋을 듯싶습니다."

그러자 대원군은 현재의 상황에서 가장 좋은 방법이라고 찬성했다. 하지만 이것을 눈치 챈 민비는 훈련대의 해산을 단행하기 위해 군무대신 안경수를 일본공사에게 보내 사전양해를 구했다. 이때 훈련대장 우범선이 해산에 대한 불만을 품고 일본공사를 찾아와 충동질 했다.

"사태가 시급하오이다. 민비가 훈련대를 해산시킨 뒤 대원군일파와 친일정객을 일망타진할 음모를 꾸미고 있소. 오늘밤 안으로 대책을 마련하지 않으면 당신까지 해가 미칠 것이요."

그러자 미우라 공사는 오카모도의 미온적인 대책으로는 민비에게 반격을 당할 우려가 있다고 판단해 긴급대책을 세웠다.

"내일(10월8일) 새벽 훈련대와 일본수비병과 일본낭인들이 단결하여 끝냅시다."

민비는 다음날 새벽에 대원군일파와 일본군대가 경복궁으로 쳐들어와 자신을 살해하려는 줄도 모르고 부하들에게 명령을 내린 후 침실로 들었다.

"이번에 대원군을 아주 없애버려야겠다."

그 다음날 새벽 3시였다. 대원군은 이주회와 오카모도를 앞장세우고 나섰다. 광화문은 이미 우범선이 지휘하는 훈련대와 일본수비대의 병력이 집결해 대원군 도착을 기다리고 있었다. 대원군 일행을 맞이한 군대는 경복궁으로 쳐들어갔다.

그때 궁중을 지키던 시위대는 총을 쏘고 대항했다. 하지만 시위대장 홍계훈이 총에 맞아 쓰러지자 모두들 도망치고 말았다. 건청궁을 지키던 시위대들도 마찬가지였다. 대원군은 훈련대와 일본군의 호위를 받으며 경복궁으로 들어가 성명서를 발표했다.

"간신들이 임금의 총명을 흐리게 하고, 조정을 부패문란하게 만들어 대업을 망치고 있다. 나 대원군은 나라가 위태로운 것에 종친으로서 묵고할 수 없어서 이렇게 간신배 처단에 나섰다.

임금을 잘 모시고 사직을 튼튼히 하여 백성들이 배불리 먹고 잘 사는 정치를 하겠다. 이에 백성들은 동요치 말라. 만일 나의 의로운 일을 방해하는 자는 엄단할 것이다."

대원군은 일본의 병력을 배경으로 고종을 협박하여 새로운 내각을 조직하고 발표했다. 그리고 고종에게 어려운 용단을 내리게 했다.

"민중전이 왕실과 국사를 망친 장본인이요. 왕비를 폐하고 서인으로 강등시키시오."

그러자 고종은 대원군을 행해 눈물을 흘리며 호소했다.

"너무 심하신 말씀입니다. 차후로 정치를 못하게 하면 되지 않습니까. 그런데 왕실의 가정사까지 간섭할 필요는 없잖습니까?"

한편 일본군과 일본낭인을 비롯해 조선군은 민비를 찾기 위해 궁궐을 이 잡듯이 뒤졌다. 이때 침전에서 자다가 총소리에 깬 민비는 사태의 위급함을 알고 궁녀의 옷으로 갈아입었다. 그런 후 도망칠 기회를 엿보고 있었다. 그때 그들은 침전으로 침입해서 벌벌 떨며 우왕좌왕하고 있는 수십 명의 궁녀들을 족쳤다.

"민비가 어디 있느냐? 빨리 불지 않으면 목을 벨 것이다."

"살려주세요. 저희들은 모릅니다."

하지만 궁녀들은 한결같이 민비를 알려주지 않았다. 궁녀 옷을 입은 민비는 궁녀들 틈에 섞여 있었다. 그때 민비의 일본인 시녀 오가와가 중년여자를 손가락으로 가리켰다.

그러자 일본 낭인은 단칼로 민비를 벤 후 부하들에게 시체를 불에 태우라고 명령했다. 그들은 민비의 시신을 침실보로 말아서 녹원 숲 속으로 운반한 뒤 석유를 뿌려 태워버렸다.

엄 귀비와 비운의 황태자 영친왕

민비가 죽은 후부터 고종과 함께 지낸 여인은 순헌황귀비 엄 씨였다. 그녀는 엄진삼의 큰딸로 철종 5년(1854년)에 태어났다. 8세 때 입궐하여 시위 상궁이 되었다. 그녀는 민비에게 쫓겨났다가 그녀가 죽은 지 5일 만에 고종의 명으로 재 입궐했다.

그녀는 아관파천 했을 때 고종의 시중을 맡았다. 당시 정화당 김씨가 계비로 초간택된 상태였지만 고종이 러시아공사관으로 피신하면서 흐지부지 되었다.

정화당 김 씨는 처녀로 지내다가 47세 때 1917년 조선총독부의 정략에 의해 입궐하게 되었다. 그러나 일본에 의해 입궁한 그녀는 고종의 얼굴을 한 번도 볼 수가 없었다. 다만 고종이 죽자 고종시신과 함께 있었다. 이때 귀비 엄 씨의 소생 이은(영친왕)은 이미 23세였다.

아관파천했다가 1년 만에 궁궐에 돌아온 고종과 엄 씨는 같은 해인 1897년 10월 황제 즉위식을 갖고 국호를 대한제국으로 선포하면서 왕후는 황후로, 왕세자는 황태자로 개칭했다. 고종의 호칭도 전하에서 폐하로 바뀌었다.

이 무렵 엄 씨는 귀인으로 책봉되었다. 3년 뒤인 1900년 8월 아들 은이 영왕으로 봉해지자 순빈으로 책봉되었다. 이듬해 1901년 10월 빈에서 비로 승격되어 고종의 계비가 되었던 것이다.

1907년 순종이 즉위한 뒤 엄 씨의 아들 영왕이 황태자로 책봉되었다. 이분이 바로 영친왕인데, 비운의 대한제국 마지막 황태자였다. 이때 엄귀비는 황귀비로 책봉되었다.

엄 씨는 1906년 진명여학교를 세울 때 거액을 내놓아 사실상의 설립자였다. 또한 양정학교설립 때에도 중심적인 역할을 했다.

1911년 58세의 엄 씨는 장티푸스로 죽었다. 묘는 서울 청량리 홍릉의 영휘원에 있다.

귀비 엄 씨가 낳은 10살짜리 황태자 이은은 1907년 12월 이토 히로부미에 의해 유학이라는 명목으로 일본에 볼모로 잡혀갔다. 당초엔 매년 한 번씩 귀국할 수 있다고 했지만 그는 돌아오지 못했다. 1910년 순종이 폐위하자 황태자는 황세제로 격하되었고, 1920년 일본 황실 정책에 따라 일본의 황족 딸 마사코와 정략 결혼했다.

1926년 순종이 죽자 형식상 왕위 계승자가 되어 이왕이라 했지만 일본에서 귀국하지 못했다. 그는 일본에서 일본 육군사관학교와 육군대학을 거쳐 육군 중장을 지냈다. 1963년 11월 당시 박정희 국가재건최고회의의장 주선으로 국적을 회복하고 부인 이방자와 함께 귀국했다. 그 후 이왕은 지병으로 1970년 74세로 죽었다. 묘는 경기도 남양주시 금곡동 홍유릉에 묻혔으며, 1989년 4월30일에 죽은 이방자 여사도 함께 묻혔다.

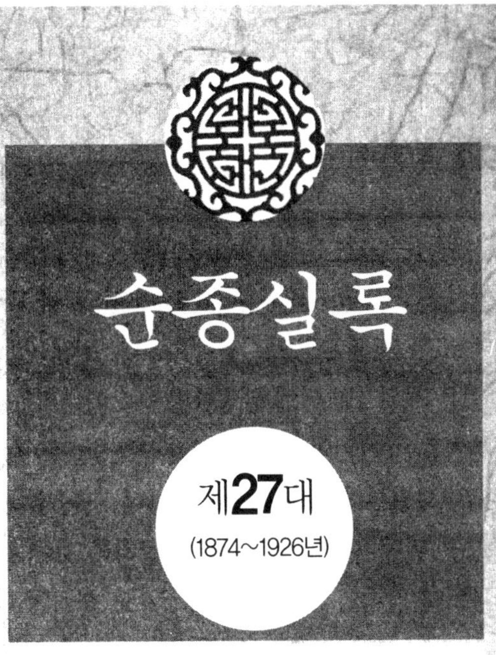

순종실록

제27대
(1874~1926년)

순종은 고종과 명성왕후 사이에 태어난 둘째 아들이다. 이름은 척이고, 자는 군방이며, 호는 정헌이다. 태어난 다음해 2월에 왕세자로 책봉되었고, 1897년 대한제국이 수립되자 황태자로 책봉되었다. 1907년 7월 고종의 뒤를 이어 대한제국 제2대 황제로 즉위한 순종은 창덕궁에 거처하다가 1926년 4월25일 53세의 나이로 죽었다. 국장이 치러지는 6월10일 인산일에 전국적으로 6 · 10독립만세운동이 일어났다. 능호는 유릉(경기도 남양주시 금곡동)이다.

『순종실록』

『순종실록』은 조선 27대 왕이며 대한제국의 두 번째 황제였던 순종의 역사를 기록한 것으로 본문 4권 3책, 부록 17권 4책, 목록 1책을 합쳐 모두 22권 8책으로 간행되었다. 원제는 『순종황제실록』이다. 순종은 재위 4년 만에 한일합병으로 폐위되었으며, 일제강점기에 일본인들이 기존의 관례에 따라 편찬한 것이다. 이왕직의 주재로 1927년 4월부터 1935년 3월 사이에 『고종실록』과 함께 편찬했다. 내용은 관찬기록에서 발췌하여 정리한 것이며, 편찬 중에 일일이 일본인의 감수와 교정을 거친 것으로 형식적 의미가 강한 책이다.

『순종실록』은 『고종실록』과 함께 일제침략기에 일본인들의 주관하여 편찬하였기 때문에 일반적으로 『조선왕조실록』에는 포함시키지 않는다. 『순종실록』은 『고종실록』과 함께 1927년 4월1일부터 1935년 3월31일까지 이왕직의 주관 하에 편찬하고 간행되었다.

한일합방과 오적들

1907년 7월, 헤이그밀사사건의 책임으로 고종이 물러나면서 순종이 즉위했다. 그러자 한일신협약(정미 7조약)을 강제로 성립시켜 국정전반을 일본인 통감이 간섭할 수 있도록 했다. 더구나 정부 각부의 장관을 일본인으로 임명하는 '차관정치' 를 시작했다.

또한 일제는 재정부족을 이유로 조선군대를 강제로 해산시켰다. 이에 분노한 참령 박성환이 권총으로 자결했고, 해산된 군인과 의병들이 일본군에 대항하여 싸웠다. 하지만 무기와 병력이 우세한 일본군에게 참패당했다. 이것을 빌미로 엄귀비가 낳은 황태자 이은을 유학이란 명목으로 일본에 볼모로 데려갔다.

1909년(융희 3년) 7월엔 기유각서로 사법권마저 강탈당했다. 이때 이토가 사임하고 일본으로 돌아간 후 소네가 부임했는데, 그는 대한제국의 식민화계획을 더욱 강화했다.

내무대신 송병준은 이용구와 함께 노골적으로 합방론을 주장하면서 한일합방건의서를 일본정부에 제출했다. 그러자 한발 늦은 이완용의 눈에선 시기의 빛이 일어났다.

이완용은 그의 비서 이인직과 민영규를 시켜 원각사에서 국민대회를 개최하게 했다. 이때 송병준과 이용구를 규탄했다. 그러자 송병준은 합방 안이 시기상조라며 독자적인 합방 안을 꾸미고 있었다.

이완용은 12월 명동성당에서 열린 벨기에 국왕추도식에 참석한 뒤 인력거를 타고 출발할 때였다. 그 순간 이재명이 이완용의 어깨와 심장을 칼로 찔렀지만 죽지 않았다. 이완용은 15년 뒤 그 후유증으로 죽었다. 당시 이재명은 현장에서 체포되어 사형을 당했다.

1910년(융희 4년) 7월, 육군대신 데라우치 통감이 일본정부의 지

시대로 이용구, 송병준 등의 일진회 합방안을 총리대신 이완용에게 지시하자 그는 기꺼이 찬성했다.

이렇게 하여 일진회와 이완용이 앞장서서 한일합방을 성사시켰다. 8월11일 이완용의 사주를 받은 순정효황후의 숙부 윤덕영이 옥새를 훔쳐 날인하여 이완용에게 건네주었다.

이때 옥새에 얽힌 일화가 있다. 오적 이완용 등 친일파들이 순종에게 한일합병조약에 날인할 것을 강요했다. 이때 병풍 뒤에서 이것을 엿듣고 있던 윤 씨가 옥새를 치마 속에 감춘 후 내놓지 않았다고 한다. 그러자 숙부 윤덕영이 강제로 옥새를 빼앗아 갔다고 한다. 순종의 계비 순정효황후 윤 씨는 20년 연하로 해평 윤 씨 해풍부원군 윤택영의 딸이다.

일본은 즉시 합방사실을 외국에 통고하였지만, 조선 내에서는 8월29일 공표했다. 이로써 조선왕조는 27대 519년 만에 막을 내리고 말았다.

순종황제의 유언과 6 · 10만세운동

1926년 4월25일(음3월14일) 오전 6시 15분, 대한제국 마지막 황제 순종(純宗)은 피맺힌 한을 토하는 유언을 남기며 창덕궁 대조전에서 53세로 숨을 거뒀다.

"일명을 겨우 보존한 짐은 병합 인준의 사건을 파기하기 위하여 조칙 하노니 지난날의 병합 인준은 강린(일본)이 역신의 무리(이완용 등)와 더불어 제멋대로 만들어 선포한 것이요, 다 나의 한 바가 아니라.

오직 나를 유폐하고 나를 협제하여 나로 하여금 명백히 말을 할 수 없게 한 것으로 내가 한 것이 아니니 고금에 어찌 이런 도리가 있으리오. 나 구차히 살며 죽지 않은 지가 지금에 17년이라. 종사의 죄인이 되고 2천만 생민의 죄인이 되었으니, 한 목숨이 꺼지지 않는 한 잠시도 잊을 수 없는지라, 유인에 곤하여 말할 자유가 없이 금일에까지 이르렀으니…."

순종이 갑작스럽게 죽은 것은 독살이라는 설이 많다. 즉 1898년 커피를 즐기던 고종과 황태자 순종의 커피에 독을 넣었다는 일제 독살설도 있다. 커피 맛을 잘 아는 고종은 한 모금 마시다가 뱉어버렸지만 순종은 다 마셔버려 두뇌에 이상이 왔다는 독살 미수사건의 일설도 있다.

순종황제는 성불구자?

이 당시 민간에서는 순종이 세자 때부터 '성(性) 불구자' 였다는 소문이 파다하게 퍼졌다. 황현(黃玹)은 『매천야록(梅泉野錄)』에서 이렇게 전하고 있다.

"세자가 장성했으나 음경이 오이처럼 드리워져 발기되는 때가 없었다. 하루는 명성황후가 계집종을 시켜 세자에게 성교하는 것을 가르쳐주게 하고 자신은 문밖에서 큰 소리로 '되느냐, 안되느냐?' 하고 물었으나 계집종은

'안 됩니다' 라고 했다. 명성황후는 가슴을 치며 자리를 일어섰다."

황현의 기사를 분석해보면 순종에게 후사가 없었던 점을 생각하면 그의 신체에 문제가 있었을 가능성이 많다.

1898년 '김홍륙(金鴻陸) 독차사건(1898년)도 순종의 몸을 크게 상하게 했다. 김홍륙은 고종의 러시아어 통역이었으나 거액을 착복한 사실이 드러나 유배형을 받았다. 이에 대해 매천야록은 다음과 같이 기록하고 있다.

"김홍륙은 이에 원한을 품고 어전에서 음식을 담당하던 김종화를 매수해 고종이 마시는 커피에 독약을 타도록 사주했다. 평소 커피를 즐겨 마셨던 고종은 한 번 마시고 토해냈지만, 맛을 구분하지 못하던 황태자는 맛을 보다가 복통과 어지럼증으로 쓰러졌다."

이밖에 순종이 정신적으로 결함이 있다는 소문과 다른 기록도 있다. 1907년부터 13년간 궁내부에서 일한 일본인 곤도 시로스케는 1926는 펴낸 '대한제국황실비사' 에는 다음과 같이 적혀있다.

"순종은 자애로운 인정을 지녔으며, 주변인물의 이름과 가족의 일까지 잘 알았으며, 연회석상에서 누구와도 흥미로운 얘기를 나누었

다. 명석한 두뇌와 기억력은 참으로 경이로웠다"고 썼다. 이것은 순종이 족보연구학과 전통의례에 매우 뛰어났다는 의미다. 하지만 순종은 경쟁과 살벌함을 싫어했다고 한다.

"도쿄에서 스모를 관람하실 때 전하는 선수들이 거대한 몸을 날리며 장관을 연출하는 모습에는 흥미를 보이지 않으시며, 시종에게 '패한 자가 너무 안 되었구나. 모래 흙투성이가 되어 필시 고통스러울 거야' 라고 말씀하셨다."

이렇듯 순종황제는 국난을 헤쳐 나가기엔 너무 유약하고 무책임한 지도자였다. 죽음으로 일본에 저항하지 못하고 '왕가의 보전' 에만 집착하다가 1926년 4월25일 심장병 등으로 세상을 하직했다.

신문에 실린 순종황제 기사

황성신문(皇城新聞)에 실린 기사(1909년 8 월29일)

"그저께 오전11시 반 돈화문 앞에서 대황제폐하 즉위 제2회 기념 예식 경축을 하는데 각 사회단체 및 각 급 학교 생도 등은 나란히 정렬하여 만세를 외치고 경축가를 합창하고, 고아원 생도들은 군악을 연주한 후 오후 1시 행사를 마쳤는데, 각 학교가 방학 중이어서 몇 개 학교에서만 생도를 모집해 경축하였다더라."

이 기사는 대한제국 제2대 황제인 순종(1874~1926)의 즉위 2주년 기념식을 보도한 글이다. 융희(隆熙)황제 순종은 2년 전 8월27일 아버지 고종으로부터 직무를 물려받았다.

독립신문(1897년 10월14일)

"광무 원년 10월12일은 조선 역사에 제일 빛나고 영화로운 날이 될지라. 지난 몇 천 년 동안 중국의 속국 대접을 받은 때가 많더니, 하나님이 도우사 조선을 자주독립국으로 만드샤, 조선인민이 어찌 감격한 생각이 아니 나리요."

이 기사는 순종은 즉위 석 달 후 창덕궁으로 거처를 옮겼다. 창덕궁에 갇히다시피 한 순종이 하는 일이라곤, 일어나서 식사하고 산책하다가 외부인사를 접견한 뒤 선물이나 나눠주는 역할뿐이었다. 이 무렵 순종에 관한 보도 중 '경비 · 선물 하사' 내용이 많은 까닭이다.

대한매일신보(1909년 9월2일)

"대황제폐하께옵서 남순하실 때 배종하였던 한국관리들을 3등으로 나누어, 1등에게는 금시계, 2등에게는 은시계, 3등에게는 동시계를 반급하신다더라."

이 기사는 일본인들의 감시 하에 딱히 할 일이 없던 순종은 사람들을 만나기 위해서 일부러 선물을 주었다는 의미다.

조선왕계도

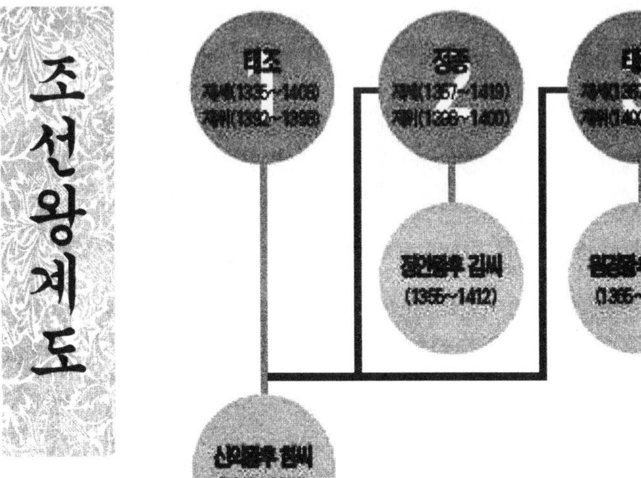

1392 1400

태조
1392 조선개국
1394 한양천도
1395 경복궁·종묘조성

정종
1399 개성천도
경복궁 궁성 축조

태종
1405 한양 재천도
창덕궁 준공
1408 태조 이성계 승하

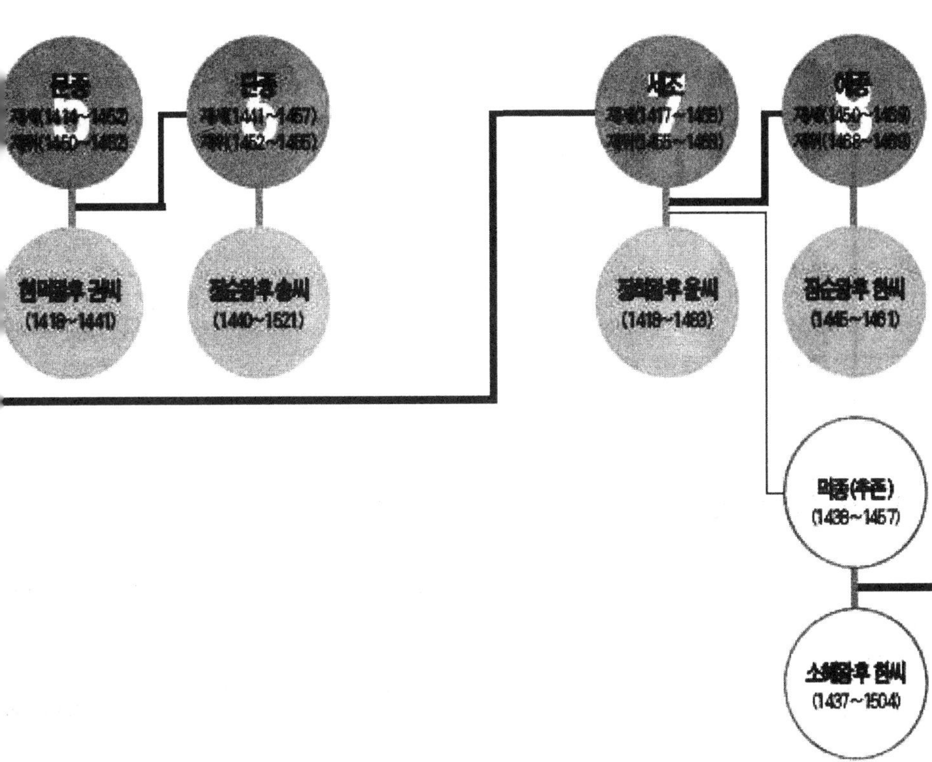

1450

종
9 대마도 정벌
0 집현전 설치
21 종묘 영녕전 창건
3 북방4군6진 개척
4 앙부일구(해시계) 발명
자격루(물시계) 발명
3 한글 창제

문종
1451 <고려사>완성

단종
1453 계유정난
창덕궁 중수

세조
1460 <경국대전>편찬 개시
1463 홍문관 설치, 경복궁동궁 완성

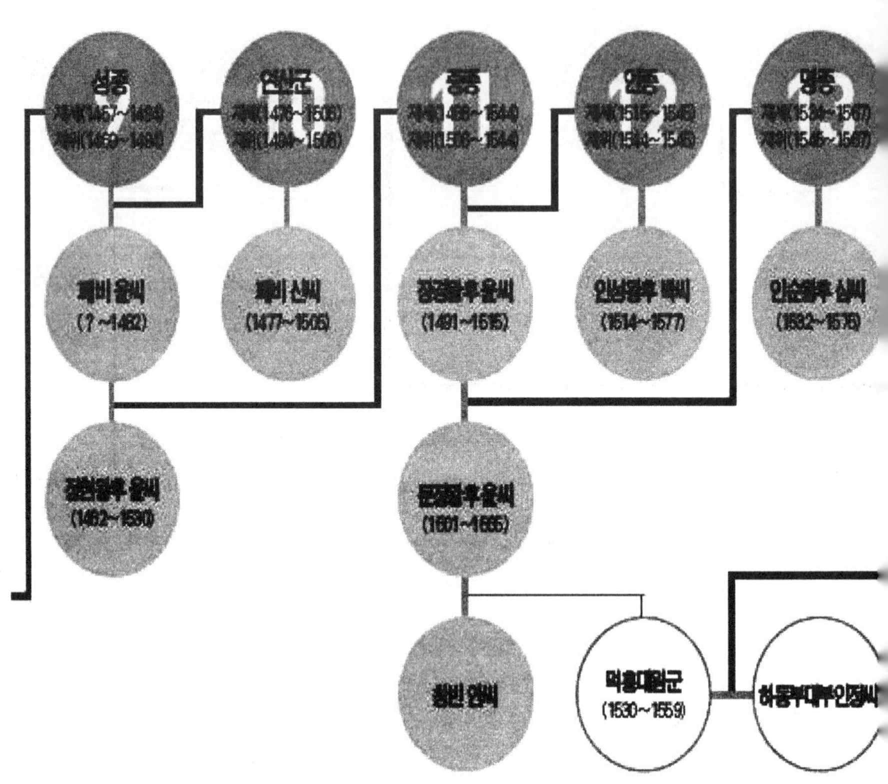

1500 1550

성종
1470 <경국대전>완간
1484 창경궁 건축

연산군
1496 종묘제도 제정
창경궁 수문당, 회경당 건립
1498 무오사화

중종
1506 중종 반정
1516 주자도감 설치

인종
1545 을사사화

명종
1553 경복궁 사
북편 전각

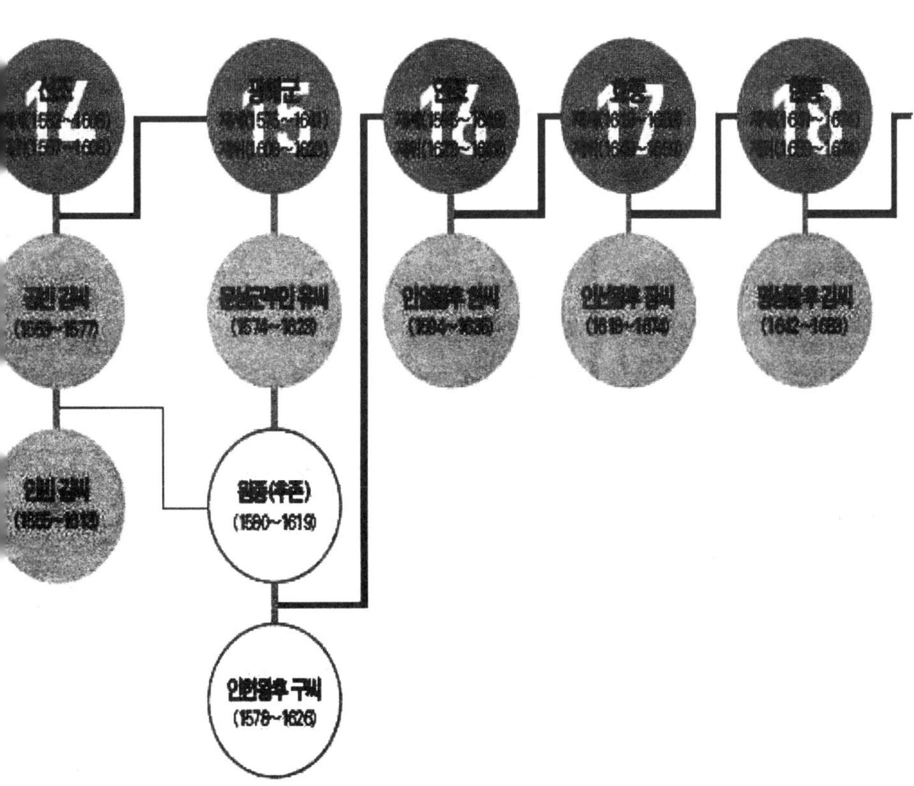

1600 1650

선조
1592 임진왜란, 궁궐 전체 소실
1597 정유재란
1607 창덕궁 돈화문 중건

광해군
1608 대동법 실시
1613 <동의보감>간행
1620 경덕궁(경희궁) 창건

인조
1623 인조반정
1636 병자호란
창덕궁 옥류천과 주변 정자 조성

효종
1654 나선 정벌
1656 창덕궁 만수전
춘의당 등 건축

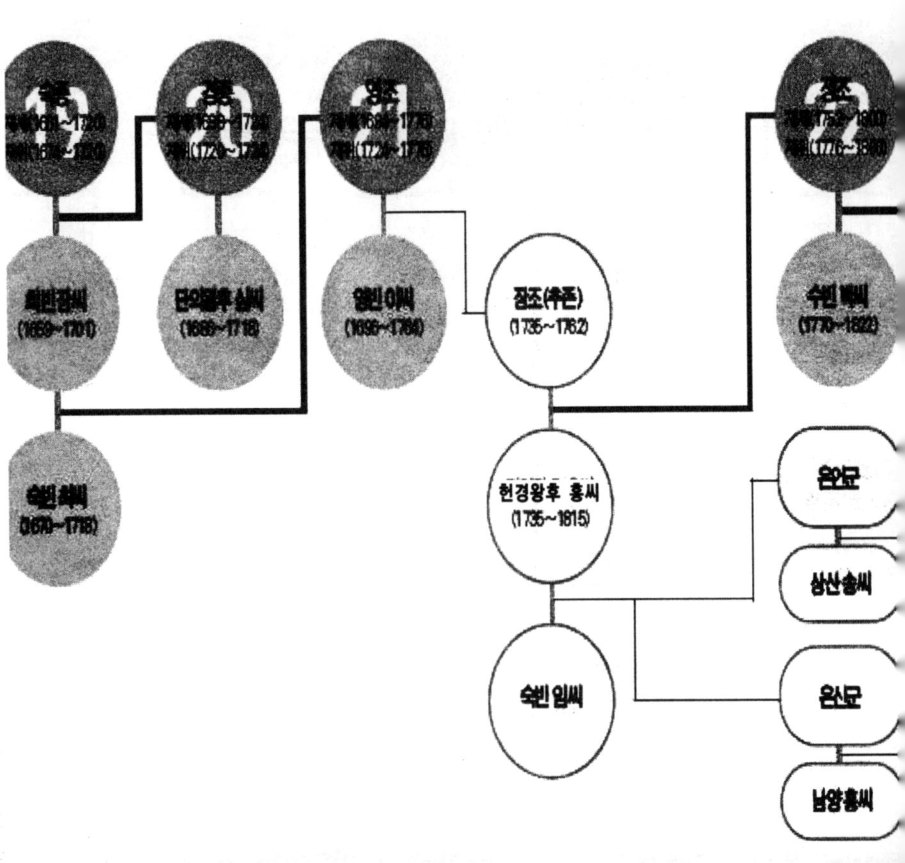

1700 1750

현종
1667 창덕궁 집상전 건축

숙종
1707 창덕궁 부용정 건축
1712 백두산 정계비 설치

영조
1742 탕평비 건립
1750 균역법 실시
1770 〈동국문헌비고〉 완성

정조
1776 규장각 설립
1796 화성 완공
영조어진, 영의전 봉안

순조
1801
1818
1833

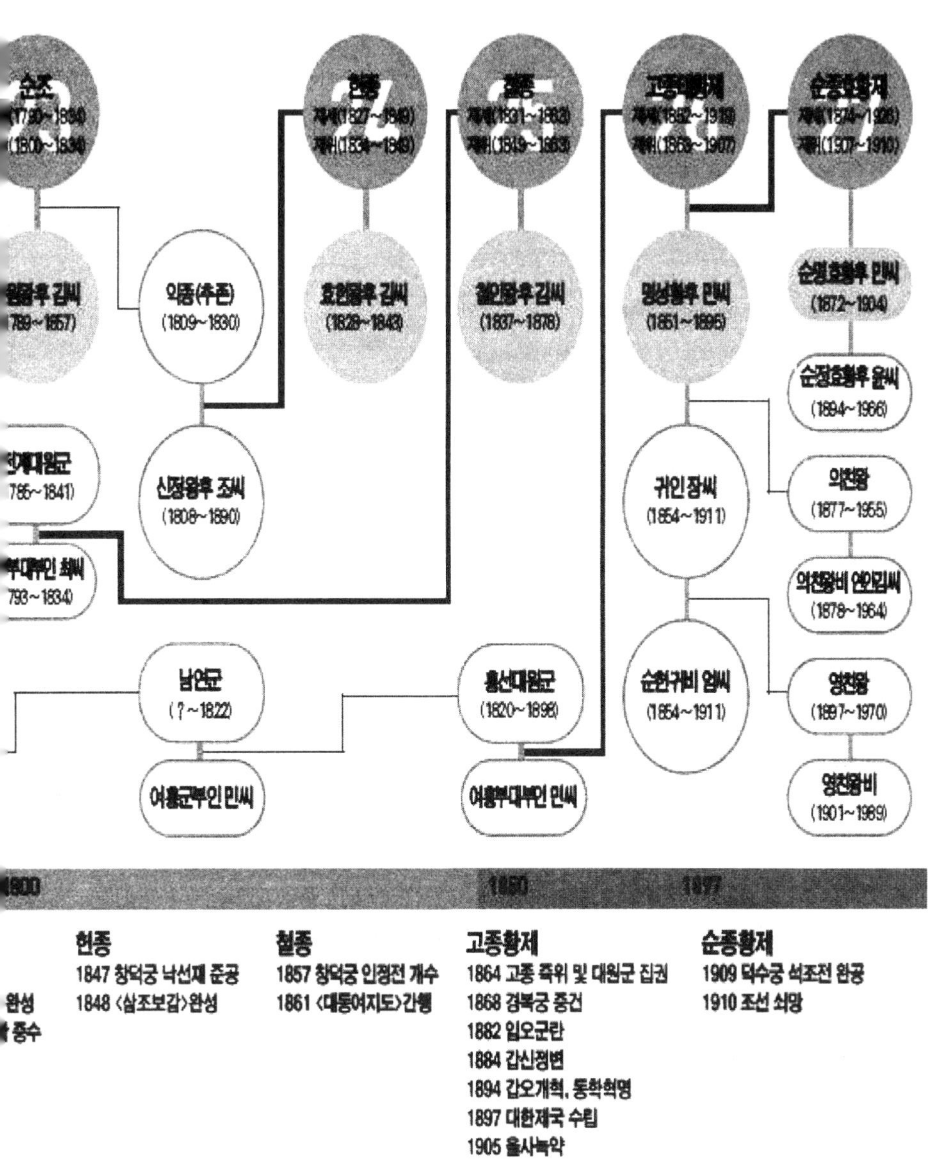
헌종
재세(1827~1849)
재위(1834~1849)
철종
재세(1831~1863)
재위(1849~1863)
고종태황제
재세(1852~1919)
재위(1863~1907)
순종효황제
재세(1874~1926)
재위(1907~1910)
익종(추존)
(1809~1830)
효현왕후 김씨
(1828~1843)
철인왕후 김씨
(1837~1878)
명성황후 민씨
(1851~1895)
순명효황후 민씨
(1872~1904)
순정효황후 윤씨
(1894~1966)
신정왕후 조씨
(1808~1890)
귀인 장씨
(1854~1911)
의친왕
(1877~1955)
의친왕비 연안김씨
(1878~1964)
순헌귀비 엄씨
(1854~1911)
영친왕
(1897~1970)
영친왕비
(1901~1989)
남연군
(? ~1822)
흥선대원군
(1820~1898)
여흥군부인 민씨
여흥부대부인 민씨
1850
1897
헌종
1847 창덕궁 낙선재 준공
1848 <삼조보감>완성
철종
1857 창덕궁 인정전 개수
1861 <대동여지도>간행
고종황제
1864 고종 즉위 및 대원군 집권
1868 경복궁 중건
1882 임오군란
1884 갑신정변
1894 갑오개혁, 동학혁명
1897 대한제국 수립
1905 을사늑약
순종황제
1909 덕수궁 석조전 완공
1910 조선 쇠망